深度对话鲁奖作家

舒晋瑜————著

人民文学出版社

图书在版编目(CIP)数据

深度对话鲁奖作家/舒晋瑜著.—北京:人民文学出版社,2021
ISBN 978-7-02-016995-5

Ⅰ.①深… Ⅱ.①舒… Ⅲ.①作家—访问记—中国—现代 Ⅳ.①K825.6

中国版本图书馆 CIP 数据核字(2021)第 023841 号

责任编辑　陈彦瑾　周方舟
装帧设计　黄云香
责任印制　宋佳月

出版发行　人民文学出版社
社　　址　北京市朝内大街 166 号
邮政编码　100705

印　　刷　三河市龙林印务有限公司
经　　销　全国新华书店等

字　　数　450 千字
开　　本　890 毫米×1290 毫米　1/32
印　　张　17.5　插页 3
印　　数　1—6000
版　　次　2021 年 10 月北京第 1 版
印　　次　2021 年 10 月第 1 次印刷

书　　号　978-7-02-016995-5
定　　价　69.00 元

如有印装质量问题,请与本社图书销售中心调换。电话:010-65233595

目 录

序一 专业而又敬业的舒晋瑜 ………………………… 谢　冕 1
序二 "深度"来自"厚度" …………………………… 潘凯雄 3
代序 关于鲁迅文学奖——答舒晋瑜 ………………… 李敬泽 6

|全国优秀短篇小说奖|

史铁生:要为活着找到充分的理由 ………………………… 3
陈世旭:驽马十驾,功在不舍 ……………………………… 11
池莉:通过写作,变成最接近天使的物质 ………………… 21
刘庆邦:英雄几乎都和悲剧结伴 …………………………… 33
红柯:走出大漠很慢,生长期很长 ………………………… 43
范小青:写作慢慢地走向自由王国 ………………………… 51
冯骥才:我喜欢为理想活着 ………………………………… 65

|全国优秀中篇小说奖|

邓一光:在绝望的故事中找出不肯绝望的人 ……………… 79
刘恒:文学一旦丧失锋芒,也将同时失去诱惑 …………… 89
东西:我喜欢面对现实 ……………………………………… 101
徐小斌:即使面对黑暗也永不坠落 ………………………… 111

1

陈应松：重回我们的文学故土 ……………………………… 123
孙惠芬：走"有心"的道路 ……………………………… 133
蒋韵：凭吊的何止是一个传奇 ……………………………… 141
吕新：为了月色澄明，为了更多一些良宵 …………………… 151
王跃文：文学应是思考生活的重要方式 …………………… 159

全国优秀报告文学奖

何建明：四十年专注中国故事 …………………………… 171
李鸣生：思想决定作品的高度 …………………………… 181
李洁非："历史应如镜，勿使惹尘埃" …………………… 191
关仁山：作家应与所处的时代肝胆相照 ………………… 201
赵瑜：好作品应在民众中有共识 ………………………… 211
党益民：我以写作告慰战友的英灵 ……………………… 221

全国优秀诗歌奖

朱增泉：军旅诗是诗歌中的盐和钙 ……………………… 233
西川：我的诗歌越来越直截了当 ………………………… 241
于坚：诗歌是为日常生活提供存在的理由 ……………… 251
雷平阳：我一直想在纸上建一片旷野 …………………… 263

全国优秀散文杂文奖

铁凝：文学最终要向世界传达体贴之情 ………………… 275
赵玫：我希望保持一种探索的姿态 ……………………… 285
邵燕祥：我的淬过了火的乐观主义 ……………………… 295

目 录

韩羽：土法上马，我写我的 305
余秋雨：我是一个"随行随吟"之人 313
李存葆：不能只用一种调子唱歌 323
韩少功：好小说"始于情感，终于人物" 333
刘亮程：故事终结处，文学才真正开始 345
鲍尔吉·原野：为世上所有的美准备足够的眼泪 355

全国优秀理论评论奖

何向阳：我看见她手的温度 将矿石唤醒 365
吴义勤：作家和评论家之间最好是一种"工作关系" 375
朱向前：三十年下了三步棋 385
李敬泽：回到传统中寻找力量 393
陈晓明：我的学术还没有真正开始 401
雷达：创作的因素较弱，倾吐的欲望很强 411
洪治纲：只有拥抱的批评没有价值 423
南帆：重新提交一个新的"理论图谱" 431
孟繁华：合宜的批评最难能可贵 439
陈思和：学术是我安身立命的基本立场 447
白烨：亲历当代文学四十年历程 457

全国优秀文学翻译彩虹奖

任溶溶：我总觉得译者像个演员 467
屠岸：来世我还做诗人 477
许金龙：从汽车司机到大江文学专家 487

【附录一】我所知道的鲁迅文学奖——历届评委访谈录 495
  陈建功：评奖过程，也是使我本人受教育的过程 495
  丁　帆：只有在争论中才能评出真正的好作品 499
  牛玉秋：好作品给我的愉悦感和幸福感 503
  李炳银：鲁奖评选应增加报告文学奖项名额 506
  吴思敬：优秀诗人不是靠评奖催生出来的 508
  张守仁：文学评奖是评文，不是评人 512
  郑伯农：作品的历史地位，最终要靠群众来评定 516
  吴秉杰：文学理论批评繁荣发展，仍需不忘评奖初衷 518
  陈众议：我曾致信作协建议评奖实名制 522
  王家湘：请我做评委，我尽职尽责 527

【附录二】历届评奖委员会名单 529

后记 544

序一　专业而又敬业的舒晋瑜

谢　冕

舒晋瑜曾经送我她的《深度对话茅奖作家》。此书收录茅盾文学奖1981年设立以迄于今的总共十届的相关访谈文稿。舒晋瑜的工作是每届约谈数位获奖作家,加上约谈一位评委,积数十年的功夫,点点滴滴、浩浩荡荡,终于聚成一部大书。茅盾文学奖是长篇小说奖,长篇小说篇幅巨大,作为记者,她当然不可能全读,但又不可能不读,不了解对象又如何对话？不难设想,为了采访,她要做多少的案头工作！而晋瑜的形象是行动的和敏锐的,她总是第一时间出现在我们面前！做过文字工作的、特别是在北京这个超大城市做记者的人都清楚,早出晚归地不停奔走,加上从阅读到对谈,从对谈到定稿,其间要承受多少艰难！

但这却是这位看来文弱的舒晋瑜的日常工作。她是一位专业而又敬业的文学工作者,她不停地采访、写作、发表,一整版一整版地发表,每个字、每篇文章都是她的心血。她既是一位能干的记者,又是一位多产的作家。这已经不是她的第一本书了。此前的《以笔为旗》,是她与三十三位有军旅经历的作家的访谈录。她依然是一个作家一个作家地交谈、记录、整理。而采访一个人,她又要读他的书,了解他的平生。真的是,台上一分钟,台下十年功。晋瑜年轻,可在中国报界,她已经是鼎鼎有名的资深"老"记者了。

每次读她的文章,我总有一种感动。她给予我的总是一种及时的、敏感而快捷的现场感。心想,中国文学界的人物、作品、事件,日日风生水起,有新闻处,舒晋瑜的身影就出现在那里。我们在为什么激动和关心,她就会给我们送上她来自一线的讯息和判断,她总给人以第一时间的感动。我曾想,究竟是什么一种力量,给了她这样的精力和气魄,锐敏和毅力?

现在,舒晋瑜又要出版《深度对话鲁奖作家》了,这是她辛勤劳作的又一成果。面对不同的人,面对不同的作品,加上不同的、常变常新的中国文学现实,晋瑜的提问也总带着当时的印记和氛围。晋瑜总是带着新的问题和新的思考来和文学家们交谈的。晋瑜有这种能力,能够和作家从容而对等地交流彼此的思考,并且迅疾地把这种思考传递给我们,这展现的是她的能力和学养,也还有她的智慧和个人魅力。勤奋,加上智慧,这就是舒晋瑜给予我们的启示。

回到这本书的话题,我要强调的是,这本书不仅展现作者的才气和思想的深邃,也不仅传达了作家创作的心声和经验,而且也是一本具有重大的文献价值的被白烨称为"档案"的史料书,是研究和讲述中国当代文学必备的案头工具书。

2020 年 4 月 19 日于北京大学

序二 "深度"来自"厚度"

潘凯雄

舒晋瑜继《深度对话茅奖作家》之后,其姊妹篇《深度对话鲁奖作家》又即将付梓。晋瑜让我在她的新作前写点文字,我竟未加任何推辞就答应了下来。待到动笔时才发现自己这样痛快地允诺似有所不妥,还是应该让她请个德高望重者干这活儿才好,也可为其新作加点"磅"。但本人一言既出,也只好硬着头皮走下去了。当然,现在想起来,我当时之所以如此痛快地答应晋瑜,完全是因为两年前在拜读了她的《深度对话茅奖作家》后,本就有些心得想说,只是因为当时为各种琐事所缠而被耽误。现在趁这部姊妹篇即将付梓之际,正好将自己两年前欲表达的一点意思一吐为快,如此而已。

当下"深度"这个词儿比较时髦。啥"深度访谈""深度报道""深度对话""深度交流""深度跟进"……以示自己的作为不同于一般,下过一番功夫,发人之未发。倘果真如此,当然甚好。然细观许多冠以"深度"之名者,不仅毫无"深度"之实,甚至连"度"都谈不上,无非是一则通稿拿来换个标题署个名而已。

而舒晋瑜的"深度对话"则不仅仅是使用了"对话"这一文体,而且绝对是有"深度"的。何以见得?众所周知的是:无论是茅奖还是鲁奖,所针对的都是某一部(篇)具体作品,那么,与获奖者之间的"对话"至少应该是认真地读过这一作品,否则,你的问题就只能是"你创作这部作品的动机是什么?""你期望自己的这部作品能起到什么样的作用?""你接下来还有什么写作计划?"之类的外围问题。但舒晋瑜的问题肯定不是这样,只要看提问就知道她一定是看过这部作品。更重要的是她不仅看过这部作品,而且还对这位作家的基本状况和其他主要作品也比较了解。只有在这种前提下,她设置的问题就既有获奖的那部作品,也有与之相关联的其他作品;既有作品自身的创作特色,也有与作家生活相关的联系。这种近乎多角度、立体式地设置问题,对读者深入地了解作家、理解作品显然有相当程度的帮助。这,就是"深度"。

如果说,如此设置问题除了对受访对象的了解及对其作品阅读的宽度需要一定保障的话,那么,与此同样重要的另一个保障则是还需要采访者自身对文学创作内在规律及作家创作甘苦的熟悉与理解。一句话,就是这位采访者是文学的内行而非外行,这也恰好应验了那句"外行看热闹、内行看门道"的老话。只有具备这样的功底,所设置的问题才能够既得体、又切中作家作品的要害。举个例子:比如与鲁奖获得者、著名小说家兼编剧刘恒的那篇对话就颇有代表性。在80年代如日中天的刘恒后来竟然从小说舞台隐退成为著名的编剧,但伴随着资本对影视业的深度介入,"电影的生命被抽空"了,刘恒又该如何面对?这个问题对刘恒这位具体的名作家或名编剧来说无论如何都是一个无法回避的大焦点,对读者更好地理解他的小说或编剧也同样是一个无法绕开的重要节点。于是,我们看到,在晋瑜与刘恒的对话中,有相当的篇幅都是围绕着这个重要节点展开,问者层层递进,答者滴水不漏,兵来将挡水来土掩,煞是好看。但读者正是从这一来一往中对刘恒无论是小说还是编剧的创作有了进一步的深入了解。这,更是"深度"。

无论是哪种深度,其要害、其秘诀说起来并不复杂,无非就是知文论事、知人论事。这两"知"说起来易,做起来也不是太难,无非需要时间需要阅读需要思考。但这三"需要"恰恰都是苦功夫、

序二 "深度"来自"厚度"

笨功夫,更是硬功夫,没什么捷径可走,没多少窍门可言,我想晋瑜的"深度"正是源于此。至于那些同样打着"深度"大旗招摇过市者,如果做不到这三"需要",则是很容易露出马脚的。一句话,能否"深度"与否当完全取决于采访者自身的"厚度"。

仅此一点,足以令人敬佩,也是我十分愿意在她新作即将出版时写下这些文字的全部原因。

代序　关于鲁迅文学奖——答舒晋瑜

李敬泽

问：您是从什么时候开始参与鲁迅文学奖的评选工作的？

李敬泽：第一届，1997年。鲁奖设立之初承袭了70年代末、80年代初全国优秀短篇小说奖、优秀中篇小说奖等全国性评奖的做法，由作协各下属业务单位具体承办。最早的全国优秀短篇小说奖是由《人民文学》承办的，所以，第一届鲁奖的短篇小说奖还是由《人民文学》承办。当时我是编辑部主任，一方面担任评委，另一方面，负责评奖全过程的具体组织，包括建立初评组，带着初评组提初评篇目，提评委名单，张罗开评委会等等。那时年轻，胆大不知深浅，第一、第二届的短篇奖都是我操办的。第三届开始，作协统一收回去，我就不具体办事了。后来我在作协负责这方面工作，就从第六届管到现在。

问：参与鲁迅文学奖的评选多年，您认为鲁迅文学奖的评选经历了怎样的变化？

李敬泽：变化很大。比如最初是两年一届，后来三年一届，到2014年变成四年一届。其他具体做法和规则也不断调整完善。比如早期都有初评环节，第六届起取消了初评，一个评委会评到底。一开始做的时候，作协中断全国性评奖也将近十年了，很多事没有经验，比如第一届，连奖项数额也没有统一规定，各摊儿自行其是,结果我们短篇评了五篇,其他门类有的一口气评了十多篇,后来一看不行,第二届就统一数额了。总之,是这样逐步摸索、总结经验,渐渐完善起来的。

问:鲁迅文学奖的评选,因其权威和社会影响力之大,历届评选在备受关注的同时,也受到一些质疑。您如何看待这些不同的声音?

李敬泽:有不同的声音很正常。不同的声音大概分两类,一类是,对是否评得恰当有争议、对具体的作家作品有争议。这个我觉得很难完全避免,因为我们评的是文学,很难有绝对标准,如果有绝对标准也就不用评了。有分歧是正常的,现在这个时代,即使在你家里,三代人看一个作品恐怕也是三种意见。就我个人来讲,无论作为评委还是作为组织者,对此都有充分的承受力。当然,评奖,特别是鲁迅文学奖这样作为国家公器的评奖,它本身有推动形成共识的功能,所以,我总是说,做这样的评委也不能太任性,你代表你个人,同时你也要充分考量文学界和读者的一般看法。另一方面,我们也不能因为怕争论、怕不同意见而变得谨小慎微,不能在艺术上过于保守,待在舒适区里,不敢肯定那些我们认为真正有价值的探索和创新。

还有一类争论和质疑是关于评奖的规则。就像我刚才所说的,鲁奖到现在二十三年,它的规则有一个历史的形成过程,是不断完善的,有些事没想到,记住,下次改得更严密。我们现在很难想象当初短篇奖是由《人民文学》承办,《人民文学》也发短篇啊,按后来的规则就必须回避,但是当初没有这个概念,而且这里还有个历史渊源,它前身的全国优秀短篇小说奖就是《人民文学》办的,为了评短篇奖,《人民文学》还专门创办了《小说选刊》。当时是70年代末,作协刚刚恢复,而《人民文学》1975年就复刊了。所以,鲁奖规则的设立是个历史过程。

就我个人的经验来说,有一点是肯定的,那就是,没有谁比我们作为组织者更希望评奖过程公正、干净,否则有了麻烦还不是我们的?这些年来,公众在这方面的质疑,我认为是有力地推动了鲁奖的改革和进步,这使我们清晰地知道、每时每刻地牢记,我们承担着多么大的责任,我们是在公众的充分监督下工作,这不是令人羡慕的工作,这是如临深渊、如履薄冰,你还得在这薄冰上表演花样滑冰。

问:鲁迅文学奖1997年开始评选,其前身的各门类优秀作品奖在20世纪80年代初新时期文学开始即设立。很多获奖作家的创作,贯穿了中国改革开放四十年。在这种背景下梳理鲁迅文学奖获奖作家的文学创作及鲁奖评选的经过,您认为有何意义?

李敬泽:鲁奖有一定的指标意义。它反映着创作状况,在二十多年的尺度内,我们也可以看出文学风尚的变化。同时,鲁奖本身就是一个复杂的对话过程,批评家、作家、读者之间的对话和互动,由此可以集中地见出文学体制、文学生活诸因素的关系和变迁,见出其中的结构和动力。系统地保存和梳理相关当事者的回忆,无疑具有相当的学术价值。当然,评奖不是一个人的事,是一群人的事,事后的回忆也不一定靠得住,我自己很多事就记不起来了,有时我以为我记得很清楚的事,再查证一下,常常发现是错的,或者我是只知其一,不知其二。所以学术研究、历史研究中一般对回忆、口述这样的材料使用时都会非常审慎,都会做仔细的辨析。但不管怎样,这样一个工作是很了不起的,它是一个积累材料的工作,为进一步的学术研究提供了基础。

问:"对话鲁奖"的结构与"对话茅奖"相同,即对话评委和作家相结合,力图呈现不同体裁鲁奖获奖作品的特点和风貌。尽管做了一些努力,但仍会存在很多不足。对于如何完善这类对话,您有何建议?

李敬泽:你现在主要是对话,我倒希望你下一点学术功夫,就对话内容做必要的考证和辨析,包括提供必要的背景材料。把它由新闻性的对话变成一种学术性的口述史。这方面有比较成熟的学术规范,比如唐德刚做胡适的对话,不仅是像记者那样有闻必录,这仅仅是起点,由此出发,综合各种材料展开推敲,有时注释或者旁白比正文都多。这个推敲的过程才真正重要,"一面之词"由此被放回了复杂的历史语境里。

2020年11月20日晚

全国优秀短篇小说奖

获奖作家访谈

史铁生：要为活着找到充分的理由

史铁生 1951年生于北京，2010年12月31日逝世。1967年初中毕业于清华附中，1969年去延安地区插队落户。1972年因双腿瘫痪回到北京，在街道工厂工作，后因急性肾损伤，回家疗养。1979年后相继有《我的遥远的清平湾》《命若琴弦》《我与地坛》《务虚笔记》等小说与散文发表。1998年被确诊为尿毒症，常年透析。病情稳定后，出版有随笔集《病隙碎笔》和散文集《记忆与印象》等。作品多次获奖。短篇小说《老屋小记》获第一届鲁迅文学奖，散文《病隙碎笔》获第三届鲁迅文学奖。

采访手记

看史铁生的作品，常常无端地陷入一种思索。但是，这种思索相对于文字的内涵来说也往往显得浅薄。他对于写作的宁静和执着，对于生命的冷静和超脱，对于亲情的感悟和回忆，对于每一个关心他的人的友善和热情——这一切都让人觉得亲切而意味深长。

史铁生身体不好，也因此惜时如命。2001年，通过E-mail，我们的交谈方式算不得直接，然而当我看到他熟悉的语言展现在电脑屏幕上，仍然感受到一种力透纸背的真诚。

很喜欢看史铁生的作品。从《务虚笔记》《我与地坛》到《病隙碎笔》。他去古园了，我们便随他"去古园的老树下或荒草边或颓墙旁，去默坐，去呆想，去推开耳边的嘈杂理一理纷乱的思绪，去窥看自己的心魂"。这是他作品的魅力。

"心血倾注过的地方不容丢弃，我常常觉得这是我的姓名的昭示，让历史铁一样地生着，以便不断地去看它。不是不断地去看这些文字，而是借助这些蹒跚的脚印不断看那一直都在写作着的心魂，看这心魂的可能与去向。"2010年，"轮椅上的巨人"史铁生永远地离开我们，只有他生前写下的文字，仍闪烁着生的光芒。

史铁生的写作没有计划。因为精力不济,多数是想到哪儿写到哪儿而已。"我想对读者说的,就是我想对自己说的,都在我的作品里。"

问:请您介绍一下自己的写作经历,是什么给予您如此大的写作动力,源源不断地有好作品奉献出来?

史铁生:我从双腿残疾的那天,开始想到写作。孰料这残疾死心塌地一辈子都不想离开我,这样,它便每时每刻都向我提出一个问题:你为什么要活着?——这可能就是我的写作动机。就是说,要为活着找到充分的理由。

当然,用目前流行的话说"这有点儿累",所以这历程也并不像上面说的那么轻松。我曾在《病隙碎笔》中写过:"我的写作说到底是为谋生。但分出几个层面,先为衣食住行,然后不够了,看见价值和虚荣,然后又不够了,却看见荒唐。荒唐就够了吗?所以被送上这条不见终点的路。""我其实未必合适当作家,只不过命运把我弄到这一条路上来了。左右苍茫时,总也得有条路走,这路又不能再用腿去趟,便用笔去找。而这样的找,后来发现利于这个史铁生,利于世间一颗最为躁动的心走向宁静。"

说到这儿,我真是有些惭愧,因为我很少能照顾到读者。所以,"源源不断地有好作品奉献出来"这话我实在是不敢当。

问:您的作品中常常有一种伤感,正是这种伤感和厚重震撼着读者的心灵。这和您的读书与思考有关吧?

史铁生:我并没有特意地追求伤感与沉重,但由上述写作动机看,大约难免。我的意思是:随它去吧。说"这与我的读书和思考有关",不如简单地说这与我的处境有关,读书和思考也是我的处境之一部分。我并不认为伤感与沉重一定就好,但既然确凿,也就有其表达的理由。

问:常常和朋友谈起您的作品,大家都很关心您的身体,近来您的身体状况怎么样?一天能写多长时间?您是怎么安排写作和读书时间的?

史铁生:我的身体总是不大好。我得着两种"电视剧病"。怎么讲?您看现在电视剧中的主人公,特别容易坐进轮椅,近来又特别容易得尿毒症了。这可能有助于戏剧性,可一旦成为实际,却一点儿都不浪漫。这两种病弄得我精力大减,写作和读书的时间越来越少。我只能尽力而为吧。再说,年至半百,改行怕是来不及了,只好仍在这行当中混着;《病隙碎笔》是我目前写作的实情。

问:您觉得哪些书对您影响最深?您比较喜欢哪些人的作品?

史铁生:关于读书,我不想说得太具体,各人有各人的爱好与关注。我的体会是,一味地追求多而新,倒可能弄得自己颠三倒四不知所从。根本的问题,先哲们都想过了。其实,问题还是那些问题,只不过布景和道具日新月异,读书和思考只为不被它弄得找不着北。这只是我的看法,并无典型意义。

问:您还常去地坛吗?平常您都还有什么爱好?

史铁生:十年前我搬了家,离地坛远了,加之行动不便,现在很少去了。偶尔请朋友开车特意送我去看它,发现它已面目全非;这正是日新月异的布景和道具之所为吧。唯园中那些老柏树依然令我感动——历无数春秋寒暑依然镇定自若,散发着深厚而悠远的气息,不被流光掠影所迷。

问:现在您忙什么?

史铁生:要说现在忙什么,大约就是透析,隔两天去一趟医院,就像上班,仿佛要弥补我从未有过正式工作的历史。我有时真觉得麻烦,可是想想,大夫和护士们是天天都得去呀,比我麻烦。我们一起透析,她(他)们透,我被透,分工不同,合作得很好。忙完了透析,总还是想写点儿什么,否则花那么多钱被透,什么都不干岂不可惜?

每个人的生命中都会有一些悲观,如果陷在里面,写作就会萎缩。史铁生说,每个人都有局限,每个人都在这样的局限中试图去超越。

问:可否谈谈您的创作变化?

史铁生:最初的写作还是写一些社会问题,像《午餐半小时》,因为我们这一代人接受的文艺理论还是文艺要反映社会生活。这种观念是很顽固的,但很快我就变了,写残疾人,这可以归到人道主义范畴,比如《在一个冬天的晚上》,再到后来写人的残疾的时候,就不是人道主义能够概括的了,或者说它是更大的人道。人存在的根本处境有可能是社会的,或者人道的,但从根本上它是人本的。

问:谈到您早期的代表作,一般都绕不开《我的遥远的清平湾》。

史铁生:那时的写作比较现实主义,那种写作的格调也没有延续下去,那时候还有一种比较虚假的乐观主义。我并不认为悲观是一个贬义词,在比较深层的意义上。但如果以自己的悲哀为坐标的悲观主义是不好的,以自己的某种温馨为出发点的乐观主义也是虚假的、浅薄的。真正的乐观和悲观都是在一个更深的层面,它是人的处境的根本状态,从这个意义上讲,悲观和乐观没有高低之分。

每个人的生命中都会有一些悲观,如果陷在里面,写作就会萎缩。《我的遥远的清平湾》写的是我生活中比较温情的东西,有些作品写的就是比较悲观的东西,但都没有指向人的根本处境,所以我必须超越它。事实上,《我的遥远的清平湾》的某种风格、某种对感情的重视,在《我与地坛》中又接上了,但它又不一样,它比《我的遥远的清平湾》要大了,它理解快乐和痛苦的视野要大多了。

问:您的作品涉及残疾人,但又超越了平常意义的残疾。

史铁生:我写作的题材不限于残疾人,我也写过插队的、街道工厂等其他不相干的。另外关于残疾我也有一些看法。我的残疾主题总是指向人的残疾,而不是残疾人。一切人都有残疾,这种残疾指的是生命的困境、生命的局限。每个人都有局限,每个人都在这样的局限中试图去超越,这好像是生命最根本的东西,人的一切活动都可以归到这里。从这个意义上理解,我的作品,的确有一个个残疾主题。但是命运的力量又很强大,不是人可以改变的,人只能在一个规定的条件下去发挥自身的力量,这种规定的情境就是宿命。比如说你生来就是个女的而不是男的,你生在这个世界上而不是生在唐朝或宋朝,比如说我这腿,它就瘫了,你竟无办法,只能接受这样的事实。人的主观力量只能在接受这样一个事实后做一些事情,你所谓接受的这个事实就是宿命。

问:您在《病隙碎笔》里强调:"写作需要真诚。"

史铁生：真实应该算文学一个很好的品质,但不应该算文学的最高标准。如果仅仅是真实,我觉得文学的意义就要小得多。其实文学更多的是梦想。人要有梦想,因此人创造了文学这种方式。《务虚笔记》中也写到,其实一个人的很实的生活是很少的。像每天的衣食住行就是很实的,但当你走路的时候,你会想到一些东西。写作不一定是纸和笔的问题,只要你脑子里在对生活做一种思考的时候,我觉得就是一种写作。

问:《病隙碎笔》是在什么状况下写的?

史铁生：肾衰竭之后没有力气,我觉得可能就写不了了。幸亏有透析,我才能有这个状态,但仍然很疲劳。在开始写《病隙碎笔》的时候,我觉得我能写,我不能放下,放下可能就放下了。刚开始比较困难,每天写几行字。一星期我要去医院透析三次。剩下的四天,上午可以写两三个小时。所以我现在写得非常少、非常慢,但我在坚持,坚持每天都写。《病隙碎笔》大概写了四年。

问:《病隙碎笔》书中谈到"残疾情结",能看得出来您非常坦然地正视自己的残疾,并引用了马丁·路德·金的话:"切莫用仇恨的苦酒来缓解热望自由的干渴。"

史铁生：其实不光残疾人,我们很多人都有这种情结,这个情结有时候会左右人,左右得一塌糊涂。中国人几十年来反复犯一些错误,就是太情绪化,缺乏理性思考。我跟残联接触很多,参加他们会议的时候,发现里面就有一种情绪:"我们残疾人……我们残疾人比你们健全人要困难,因此我们残疾人比你们健全人要优秀。"一下子就把两者划开了,但这其实完全不合逻辑。

问:《务虚笔记》思辨性很强,有些章节完全可以看作"冥思录"。

史铁生:许多人说我的小说思辨色彩比较重,我也不试图逃脱它。我写过一篇小文章,里面提到我觉得写作是一种命运,意思并不是说命运让我做写作这件事而没有成为一个木匠,而是说我终于要写什么大概已成为一种定局。我在《务虚笔记》的后半部分也提到这个问题:F医生对诗人L说,如果你有一种冲动要写诗,你去追踪它,那么你的根据是什么? 追踪的是你呢,还是被追踪的是你? F医生的结论是,这足以证明人的大脑和灵魂是两回事,一个是追踪者,一个是被追踪者。就是说那种灵魂的东西已经存在于你的命运中,你面临的问题是你能不能接近它,能在多大程度上接近它;如果你试图离开它,也许更糟糕。所以我觉得我的命运就是这样,绝大多数时间是坐在屋子里,看看书,想些事情。世界的空间性对我来说太小了。

获奖作家访谈

陈世旭：驽马十驾，功在不舍

陈世旭　1948年生于江西省南昌市。曾任江西省作家协会主席。先后出版长篇小说《梦洲》《裸体问题》《将军镇》《世纪神话》《边唱边晃》《一半是黑色一半是白色》《登徒子》《一生之水》，长篇传记《八大山人传》及《风花雪月》《都市牧歌》《青藏手记》《人间喜剧》《边走边想》《谁决定你的世界》《天南地北》等散文随笔集、中短篇小说集多部。小说《小镇上的将军》《惊涛》《马车》分获1979年、1984年和1987—1988年全国优秀短篇小说奖；短篇小说《镇长之死》获第一届鲁迅文学奖。

采访手记

"世界上有两种作家,一种是文学受惠于他们,一种是他们受惠于文学。前一种给文学带来巨大的光荣,使文学成为人类文化中宏伟辉煌的殿堂。后一种则从文学中获得无穷的好处。文学改变了他们的人生际遇,文学是他们不可或缺的人生支柱,是他们的快乐和幸福的源泉,是他们生命存在的一种方式。他们应该对文学感激涕零。"

陈世旭说,自己属于后者。"我写作着,我生活着,这就够了",这句话写在陈世旭的一个自选集的扉页上,这是一种自我安慰,也是一种人生定位。

他曾是文坛风云人物,近年来也新书不断,当属宝刀不老。实际上他的写作始终伴随着争议和退稿;他所秉持的理念,与我们印象中的名家大相径庭。

> 他有过辉煌的时刻,短篇小说好评不断。但是他也将批评的声音珍藏,为了让自己时刻保持清醒。

问:《小镇上的将军》《惊涛》《马车》分获1979年、1984年和1987—1988年全国优秀短篇小说奖。能否谈谈您对于短篇小说创作的体会?您如何看待短篇小说?

陈世旭:我之所以写短篇,是因为没有驾驭长篇的本事——已经出版的几部长篇,其实是中短篇的合集。但就是短篇这样的小制作,我也写得不理想。对任何小说样式我是真不敢说三道四。

你提到的几部获奖作品在评论界也都是有异议的:有评论认为《小镇上的将军》获奖不过是政治上讨了好罢了;《惊涛》获奖,又有评论认为作品表现出作者的"主观唯心主义"。我对哲学很无知,但知道这"主义"很厉害。《马车》是在大学插班时写的,之前约稿的《人民文学》退了稿。再试投,被《十月》采用,不料获了《小说选刊》和《人民日报》文艺部合办的全国小说奖。发奖后的午宴上,我有幸与仰慕已久的某评论家同桌。一人问他最近在忙什么,他自嘲说:有什么好忙的?总不能去评陈世旭的《马车》吧。我这才晓得,评论界对《马车》还有如此之低的评价。来京时的一点蠢动,刹那间黄粱梦醒。

而今,我快写一辈子短篇了,退稿依旧是常事。近两年发表的短篇《花·时间》和《欢笑夏侯》都分别是《收获》和《人民文学》的退稿。编辑部不到觉得实在不堪绝不会退自己约的稿。虽然可以拿取舍眼光不一来安慰自己,但也说明作品没有达到公认的水准。

我把这些记得一清二楚,就是为了警醒自己永远别嘚瑟。所有这一类评价一定程度上对我是一种激励,逼我在写每一个下一部作品时都尽力而为,去争取更多的认可。

　　从小老师就批评我读书不下苦功,喜欢投机取巧,直到现在也改不了。职业写作之后,有几年武侠小说风行,不光大作家、大教授、大科学家、大主持人都把"成年人的童话"举到文学的至圣位置,声称根本不看别的当代小说。一个认字的人不知"成年人的童话"几乎就没有做华人的资格。在京开会,百无聊赖,当时《十月》的主编、著名作家郑万隆好心借我一堆最时兴的武侠名著让我扫盲。我信心满满,以我一夜一本《静静的顿河》的干劲狼吞虎咽,没想到不管我怎样咬牙切齿,狠下决心,就是打不起精神,相反起了强烈的生理上的不适,莫名其妙地直反胃。只好赶紧把书合上,放下,奉还,从此再不敢问津。之后几年,又听说许多很高雅很有成就的作家在潜心研究《红楼梦》,他们读《红楼梦》读到许多章节能背出来,并且这是必须的。我窃喜自己写短篇,犯不着那么吃苦。有一次就"《红楼梦》是不是真有那么灵"请教有"中国短篇王"声誉的刘庆邦,他说《红楼梦》他也至少读了五遍以上。我这才彻底傻眼。难怪我写不好。《红楼梦》我最多看五页,上下眼皮就打架。对我来说,那个大观园太贵族了,看那些红男绿女晃进晃出,完全是雾里看花,一点感觉也没有。回过头还是走捷径。不时把契诃夫、鲁迅、海明威、川端康成、舒克申的短篇经典翻出来复习一遍了事。曾经注意过欧·亨利,觉得他太戏剧化,放下了。以我思想的懒惰,这已经够努力了。

　　问:获首届鲁迅文学奖的《镇长之死》,是在什么情况下创作出来的,还记得吗?您如何看待鲁迅文学奖?

陈世旭：《镇长之死》可以说是对《小镇上的将军》写作的反思的一个结果。希望摆脱之前人物塑造的扁平化。有没有实现这个想法我自己并无把握，所以那次我没去领奖。

我很早就和任何文学评奖、小说排行榜之类隔膜了。一方面是用超然物外来掩盖自己的生性懦弱，不敢争强好胜；另一方面是退休后好像比上班还忙，成天陷在家务琐事（包括写作）里无暇他顾，只偶尔听说网上吵得挺热闹，尤其是奖金高得让人眼红心跳。不过，我仍然以为精神自由是最大的奖赏。跳出三界外，不在五行中，何乐胜乎此耶？

早期农村题材的作品，和陈世旭后来关于知识分子题材的作品风格上判若两人。他觉得大概跟小说语言有关系：写农村题材尽可能贴近方言，写知识分子用的是普通话。

问：2011年出版的长篇《登徒子》生动地刻画了省级作协里一群文人的众生相。这部小说具有一种睿智、敏锐而质朴的洞察力。这是您眼中的文人吗？

陈世旭：恕我直言，我对当代中国文人——首先是我本人，整体上评价不高。小说里的那些人物我太熟悉了。李国文老师连续多年在《文学自由谈》刊发关于中国文人的文章，讲的是古人故事，画的是今人嘴脸，每读我都忍不住"拍案而起"。

问：不知道您如何看待《一生之水》？这部相对比较通俗的作品，是否不太具有写作难度？

陈世旭：谢谢你委婉的批评。这个小说我写得是有些随意。那一段我的家务事很重，每天坐下来，打开电脑敲一阵子，算是一种休息，不知不觉就发现小说可以结束了。其原因是取材太方便了,生活中故事都是现成的,无须劳神编造。传统艺术观完全颠覆,不是艺术高于生活,而是生活高于艺术。官员腐败、文化荼毒、道德沦丧,远超想象,匪夷所思。那些人物的庄严光鲜与卑鄙丑恶集于一身,并行不悖。状写越逼近真实就越显得漫画化。

问:《一生之水》主人公冯乐作为一个并未完全失去自省精神的知识分子,在欲望的诱惑下总是难以摆脱精神上的困惑与危机。他一方面听从欲望的召唤屡屡背叛感情,另一方面又陷入道德律令充满内疚和自责。这是否也是您希望通过作品要表达的自审精神?

陈世旭:说得对,很犀利!删去"精神",就是"自审"。不必客气。正如任何历史书写都是当代史,任何文学虚构都是内心世界的外化。

问:《孤独的绝唱——八大山人传》是市面上屈指可数的一本书写八大山人的长篇传记。在现存不多的关于八大山人的史料记载中,用自己的文学想象和大量相关历史资料,为读者还原了一个有血有肉的八大山人形象,并结合八大山人的性格特征和人生经历对其画作、诗词、书法进行了艺术的鉴赏。这部作品,是一次命题作文吗?

陈世旭:作家出版社组织撰写中国历史文化名人传记,我稀里糊涂就答应了下来。因为感觉上八大山人生活的范围离我不远,就从一长串名单里挑了他。这是一个十足冒失鲁莽的决定。我是在那之后,才知道如下事实:清初对明宗室的迫害,使得八大山人一生隐逸颠沛于民间,无法在官方典籍中得到与之相应的地位,有关八大山人的真相也就大都遗落在那些早已湮没的历史中了。想要还原真相,难度可想而知。但事情已经难以改变了。

得八大山人在天之灵相助,我好歹硬着头皮完成了任务。追寻八大山人八十年的人生历程,敲下最后一个句号的时候,就像插队时背负超过我当年体重一倍以上的货包,颤颤巍巍地走完好几里泥石路,终于可以放下,我长长地吁了口气。京城文史专家的审读意见说"在该书中,看不到任何杜撰,他以严谨的考证、细致的分析、洗练的文笔、渊博的学识,为我们描绘了一位伟大艺术家的真实形象"(程步涛语),我心里还是很欣慰的。

问:写传记,因为要依据史实,是否相对于虚构小说来说更有难度?

陈世旭:小说需要想象力,想象力的大小决定了作家的优劣。也许就因为想象力有限,我才更有可能沉湎于冬烘先生式翻故纸堆的死磕。有位同行对传记写作很不屑,说那不过是复述别人,没有自己的东西。这样的认识对我这种一般的传记写作是不错的,但不尽然。写得真好的传记作品,诸如我崇拜的茨威格的《三大师》、罗曼·罗兰的《巨人传》、欧文·斯通的《马背上的水手》,还有林语堂用英语写了又翻译成汉语的《苏东坡传》,许多自视颇高的小说家应该不会小视。

陈世旭奉为写作圭臬的就是两句话:其一,话须通俗方传远,语必关风始动人;其二,写作就是用最畅晓的语言把自己的思想传达给尽可能多的人。

问:进入90年代,文学不再处于黄金时代,文学作品也相对边缘,您有过心理上的落差吗?

陈世旭:没有。无论圈里圈外我一直都待在边缘,形不成落差。有一次参加一家出版社的活动,同车的一位青年作家在向几位女记者顺便说起我的时候,肯定没有恶意地讪笑:他们那个年头,写一两篇东西就混出来了。我当什么也没有听见。不是因为教养,是因为认可。我虽然写了不止"一两篇东西",但连同行都不知道,等于没写。

前两年,一个小长篇顺利杀青,颇兴奋,忍不住电邮给一位写作和声誉正在旺盛期的同行,以期分享小确幸。没想到对方的回复是:"歇菜吧,怎么写你也不在读者的视野里了。"这样的轻视,再二、再缺心眼的人也不可能无动于衷。但我油盐不进,若无其事。这些年,陆续有朋友寄来他们新出版的多卷本文集,我很为他们高兴,愈加看清了我在他们后面掉得有多远,也愈加明白了自己应该老实待着,千万别有写作以外的非分之想。

其实,只要安心,边缘挺享受的:没人惦记,自由自在,衣食无忧,做自己喜欢的事,夫复何求?

问:作为一名经验丰富的作家,有没有在创作中经常受到困扰的情况?

陈世旭:在同时代的写作者中,我从来没有过"文思泉涌""井喷之势""一发而不可收"之类的高峰体验。总是吃了上顿没下顿,总在找米下锅。在我写作最枯竭的时候,王安忆建议我打破惰性,去感受一些异质性的生活,比如去青藏看看。后来还真得到一个机会,去青海采访20世纪50年代援青的内地人,二十多天的时间里,常常天亮前动身,一整天穿过沙漠、戈壁、荒原,到达目的地已近半夜,那些接受采访的人已经等了一整天。面对一屋子"献了青春献终生,献了终生献子孙"的花白头发,我忍不住泪奔。太多的故事来不及记录,回到江西正好是国庆长假,我就在那些天里一口气写了三万多字的中篇《青藏手记》,随即给了

《人民文学》。当时的几位主编王扶、崔道怡他们都很肯定,很快就发到头题。那时我年轻,暗中希望获个中篇奖,让那些奉献者为更多的人知道,也满足一下自己的虚荣心。但正赶上文坛流行"反崇高""取消意义""零度情感",这种题材自然是运交华盖。当然,小说本身也许确实不咋地。有位评论家说我的写作像一壶水烧了半天只听见响,就是老也不开。西西弗斯之役,看来是我的宿命。

问:和同时代的作家相比,您认为自己的作品有何独特的价值?

陈世旭:我的写作谈不上"价值"。多年来偶尔被人找去讲座,我从来说的都是我写作的那些煎熬和挣扎,让一些基层的文学爱好者觉得这样的蠢货也可以被叫作"作家",多少提振一下他们的信心。如果一定要说有什么价值,我想这就是。

问:目前您的创作状态如何?下一步有何计划?

陈世旭:从心所欲,没有压力,写作成为一种赏心乐事。还是没有计划,吃萝卜吃一截剥一截,信马由缰,走到哪是哪。

去年以来,我以客居的城市为背景写了几组短篇,或许会持续一段。不久会有一部中篇集出版,收入五个中篇,题材各异。以其中一个中篇的题目《马车》为书名,有给自己打气的意思:驽马十驾,功在不舍。

写到今天,我认定写作完全不必计较功利性的成败,只需要付出最单纯持久的热爱。世界上有两种作家,一种是文学受惠于他们,一种是他们受惠于文学。前一种给文学带来巨大的光荣,使文学成为人类文化中宏伟辉煌的殿堂。后一种则从文学中获得无穷的好处。文学改变了他们的人生际遇,文学是他们不可或缺的人生支柱,是他们的快乐和幸福的源泉,是他们生命存在的一种方式。他们应该对文学感激涕零。契诃夫说,大狗叫,小狗也叫。我属于后者。"我写作着,我生活着,这就够了",这句话写在我的一个自选集的扉页上,这是一种自我安慰,也是一种人生定位。毕竟幸福并不是拥有一切,而是享受已有的一切。一个别无选择的写作者唯一可靠的便是把这种对写作的热爱,保持到生命的终点。

获奖作家访谈

池莉:通过写作,变成最接近天使的物质

池　莉　1957年生于湖北,现居武汉。武汉市文联主席,中国作家协会主席团委员。20世纪80年代开始发表文学作品,80年代末创作的长篇小说"人生三部曲"(《烦恼人生》《不谈爱情》《太阳出世》)被誉为新写实小说流派发轫之作。曾获各类文学奖项八十余种。《来来往往》《小姐你早》《你以为你是谁》《生活秀》《云破处》等多部小说被改编为影视、话剧、舞台剧。短篇小说《心比身先老》获第一届鲁迅文学奖。

采访手记

"我就是一个独行的人,天性孤独。我一直不入文坛圈子,不拜师不结交,天生就是孤僻性格。"她说,自己天生不善于应酬,也不乐于应酬,热闹中其实是身不由己。

写《来来往往》的池莉,其实喜欢独来独往。

于是,池莉成了会议和社会活动的"请假大王"。搬家,种菜,步行,阅读,写作,听音乐,看影碟,少应酬,躲媒体,远离文坛。这一切用文字表达的时候,只是轻松的罗列,对于盛名之下的池莉,做出这样的决定却需要相当的决绝和勇气。这也许是一个写作者的宿命,找到一个"隐身洞穴",写作并远行。

"允许我成为舞蹈/成为羽毛/成为最简单的沙砾/成为我",在诗歌《成为我》中,池莉抒发快乐的自由、飞翔与沉静。她爱上旅游,常常独自背着行囊去陌生的地方,无限接近、了解和理解各阶层人群,阅读、思考,拨开层层迷雾,认识到许多事物的本真。生命与写作共生,这是池莉此生想要的和正在坚持的个人方式。

"一个族群,不管你的文化是多么个性和独特,内核中都应该具有人类共同生命情怀和人类进化以来的普适价值观,如果缺乏,当然无法唤起文学审美。"她说,这也是自己的写作理想。

学医的经历对池莉一生的写作以及认识人性与生活本相,影响巨大。

问:您最初的理想是什么?走上文坛的过程顺利吗?

池　莉:三岁的理想就是写作,三十岁的理想还是写作,一辈子就这么一个理想。我希望自己通过写作,变成最接近天使的物质。

我生活中条条道都不顺,唯有写作除外。写作特别顺:自学医开始发表作品,至今无一字退稿无一篇压稿,永远都在被约稿被催稿,几乎所有中短篇都是头题发表并纷纷获得转载,长篇小说发行量可以达到二十万册以上,六十多项文学奖都给了我不小的惊喜,一部小说《生活秀》的虚构无意中创造了一个全国性的"鸭颈"食品产业,让许多人致富或者有饭吃,这是获多少奖都比不上的欢喜欣慰。像我这样一个性格孤僻、不善社交的人,我觉得冥冥之中确有神佑。

问:三十多年的文学创作,您走过了怎样一条心路历程?

池　莉:以前还真没有梳理过,出版《池莉经典文集》时有过一个简单梳理:大约有三个时期。第一时期:二十八岁前后,是青而不涩的时期,充满青春激情,充满成名渴望,满目都是现实生活的真相,并努力撕裂宏大话语启用新的真实细致的文字进行写作。第二个时期:三十岁到四十五岁前后,是熟而不透的时期,不断怀疑、猜测、颠覆、学习、重构,对自己、对生活、对社会、对历史、对世界。第三个时期:四十五岁至今,是透而不达的时期,在四十五岁那年,我断然确立了一种远离文坛喧嚣的个人生活方式,更多地切入其他各阶层生活,更大地扩展阅读面、阅读量和思考范围,终于获得拨开层层迷雾之感;不过,还远不够通达,还是较真的和激愤的。从《池莉经典文集》可以清楚地看到这条脉络。

问:为什么会有从医到从文的转变?根据从医经历,您创作了小说《霍乱之乱》,此后有没有相关的作品?这段经历对您的创作有何影响吗?

池　莉:我自幼热爱方块字,十九岁时的学医是被动选择。当年我们知青最热门的是回城当工人,我是"黑五类"子女,热门轮不到我,一般普通专科学校的招生就轮到我了。我母亲和外祖父都行医,从医对于我来说就是很熟悉很自然的选择。但是学习三年又工作三年以后,形势改变,作家这个职业又恢复了,我自幼的理想重新燃烧,因此弃医从文,再次报考武汉大学中文系汉语言文学专业,为当作家做准备了。

我以为医学与文学有着非同寻常的血缘关系。我十分庆幸自己在成为专业作家之前能够学医。除了《霍乱之乱》,我其实还有不止一部作品与从医有关,只是没有选入《池莉经典文集》而已。学医这段经历对我一生的写作以及认识人性与生活本相,影响巨大到难以估量。

在池莉的诸多作品中,《所以》并没有得到文学界足够的重视。我却在《所以》中读出太多的忧伤、悲凉和不屈的抗争。

问:读过您若干作品,觉着《所以》写得别有味道。似乎我成了主人公叶紫,跟着她一起开心,一起刻薄,一起掉眼泪。善良单纯的叶紫在这样一个复杂多变的社会,如何健康地不被伤害地生存下去?这不仅仅是她母亲所担忧的,也是每一个读者所牵挂的。

池　莉:我不仅仅担忧《所以》中的叶紫。面对我们的历史和现状,我为中国女性深深担忧。中国女性总是这么单纯和轻信,总是这么感性和认真,太容易受到伤害了。

问:所幸叶紫始终还是乐观向上的,她一再地受欺骗、受打击,可她充满自信、不服输、不服老,坚持要为儿子营造一个阳光的世界,可是为什么却在这个世界找不到真爱?

池　莉:女性永远都在寻找真爱,而真爱实在过于稀少,这是生活本身存在的沉重主题。这个主题的永恒性与无解性,注定了它的辛酸和凄美。文学正是这种辛酸与凄美的不断吟唱,我喜欢这种吟唱。

问:您写的是寻常百姓的凡俗生活,但是却隐含着大悲悯。您如何看待不同时代的女性?

池　莉:今天的女性,还就是《所以》里头的叶紫。我的《所以》,写的是整个时代女性。中国女性从1949年以后至今,都是单纯和轻信的、感性和认真的、太容易受伤的。并且这种特质形成得更早,几乎可以说中国社会发展史就是一部女性被轻蔑史。

问:在语言处理上,虽然有很多注释,但没有感到障碍,相反正是这些括号,及时准确地体现出叶紫的所思所想,更丰满了叶紫的人物形象。这种写法不同于您以往的作品,是有意这样处理吗?

池　莉:你阅读了括号,我很高兴。在这部小说里,我最大胆的创意和实践就是启用符号。我把括号的意义扩大了,它已经不仅是注释,而是心理旁白,是感情冲动,是无法说出口的语言和行动,是记忆的瞬间点燃,是意识的超时空对流,是冒犯,是发泄。

过去，我最不喜欢阅读当中遇到括号。这一次把括号当作文字使用，我几乎都爱上了符号。自己都特别爱读，一读括号，人物就特活，仿佛就站在眼前了，符号完全可以是文字。我当然是有意这么处理的，事实上现在的信息很多都是用符号传递的。我这么使用之后，小说里平面叙述的字数，有效地减少了一半。当然，减少字数也许减少了稿费收入，也许减少了被人认为是史诗性大部头的可能性，但我不在乎这些。

问：作品中反映出的各种问题，奶粉问题、二奶问题、噪音问题、重复建设问题、网恋问题、网络时代带来的家庭矛盾甚至敲诈勒索等若干问题，是否为您一向关注的问题？

池　莉：我用《所以》作为眼睛，缓缓扫视四十年的社会生活状态，甚至比四十年更长的历史，比如中国的公私合营时期。我个人洞悉这部历史，现在已经没有多少困扰。但许多人还是困扰的，还有许多人是无知的，尤其是更年轻的人。《所以》表现的是大多数人的困扰。

问：《所以》不仅反映了时代变迁，而且还表现了若干角色不同的女性缩影，每个读者大概都能从中或多或少地找到自己的影子。题为《所以》，想知道您为什么将作品主题归结于这两个字？

池　莉：小说中若干女性的影子当然是读者的影子。时代给予我们的东西太芜杂、太混乱、太虚浮了。中国城市的飞快发展，在带来了丰厚物质和泡沫信息的同时，也带走了许多优美隽永的东西，这是令人非常忧伤的。有这样一些"因为"的存在，于是就发生了"所以"。"所以"是一种果不其然，"所以"是一种万般无奈。

诗和远方是池莉的最爱,但她的选择与世外桃源无关。

问:《生活秀》等作品被改编成各种影视剧,最火的时候,您的生活发生了怎样的变化?

池 莉:《生活秀》的确给我带来了巨大的热闹:头题发表,头题转载,频频获奖,评论不断;改编电影,电影获得多项国际电影节大奖;改编电视剧,电视剧收视率不俗;又"人艺"改编话剧,又京剧团改编京剧;还有吉庆街迅速崛起一个鸭脖子食品产业,一时间全中国到处都是武汉原味鸭颈:久久、精武、来双扬,都是我小说取的名字。那两年,我成为空中飞人,到处出差,飞来飞去地签约、领奖、受访、讲座、饭局,许多其他行业也纷纷找上门来,五花八门的邀约不断。但是,我天生就不善于应酬,也不乐于应酬,热闹中我是身不由己,其实一直知道这些都是身外之物,更一直都懊恼自己个人的时间完全被占,静心写作也被破坏。忽然有一天,我觉得好累好累,就不管三七二十一地大睡一次懒觉,醒来之后,异常清醒地认识到:热闹中的我已经忙碌焦躁得狼狈不堪了! 够了! 我应该懂得选择生活方式了! 于是很快我决定:搬家、种菜、步行、阅读、写作、听音乐、看影碟、少应酬、躲媒体、远离文坛,同时尽力扩展对文坛之外丰富世界的了解与感知,无限接近、了解和理解各阶层人群,再用我的文字,慢慢写出来。我要成为一个健康洁净、从容精致的人,成为一个有能力感受与领悟世界上所有美好事物的人,成为一个善于思考、善于客观、善于理性与善于感性的人。至于是否能够做到,能够做到多少,那都没有关系,关键的是:我必须开始做。

我觉得我的选择与世外桃源无关,我以为我这才是真正地入世了,在大社会的背景下,文坛圈子才有多大?

问:有几年,听说您"隐居"起来了?为什么?

池　莉:我没有隐居。隐居只是一个传说。只是天生性格好静不好动,加上对小说带来的热闹也烦了,出去得就少了,回归本性了,传说就出来了,如此而已吧。

大约十年前开始,我首先拒绝了电视,任何节目都不参加。慢慢又不再参加文学笔会,改成自己去旅行,收获很大。再后来,我又开始种地(蔬菜),十分喜欢这种体力劳动,于是集体活动就很少出现我的身影了。对于经历过的热闹,我都不是很喜欢。这大概就是我"隐居"的原因吧。

问:您觉得自己是一个怎样的人?

池　莉:我是一个比较孤僻冷傲的人。尽管本事不大,脾气却不够随和。如果真的性格即命运,我对自己的孤僻命运有着充分的心理准备。

如果说她的文字中有一股血脉流淌,那便是长江或者无数湖泽。

问:《心比身先老》获得第一届鲁迅文学奖,您是在什么情况下创作出来的?

池　莉:去过西藏了,就写出来了。在西藏一路都特别想写,灵感就像秃鹫,时不时朝我俯冲下来,那感觉很妙。

问:您知道自己的作品参评吗?当时的评选过程后来有人向您透露吗?是否评委的意见比较一致?

池　莉:不知道。关于评奖一概无知。是揭晓之后突然接到电话通知的。真是又惊又喜,那个开心啊!

问:您去领奖了吗?有无获奖感言?还记得当年的领奖情况吗?

池　莉:去领奖了,在北京,人民大会堂颁奖。那时候还不时兴什么获奖感言,好像是有获奖代表发言吧。我印象深刻的是:作品的责编也有荣誉奖的,可是我的责编刚刚不幸去世,一听念他名字,我眼泪就禁不住冒出来,我在那里使劲忍住泪水。

问:今天您怎么看待自己当年的作品?
池　莉:我能够不喜欢自己作品吗?就两个字:喜欢!

问:一直在写武汉,您如何看待这座城市和自己作品的关系?您觉得自己创作的作品,内在流淌的"精神血脉"是什么?

池　莉:我已经在散文里说过,我与武汉的关系,是狗与狗窝的关系:也许我经常跑出去,无论跑多远,我都要回来;回来嗅嗅,是无比熟悉的气味,在窝里扒拉扒拉,很快就香甜入睡,连睡梦都充满写作激情。

如果说我的文字中有一股血脉流淌,我以为那只能是长江或者无数湖泽。

"对我来说,生活就是一棵大树,人类是小虫,在奋力地生活,奋力地爬行。能够在这棵大树上生活和爬行是一件幸福的事情。"2019年,池莉出版长篇小说《大树小虫》。

问:小说里的所有人,都有各自不同的苦恼和困惑。在这个时代洪流中,他们貌似成功人士,可也有各自的精神困境。每个家庭都有暗礁,每段婚姻都有波折。看完不禁让人思考,当代人的精神困境,真的是到了无法解决的境地吗?

池　莉:正如你所说:在读完《大树小虫》后不禁让人思考——这一点非常可贵!能够激起读者思考,是我写《大树小虫》的痴心妄想之一,同时我也认为这是好小说的质地之一。至于当代人的精神困境是否到了无法解决的境地,则不是《大树小虫》所考虑的。

问:您在写作中触及了当下社会的种种弊端,小说对于传统伦理、道德底线、自我价值缺失等问题都有剖析,而且包含了丰富的知识和信息。比如俞思语、钟鑫涛的婚姻看上去是幸福的,但是他们在环境污染等一系列社会问题的影响下,即使政策放开了,却无法如愿生二胎。这其实是当下很普遍的一个问题。这种关注现实、和现实保持密切的紧张对抗的关系,也恰恰是您几十年的写作中一以贯之的。但是这又是中国作家普遍面临的难题,所以很多人选择写历史、写散文。在现实主义题材的书写中,您觉得有难度吗?如果有,是哪些方面?

池　莉:我以为写现实的难度最大。社会高速发展着,社会关系高度混乱着,社会知识越来越丰富的同时也越来越充满伪知识。作家得进入沼泽,再趟出沼泽,定睛回眸细思量,才能够进行文学写作。否则细节就会大量露馅,情节就会与新闻故事雷同,很容易变成无效写作。

问:小说中的女人,甚至不同家庭的三代女人都有为了爱情的勇敢表现,跳楼者有,离家出走者有,未婚先孕者有,但是她们最终发现,爱情是很难维持一生的。婚姻最后只留下了形式。对于爱情,您是怎么看的?

池　莉:早年我就写过小说,书名是《不谈爱情》。这个否定性书名其实就已经是我对爱情的看法。爱情肯定是生物体内的一种化学物质。化学物质肯定是逃不出衰变过程的。爱情是化学,而婚姻是物理。婚姻是一种生活结构,本质上就没有可统一性。只是说,当年我还不那么残忍,不忍心残忍,有时候会笔下留情,赞美赞美爱情,安慰安慰女性读者,因为女性往往甘当爱情守望者。但是,写到《大树小虫》了,也到了写真相的年纪了。

问:可否谈谈您在整体写作上的构思?小说的结构看上去并未保持前后一致,是您有意为之?第一章的结构以人名命名,算不上是新鲜的形式。让我好奇的是在第二章的线性描写中,写主人公从备孕到最终失败的经历,题目如此重复,您觉得是一种有益的尝试吗?

池　莉:《大树小虫》的结构,我当然是刻意的。一般四十万字以上的长篇,弱点往往就是后半部分中气不足,篇幅上会产生累赘感。读者明明都知道什么结局了,作家还在故弄玄虚搞文学描写、风景描写、揣着明白装糊涂的人物心理描写。我决定避开这个弯道。我的《大树小虫》后半部分,开始线性奔跑,仿佛高速列车。紧张、意外,由大量动态细节构成明快又悬疑的心理节奏,最后结局出乎意料:生殖焦虑。人类最严重的焦虑,在结局的时刻突显出来,小说到此戛然而止。

至于这样写长篇,是否是有益的尝试,我想意义更在于尝试本身,至少我的体会是这样。

问:小说看完,觉得写得太真实了,看似一些不能理解的行为,其实在生活中也普遍存在。总觉得您在这部作品中有太多对于现实社会的思考,一时竟无法整理清楚。多年来您深居简出,这些素材是如何得来的?

池　莉：我的所谓"深居简出"，大约是对文学界而言吧。对于现实社会的思考与写作素材的获得，我其实就像薅羊毛那样，一直在勤奋地深入地薅。关于《大树小虫》的笔记，我都写了七八本。

问：十年间，您有不少作品发表，但是长篇是首次，提笔四十万字，写作的过程顺利吗？多年来您的写作状态经过调整，又有随笔和诗歌练手，是否写作的感觉和十年前已大有不同？

池　莉：十年来，我的确在不停地写。除了小说，更用诗歌、散文进行写作感觉的探索和深度触碰。探索和触碰的感觉是越来越难写了。《大树小虫》修改了N遍，花了好些年功夫。这是我此前写小说从来没有的事情。

问：对作家，尤其是成名的大作家而言，如何在既有的创作成绩上，获得对自我的超越是一个最为重要的问题。您是如何突破已有的成绩，获得自我的超越和心灵的提升的？是否有一个源源不断的精神源头？

池　莉：对文学真正的热爱，对人世真正的爱惜，对自己真正的珍视——一旦这三种理智与情感兼具，你就会发现自己格外清醒，这就是高贵灵魂的源头。

获奖作家访谈

刘庆邦:英雄几乎都和悲剧结伴

刘庆邦 1951年生于河南沈丘农村。当过农民、矿工和记者。现为北京市作家协会副主席,一级作家,中国作家协会全国委员会委员。著有长篇小说《断层》《远方诗意》《平原上的歌谣》《黑白男女》《黄泥地》《家长》等,中短篇小说集、散文集《走窑汉》《梅妞放羊》《遍地白花》《响器》等七十余种。中篇小说《神木》获第二届老舍文学奖。根据《神木》改编的电影《盲井》获第五十三届柏林电影艺术节银熊奖。曾获北京市首届德艺双馨奖。短篇小说《鞋》获第二届鲁迅文学奖。

采访手记

林斤澜曾多次评价刘庆邦的小说:"来自平民,出自平常,贵在平实,可谓三平有幸。"刘庆邦不会玩花活儿,很多作品都是展现当下社会的生存状态,表现作家对现实生活的困惑。他的小说,不是一泻千里的注水语言,"它像一枚钉子,一下子就穿透现实,并揳入现实内部去了。"

刘庆邦本人关于短篇小说之于长篇力量的比喻也很形象:一粒子弹,如果用手把它投出去,不会产生多大力量。同样一粒子弹,把它放在枪膛里射出去,由于速度的作用,它所产生的力量要大得多。

四十多年来,他只是埋头创作,哪里会料到,当初只是为了向女朋友"显摆"自己的写作才能,写着写着竟成了"短篇王"。他的小说,被王安忆拿到讲堂或论文中条分缕析当作范本;评论家李敬泽在刘庆邦的小说中看到了小说悠远的文脉、自我审视及对古老乡土的回望;学者李洁非注意到了刘庆邦的笔墨情趣和庖丁解牛般的神技。

"现在写中短篇小说的作者都是文学生产一线的劳动者,好比井下生产一线的采煤工和掘进工。"刘庆邦不甘心过早地退出"生产一线",还在坚持写中短篇小说。

问:到2020年,您的创作已经四十八年了。

刘庆邦:没错儿,要是做别的手艺,我可能早就练得轻车熟路,得心应手。可写小说这种事,谁都不敢说自己已经写得很熟练,写一篇成一篇。要是有熟练的感觉,恐怕离被小说抛弃就不远了。

要说写作历程,至少在写作动机上是不同的。在农村为广播站写广播稿,是想摆脱农村,改变自己的命运。到了煤矿写小说,是为了拿给女朋友看,显示自己的写作才能,以赢得爱情。调到北京继续写小说,很大程度上是为了出名,为了得奖,为了挣稿费补贴家用。眼下的写作,不能说名利思想一点儿都没有了,但主要成为一种心理上的需要,是为了自我修行,完善自己。写作的方法有过变化,也向西方的小说家学习过,但变来变去,又变了回来,回到了中国小说的传统。

问:您的中短篇创作一直保持良好的势头,能保持这样的状态,对于作家来说其实也是个挑战。

刘庆邦:现在写中短篇小说的作者都是文学生产一线的劳动者,好比井下生产一线的采煤工和掘进工一样。我不甘心过早地退出生产一线,还在坚持写中短篇小说。我主张细水长流,持续写作。这需要有几个条件:必须始终保持对写作的热爱;以劳动的观点对待写作;以学习的观点对待写作;有一个良好的心态,也就是平常心;保持对生活的好奇、敏感和激情;还得有一个不错的身体。其实我的写作还是有阶段性的,在1985年《走窑汉》发展表之前,我的作品过于写实,虽然也发表了一二十万字的小说,中篇小说《在深处》还得过奖,但影响不大。从《走窑汉》开始,我比较注意虚构,注意发挥想象的力量。

《鞋》这篇看似很美的小说,写的却是留在刘庆邦心上的一段隐痛。

问:短篇小说《鞋》获第二届鲁迅文学奖。您记得这篇小说是在什么情况下创作出来的吗?

刘庆邦:一篇小说,发表时快乐一回,收到稿费快乐一回,得了奖又大大地快乐一回。这些都是快乐。而谈小说背后的事情,唤起的就不一定是快乐,有时可能是一种渺茫的思念,有时甚至是痛苦的回忆。说实在话,《鞋》这篇看似很美的小说,写的却是留在我心上的一段隐痛。

我1967年初中毕业后,回乡当了农民。之后大队成立文艺宣传队,我也是其中一员。这样一来,全大队五个自然村的不少姑娘都知道我了。两个姐姐为我挑中了一个姑娘,意思是可以作为我的恋爱对象。姑娘一笑眼睛弯弯的,牙又白又齐,看去还算顺眼。亲事订下来后,姑娘就给我做了一双鞋。订过亲的姑娘给对象做第一双鞋,跟平常做鞋又不一样,不仅是物质性的,更是精神性的。姑娘把鞋做好了,在我到煤矿参加工作之前把鞋送给了我。我把鞋带到矿上,一开始对鞋十分爱惜,看了又看,就是舍不得穿,想留作美好的纪念。后来买了运动鞋、网球鞋和皮鞋之后,回头再看那双方口的布鞋,觉得它过时了,已经穿不着它了。关键还不在这儿,关键在于我的思想发生了变化,想自己谈恋爱,自己找对象。第一次回家探亲,我把那双鞋捎回去,退给了那个姑娘。就这样,我们的亲事就算吹了。

后来听到的一些事情,使我对那位我家乡的姑娘产生了愧疚感,心里渐渐地有了隐痛。听我姐姐说,那个姑娘嫁人后,日子过得很不如意。我想这一切都是我造成的,我辜负了那个姑娘,并伤了人家的心,我一辈子都对不起她。我还想到,我要是不把鞋退给她就好了。鞋是专门给我做的,退给她,她毫无用处,看见鞋,只会让她更加难过。懊悔是没有用处的。我怎么办?我所能做的,只能是把这件事情写成小说,通过小说写出我心中的隐痛,并表达我的愧疚之情和忏悔之意。其实这个意思我已经在小说的《后记》里简单表达过了,那个《后记》是小说的重要组成部分,绝非可有可无。林斤澜老师看破了我的用心,他在点评我这篇小说时特别指出:"这篇《鞋》的《后记》,我认为当属'翻屋',是比较成功的一例。短篇更要锻炼技巧,这个结尾可作参考。"

问:您知道《鞋》参评第二届鲁迅文学奖?

刘庆邦:知道。那一届,全国各地的文学刊物为我报了七篇短篇小说参评,包括《梅妞放羊》《谁家的小姑娘》《夜色》等,最终《鞋》获奖。评奖一结束,李敬泽就告诉我了,说《鞋》得的是全票,排在五篇获奖短篇小说的第一名。

问:现在看对这篇作品依然满意吗?获奖给您带来了什么?

刘庆邦:我写每一篇小说都很用心。我已经写了三百多篇短篇小说,写一篇,发一篇,没有一篇废稿。王安忆说我的天性里有与短篇小说投合的东西。

获奖的确是件让人高兴的事。但不管什么奖,一得到就算过去了,就没什么可说的了。获奖给我带来了好运,改变了我的处境。获奖的当年年底,我就调到北京作家协会当了专业作家,可以一心一意写小说。

刘庆邦的小说,一半是煤,一半是土。煤矿生活和农村生活,是他所熟悉的两个领域。

问:您的作品既关注现实,又与现实保持了一定的距离。

刘庆邦:我尊重同行的创新、求变和探索。但文学不能赶时尚,时尚都是肥皂泡泡,炫目得很,也易碎得很,我们永远赶不上。生活是在不断变化,不断给我们提供新鲜的感受,我们应予以关注。但变中有不变,文学也应该关注那些不变的东西。世界上有两样最美的东西,一个是太阳,一个是月亮,也就是阳光和月光。它们没有变,都始终是我们人类的审美对象。文学创作不是新闻写作,两者有着本质性的区别。小说与新闻一定要拉开距离。贴近生活、贴近实际、贴近群众的提法很好,作为一个小说作者,对"三贴近"的理解要有所延伸,还要贴近人物、贴近心灵、贴近艺术。这些道理谁都懂,就不展开说了。

问:《到处都很干净》是一篇与饥饿和性都有关系的小说,却写得很干净。

刘庆邦:这是一篇记忆小说,也是一篇反讽小说,其思想内涵有很强的社会批判性。

我要表达的想法是,人类无论走到哪一步都是困境。性当然是美好的东西,它是生命的根基,是人性的根本属性之一,从来都是文学描写的对象。在这篇小说中,性只对食而言,表明没有了食,就没有了性,食对性的作用是决定性的。

问:林斤澜先生说您是"来自平民,出自平常,贵在平实",怎么理解?

刘庆邦:一个作家的智力由三种基本力量组成:记忆力、理解力、想象力。记忆力又是这三种力量中基本的东西。一个人若失去了记忆,就等于是一个傻子。而一个民族失去了记忆就更可怕,就会重蹈灾难的覆辙。作家的一个重要责任,就是不断唤起人们的记忆,并为民族保留记忆。我是20世纪50年代初生人,经历的事情比较多,记忆比较丰富,我愿意回忆过去的事情。创作的状态就是一种回忆的状态,形成了回忆的状态,就沉淀过了,选择过了。就拉开了距离,有了距离之美和分寸之美。

林斤澜先生曾用"一棵树的森林"比喻过汪曾祺的作品,我觉得是恰当的。用这个说法比喻我的作品,我不敢当。林老多次评价过我的小说,有一种说法概括得非常好。他说我是"来自平民,出自平常,贵在平实,可谓三平有幸"。我理解,林老主要指的是我的创作。我不会玩花活儿,春夏秋冬,花开花落,创作上愿意顺其自然。

稀泥自下而上漫上来,并包上来,先漫过鞋底,再漫过脚面,继而把他的整个脚都包住了……刘庆邦的《黄泥地》自此开篇,那不动声色的铅字却像无边漫延的沼泽。

问:《黄泥地》开始进入比较松缓,越往后越好看,情节紧凑,高潮起伏。从写作初就设定这样的节奏吗?

刘庆邦:事物的运行都有节奏,一般都是先慢后快,快到一定程度,再慢下来。这是自然规律。文学作品的节奏也是这样,先是"转轴拨弦三两声",再是"铁骑突出刀枪鸣"。如果一上来就紧锣密鼓,进入快节奏,后面就不好写了。

除了您说的看上去进入有些缓慢,开始出场的人物也比较多,情节的铺排似乎也有些散漫。怎么说呢,这是整部作品的需要,也是我有意为之。它引而不发,在为主要人物的出场营造气氛,搭建舞台。说得不好听一点,是村里人集体性地为主要人物挖陷阱,把陷阱挖得颇有诱惑力,并极具隐蔽性,等待主要人物往里跳。从这个意义上说,开场出现的每一个人物、情节、细节,甚至每一块泥巴,都是有效的。有些看似闲笔,其实不可等闲视之。还有,小说的开始部分表面上看好像有些轻松,内里却暗流涌动,杀机四伏,心弦是紧张的。

问: 小说中还有一个人物,即《农民日报》的房光东。房光东处理本家房国春上访一事,圆滑世故,还有些怯懦、冷酷。您如何看待知识分子?

刘庆邦: 实不相瞒,房光东身上有我自己的影子。我承认房国春代表的是正义的力量,也佩服他勇于挺身而出维护正义的勇气,但我不会和他站在一边,明确表示对他的支持。房光东所选择的立场,正是中国大多数知识分子在是非面前的抉择,那就是中庸、自保和逃避。书中还有一位知识分子的形象,是曾经被打成"右派"的高子明。高子明在村人的争斗中,煽风点火,推波助澜,发挥的是知识分子的智力优势。但他智力的发挥,是以自身的利益为出发点和落脚点。在书中,我借房国春的口对高子明进行了严肃的批评,也是对知识分子进行批评,房国春说:"你少在我面前耍小聪明,中国的很多事情就坏在你们这些爱耍小聪明的人手里。"

我愿意承认房光东身上有我的影子,是自我反省、自我批判的意思。我对社会现实的所有批判,首先是对我自己的解剖,对我自己的批判。

问: 房国春在泥地里回家的描写令人动容。黄泥地是每个人离不开的土壤。它让你眷恋,让你无法自拔,但是很多时候也是甩不掉的牵绊。就像您在小说中所说:"不动声色的泥巴就像潜伏在地下的泥鬼一样,伸手就把你的脚抱住。"

刘庆邦:鲁迅先生的作品,致力于揭示和批判国民性中负面的东西,这是一种文化自觉,也是一种对国民高度负责的精神。我们向鲁迅学习,对国民性中负面的东西也应当有清醒的认识。也许不少人都发现了,我们的国民性中有一种泥性,也就是纠缠性、构陷性。这种泥性一旦爆发,会形成集体性的、无意识的人性恶,有着极强的攻击性和破坏力。

以我们那里黏性极强的黄泥巴作为隐喻,并安排房国春在步步陷脚的泥巴地里摸爬滚打,让他摔倒在泥巴地里,滚成了一头"泥巴猪",其寓意可想而知,说白了就不好了。因为任何隐喻都有方向性,也有局限性。

也许很多读者能从刘庆邦的《家长》中找到自己的影子。这是因为,刘庆邦的写作在追求个性化的同时,也在追求人性的普遍性。

问:王国慧这一人物形象非常成功,接地气,就像我们身边的亲人,她和娘之间的感情、她对儿子和丈夫心甘情愿的付出,都特别真实。既有勤俭持家的贤良,又有经营生活的精明,然而就是这样一个争强好胜的女人,却败给了教育。

刘庆邦:从登场到下场,王国慧是贯穿小说始终的主要人物,我一路盯着王国慧,为塑造王国慧的形象下足了功夫。小说的功能还是写人,写人的感情、人的心灵,一直写到人性的深处。作为一部几十万字的长篇小说,得把其中的一个或几个主要人物,写得有鼻子有眼、有心有肺、有血有肉,写活、写立体,能够立得住才行。如果人物形象是模糊的,让人无从想象,甚至连一个人物的名字都记不住,那就很难说小说是成功的。

问：儿子何新成最后得了精神疾病,父亲何怀礼认为是王国慧逼疯了儿子,您认为是吗?

刘庆邦：王国慧的丈夫何怀礼认为是王国慧逼疯了儿子,这是何怀礼激愤的、埋怨性的说法。我是怀着对王国慧尊重的心态,一直把王国慧作为正面形象来写的。王国慧是我国千百万家长中的一个代表,是一个典型的家长形象。我希望每个家长都能从王国慧身上看到自己的影子。反正我对王国慧是同情的,对她没有谴责和批判之意。我倒是觉得,何新成的意志过于薄弱了。因为情感上的挫折,导致精神崩溃,太缺乏战胜自我的能力。

更应该反思的是王国慧的丈夫何怀礼,他对儿子的父爱是缺失的,对儿子的身教是负面的。也许正是因为他的不良行为,才对儿子造成了不良影响,导致儿子的精神和行为异化,发生病变。深究起来,何怀礼身上所出现的毛病,也不是他一个人的毛病,而是社会的毛病。

问：小说从家长的角度反观中国教育,您认为我们需要什么样的家庭教育?

刘庆邦：需要什么样的家庭教育,我说不好,真的说不好。我只能从感性出发,说说我自己。我母亲不识字,她却是我的第一个老师,而且是我一生中最好的老师。我从母亲那里得到的主要是人格方面的教育。比如说诚实精神和勤劳精神,就是我的精神支柱和精神动力。

获奖作家访谈

红柯:走出大漠很慢,生长期很长

红　柯　原名杨宏科,1962年生于陕西关中农村,2018年2月24日去世。先居新疆奎屯,后居陕西宝鸡,曾任陕西省作家协会副主席。曾漫游天山十年,主要作品有"天山—丝绸之路系列",包括长篇小说《西去的骑手》《大河》《乌尔禾》《太阳深处的火焰》等。先后获得冯牧文学奖、中国小说学会奖长篇小说奖、陕西文艺大奖等。短篇小说《吹牛》获第二届鲁迅文学奖。

| 采访手记 |

有评论家如此总结:如果说杨争光的西部传奇氤氲着阴森的恐怖的杀气和人性的乖张暴戾,张承志的作品则把西部的苦难、血泪和仇视以激愤的、严肃的言语表达了出来,那么,到了红柯这里,西部的美和干净,温情和英雄性格,单纯和真挚的童话色彩,粗犷辽阔的画意,深邃刚美的诗情,成为他个人西部生活感遇之下的真切倾说。

"红柯现象"由此而出。如红柯所言:"在一泻千里的砾石滩,触到了大地最坚硬的骨头。我用这些骨头做大梁,给生命构筑了大地上最宽敞、最清净的家园。"

红柯写作和发表的有关西域大漠、边地塞外的小说达三百余万字。评论家贺绍俊把《太阳深处的火焰》看成新疆与陕西的热恋,认为这是红柯对自己几十年来的文学之旅在做一次总结,从陕西去新疆,再从新疆回陕西,他的文学思绪始终在两边游走。新疆是浪漫的,带给他火热;陕西是现实的,带给他冷峻,二者的热恋使他进入一个新的境界,因为在这里并不是水火不相容的状态,而是二者都有一个共同的源头,都从塔里木的阳光出发。红柯面对现实也是乐观的,因为他有"种子情结"。虽然有很多东西被埋没了,比如张载的关学,比如优素甫·哈斯·哈吉甫的《福乐智慧》,但这些都是种子,埋没的种子总是要发芽的。

2018年2月,这位具有骑士风采的猛将离开了文坛。

"眼瞳里跳跃的地平线/不会更远/戈壁滩上/风和阳光击毙时间/我还没有被历史融化/在时间的牙床上/我是一粒沙。"这出自红柯早年发表的诗歌《石头与时间》。那些诗歌,使他成为西部高地的"石头诗人"。

问:您是什么时候去的新疆?起步是诗歌,但是去新疆后不久就转向了小说创作,为什么?

红　柯:1986年秋天西上天山,1995年12月底回宝鸡。当年去新疆有一个文学梦想就是诗歌。大二时即1983年我在《宝鸡文学》发表一首小诗《红豆》,到1985年大学毕业,在《延河》《青年诗人》《当代诗歌》等发表近三十首诗歌,1985年大学毕业前在兰州《金城》发表一篇小说。也发表过一篇散文,但重点还是诗歌。喜欢古典诗歌、欧美现代派诗歌、朦胧诗,也很喜欢古波斯诗歌,尤其是鲁米、萨迪、尼扎米、哈菲兹,抄过整本的萨迪与哈菲兹。毕业留校一年后西上天山,1988年在《绿风》发了诗歌《石头与时间》,结束了诗歌写作。这首诗中可以看出一个关中子弟西上天山的惶恐不安与犹豫。

后来我以《石头与时间》写了小长篇,算是从诗歌到小说的转变,也是从抒情到写实的转化。初到新疆我先适应当地的生活,入乡随俗。老老实实地当伊犁州技工学校的老师,带学生实习跑遍天山南北。技工学校与文学无关的生活对我影响很大。

问:能谈谈具体的生活吗?怎么到了技工学校?

红　柯:初到新疆,我还是一身书生气,大学毕业留校一年远走新疆,还是想当大学老师,比如伊犁州师范学院、伊犁教育学院。当时组织上劝我去伊犁州技工学校,有两句话打动了我:一是"你农村出身,兄弟姐妹多,技校工资高待遇好";二是"你不是爱文学还发表过作品吗,技校老师一半时间上课,一半时间带学生实习,还有生活补助,公款出差,可以跑遍天山南北,大学老师内地与新疆差别不大,整天窝在老房子里"。我就心甘情愿地成了伊犁州技工学校的语文教师。

问:90年代初的作品《西去的骑手》与《百鸟朝凤》,是在新疆完成的吗?

红　柯:1990年到1992年,在天山脚下,我完成了长篇小说《西去的骑手》与《百鸟朝凤》的初稿。《西去的骑手》完全是大漠气派,而《百鸟朝凤》是向故乡关中古老的周原告别之作。

问:后来回到西安是什么机会?是否一切如意?您的作品中有谈到回到老家遭遇一系列的尴尬,这些内容是否以您本人的经历为蓝本?

红　柯:从新疆回陕西很偶然。1994年我有幸参加新疆维吾尔自治区青年作家座谈会,算是自治区重点培养的作家了,兵团《绿洲》也打算调我过去。这个时候母校陕西宝鸡师院搞校庆,校长杨昇军是我中学时的老师,看到我发表不少作品,有意调我回母校工作,1995年底一家人就突然回宝鸡了,跟做梦一样。

我记得办完调动手续,返回奎屯,过西天山果子沟时,天山顶上巨大的月亮一下子贴近车窗,我突然泪流满面,我已经办完了粮户关系、工作关系,档案已发走,我再也不是新疆人了。从二十四岁到三十四岁青春年华都留在天山了。新疆的高工资让我成家立业,新疆的牛羊肉让我这个农家子弟的肠胃变得强悍无比,新疆各民族的神话史诗让我脱胎换骨。

问：90年代中期，您的《奔马》等作品开始书写西域大漠。

红　柯：回到陕西，才发现自己已经成了新疆人。新疆是中原文化、印度文化、基督教文化、伊斯兰文化交汇之地，陕西尤其关中历史上是农耕文化与草原文化的交汇地，这些交叉地带强化了我在新疆体验的一切，也激活了天山十年的生活积累。我很少写自己，包括我的亲朋好友很少出现在我的作品里，我也不知道为什么，提起笔来总是西域大漠的人和事，包括牛羊马骆驼、飞禽走兽、草木砂石都与主人公共荣。《奔马》就是写西域大漠。从长篇小说《生命树》开始天山关中连接一起，但我本人还是出现得很少。我写过散文《两种目光　寻求故乡》，我总是不由自主地从天山望故乡关中，又从关中回视天山，对比中寻找生命的暗道。

问：刚到西安时生活和创作如何？有无困难或压力？

红　柯：对西安印象非常好，丝绸之路的起点。2005年去思源学院讲课才发现陈忠实老师小说中的白鹿原不是虚构的文学地名而是真实的存在，我专门写了《山河形胜白鹿原》。西安古长安的大街小巷以及周边的村寨寺庙包括终南山，全都是周秦汉唐古典文学作品中反复出现的关键词。碑林里的《大秦景教碑》和化觉巷、大学习巷、广仁寺，让人想到盛唐时基督教、伊斯兰教传入中国的情形，大雁塔与玄奘就更不用说了。迁居西安，再次激活西域十年的生活积累。大学时购书一千多册，从新疆回宝鸡五千册书以及几百盘各民族民间歌手歌带，迁西安时藏书近万册。好多书中还有大漠沙尘，我专门写了《移动的书房尘土飞扬》。

问：您觉得自己的创作和在新疆时比，发生了哪些变化或进步？

红　柯：从1983年发表作品至今，创作中断只有一次，就是1986年初到新疆断了好几年，以后再没有中断过。与我的性格与读写习惯有关。大学时我很少在图书馆看书，都在野外看书，晚上在教室看书到天亮。越是干扰多、压力大，写作欲望越强烈，我才不相信天时地利人和，杰作都是人生最悲惨最黑暗的时候写出来的，都是带血带泪的，都是破釜沉舟背水一战两强相遇勇者胜。2004年底来西安，2005年就写了中篇《军酒》，发表在《上海文学》2005年第11期。我一直手写，打印部的陕北姑娘打完《军酒》就鼓动男友一起去了新疆。

问：从1983年发表处女作到1996年9月《人民文学》发表《奔马》引起文坛注意，您经历了十三年。

红　柯：十三年发表七八部中篇、五六个短篇、几十首诗、几十篇散文，没有任何动静没有任何反应，生长期如此漫长。大漠戈壁的植物都是这么生长的，红柯本是植物，来自大漠。水土太好是否对一个作家有利真不好说。反正我感谢大漠戈壁，我从大漠深处上到《人民文学》，也要感谢李敬泽。我在新疆写陕西，在陕西写新疆，我适合写新疆。祖父作为抗战老兵在蒙古草原八年，父亲作为二野老兵在康巴藏区六年，我西上天山十年，作为周人之后，据说周人来自塔里木盆地，我西上天山应该是寻根之旅。到了大漠才知道大漠孤烟直不是烟是旋风，才知道高适岑参们不是浪漫主义是现实写真。

红柯的小说中一般会有两个地域的对话，这一特点在《太阳深处的火焰》得到了一次集大成式的展现。

问：可否谈谈《太阳深处的火焰》的结构，《太阳深处的火焰》写大漠红柳与关中皮影,对话与复调的结构更复杂。

红　柯:从艺术角度讲,纳博科夫结构能力很强,百花丛中飞舞的蝴蝶,处于动态中,确定与不确定结合得很好,另一个俄罗斯电影大师塔尔科夫斯基的《镜子》完全可以对应《微暗的火》,都是生命之光的飘忽不定。短篇写艺术,中篇写人生,长篇则是对世界的看法,其实就是如何结构笔下的这个世界。

问:您大胆地涉及学界的腐败等现实问题。您希望作品能起到怎样的效果?

红　柯:这部小说就是要在古老的皮影后边注入太阳的力量,以旷野的地火与苍天之上的烈日烧毁一切邪恶与污秽。太阳说,来,朝前走!1983年我发表第一首诗《红豆》到现在,从诗歌到小说就一个主题——火,西部高地就是浴火重生之地,西天取经就是取火。西方人盗火,东方人取火,火是一种文明。

问:您的小说关注人与自然、人与生命的关系,更关注人类"精神家园"的建立和探索。

红　柯:在西域大漠,在绝境中最大的体验是人的渺小与生命的无助,一棵草一棵树都与自己相关,包括石头沙子阳光空气。天山脚下读了那么多各民族的神话史诗歌谣之后,我买到了史怀泽的《敬畏生命》,彻底地从生活体验走向生命体验,走向心灵与精神体验,从那时起就有了万物与人共荣一体的意识。

2004年底我成为西安市民。文字中的古长安成为真实的存在,不再是从天山看关中,从关中看天山,而是从古长安新西安看天山。周人东进最早建丰镐,秦人东进改滋水为灞水。关学创始人张载是关中西府宝鸡眉县人,关学一直延及古长安至清末民初。我收集了张载所有的著作,与西域大学者优素甫·哈斯·哈吉甫的《福乐智慧》与印度史诗《摩诃婆罗多》一起研读,从文化审美上打通丝绸之路。

问:作为业余作家,您的教学任务重吗?如何调节写作与教学的关系?

红　柯:我是职业教师、业余作者。业余生活是一个人的精神生活。我给本科生开两门课《文学与人生》《文学与体验》,给研究生开三门课《中国少数民族文学》《中国少数民族文学经典导读》《中国少数民族文化》。节假日写作,开学上课。2013年前熬夜,只睡三四个小时,熬后半夜,森林般的头发成了荒原,"早晨从中午开始",2013年大病一场,不再熬夜,白天写作了。

问:在这部小说创作中,最深的体会是什么?

红　柯:《太阳深处的火焰》原名《皮影》,又不单单写皮影,是四个皮影艺人与一群高校师生与社会各阶层的几大群体,皮影已经上升为电影;有道是皮影是人对自己的想象,而电影是人对世界的想象,来自太阳深处的火焰则是对宇宙天地的想象。太阳深处的火焰有如此强大的生命力,是因为这股神力来自大地,来自人迹罕至的沙漠戈壁。三十年前我带技校驾驶班学生纵横大漠看到红柳时,第一个感觉就是红柳不是植物而是火焰,牢牢控制住沙丘的火焰,也只有红柳能把瀚海沙漠抓在手里,与之相比的只有天上的太阳,万物生灵都是太阳的影子……那时我就萌发了给太阳、给红柳写一部大书的念头。回故乡好多年后,皮影再次唤醒了大漠红柳与西部高地上空的太阳,纯粹的皮影只是个影子罢了。从土地到大地到旷野,是来自生命深处的呼唤。

获奖作家访谈

范小青:写作慢慢地走向自由王国

范小青　1955年生于上海松江,籍贯江苏南通。1978年初考入江苏师范学院(现为苏州大学)中文系,1982年毕业留校任教。1985年调入江苏省作家协会从事专业创作,现为江苏省作家协会主席、中国作家协会全国委员会委员。1980年发表小说处女作。共出版长篇小说《女同志》《赤脚医生万泉和》《香火》《我的名字叫王村》《灭籍记》等二十一部。发表中短篇小说五百余篇,以及散文随笔等。长篇小说《城市表情》获第十届全国"五个一工程"奖,《灭籍记》获第二届吴承恩长篇小说奖。作品曾获得第三届中国小说学会短篇小说成就奖、第二届林斤澜杰出短篇小说奖、汪曾祺短篇小说奖等多种奖项。短篇小说《城乡简史》获第四届鲁迅文学奖。

采访手记

范小青的勤奋与多产有目共睹。每次看到她一篇篇出手不凡的作品,总会讶异,一个看上去被文山会海淹没的作家是如何挤出时间写出那么多好小说的?

她又是一位特别让人愿意走近的作家。她的作品似乎能生出无限的魅力,有着几分妖魅几分诱惑,总想着探究小说深层的意味;待到相识,她的直爽、随和,亲切而又得体的举止,既像邻家大姐般让人亲近,又不失大家闺秀的风范。

再看她的笔下,皆是日常生活的普通事件,她不断地将目光投注于平常百姓,忧戚于他们的喜怒哀乐,描绘他们的生命情态,从最早写于1988年的《瑞云》及至获鲁迅文学奖的《城乡简史》,她总是充满热情,执着地描写变动中的中国时下底层百姓的生存面貌和人伦情感的微妙变化。

万变不离其宗。范小青说,有时候,她觉得自己的小说变化已经很大了,但是别人读起来,还说是从前那个味儿。因为一个人经过几十年的努力和塑造,某些东西已经深入骨髓。

也有评论家敏锐地注意到了范小青的变化。评论家程德培说,就范小青的创作而言,变化是一个持续不断的过程,其中有着值得肯定的过去完成时和难以预测的未来时。他说,承认变化不是个问题,而阐释变化却成了问题。

如何阐释,成为范小青留给评论家们的难题。

范小青以她数量庞大的小说创作,为读者营造了一个丰富的多维度世界。

"睁开眼睛,我看见她的远山近水,闭上眼睛,她就是我永远的念想。"范小青在她的小说或其他作品中,不曾脱离她的"苏州故事"。

问:《顾氏传人》是您较早的代表作,此后的系列作品,也都打着深深的地域烙印。您是怎样开始"苏州故事"的?

范小青:一开始创作算是比较顺利的,在处女作发表之前,我只投过一篇短篇,那是在1979年,编辑老师让我修改过,虽然最后没有发表出来,但是对我鼓励很大。1980年投出第二个短篇小说《夜归》,就在《上海文学》发表了,应该算是很幸运的。

其实在《顾氏传人》之前的一些作品,已经开始有了苏州的烙印,大概在80年代后期开始,苏州这个"我城"就进入了我的创作,从此以后,一直盘旋不离。苏州是我的家乡,是我生活了几十年的地方,推开门窗,她就是我的街景,不开门窗,她是我心底的涟漪,睁开眼睛,我看见她的远山近水,闭上眼睛,她就是我永远的念想。她就在我这里,我也就在她那里,我和这个地方是不可分割的,是无法隔离的,所以在我的小说或其他作品中,我都不可能脱离我的"苏州故事",即使近年我的小说中不再出现像《顾氏传人》这种鲜明的地域色彩和人物符号,但是我的作品内在的灵魂的东西一定是苏州的,最苏州的。

问:童年的经历对作家的影响是巨大的,很多人用"小巷文学""苏州地域风情作家"来指认您的"我城"故事。在做文与做人上,苏州对您有怎样的影响?

范小青：苏州这块水土和这个地方的人，特点是努力而不张扬，温和而又坚韧，许多人常说，宁和苏州人吵架，不和某某人说话。苏州的性格也许是有些柔弱的，但绝不懦弱，无论在经济生活、政治生活还是文化生活中，苏州从来不把精力浪费在无谓之争上。苏州的环境是宽松宽厚的，在苏州这样的环境中，苏州人勤恳地劳动，无论是"苏州园林甲天下""苏州红栏三百桥"，还是今天的苏州经济发展，都是苏州人辛苦创造出来的。我想，这些都是"我城"对我做人和为文上的重要影响。

范小青的写作，大多数与时代有关，大多是时代生活投射到内心所产生的反应。

问：从1980年开始发表作品，一上手就写短篇吗？在我有限的视野内，您好像是写短篇比较多的女作家。短篇其实对写作题材、技巧和语言等要求更高，且市场效应一般，为什么您会这么执着于此？

范小青：我的短篇小说是比较多。从1980年发表第一篇到现在，有三百多篇了。事实上写短篇小说是我最喜欢做的事情，不受任何外界的影响，无论它的市场效应还是其他什么效应好不好，我都喜欢写短篇小说，不写小说我会难受，不写短篇小说我会更难受，所以会执着。

问：早期的短篇，有非常鲜明的地域特色，细腻生动，琐细到有些唠叨，读者也熟悉了您的"小青式"唠家常般的叙事。我特别想了解您在写作时是怎样的心态，自己觉得耐烦吗？是否沉浸其中？您如何看待个人化书写与宏大叙事的关系？

范小青：琐细的唠叨，自己当然是耐烦的、沉浸其中的，还津津乐道、乐此不疲的,全然没顾及别人的感受。这是很自我的,太过自我,必定会局限自己的读者群读者面。近几年我开始反思,自己觉得稍微利索一点了。

个人的东西中,必定有历史和时代的宏大,而宏大的东西,也必定是体现在某个具体的人和事上,这个具体的人和事,可以是大人物、大事件,也可以是小人物和小事件。

问:《城乡简史》获第四届鲁迅文学奖短篇小说奖,这篇小说,您是在什么情况下创作出来的?

范小青:这篇小说是2006年1月发表在《山花》上的,写作时间大约是2005年的下半年。我的写作,大多数与时代有关,大多是时代生活投射到内心所产生的反应。2005年前后的时代背景,应该是大量农民工进入城市,给城市生活的方方面面带来了极大的变化和冲击,这是千百年来前所未有的。这种变化,肯定会影响到写作者的关注目光,会让写作者深入思考。一方面,农民工进城,几乎承包了城市的所有的底层的工作,最艰难最辛苦的工作都由农民工干了;另一方面,农民工却很难真正融入城市生活,无论是物质的基础,还是精神方面,他们似乎始终被隔在城市之外。《城乡简史》就是在这样的背景下写出来的。

问:您当时知道自己的作品参评吗?评选过程后来有人向您透露吗?是否评委的意见比较一致?

范小青:我知道作品参评了,作品由刊物推荐,刊物会告诉作者的。但是评审过程并不太清楚,因为当时恰好出国,在国外消息也不灵通。后来评选结果出来了,听说评委的意见比较一致,因为得票数比较高。认为这个作品,从个人命运的小角度反映了时代变化的大主题。

问:您去领奖了吗?还记得当年的领奖情况吗?有无印象深刻的事情。

范小青:我去领奖了。在鲁迅的家乡浙江绍兴,当天的颁奖晚会很热闹也很文学,不华丽,有品质,记忆犹新。

但是发生了一件非常痛心非常遗憾的事情,就是我的《城乡简史》的责任编辑、《山花》主编何锐老师,当天晚上出了意外,摔倒昏迷。颁奖活动结束后我们才知道,赶去医院看他时,他还昏迷不醒,虽然后来经过抢救挺过来了,但是身体受到很大影响,这个事情一直压在我心上很多年,直至今天。

问:今天您怎么看待自己当年的作品?

范小青:这篇小说确实是我的许多短篇中比较好的一篇,今天回头再读,也仍然能够打动和感动自己,仍然感觉是比较有分量的一篇,正如评委们一致的意见,它的以小见大,就是短篇小说的典型特征。这其实也是我在后来的写作中一直提醒自己、勉励自己的。

"偶尔地使用口语、方言,也同样是我在写作过程中最有乐趣的地方,用到这些方言时,我会独自个儿笑起来,真是一种享受……"范小青的写作,常常这样沉浸其中,自得其乐。

问:为什么《香火》的书写涉足这么多特殊的领域,类似禅语、对联、算命卜卦、流言蜚语、人说鬼话、鬼说人话等。

范小青:在农村,对农民而言,庙也好,佛也好,祖宗也好,很多都是一种实用主义的宗教,与其说是迷信,不如说是他们的精神寄托,所以对于菩萨、对于和尚、对于死去的先人(鬼)、对于算命先生等等,他们往往是用同样的态度在求助于他们,这就构成了《香火》中的众多的特殊领域。

问:评论称《香火》是个"异类",形式上近乎当下时髦的"玄幻小说"或"穿越小说",但内涵与品格上又有着坚实的现实主义质地,叙事上更是展示了"高难度"的技巧与功力。您怎么看?

范小青:这样的评价令我汗颜,当然也给了我极大的鼓励。

关于现实主义的质地,因为我本身就站在现实的大地上,我写的就是生活,我平时的所有生活,都在为我的写作积累现实的基础。只是在写作过程中,我遭遇到了一些变化。我们生活在这个时代就像在疾行的时代列车上,由于速度太快、节奏太强、变化太大,我们醒来的时候,常常会不知身在何处,得聚拢精神想一想,才能想起来,呵,昨天晚上我原睡在这里。有一天我在一个陌生的地方住宿,晚饭后天已经很黑了,我到院子里散步,因为陌生,因为黑,到处影影绰绰,光怪陆离,有一瞬间,我忽然怀疑起来,我觉得我到了另外的一个世界,或者另外的一个星球。那天晚上,我做了很奇怪的梦,梦见了许多很奇怪的事情。或者,在我疑惑的那一瞬间,我真的已经脱离过了。

一个人,如果身体过度劳累,如果心灵过度疲惫,是有可能产生出一些错觉的,那么,一个时代,一个社会呢?有些感觉,果真是那么真实吗?另一些感觉,真的就是错觉吗?

许多本来很踏实的东西悬浮起来,许多本来很正常的东西怪异起来,于是,渐渐地,疑惑弥漫了我们的内心,超出了我们的生命体验,动摇了我们一以贯之的对"真实"这两个字的理解。

有人读了《香火》,觉得这个小说在写法上有浓郁的魔幻现实主义色彩,其实我想,更主要的可能不是手法,而是感受,是感受影响了写作的方式和写作的技巧。

问:通过寺庙和祖坟地,您的笔下其实牵挂的还是时代生活的巨变,同时也有对中国传统文化及当代中国社会的深刻反思。您希望通过《香火》传达怎样的理念?

范小青:人对任何东西都应该存有敬畏之心(哪怕是鬼)。时代、生活变了,对生活的敬畏之心不能变,如果人对任何东西都失去了敬畏之心,人类也就失去了最后的底线。

《香火》的言谈总是充斥着怀疑和不解,一切都不确定;在《我的名字叫王村》中,范小青又带着读者走了一趟似是而非的迷宫。

问:"对话"是您的创作比较常用的叙述方式,尤其是早期的作品,对话之密集构成整个创作的风格,为何您如此钟情这一方式?

范小青:正如您所说,我写小说比较钟情人物的对话,经常用对话展示人物性格,用对话表达思想,甚至还用对话推动情节,这和我一开始写小说就形成的习惯有关。我的小说创作较少使用比喻、咏物、状事等手法,更多的是一种朴素的叙述、大白话的叙述,而其中的对话,基本上也都是大白话,因为我觉得我能够在大白话中蕴含许多滋味,蕴含许多言外之意(当然,这是我的主观意愿,客观上,作品有没有达到那样的效果,那是另一个话题)。总之,这是我自己最喜欢的写作方式和习惯,所以无论是长篇小说还是短篇小说,对话是我的最爱。

问:王全与赖月的爱情,让我看着很会心。虽然没有经历过这样的感情,但是看着就感觉特别真实,着墨不多,却写得无比鲜活。您是怎么把握的?

范小青:您的这个问题让我特别开心,因为许多人似乎都没有在意这一点,这其实是我蛮用心写的一块内容。一、写他们三次交流都是通过短信,这也是我用心设计的,现代社会人与人的交流不就是这样吗?二、这其实是小说整块灰色中的一点亮色。

对于自己的创作变化,范小青总结为"中年变法"。于是有人说,范小青"变得大气了",从小巷子里走出来了。但是也有人痛惜她的变化。

问:您是一个风格多变的作家。每一部新作都会有新的突破,总让人感到意外的惊喜。这种自我挑战的勇气和动力来自哪里?

范小青:前些年的变化基本上是不自觉的,那时候作品风格变化,似乎是受内容的影响才变化的,但近几年的变化,自己是有所努力的,确实是自我挑战。勇气可能谈不上,但动力是有的,动力就是来自对写作的热爱,因为爱了,所以想要做好,想要做好,就会想着怎么做才能更好,这就有了变化。

问:您认为支撑自己创作变化的理念,来自阅历与经验顺其自然的积累,还是有意识地设定目标?

范小青:从1980年发表第一篇短篇小说开始,写作四十年,几乎是一个人的最精华岁月都用在这上面了,花了这么长的时间,琢磨写作这事情,现在回想起来,真是十分的感慨。经历的最大的变化,是从必然王国慢慢地走向自由王国,这里我用的是"走向",而不是"走到",走向是一个动词,永远在动着,永远在走着,没有哪一天可以说,我已经"走到"了。写作风格上,也是从传统的封闭式写作,慢慢走向现代的开放式写作。当然写作不可能完全随心所欲,但至少在自己的内心,是放得开了。

问:勤奋多思,并且在文学创作上传承中国传统文化的脉络,但是又具有特别时尚、不落潮流的前沿意识。既背靠深厚的文化积淀,又密切关注现实,您的作品总给人一种清新、超前而且目光深远的印象。您觉得呢?这种通常意义的既脚踏实地,又能在天空飞翔的双重潜能,来自哪里?

范小青:"既脚踏实地,又能在天空飞翔"是我的努力的方向,也许我一辈子都达不到这个目标,但是我会努力的,虽然年纪不小了,但我始终会是一个"好好学习天天向上"的孩子。如果说我能够站在现实和未来、文化积淀和前沿意识的交织中,我想,原因主要是生活加思考,因为生活太丰满太深邃,我沉浸在生活中,不想思考也会思考,不想有收获也会有收获。

四十年间,乡村场景和乡村人物曾陆续出现在她的作品,2016年出版的《桂香街》,则回到了她熟悉的居委会。

问:三十多年前您刚刚当上专业作家时,曾经到苏州的居委会深入生活。现在的居委会和您印象中的居委会比,有何不同?

范小青:当时大约是1985年前后,三十年过去了,居委会发生了很大的变化。从工作人员的情况来看,从前我在苏州去过的居委会,一般只有两三个、三四个干部,都是中老年人,而且以老人为多,有许多是退休以后到居委会工作的;现在的社区居委会,除了书记或主任年纪稍长,也不过四十多岁、五十来岁,其他大部分都是年轻人,也有书记主任都是年轻的,他们有些是从单位提前下岗的,也有大学生。居委会的办公场所、办公条件也有很大的变化,为居民办理各种手续进行各种服务大多电子化了。当然,最主要的是,居委会面对的要处理的情况变得复杂、多元,不像从前那么单一了。过去的居委会干部面对的大多数是本地的市民,都是老街坊邻居,知根知底的,现在的社区人员结构十分复杂,什么人都有,什么事也都可能发生。

问:和那个时期的作品相比,《桂香街》是否更具有时代特色?更复杂?

范小青:和80年代相比,现在的社会生活更复杂、更丰富,作品肯定也会更复杂一些,更丰富一些,而且呈现出许多说不清道不明的东西,许多社会现象无法用简单的评判批准去衡量,也无法用简单的结论去归纳。这可能是《桂香街》区别于我的80年代的小说的地方。

至于时代特色,当年的作品有当年的时代特色,今天的作品有今天的时代特色,我的写作,几十年来,始终是从时代生活中获取灵感和素材。

问:《桂香街》的写作重回纯粹的现实主义。

范小青:主要是由题材决定的。我曾经反复考虑,也十分犹豫,到底应该怎样处理这样的题材,最后还是觉得,这个题材很难用其他的写作手法去表现,至少从目前我的创作水准和思想水准来说,我无法用别的方式去表达。只有老老实实回归现实主义,而且着力从塑造人物形象去努力。

范小青的创作整体上是现实主义的,但同时很多作品又充满荒诞感。在写作《灭籍记》的过程中,她不止一次为笔下的人物笑出声来。

问:《灭籍记》由三个部分组成:寻找房本、寻找档案以及寻找一个不存在的人,三个部分的故事相互纠缠,相互推进,在阅读中要时刻警惕保持清晰的思路,否则很容易被绕进去。

范小青:这部作品的写作,分两个阶段,第一个阶段不怎么顺利,因为起初我是想正面去写一个苏州老宅的故事,恐怕写了有好几万字了,可是怎么写也找不到感觉,难以为继。后来放弃了正面强攻,确定了现在这样的幽默荒诞的基调,将沉重的题材放进好玩的故事,写作就顺畅起来了。这让我想起多年前写长篇小说《赤脚医生万泉和》的时候,开始是写一个完全正面的正常的一心为农民的农村医生,也是难以为继,后来将主人公设置成一个低智商(脑膜炎后遗症)的形象,就是写一个笨笨的人,怎么在医疗条件十分落后的农村治病救人,后面的写作,就一路行云流水般了。

如果真的就是简单的行云流水,那只是一杯白开水,不会有滋味的。很多读者喜欢行云流水的文风,是因为作者在行云流水的背后,掩藏了他们非常厚实沉重的心思。

问:《灭籍记》中的好玩的人物:郑见桃,这是一个必须冒名顶替才能生存下去的老太太,也是一个好玩的"老不正经的老太"。

范小青:我写了几篇《灭籍记》的创作谈,其中一篇题目叫《好玩的背后》,说到郑见桃。我写她的时候,确实好多次忍俊不禁,这是个很好玩的人物,一个调皮的老太太。但是郑见桃绝不仅仅是好玩。我们要看到的是好玩的背后——郑见桃,一个必须冒名顶替才能生存下去的人。

问：小说中还有着墨并不算多的人物郑见桥。为了表现对组织的忠诚，一心要把郑家的老宅捐献给国家，却因为找不到房契惹来麻烦。这些人物带着悲剧色彩，荒诞又悲凉。

范小青：在历史的往事中，写满着类似的悲凉，它们看起来简直荒诞不经，简直不可思议，用一句最通俗的话说，就像是编出来的。确实，这就是编出来的，这是故事。但是这个故事，这个"编"，是建立在真实的基础之上的。曾经在历史上，类似的真实事件比比皆是。这确实很搞笑，用这样的手法写悲凉，就是含着泪的笑，就是我想通过文学作品，写出过去曾经有过、今后再也不应该重新出现的荒诞。

问：您是如何看待"寻找"？

范小青：其实从主观上讲，我并没有觉得自己对"寻找"这个主题有特别的关注、特别的执着。有时候自己也不太清楚到底是什么原因，写小说，写着写着，就写到"寻找"那儿去了，或者才开始构思，想着想着，又到了"寻找"这儿了，似乎绕来绕去也绕不过去。正如你说的"格外深情"，我想，这种深情，真是藏得很深，有时候自己都发现不了，但是到了关键时候，它就冒出来了，非常执拗地掌控你、指挥你、霸占你的作品。

因为写了较多的寻找题材小说，我曾经几次在笔记本上写上大大的"不再写寻找"这样的字，并加上几个感叹号来提醒自己。但是没有用，我拗不过我的思想。所以干脆就听从思想他老人家的思想，就继续寻找吧。

问：您说过："也许是这种贪'玩'的心态，直接影响了我的写作。"但是我想很多时候,您的写作是沉重的。

范小青:我们的世界和生活发生了巨大的变化,变得更丰富、更复杂,变得很有趣,变得奇怪、无厘头、好玩,但绝对不是简单的傻傻笑那种好玩,是暗含着错综复杂内容的不可捉摸的有趣,是有着特殊分量的奇怪,是让人感叹的沉重的好玩。在这样一个时代写作,写的又是时代的故事,我们已经无法用从前的一本正经的老眼光、老观念去看待、去提升,我觉得自己已经回不去,回不到一本正经的状态。

关系的倒置,真假的难辨,观念的对峙,一地的鸡毛,满脑子的混乱,组合成了时代的风貌。世界在变化,文学怎么样?至少我想,我们的写作可以有、也应该有更多的路径。好玩的故事承载历史的命运,"好玩"的背后,是对现实的剖析和生存的思考。这是我想做的事情。

获奖作家访谈

冯骥才:我喜欢为理想活着

冯骥才　1942年生于天津,浙江宁波人。中国当代作家、画家、文化学者。现任国务院参事、天津大学冯骥才文学艺术研究院院长、国家非物质文化遗产名录评定专家委员会主任、中国传统村落保护专家委员会主任等职。已出版作品集二百余种。代表作有《雕花烟斗》《高女人和她的矮丈夫》《神鞭》《三寸金莲》《珍珠鸟》《一百个人的十年》《俗世奇人》等。短篇小说集《俗世奇人(足本)》获第七届鲁迅文学奖。

采访手记

依然翠绿的爬山虎密密层层地爬满高高的院墙,鱼儿在倒映着高大建筑的浅水中游戏,偶有金黄色的树叶缓缓飘落在池面,生怕惊动了这院子的宁静和幽深。

既现代又古朴,既灵动又深沉。步入位于天津大学内的冯骥才文学艺术研究院,立即被庄重却不乏诗意的空间感染,令人沉静;而参观院内的展室,则把我迅速拉回现实:这座集中了冯骥才一生藏品和文学作品的"博物馆",点滴都凝聚着他的心血和足迹。

他曾无数次碰到这样一个问题:你究竟是怎样从一个作家转变为一位众所周知的文化遗产保护者的?为什么?

这是冯骥才最难回答的问题。他在文学创作的鼎盛时期转向文化遗产保护,很多人不解,甚至怀疑他写不出来了。现在,他用新书《漩涡里》回答了这个对他来说"太复杂、太深刻、太悲哀、太庄严,也百感交集"的问题。

从1990年到2013年,他身不由己地被时代的漩涡卷入,与时间赛跑保护传统文化遗产,为此付出无比艰辛甚至悲壮的劳动。如果说文学和绘画,是出自一种本性,文化遗产抢救和教育则是冯骥才的选择。对他来讲,这四件事情是融在一起的,是他生活的全部。

他把书桌放在了田野,在大地上思考,让思想生出翅膀,长出双脚。学院博物馆化、对田野和文化体验的重视,是学院的办学理念。目前,冯骥才文学艺术研究院有三个"国字头"研究机构:中国木版年画研究中心、中国传统村落保护与发展研究中心、中国传承人口述史研究所。他把"非遗"和优秀的民间文化请进校园,让年轻人在文化体验中成为传统文化自觉、主动的传承者。

冯骥才说,我喜欢为理想而活着,以思想立,承担责任。他用生命践行知识分子的理想。

冯骥才有过一个精妙的比喻：长篇是海，中篇是河流，短篇是一湾池水，小小说是一朵浪花。这朵浪花是从生活中跳跃出来的，是从脑袋里跳跃出来的。

问：您的《俗世奇人（足本）》获得第七届鲁迅文学奖，小小说界也深受鼓舞。在长篇小说大行其道的今天，为什么您还愿意坚守小小说的阵地？

冯骥才："小小说"最早是河南文学界提出来的，创办了《百花园》和《小小说选刊》，他们有很高的文学见识，他们是有眼光的。很多地方刊物，坚持自己的看法、主张、兴趣和审美，而且在学理上不断论证，几十年如一日，形成了自己独特的风格，对读者有深远影响。他们支持我，我参与他们的事业，也曾经不断写小文章，在学术上支持一下。

至于个人写小小说，谈不上坚持，我什么都写。就像诗人，可能写长诗，也可能写律诗，绝不可能把律诗刻意拉长。我写长篇、中篇、短篇，写大量的文化档案，写文化学的、人类学的、民俗学的，也写了大量关于绘画的文章。长篇小说是长篇小说的素材，小小说有小小说独特的发现，是不能代替的。

问：从80年代您就从事小小说创作，您如何看待小小说？

冯骥才：我很早的时候写过一篇小小说《哈哈镜》，才五十多字。80年代的写作，非常有激情，那时候也特别年轻，有创作活力，在开放的自由的时代，觉得所有东西都松绑了，我曾经在《人民日报》写了一篇文章，题目就是《让心灵更自由》。小小说对写作有一种挑战。小小说不小,要找到特别绝的结尾。我挺喜欢这样的思维,高度凝练,三笔两笔油画一样把人物形象点染出来,要求作家有非常好的文字功底,我偶尔碰到了就会写,写了不少。

小小说对我来讲是非常独特的思维,是先发现结尾,倒过来写。小说需要细节,黄金般的细节。在成功的小小说的结构中,往往把金子般的情节放在结尾部分,好像相声抖包袱。像《聊斋志异》中的《口技》,多么逼真;契诃夫的《万卡》,写万卡在信封上写下"乡下祖父收","万卡跑到就近的一个邮筒,把信丢了进去……"就那一个结尾,把生活的无望写出来了。

问:那些黄金般的细节和结尾,对您来说需要刻意追求吗?

冯骥才:周恩来说:"长期积累,偶然得之",生活是大量的吸收、感受、思考,没有约束,没有限定。所谓得到是生活赐给你的,是上帝拍了一下脑门,是偶然的生活给你的细节,也可能是有了灵感,自己蹦出来的。好的东西都是蹦出来的。如果写作需要绞尽脑汁,干脆别写了——写作是件很愉快的事情。当然有的时候,要选择特别好的情节,可能陷入苦思冥想,但是小说表现的时候还应该是带着灵气出来的。

问:您特别认可"灵感"或者"天赋"?

冯骥才:只要认识了三千字以上,只要有一定的文字能力,每个人都可以写作,可以写散文写日记,但是不见得能写小说。虚构的特点是由无到有,贾宝玉历史上是不存在,安娜·卡列尼娜、冉阿让也是不存在,是曹雪芹带着贾宝玉出来,莎士比亚带着罗密欧、朱丽叶出来……我真是觉得真正的表演艺术家,每演一个人世界上就多了一个人。这就是艺术最伟大的地方。文学需要创造,音乐需要创造,绘画也是这样,需要特殊的禀赋。

问:最近这几年,您陆续推出了《无路可逃》《凌汛》《激流中》等非虚构作品,并不以年代划分,在整体创作结构和节奏上,您是怎么把握的?

冯骥才:第一本写1966年到70年代末,原来的名字叫《冰河》,出版时叫《无路可逃》,写如何走向文学。第二本写1977年到1979年,是整个社会和国家从"文革"向改革急转弯的时代,也是中国当代"新时期文学"崛起的时代。我特别有感触的是黄河的凌汛,冰一旦解开,上百平米的大冰块,被鼓涨起来的河流以极大的力量冲到岸上,便用"凌汛"形容改革开放之前的解冻。第三本《激流中》写1979年到1988年。在第四次文代会上,当邓小平讲到"作家写什么,怎么写,是作家自己的事,不要横加干涉"的时候,掌声像大潮一样爆发出来。所有这些都是我亲自经历过的,这本书写到80年代末第一次现代艺术画展在中国美术馆举办。我最后讲:一个时代结束了。

问:纵贯五十年的书写,对您意味着什么?

冯骥才:从60年代中期写到21世纪的第二个十年的中期,写了五十年的人生。一开始我想写成生命史,后来慢慢想,真正写出来后不是生命史,是心灵史、思想史。实际还是写了一个知识分子个人化的心路历程。

我真正想写的是,我们这代知识分子,是在红旗下长大的一代人,随着国家的变化个人的命运也在变化,一直有自己心灵的追求,一直把个人要做的事情、个人的选择跟整个时代的命运连在一起,是天生的一代有社会责任感的人,有一种使命感。无论是我早期的问题小说、"伤痕小说",还是后来的文化小说,都有强烈的社会责任感；无论是虚构还是非虚构，即使有一些看起来是历史小说，实际都和当代社会有密切相关的思考。从作家向文化遗产保护者的社会职能的转化，仍然是使命在身的。所以我说，我做文化遗产和学者做文化遗产是不同的，还是有很强的人文情怀。

冯骥才认为，书桌应该放在大地上和田野中。知识分子要在实践中验证自己，而不是坐而论道，与现实风马牛不相及。

问：您为保护非遗做了那么多事情，为什么还说自己是失败者？

冯骥才：对于古村落的保护，我在2011年曾经直接对当时的国务院领导提出来。我讲，2000年中国的自然村是三百六十万个，到2010年已经是二百七十万个，十年间减少了九十多万个，相当于一天失去了一百个村落左右，这个数字让人震惊。我们的古村落进入一个消亡的加速期。要么是发现一个开发一个——实际就是开发一个破坏一个；要么是根本不遵从文化规律，从眼前的功利出发，改造得面目全非，把真的古村落搞成了假的古村落。中国五千年的文明，有多少老村子，我们根本不知道这村子的历史，在不知道历史的时候这村子已经没有了。

后来国家已经意识到，村落的保护应该成为城镇化的一部分。2012年发动立档调查，住房城乡建设部、文化部、国家文物局、财政部联合启动了中国传统村落的调查与认定，对具有典型性和代表性的村落加以保护，在全国选择五千个极具历史价值的传统村落命名保护。

问：面临各种各样的困难,您还是义无反顾做下来了。

冯骥才：作为一个中国的知识分子,不能不做。我把文学放下来。有人认为冯骥才写不下去了,怎么可能！我那时候是创作感觉最好,我把文学放下去做非遗保护,谁也不知道我内心的苦涩。我最爱的是文学和艺术,我希望写出最好的文学作品,画出大量的画。我有几部小说要写,人物就在眼前站着,我有写作的冲动,但我必须压抑自己。文化遗产的保护远比我写一部小说要重要得多。

没有人劝我这么做。我觉得我必须做,没有任何功利思想。之所以这么做,说实话,是想让世人知道中国还是有人有良心做这个事。我想做的事,就是"五四"以来中国知识分子的传统。在商品时代,纯粹的精神至上的人太少了。

冯骥才学画时学的是北宗山水画,风格雄遒刚劲,被誉为真正的现代文人画。然而他的绘画多数成为展品,卖画筹款用于文化遗产抢救与保护。

问：您有过几次大型的画展,都是为了筹集资金做非遗保护。

冯骥才：经济最困难的时候,我组织了几次画展卖画,收入作为中国民间文化遗产抢救资金。苏州画展筹集的资金不够,再去北京办画展,北京不够再去南京……白天往各地跑,做大量的调查,我的很多时间的写作是做文化档案、做普查提纲。传统村落和文化遗产有共同的问题,就是没有专家,我们的一些专家往往是帮助开发旅游的。

问：当初打响"天津老城保卫战"的时候,您也没想到这么难吧？

冯骥才：全靠民间的力量。我是文联主席，不能动用公家的权力。我邀请当时的历史学者、文化学者、城市史的研究专家、艺术家、摄影家一百多人，用自己卖画筹集的钱组织他们做几个老城的调查，出版了《旧城遗韵》《天津老房子》等系列图集。还真起作用了，五大道、解放路中街……好多天津的历史文化保护下来了，老百姓认同我的做法。

问：是什么动力在支撑您做这些事情？

冯骥才：完全是因为热爱才做，一个知识分子心里其实单纯。一个是文化理想，文化表达了我们的情感，表达了我们的美好；一个是家国情怀，家国情怀是对人民的热爱。你的心是热乎乎和土地连在一起的。这就是我们这代人的心。

我认为这是知识分子的天性，一是理想主义者，二是完美主义者，有点傻乎乎的。我又是固执的人，认为对的就要做。真正碰到现实的时候，很难博弈的两个力量，一是消费社会的力量，有人认为"非遗"保护的对立面是开发商，从更高的层面理解是和消费社会较量。消费要把一切变成利益。和巨大的价值观较量时，我是弱势，它是利益的我是精神的，你怎么说服它？一是官场，不良政绩观，只要和政绩无关，就没有兴趣。我赞同习近平总书记提出的"不以 GDP 论英雄"。我有一个观点：提出"文化自觉"很好，但是连文化是什么都不知道怎么自觉？首先要了解自己民族、自己的家底，了解才能热爱，热爱才能有文化的自觉，我们真正有文化自觉的时候才会有自信。"文化做大做强"我同意，应该思考的是，哪个省不是文化大省、文化强省？文化真正的大和强，本质是要做精做深。文化越精越细越深，才越强。如果文化粗鄙化，虚张声势，怎么做强？

2018年,冯骥才获得第七届鲁迅文学奖。他说,在书斋的时间多了,文学又情不自禁地返回到自己身上。

问:您将文学、绘画、文化遗产抢救和教育视为自己的"四驾马车"。

冯骥才:是"四驾马车",也是"四只手",该用哪只就用哪只,我也不是千手观音,有四只不错了。

文化遗产现在和教育合在一起了。我想做一个特别高档的艺术研究院。研究院办的第一个展览是达·芬奇画展,当时意大利的大使问我能不能到意大利办画展,我说我没兴趣去意大利办画展,但是我有兴趣把意大利经典的原作拿来天津办展览。这事还真做成了,他们从意大利贝利尼博物馆运来四十九幅画,汇集了达·芬奇、米开朗琪罗、拉斐尔等西方绘画大师的珍品,当时来参观的有十几万人。我原来想把艺术做得特别大,还想培养艺术研究史的学生,现在没这想法了。非遗保护占用了太多的精力。

问:您现在的生活是怎么安排的,每天仍然到学院来?

冯骥才:那天我在家里说了一句话,等我岁数大了以后,预备怎么办——我爱人说:"怎么你还没老啊?"我经常忘了自己的年龄,忘记自己年龄的人永远是年轻的。我还能做点事情,还有用。我的思维一直保持超敏感的状态。可是有一个变化,我现在岁数慢慢大了,爬山困难了。前年有一次去陕西做"一带一路"的演讲,经过彬县大佛寺的时候,我忽然发现不能爬山了。出去得少了,书斋里的时间就多了,小说和绘画自然而然来找我了。所以获得鲁迅文学奖,我很高兴,对我最大的好处是读者回来了。

问：您很在乎读者？

冯骥才：我是一个读者感很强的人，我很在乎读者。我刚一开始写作是1978年，楼下有一个信箱，信太多了，我就做了一个大纸箱当信箱。每次送信的一喊我，我就带一个洗脚盆下去拿信，一开信箱，信呼啦下来，盆就满了。特别感动的是，我打开的时候有些信是有声音的：写信的人一边写信一边流着眼泪——那时候我知道眼泪是有黏度的，泪水和钢笔水粘在一起，一打开信发出沙沙的声音，这沙沙的声音和信的内容感动了我。我们已经告别书信，但是我到现在还记得那个声音。《一百个人的十年》我是先在报纸上发表了文字，收到四千多封信。信的量太大——那些信是活生生的，是有感觉的读者、有生命的读者。

实际那么多年我做民间文化遗产抢救，没有完全失去读者。我有很多文章入选课本，《挑山工》和《珍珠鸟》是1983年进入小学五年级的课本，现在还在小学课本里。20世纪90年代调查，中国有两亿人读过《挑山工》，我想现在至少有三亿了吧？泰安市政府还授予我"荣誉市民"的称号，送给我一把金钥匙。一篇文章、一本书有这么多人看，我也没想到。2017年，"为未来记录历史——冯骥才文学与文化遗产保护"国际研讨会在研究院召开，当时作家出版社的社长吴义勤特意给我颁发了《俗世奇人》突破二百万册超级畅销纪念奖杯，我特别高兴。作家最重要的还是有人读你的书。

问：能否谈谈《俗世奇人》的创作？

冯骥才：天津这块地里边，有碱有盐还有硝，因生出各色性格的人，又热又辣又爽又嘎又不好惹。因之，自儿时耳朵里就装满一群群乡土怪客与民间英雄，叫我称奇叫绝，心里佩服。我信——如果没这些人物,就不知道嘛叫作"天津卫"。

文化学者好述说一地的特征,写小说的只想把这一方水土独有的人物写出来,由此实实在在捧出此地的性情与精神,所以自从我写小说,此地的人物就会自个儿钻出我的笔管,然后一个个活脱脱站出来,独立成篇;一个人物一个故事一篇小说,反过来一篇小说一个故事一个人物。比如《俗世奇人》就是这种写法。我喜欢这样的写法,好比雕工刻手,去一个个雕出有声有色有脾气有模样的人物形象。小说之所求,不就是创造人物吗?小说成功与否,往往要看掩卷之后,书中的人物能不能跑出来,立在书上。《俗世奇人》里的这组人物,基本上把天津人的性格留在纸上了。我觉得这是最深刻的文化,也不容易被忘掉。

问:您获得第七届鲁迅文学奖,这个奖对您来说有何意义?

冯骥才:一个重要的文学奖项,对于一个年轻作家是一个很大的鼓励,对于一个年老的作家则是一种精神的安慰。然而,这次获奖对于我还有另一重意义。自20世纪90年代中期,我投身现代化冲击下濒危的文化遗产抢救中,渐渐放下了一己的文学写作,特别是几乎完全中断了小说创作。这使我与读者疏离开来并渐行渐远。这对于一个已和读者融为一体的作家来说,是常常感到痛苦的事,可是抢救与保护民族的文化遗产这个使命是时代性的,不能拒绝。我别无选择,只有听命于时代,听命于文化的责任。直到2013年我年过七十,行动力差了,在书斋的时间多了,文学又情不自禁地返回到我的身上。获奖帮助我重温这种文学感觉。这似乎告诉我"你这老头儿还行,还能接着写"。这不就是一种精神鼓励吗?

问:近几年,您的创作势头非常好。

冯骥才:文学于我不仅仅是一种爱好,它仍然是我的一种纯粹的精神生活与精神事业。我对文学和文字始终是敬畏的,它不能亵渎,不能戏弄,它是一种苦苦的追求与探索,也是没有尽头的创造和再创造。文学既是孤独的,也不是孤独的。因为支撑文学的还有读者。因此,我会与文学、与读者相伴终生。

全国优秀中篇小说奖

获奖作家访谈

邓一光:在绝望的故事中找出不肯绝望的人

邓一光　1956年生于重庆,曾任武汉市文学院院长、湖北省作家协会副主席。20世纪80年代开始从事文学创作。著有长篇小说《我是太阳》《我是我的神》等十余部,中短篇小说《远离稼穑》《狼行成双》等百余篇,出版有《邓一光文集》(十四卷)。曾获首届冯牧文学奖、第二届国家图书奖、第三届郁达夫文学奖、首届林斤澜短篇小说杰出作家奖等。中篇小说《父亲是个兵》获第一届鲁迅文学奖。

| 采访手记 |

如果请邓一光谈论自由,他最愿意谈的就是飞翔。

他特别迷恋飞翔。

"我认为,能够飞翔就是拥有自由。自由不是生命想干什么就干什么,在愿望和抵达之间,它有高度、速度、辽阔和莫测,在这些限制性要素中战胜环境和主宰自我,没有限制,自由无从谈起。"

早在20世纪末,邓一光发表过短篇小说《飞翔》。这篇几乎没有什么反响的作品,却是邓一光内心世界的独白。

他小说中的人物曾切断自己的"根"和"脐带",坚定地要做城市人,最终却不得不选择离开。实际生活中,邓一光2009年由深圳作为特殊人才引进,已有十年。这期间,在这座被公认为"没有过去"的城市富矿里,邓一光以他敏锐的触觉和积极的创作力,挖掘出一部部厚重的作品,出版深圳题材中短篇小说集《深圳在北纬22°27′—22°52′》《你可以让百合生长》等。这些饱含人文底蕴的作品,以舒缓的笔调穿越了钢筋水泥,真诚地关注着城市普通人的生存状态。

应该说,邓一光给新时期文学和新世纪城市文学写作提供了多方面的审美经验。通过对深圳的思考和表达,他的城市小说作品呈现繁复的情感世界,找到了与城市、与时代以及与自己最好的对话方式,通过想象建构起独特的城市书写。

因军旅题材带给人们的硬汉作家的形象一而再地改变,一次次令人刮目相看。

邓一光早期的创作大多源自对生活的困惑,那时他从熟悉的城市搬到一个陌生城市生活。

问:《我们走在一座桥上》《独自上路》《红色贝雷帽》《老板》《城市的冬天没有雪》等小说关注了现代都市的诸多层面。那个时候您笔下的城市文学是怎样的?

邓一光:早期写小说时,我职业是新闻,分管两张报纸的采编,选题策划、外派记者、组稿、二审和报社的一些大型活动由我负责,非常忙碌,有时候只能在报社的暗房里打个盹,起来接着干,文学写作对我来说非常奢侈,有点时间就匆匆把脑子里的念头写下来,基本不修改。因为从事记者工作,对社会问题比较关注。

城市是政治、商业、社区以及大众文化的集合体,这之于写作者个体在个人经验积累和投射上是强大的约束和规定,它们要求或者诱惑你在社会意义上做出努力,即建立在政治立场、市民要求和生活愿望上的现实主义写作,比如市民经验与诉求的同构,这样的写作很难说有新鲜意义。

20世纪90年代中期,邓一光以"兵系列"小说而声名鹊起。《父亲是个兵》的出现,"标志着邓一光终于找到了属于自己的文学富矿和真正意义上的文学自我"。

问:《父亲是个兵》中的邓连声、《我是太阳》中的关山林、《战将》中的赵得夫、《走出西草地》里的桂全夫和朱成元等,您笔下的英雄形象都有粗犷的外貌体格、超人的胆略勇气以及简单率真的性情,为什么会有这样的英雄情结?您眼中的军人就是这样吗?

邓一光:恩斯特·卡西尔在《人论》中说,一件艺术品的美绝不是悠闲的,对艺术的欣赏并不发生在一种软化或放松的过程中,而是在它们全部活力的强化中。他还说,不是感染力的程度,而是强化和照亮的程度才是艺术之优劣的尺度。

我在现实生活中接触到的老式军人大多如此,这需要耐心地穿透从俗沉浮的岁月包浆去辨析,所以,肖像的描述不是我最重要的工作,要知道,不确定的时代变革对任何个体生命都具有压迫以及由此引发的生命反动,我更关心的是这些个体生命心灵演变和精神成长的轨迹。战争是人类生活的一种基本姿态,是人类文明最大的灾难和原动力,战争情结是人类与生俱来的本我的重要构成之一,它让我充满了个人述说的欲望。

问:《父亲是个兵》获首届鲁迅文学奖,这篇小说,您是在什么情况下创作出来的?

邓一光:1994年底我离开报社,本来想换个工作,有两个地方要我,没想到后来都泡汤了,只能待在家里。记得那个冬天特别冷,可能不是气候的事,是我自己情绪低落,觉得没出路。这篇小说就是那会儿写的,发在1995年第8期《上海文学》上。《父亲是个兵》是第一篇,以后,写小说就成了我的职业。

问:您当时知道自己的作品参评吗?评选过程后来有人向您透露吗?是否评委的意见比较一致?

邓一光:不知道作品参评,后来接到通知,忘了谁通知的,也不知道从哪个渠道送到评委手中的。我的责编是卫竹兰老师，周介人老师那会儿还在，通过几次长途，不记得说过这件事。当时也不知道评委意见，一两年后听人说是全票，也没核实，不知道真假。

问：您去领奖了吗？有无获奖感言？还记得当年的领奖情况吗？有无印象深刻的事情？

邓一光：去了。不记得有获奖感言这个环节。应该没有。印象比较深的，是颁奖前大家都跑去问候史铁生。还有，离开颁奖地点后，我们乘坐大巴回宾馆，路上工作人员打电话来，问哪位作家的奖牌没拿走，落在座位上了，大家都笑，我也乐了。后来才发现，是我的。

虚拟的英雄是邓一光心目中的神，他对巴顿将军、恺撒、安东尼奥、屈原和辛弃疾那种不肯向命运妥协的人物有一种天生的崇敬和喜爱。

问：《我是太阳》对革命父辈们壮阔激昂的戎马生涯与坎坷命运进行了一次综述。为写这部作品，您做了怎样的准备？

邓一光：当时突然想写这么一个故事，恰好有一个机会，我能放下手中的工作，去一个疗养院待二十来天时间。组织方要求报提纲，别人都有，我没有，组织方说，那怎么行，你总得告诉我们你要写什么。我在纸上写了一句话，大致是，一对夫妻在战争及和平年代里的故事，交给组织方。组织方无奈地说，就这样吧。进疗养院的第一天，我把书桌搬到临湖的露台上，写下小说的第一个字。离开疗养院的那天早上，早上六七点吧，太阳从湖面升起，我写完最后一段，然后返回扉页，写下书名。大致就是这样。

问:十几年之后出版的《我是我的神》,抒写了历史动荡与生活剧变中的英雄主义。这种英雄主义来自哪里?

邓一光:应该说多了一份理性思考,开始对英雄进行反思。同时,《我是我的神》的主角是现代人,是曾经的创世纪者的子女们,书写对象不同了。人年轻时可能会纠结题材,成熟后就不会了。比如《我是我的神》,我就想讲一个人生苦难和自由追寻的故事,我的人物生活在巨大的历史变革和生存矛盾中,生活在战争与和平、权力与自由、光荣与卑鄙、沦落与尊严、善与恶、幸福与苦难、坚守与背叛中,我就想讲这么一个故事。如果说我有什么胆大妄为,我想在绝望的故事中找出不肯绝望的人,在荒唐野蛮的历史中找出不肯承认失败的人。

问:没有经历过战争,但是您依然以描写战神们在战场上戏剧性的场面和极富表现力的细节取胜,能否谈谈您创作军事文学的成功经验?

邓一光:和平时期没有内米洛夫斯基的《法兰西组曲》、巴别尔的《骑兵军》和海明威的《永别了,武器》,但却有帕斯捷尔纳克的《日瓦戈医生》、肖洛霍夫的《静静的顿河》和君特·格拉斯的《铁皮鼓》。

人们的确会为一件事情感到困惑,那就是如何完成经验者的转移。这有两层含意,一是从现实生活经验向书写经验的转移,这方面,帕斯捷尔纳克和巴别尔是我见到的最了不起的实践者。另一个是现实生活经验的匮乏者如何建立想象性经验,很遗憾,我的阅读清单中至今没有出现这样的名字。

我从来没有把自己放在一个成功者的位置上,也没有什么经验可以介绍,唯有耐心,以及相当的激情与克制,不让自己在最后时刻丧失了兴趣,因而使作品缺失力量和智慧。

问:您到川东下乡当知青时,曾抱着一种"与家庭决裂"的想法,甚至称自己无父无母。仅仅是因为叛逆吗?您眼中的父亲是怎样的?后来与父亲和解了吗?

邓一光:每个男孩都有一个弑父情结和经历,这个经历没完成,他永远不能成长为男人。但我不愿意以这种方式谈论家人,这对他们不公平。我只能告诉你,我是我父亲离世前在精神上最依恋的那个子女。

家乡是生命孕育和成长的地方,家族生活和延续的地方,邓一光却只能在所有的写作中努力建立自己的家园。

问:记得有一次采访,您说自己是一个没有家乡的人。这种无归属的感觉,对您的写作带来怎样的影响?

邓一光:我出生和长大都在重庆,不是籍贯上注明的那个地方,成年后又离开重庆到另外的城市生活。我去父亲的家乡差不多只为一件事,他想回到他母亲身边,我去为他修墓和招募。至于我母亲的家乡,我从来没有去过。所以,无论在现实生活还是文化袭承上,我都缺少"家乡"这个概念。

家乡是生命孕育和成长的地方,家族生活和延续的地方,它给予人们几乎所有的启蒙教育,让人们留下终身难以摆脱、宿命般注定要传承下去的文化胎记,但我没有家乡。我在所有的写作中努力建立我的家园,我不知道能不能做到,有一天,我会对自己说,嗨,就是它。

问:移居深圳后,您的写作风格和题材明显转变,能否具体谈谈?是主动选择还是有其他原因?

邓一光:对城市的想象力是小说家面对的考验,小说家会在自己的作品中对现实中的城市进行拆分、解析,然后重新叙述和建构,使其成为个人意识中的这一座城市。

问:2005年,您的长篇小说《亲爱的敌人》把人物的命运摆放在如同战场之上的现代都市,父女如同仇敌,相爱与相恨,把城市的现实困境和精神困境写得淋漓尽致。和同时代作家相比,您对于城市文学的把握显然更胜一筹。能谈谈您笔下不同题材的写作吗?

邓一光:《亲爱的敌人》是写《我是我的神》时的一个副产品。《我是我的神》没写下去,停笔了,我那时写作欲望非常强烈,转头一口气写了十个短篇,然后听一位朋友说起他的一位朋友的故事:她离婚了,带着一个儿子,被检查出得了绝症,于是定下一个计划,在离开这个世界前,让儿子尽快长大。我很快把这个故事写出来,写的时候没准备出版,后来某刊物主编听说我手头有这个故事,一定要看,我告诉她我不打算发表,她答应了,但看完后她说她已经排版了,这样,这个故事才交给作家出版社出版了。

在我这儿,题材从来没有重要到要去区分,"林暗草惊风,将军夜引弓"和"妇姑荷箪食,童稚携壶浆"的写作过程是一样的。

有人说,城市文学的同质化现象很严重。邓一光却觉得,同质化不是文学独有的问题,技术性时代,同质是时代性问题。

问:可否谈谈新作《深圳蓝》,以及《深圳在北纬22°27′—22°52′》《你可以让百合生长》等"深圳人系列小说"?

邓一光:80年代我写过都市题材的小说,到了一个新地方,我得和四周打个招呼,嗨,你们好,我来了。然后我得留心看看所在地的情况,别的生命都怎么生活,他们是谁,生物链的上下端都有谁,怎么制定规则,由谁制定,可不可以改变,如何改变。我不是城市中强有力的掠夺者,也不是城市秩序的制定者,可我未必能够认同现实中全部的城市文化,那么好,我来为自己创造一座城市,然后把我的生活安置在其中。我说服自己,到深圳以后再次和都市生活建立起对话关系,不再回避年轻时解决不了的焦急和纠结。

问:是否在以小说的形式进行对深圳的社会分析?

邓一光:小说家和社会学家、历史学家的个人认知处在一个平行线上,不同的是,小说家从来就没有学会扬头看社会和历史,他们通常匍匐在地,在人们的足迹中寻找生活的肌理,迷恋微观世界并且不断在其中掀起惊涛骇浪,却常常对宏观世界缺乏体系上的认知,所以,小说家从来没有改变过所在环境,也不期望改变未来。但是,和在宏观视野中举目千里的社会文献、不断见异思迁的历史文献不同,小说家的故事具有历史和社会无法绑架的自主性,它们提供了活在历史和当下中人的悖论和指认,从这个意义上说,小说不但是当然的人类遗产,也是当然的城市记忆。

我在第一部小说集中也写过在深圳、香港、东京和吉隆坡拥有豪宅的富家女、用草莓喂鸟的富商、自由职业者和公务员——看上去这些阶层更为复杂,但作为城市文化的隐结构、城市文明的构成要素,多数人奋斗史的蜕变和精神扭曲才是"城市生活史"真实部分的基础。如果扭曲和屈辱作为秩序之一种被固定下来,那么城市已经死亡,如果扭曲者尚在挣扎,屈辱者尚未塑形,那么他们是什么?这些内容构成一条解读城市人和生存环境的通道。

问:在您的"深圳人系列小说"中,关于深圳的地名比比皆是,这么写是出于怎样的考虑?

邓一光:仅仅用地理、历史、民俗、语言等文化概念去理解地名,无疑忽略了潜伏在故事中的陌生化表达和文化疏离策略。聪明的读者应该看出,地名在我的故事中并不只是承担,或者主要承担地点的作用,随着人物和故事的不断拆解,新的意义不断生成、转换和消失,地名早已失去了本源地位,不再具有初始命名含义,其解构手法的运用不言而喻。"万象城"是钱的命运还是寄居地?"市民中心"是公民身份还是理想中的家?"罗湖"是陌生化人际关系还是取暖游戏?"龙华"是工业规则还是爱情恐惧?"北环路"是遗传基因测试点还是社会自闭症群容留所?"前海"是灵异现象还是信任?"梅林关"是逃亡之隘还是错误的生活? 这些地名即使出现在地球上别的角落,是不是依然存在?

问:放弃那些令人心潮澎湃的历史重构故事,书写身边平凡甚至卑微的小人物,您如何看待自己创作中的这些变化?

邓一光:并没有多大困难,这取决于我在某一个时段对什么感兴趣,或者有感念。

获奖作家访谈

刘恒:文学一旦丧失锋芒,也将同时失去诱惑

刘　恒　生于1954年,北京人。现任《北京文学》主编、北京老舍文学院院长、北京市文联驻会作家、北京市作家协会主席、中国作家协会副主席。著有长篇小说《黑的雪》《逍遥颂》《苍河白日梦》等,中篇小说《白涡》《伏羲伏羲》《虚症》等,短篇小说《狗日的粮食》等。部分作品被改编为影视作品,如《菊豆》《本命年》《贫嘴张大民的幸福生活》等。编剧作品有《秋菊打官司》《集结号》《金陵十三钗》《窝头会馆》等。曾获老舍文学奖、金鹰奖最佳编剧奖、第三十五届瓦亚多里德国际电影节金穗奖等多项国内外大奖。中篇小说《天知地知》获第一届鲁迅文学奖。

| 采访手记 |

  他用毛笔写繁体字。这也罢了，还用毛笔写剧本。八十二场、一百页，每次当他停顿，毛笔涮好一搁，欣赏码得整整齐齐的稿纸时，心里舒服极了。

  这就是眼下的刘恒。用毛笔写电影剧本，这在文坛、在电影界都是独一份儿。

  他起初临帖，颜真卿、王羲之、苏东坡……不过瘾，索性用毛笔写剧本，鱼和熊掌兼得。写的时候字斟句酌，于内容是一种思考中的沉淀，于书法是一种用笔间的揣摩。做编剧，本来是自己喜欢的事情，用毛笔写，便又增加了新的意义和趣味，他觉得跟文字更亲近了，有一种前所未有的满足感。

  刘恒被誉为"中国第一编剧"。谁不知道一集剧本的含金量有多少呢？和被粉丝与资金双重驱动下一些网络写手每日海量的写作不同，刘恒似乎生活在他的"小圈子"里，这圈子不受任何利益的干扰和牵制，始终保持自己的节奏和习惯。这大概是他的温和敦厚背后一种固执的坚持。

  从1977年刘恒发表第一篇作品算起，文学之路一晃已过四十余年。如果说70年代的爱上文学还有炫技的想法，那么现在，他所做的一切，从内容到形式都是一种淡定从容向古典的致敬与回归。

1969年,十五岁的刘恒穿上了军装。稚气的脸上挂着单纯的笑,军装在他或许也尚显肥大,但他却已是有着七年俄语经验的"老兵"。业余,他狂热地迷上了鲁迅。

问:您多次说过,自己的小说创作受到鲁迅的影响。喜欢鲁迅的什么?

刘　恒:比较吸引我的是鲁迅的锋芒。他作为个体承受的苦难和不如意,向外界表达不满和愤怒的锋芒,符合青年人的状态。行动上不能反抗,至少要有语言上的反抗。

这里也有信息源比较单一的原因。那时候没有其他的文学书,苏联的作品也很少有,鲁迅的著作占有压倒性地位,杂文结集出版了很多单行本,我都买来看了。

问:但是今天对鲁迅的评价有所不同。

刘　恒:现在从官方到民间对鲁迅的看法都有一些变化,任何轻视他的做法和观点都是目光短浅的。他们可能抓到了某一个鲁迅的弱点,或者他与现实的不和谐,就企图全盘否定,这是错误的。鲁迅的自我反省和对社会的丑陋面的批判,永远是有价值的。

周作人对哥哥有一个很"毒"的评价,他说鲁迅是"富有戏剧性"的。他们兄弟间了解应该很深。褒义地理解,可能是说鲁迅有浪漫主义的一面;贬义地理解,周作人可能扩大了自己的愤怒或者自己的正确。

从某种角度来说,任何文人在以自己的文字表达思想时,都带有戏剧性。严格地说文字是一种表演——所有的文字,包括给人写信时的文字。

问：您怎么理解周作人所说的"戏剧性"？

刘　恒：不管别人说鲁迅什么，我还是非常崇拜他。鲁迅是伟大的前辈，他最大的价值，是对国民性弱点的痛恨和仇视。国民性的弱点现今仍在膨胀，这种痛恨也依然存在。比如马路上的不守规矩，没有羞耻感，狂妄，狭隘……我们每天都在接触这种国民的弱点——也包括自己。我更感到鲁迅的那种痛恨是一种很无奈的表现。现在有良心的知识分子也依然无奈，只是表现的态度不同，有的人可能激烈一些，有的人缓和一些。我今年六十七岁，没有什么锋芒，一切都可以容忍了。

对电影的爱和梦想是从什么时候开始的？或因触动他的某个画面，或因一句记忆深刻的台词，总之，当他潇洒地转身投入编剧，未尝不是一种迟到的回归。

问：1977年7月，您的短篇小说《小石磨》是发表在哪里？最初走上文学道路时，哪些人对您帮助较多？

刘　恒：《小石磨》是纪念长征四十周年时写的。写作完全是自我摸索，我把小说寄到《北京文学》杂志，第一次投稿就被采用了，责任编辑是郭德润。后来我被调到《北京文学》做实习编辑，以公代干，一直做下来，1985年上干部专修班，脱产上大学，算有了学历，之前填学历都写初中二年级，连初中都没毕业就当兵去了。

问：在《北京文学》时和哪些作家有过交往？

刘　恒：那时挂在编辑部的有杨沫、浩然，但是接触不多。80年代初，我去你的老乡韩石山家里约稿，他当时在汾西的一个公社,正聊着,公社广播让他开会。我去西安郊区找贾平凹约稿,去陈忠实当时所在的文化站组稿,我们一起蹲在马路边上吃过泡馍。那个时候国家刚刚苏醒过来,有着纯朴向上的氛围,大家都很友善,官员都很朴实,老的规矩都在起作用。

问:1986年,您的短篇小说《狗日的粮食》发表后引起了较大反响。这部作品是在什么情况下创作出来的?在西学思潮涌入的80年代,您的创作受到影响了吗?

刘　恒:读大学后有了完整的时间,《狗日的粮食》就是在那个时候写出来的。80年代改革开放后,很多经典名著翻译进来,都是很好的营养,只是我消化不良。有一段时间迷恋哲学,尼采、叔本华、萨特、克尔凯郭尔等都接触过,多少都受了些影响。

人所需要的思想的武器并不多。要掌握很多武器具备强大的思想能力,几乎不可能。每个人会根据自己的需要选择武器。有的时候没有效果,就是选择的武器不正确;有的人用简单的武器取得好的成果,是因为选择了正确的武器。

问:您早期的创作,如《心灵》《小木头房子》《热夜》《爱情咏叹调》《花与草》《堂堂男子汉》等,多在探寻人生的意义。能谈谈这一时期自己的创作状态吗?

刘　恒:早期的作品带有浪漫主义,是没有心机的,我还在生活的表层滑动,好像在湖的表面玩水。到《狗日的粮食》,开始接触到水里的污泥,不再像过去那么风平浪静。这种状态一直持续到《苍河白日梦》。

到了《贫嘴张大民的幸福生活》是一次转折。我觉得快被污泥浊水窒息了。对抗的方式有两种。一是参与治理污泥的工程,一是与污泥共存。世界到处都是细菌,有的细菌是致命的,消灭不了,就与之共存。实际上还是承认了心理上的坚持有强大的支撑作用。一个人只要心理强大,污泥不会把他怎么样。

我看到了自己的软弱、无能和吝啬。不愿意为了某种信念献出既有的东西,不愿意付出,缩在自己的小圈子里,这可能是出于人类自我保护的本能。人最终还是围绕自己个体的生命生存,别人没有保护你的义务,也不可能依赖别人保护你的利益。

问:那么在《贫嘴张大民的幸福生活》中,是否找到了一些乐趣?

刘　恒:是乏味。我对文学有点丧失信心,觉得没有大的趣味。这是出乎我意料的。也就是说,文学一旦丧失了锋芒,也失去了诱惑力。现在看来,文学对社会或对人类批判时,应该能刺激起人的激情,为文学做出更大的思想投入和感情投入;而文学一旦成为平衡性的工具,本身的吸引力就丧失了。

问:90年代后期的《天知地知》,使您获得首届鲁迅文学奖。自十几岁就读鲁迅,又获得这一奖项,是否有格外的感受?

刘　恒:这部作品写得比较松弛,和我早期表达愤怒的作品有区别。

在如日中天的小说舞台上退出,是否也算是一种适度的走极端?现如今,"电影的生命被抽空"了,刘恒又该如何面对?

问:对文学丧失信心的同时,是否也感到一些悲哀?
刘　恒:和我对文学最初的设想有很大差距。

问:对文学最初的设想是怎样的?

刘恒：有宗教感，有神圣感。从事文学的时候，有一种朝圣的感觉。当朝圣的目的丧失了，动力也弱化了。我那时候开玩笑说，是上帝一只看不见的手在安排，让一小部分人继续走极端，继续冲锋陷阵，让另外一些人落伍，被淘汰。

我目睹改革开放四十多年来的风云变化，太多的人从文学这趟火车上走下来。这种淘汰可能有肉体上的，也有精神上的。或者是厌倦了，或者丧失了能力。

问：走上编剧之路是出于什么机缘？

刘　恒：1990年，《黑的雪》被改编成《本命年》，我朦朦胧胧的电影梦实现了，一发而不可收。

问：之后就完全脱离了小说创作吗？

刘　恒：就是刹不住车了，完全是自然的选择。就像巴甫洛夫心理学，一旦尝到甜头就会继续下去。我在部队的时候，写小说之前就尝试过写小话剧和电影剧本，我对重现某种画面非常向往，看电影的某个镜头时，瞬间被打动。我就想某一天自己的创作也达到这种效果，也能感动别人。这是我最初对电影怀有的期待，可以更直接地和观众交流。这种情绪一直持续到近几年，电影发生了翻天覆地的变化。

问：这种变化体现在哪些方面？

刘　恒：资本介入。影视完全沦为资本的玩偶，电影的生命被抽空了。从精神角度看是不好的；从市场的角度，是顺势而为。现在整个世界被金融操盘手操纵，而且这个趋势越来越明显。

问：您怎么看待这种"电影生命被抽空"的现象？

刘　恒：我不确定是一种自然的生态变化，还是真的有某种智慧在操纵。20世纪90年代出生的孩子，从小看动画看卡通，他们的思维自然会受到影响。这些电脑游戏、卡通大部分是完全超越现实的。现在电影的题材，表达方式和这些小孩从小习惯的营养有关，直接对他们的胃口：夸张、无厘头、想入非非，充斥荧幕的多是思想含量非常小但市场回报非常大的电影。这种局面的持续，下一步怎么样很难说。但是传统电影不可能回归了。

电影蓬勃发展，大量资本涌入，无数资本在挤一个梯子。每一个稍好点的项目，都有无数资本在等着，几十个亿的资金盘在找孵化的渠道。这种状况从去年开始，对创作者有极大的冲击，张艺谋他们这一代电影工作者都面临极大的挑战。

问：具体到您本人，所受到的冲击是怎样的？

刘　恒：主要的"敌人"就是观众。无法找到征服他们的"武器"，真正征服他们的应该是年龄段相似的人，我们这一代人都不知道他们在想什么。我和我爱人去看电影，旁边的年轻人笑得喘不过气来，我们琢磨不透有什么可笑的——也许神经类型都不一样了吧。

问：您的创作受影响吗？

刘　恒：我还是按部就班，尽量在题材里塞入我的私货、我认为有价值的东西。而且我想趁着体力还没有丧失之前，完全按自己的想法做几个电影。比较可喜的是，也有资本愿意支持。这是不幸中的万幸，任何事物都并非铁板一块。

不论污泥浊水到什么程度，荷花还是能长出来，并且出淤泥而不染。实际上这都是生态的一部分，没有意义的电影就像没有营养的食品，尽管充斥市场，精华的东西也仍然有生存的空间，而且必然是生命力最强的,经典的作品必然会留存久远。精神产品有的时候不在于短时间内覆盖面多大,而在于时间上的延续。

问:您打算自己做电影,会在哪方面侧重?

刘　恒:还是向传统的经典电影致敬,就是回归。现在的电影视听的效果占的比重太大,电影的技术手段越来越复杂,内容反而轻了。我不知道不凭借花里胡哨的技术手段,内容是否还能够强大到对观众有征服的力量。我想试一试,也是对编剧生涯做个总结。

问:哪些作品会被纳入您的视野,选择的标准是什么?

刘　恒:有对我原来小说的改编,以及文学圈里几个边缘的作品。选择的标准,还是根据自己的好恶,比较能感动我的作品。

现在的项目规划堆积如山,好多事情想做,精力完全被占用了。我努力地把那些杂事推开或扔掉,腾出手来做自己想做的事情。我也有紧迫感,有大量的写作计划,但是没有时间完成。做与不做,可能最终也将是上帝之手安排。我最近做了两件事,写了八十二场的电影梗概,还写了一个项目策划案,专业评价非常高。我觉得能力在衰退,但是凭着经验出手还能放出光来,这让我感到高兴。

张艺谋说:"刘恒是唯一一个只要创作就能成功的编剧。"的确,但凡他出手,几乎无往不胜。

问:虽然有些人看轻编剧这一行当,但实际上写好剧本很难。圈里好多作家尝试写电影剧本,并没有成功。您被称为"中国第一编剧",对您来说还存在难度吗?

刘　恒：写小说，文字可以控制。你设计了非常独特的惊人的情节，能达到什么效果，一切在小说家掌握之中。编剧中间隔着很多层，导演和演员都有自己的理解，他们的理解有可能和你的表达相差很远。导演如何能最大限度地和你同步，不产生歧义，这个境界很难。双方能达到默契的时候是最令人高兴的。好多时候，碰到思路不一样的导演，也不免失望。

问：和张艺谋合作《菊豆》《秋菊打官司》《金陵十三钗》，和冯小刚合作《集结号》。您对这些导演有怎样的印象？或者概括一下中国最优秀的导演有何共同的特质？

刘　恒：他们都是业内的精英，都对事业痴迷，比一般同行更能整体控制自己的创作对象。这一行没有任何浑水摸鱼的余地，有强大的才华支撑才能走到这一步。天才和能力超常的人确实是少数。

问：《贫嘴张大民的幸福生活》是一部笑里带泪的作品。您的作品特别接地气，语言是不着痕迹的炉火纯青。能谈谈您对语言风格的追求吗？

刘　恒：我的语言风格受鲁迅影响最大。鲁迅和周作人都爱用相同的文言虚字，我到现在写文章，还喜欢用虚字。这个时候，鲁迅的那个味儿就出来了。

有一段时间的创作，文字是不由自主流出来的。这是写作微妙的地方。老了之后反而搜肠刮肚。像《狗日的粮食》《伏羲伏羲》《逍遥颂》《虚证》，都是在这样的状态下写出的。写《虚证》时，我从早8点写到晚8点，像开火车一样能听到文字的声音，词句奔涌而来。那种创作状态不可复制。

有好多作家，曾经非常精彩，一下子大转折，文字突然没有灵气。大概就是所谓江郎才尽。

最典型的是沈从文。他在四十岁之前,尤其是写湘西的文字,文笔在民国数一数二。在大学当教授之后,他还在写小说,但是文字没有感觉了。这种状况,在现在很多作家身上存在。这也跟生理上的衰老有关。

问:您的小说,特别善于抓住人物的内心世界,善于处理矛盾冲突,总是一波三折,扣人心弦。

刘　恒:其实我的情节感较弱,编织复杂的情节能力不强。这和我对情节研究不多有关。无论写小说还是写剧本,我做得比较多的是人物分析,写的时候也是跟着人物走,人物始终处于第一位。这和好莱坞的电影相违背,他们追求人物为情节服务。

问:《窝头会馆》是您第一次创作话剧,也取得了巨大的成功。但是存在的另一个问题是,您在节目单前面还专门说了一段话,想把观众引到您希望表达的方面,但大量观众并不在意。对于这种误读,您是否也很苦恼?

刘　恒:作品呈现的东西和观众的理解有距离,还是得跟观众进行双方博弈,也是一种文字上的"诱骗"。不把话说明,观众无法理解潜台词,这就逼着你把潜台词说出来。

问:在这种情况下,是否觉得小说更合自己的心意?

刘　恒:写小说,观众的反馈就更少。任何作品,包括小说、电影,所有接受评价的作品,权威的评价非常重要。诺奖评选委员会几个评委的评价,相当于文学皇帝所发出的声音,有强大的影响;亿万读者的评价是分散的。茅盾文学奖的投票,也决定和影响着俗众。

问：在您的创作历程中，有没有感受到周围评价对自己的影响？

刘　恒：用现代所谓传播学和信息学的理论，我应该主动去影响他们。比如应该有一些策略上的考虑：故意表演给你看，直接把对胃口的东西给你，以此扩大我的声音。但这些在我写作的那个时代几乎是零。现在青年人要想扩大影响力可能有这一层面的考虑。对于洁身自好和孤僻的作家而言，不屑于也无力做这些事情。

问：无论像《张思德》这样的主旋律或非主旋律的电影，都是一片叫好。做编剧多年，能谈谈您的创作体会吗？

刘　恒：用我生命的一部分做这个事，我特别珍惜。不管别人怎么评价是否值得，是否高贵，是否卑贱，我觉得这件事有意义，去做了，就好好做。最低限度是希望和我合作的人认可，最大的限度还是希望在知音那里获得反响。这就很满足了。再有，我也不是白干。

问：您在大家心目中是一位有才华的小说家。当这才华用于编剧放弃小说，很多人会觉得惋惜。

刘　恒：坦率地说，你要是可惜自己的人生，是可惜不过来的。有很多生命的轨道和自己设想的有距离。你选择的是你喜欢的事情，你确实取得了巨大的利益，给你带来平静的生活状态，这挺好，是上帝的恩赐。上帝没有恩赐我在小说之路上继续驰骋，也给别人的驰骋让出了道路。

获奖作家访谈

东西:我喜欢面对现实

东　西　原名田代琳,1966年生于广西天峨县。现任广西作家协会主席、广西民族大学创作中心主任。主要作品有:长篇小说《耳光响亮》《后悔录》《篡改的命》,中短篇小说集《没有语言的生活》《救命》《我们的父亲》《请勿谈论庄天海》等。多部作品被改编为影视剧。《后悔录》获第四届华语文学传媒盛典2005年度小说家奖,《篡改的命》获第六届花城文学奖杰出作家奖。中篇小说《没有语言的生活》获第一届鲁迅文学奖。

| 采访手记 |

在中国作家中,东西的写作算不得快。这既是对有限素材的爱惜,是对读者选择和阅读的尊重,也是源自他内心的自信和自我超拔的要求。

他是个特别善于讲故事的作家。作家余华用"生机勃勃的叙述方式"形容东西的创作。"那些坐在深夜酒吧里高谈阔论间吟诵艾略特或者辛波斯卡诗句的人不会想起这部小说里的某一句话;另一方面,也不能用粗俗这个词汇针对这部小说的语言,中超赛场上两队球迷互骂时基本上不会动用这部小说里的语句。我想寻找一个中性的词汇,想起二十年前东莞电影院里满地瓜子壳被踩踏时发出的生机勃勃的声音,就是这个。"

于是,欺压和抵抗还有丑恶和美好都以生机勃勃的方式呈现出来……2017年8月,东西荣获第六届花城文学奖·杰出作家奖,成为该奖项时隔二十五年重启之后,获此殊荣的作家之一。评委会给予获奖作品《篡改的命》的颁奖词是:"东西的写作饱含民间叙事要素,尖锐疼痛,笑中带泪。在长篇小说'快写''速产'的时代,东西却以必要的缓慢和精准,逼近了命运的本相。"《篡改的命》就是一部沉重的命运之书,描写了当代中国乡村社会的巨变。

2017年,他的短篇小说《私了》分别获得《小说选刊》2016年度大奖、《小说月报》第十七届百花文学奖、《作家》"金短篇"小说奖。他说好作品要"折磨"读者,但要做到这点,必须考验作家的想象力。从这一点看,东西丰富的想象力值得他为之自豪。在他幽默跳脱的语言背后,尖锐的批判穿破现实和心灵的坚冰,像寒夜的火把照亮我们前行的道路。

《耳光响亮》《目光愈拉愈长》《把嘴角挂在耳边》……东西的小说总是专注于对人的感觉器官的感觉,他的这些作品指向同一个原点,那就是沟通的困难。

问:您把自己的四卷本分为城市版和乡村版,从乡村到城市的写作跨度,是有意为之还是顺其自然?

东　西:没有刻意去分,像短篇集就一本,不分城乡。只有中篇集要出两本,就分了一个城市版、一个乡村版。我的早期小说写乡村的较多,动用的都是童年生活资源,像《没有语言的生活》《目光愈拉愈长》等。后来随着自己进城,开始乡村小说和城市小说交叉写,城市小说写得相对多一些,像《我为什么没有小蜜》《猜到尽头》等。我的写作都是从内心出发,要表达一种思想、一种观念,然后再去找故事,再去找背景。我想小说不管背景在哪里,读者主要关心的还是作品的内核,这就是为什么一部美国小说也能打动我们的原因。世界上没有两片相同的树叶,却有相同的心理感受,无论你在城或者在乡。在60年代出生的这一拨作家中间,有的是纯城市的,有的是纯乡村的,而我是交叉的,也就是说我对中国的背景了解是垂直的,而不是平面的。

问:《后悔录》讲述了一个普通人的情感生活。从社会禁锢到开放,主人公曾广贤都在情感的霉运之中,几次情感历程,人是物非。后悔不单是情感,而成了他的生活状态。在写作这部作品的过程中,您是怎么把握描写那个禁欲时代的?

东　西:你所说的禁欲时代,是个谈恋爱都要向组织汇报,非亲、非婚男女同处一室都要敞开房门的时代,哪像现在各有各的隐私,大街上也可以接吻。小说并不是全部写那个时代,只是从那时写起,直写到现在感情泛滥成灾。其实,就是写一个我们情感变化的过程,准确一点是写性心理的变化过程。凡是和那个时代沾点边的人,现在都还受禁欲的影响,要么心存恐惧,要么拼命补偿过去的损失,都有点扭曲。而写禁欲也是想告诉后来者,我们自由的情感生活来之不易,不要以为是天生的,中国从封建社会到现在,多少人为了自由的情感生活付出了沉重的代价。

作家就是一个接收器,张开毛孔,竖起耳朵,接收生活中的各种信息。东西说,作品的风格取决于自己对世界的看法。

问:阅读的过程是轻松幽默的,却总是引发沉重的思考,这些在您的作品中基本都有所体现,然而明显的又有所不同,比如有些作品是压抑的,有些是宣泄式的痛快淋漓。您能解释一下自己所追求的风格吗?是什么造就了您作品的荒诞与夸张?

东　西:我作品的整体风格趋向荒诞、夸张和幽默,原因是我觉得这个世界本身就很荒诞。我一直处在底层,常常感觉到现实的力量很强大,所以看什么都是夸张的变形的,而且只有用幽默才能化解心理的不平衡,只有不停地嘲讽自己才能消解各种压力。就是今天这个社会,荒诞也没有消失,我曾在报上看到一则新闻,说一小偷入室盗窃,被房主追赶,小偷奔跑时心脏病发作猝死,于是小偷的父母向法院起诉,状告房主害了他们儿子的性命。

世界从来就没有不荒诞的时候。而且我认为荒诞小说逐渐将成为世界小说的主流。原因是传统小说已经被新闻和各种电视节目抢了饭碗:"名人访谈"抢了小说的塑造人物;"谈话节目"抢了小说的心理描写;"真情讲述"抢了小说的煽情;"今日说法"抢了小说曲折的故事;电视画面抢了小说的风景描写。对于小说家来说,现在只有荒诞这一条路可走。曾获得诺贝尔文学奖的英国剧作家哈罗德·品特就是一个典型的荒诞派。

问:您的写作始终是缓慢然而坚定地往前走,虽然不多,但每一部作品都不让人失望。您能谈谈自己写作的心态吗?您说过一年基本写五万字,那大部分时间您在做什么?

东　西:用数量来衡量小说家是没道理的,比如鲁迅他一辈子写的小说还不如现在某些作家一年写出来的小说字数多,我们能说鲁迅不是小说家吗?现在供读者选择的精神产品太多,如果我们一味地堆砌量,而没有质,那读者在上了一两次当之后,就会转身而去。一个作家的写作资源是有限的,就像一座矿山,总体就那么多,有的是狂采,有的是有规划地慢慢地开采,结果都是掏空。我平均每年写五万字小说,并没有包括我删掉的。加西亚·马尔克斯说过,看一个作家的写作才华最好看他删掉的那部分。多年来,我都是业余写作,到了晚上才能写自己的东西,这也是我写得少的原因之一。近期来,我能专业创作了,产量仍然没上去,除了写作,就是看书、接电话、应酬、开会、出差、为朋友办事、写影视剧本,尽干一些荒诞的……

问:您特别喜欢看国外的名著,能说说和它们是怎样的交流吗?具体到写作上,有什么样的影响?

东　西:爱看外国名著,是因为那些小说不作假,还因为受文学前辈言论的影响,他们说学习外国写作不是近亲结婚,能生产健康的孩子。当然读他们的作品,最愉快的是找到共同的心理感受。我刚从河池借调到南宁的时候,晚上重读卡夫卡的小说,《变形记》里的格里高尔·萨姆沙变成甲虫之后,还在想怎么保住自己的工作,他想最好的办法就是跟经理说生病了。读到这里我就哑然失笑,因为那时我为了写作也经常迟到,第二天就像格里高尔那样跟主任说我生病了。至于写作受什么影响,我想这是个复杂的问题,任何人的写作都不可能只受某某人的影响,风吹草动、天气变化、父母老师的教诲,就是跟你对话都会影响到我的创作。读别人的书主要是借鉴他们的思维方法,学习他们认识世界的角度,体会他们细腻的情感,而创作则要从自己的体会出发。

东西以悲悯之心书写了一个底层命运的寓言《篡改的命》,也找到了一条以荒谬书写庄重的文学通道。

问:《篡改的命》戏剧性特别强,情节曲折,但巧合也多,似乎有刻意设置的迹象。

东　西:过去戏剧性强、情节曲折是优点,现在变成缺点了,好像反故事是一件特别文学的事,现代主义和后现代主义流行之后,作家们就一窝蜂地开始了碎片化写作。但是,读者需要戏剧性和故事性,我们阅读的经典文学作品,故事性都很强,现在的网络写手们从来不回避故事,他们捡起上一辈作家们丢弃的武器,撒欢地写,获得亿万粉丝。套一句被过度引用的句式:"我们在阅读莎士比亚的时候,到底在阅读什么?"难道不是阅读他的戏剧性和故事性吗?存在主义文学大师萨特的小说《墙》,结尾就是巧合或者说偶然,但这种巧合和偶然非常震撼,新小说作家罗伯-格里耶的电影剧本《去年在马里安巴》,故事的设置就很戏剧性,但这种戏剧性让我惊呆了。戏剧性和故事性不可怕,关键看能不能恰当地使用。汪槐和汪长尺父子的命运都被篡改,这种巧合是想说明改变的艰难,多少人在重复父辈的命运而改变无门。有时候我们只注意重复,却忽略了重复是因为什么。

问：阅读的过程始终很压抑。汪长尺进城打工，遇到了被拖欠工资、受伤、索赔不得、妻子小文"堕落"、被贬损被污辱等等难题，故事总是出人预料地朝着最坏的走向。很想知道写作的目的，是要把社会上种种矛盾和弊端全部浓缩在《篡改的命》中吗？

东　西：这个小说的主要任务是讲"篡改"，改什么？改命运。汪槐参加招工考试被人冒名顶替，然后把希望寄托在儿子汪长尺身上。汪长尺不管如何努力，都没法让自己的家庭变好，所以，他才决定把汪大志送给有钱人家，自己从此做个"影子父亲"。

所有的困难或者你说的社会弊端都是为这条主线服务的，也就是说如果汪长尺不艰难，他会送孩子吗？他是草根的一个代表，恰恰是一个走投无路的代表，这样一个代表，不幸叠加了诸多困难。但他最后一送，是带着希望的，因为他觉得这样做，至少可以保证他的下一代汪大志能够幸福。父亲没指望，我也没指望了，那么就指望下一代了。

问：看完《篡改的命》，不由得会想到《第七天》和《涂自强的个人悲伤》。作家离现实生活太近，这样的写作是否有挑战？

东　西：对我来说，凡是离现实太远的作品，我都缺乏创作激情。我喜欢面对现实，当然不是简单地面对。任何现实都会投射到人物的心灵，所以我写现实是从人物的心灵开始写起。汪长尺的举动，是现实投射到他心灵之后，他再做出的反应。即便是写风花雪月，但风花雪月里也要有心灵的微颤。写现实，不是写现象。写现象，那是表面，写现实则需要一种穿透的力量。

问：您的作品多与影视有缘。原因何在？

东　西：我的影视缘是偶然的，像《没有语言的生活》写一聋一盲一哑三个人物，打死我都没想到会改编为影视作品，但小说发表十多年后,竟然有人把它改编成电影、电视剧,还有舞台剧。《耳光响亮》《后悔录》都改了,特别是《后悔录》,改动非常大。我的作品被改编,主要原因是人物形象和切入角度,制片方认可这些人物和切入现实的角度,但作品的尖锐性常常给他们制造难题。

三十二岁获得首届鲁奖,东西是当时最年轻的作家。这部涉及人自身的困境以及如何克服困境的作品,具有象征意义,也有长期的现实意义。

问:《没有语言的生活》是在什么背景下创作出来的?

东　西:1995年,我二十九岁,有幸与余华、韩东、陈染等共同签约广东省作家协会青年文学院。当时余华已经名满天下了,韩东和陈染也非常有名,我跟他们混在一起压力挺大,于是就想能不能写一个自己的代表作。春节回家过年,听姐姐说了一个聋人的故事,觉得挺好的一个小说题材。春节后开写,写了两千多字便停下来自我评估,认为这么写下去成不了代表作。盲人有作家写过,哑人有作家写过,我再写一个聋人,能超越前面作家的作品吗?我在书房徘徊了一周,一天下午灵感突然降临,那就是:为什么不把盲人、聋人和哑人放在一个家庭里?这个念头一产生,我就知道它能成为我的代表作。

问:这种处理方式更能集中地表现您所要处理的主题?

东　西:这是一个前所未有的人物组合,这个组合能引起我的创作冲动。他们如何沟通?他们如何克服生活上的困境?他们如何恋爱?有的小说有了结构就有了主题,有的小说有了人物就有了内核,而《没有语言的生活》是有了人物的关系即有了一切。预感被证实,我看到评论家说:"他们的身体虽然残缺了,但精神却是健康的。"也有读者说:"这是一个关于沟通的主题。"还有人说:"其实就是我们的某种处境,即看不见听不到说不出。"

问:这篇作品完成,自己是否感觉特别满意?

东　西:当时觉得满意,并隐约感到它会给我带来意外惊喜。但发表后,没什么反响,觉得这个小说要黄了。幸好有后来的《小说选刊》评奖,有首届鲁迅文学奖评奖。现在重读,觉得还可以写得更好。

问:是在什么情况下获知自己得鲁迅文学奖的?意外吗?还记得当时的获奖感言吗?

东　西:获奖是1998年春天,当时通讯不发达,几天后才知道获奖了。由于涉世不深,并不知道这个奖会带来多少好处,只是觉得这是好事,高兴是当然的。因为前面它获了《小说选刊》年度优秀作品奖,评委主任是王蒙老师,而鲁奖中篇小说的终评委主任也是王蒙老师,我看过王老师在《小说选刊》评奖时写的这个小说的评语,隐约感到也许会得。所以,并不意外。当时不像现在每个获奖者都要发表获奖感言,只是去领个奖,由代表发言。首届鲁奖是和那一届的茅盾文学奖同时颁发的,发言代表是陈忠实先生。

问:您是首届鲁奖获奖作家中年龄最小的吧?谁给您颁的奖?获奖前后有什么印象深刻的事情?

东　西:我三十二岁获奖,是首届获奖作家中年纪最小的。是写《黄河东流去》《不能走那条路》的作家李準给我颁的奖。我读书时看过他的小说,很尊重他。当时,鲁迅文学奖没有现在这么大的影响力,我就像领一个杂志奖一样领了这个奖。记得史铁生老师也获了奖,他是坐着轮椅来的。我本想跟他打声招呼,但一转眼他就被人推着离开了。相声演员牛群先生到会场拍照,他看见我这个名字,笑着问我就这个名字?我说是的。

问:90年代末应该还处于文人下海的热潮吧?写作氛围如何?您当时是否对自己的写作前景充满自信?

东　西:经商是别人的事,我既无资金也无胆量,除了在报社上班,我的业余时间基本上都用来阅读和写作。那个时期文学气氛虽然不如80年代,但比起现在的文学氛围似乎要好得多。至少,那时大部分作家都不是冲着利益或者好处去写作,而是认真探索精神问题,认真创新,认真思考。我以写作为最大乐趣,对未来没有太高的期待。

问:获奖给您带来什么?

东　西:带来了一批约稿信,以前怕作品发表不了,获奖后基本不愁发表的地方。带来了一点小小的名声,有人知道我是作家了。也让我内心确定了自己是一位作家,以前虽然发表作品,却总认为"作家"这一称呼自己还不配。后来有人买了影视改编权,也带来了经济效益。

问:这大概是写这篇小说时没有想到的吧?您能分析一下吗?为什么这篇作品二十年来依然有着旺盛的生命力?

东　西:一开始,我认为这个作品不可能改编为影视剧,因为盲人、聋人与哑人如何写台词?但作品发表六年后导演和制片方对人物关系感兴趣,于是我就开始写。写着写着就写成了。这个作品之所以现在还有人提起它,也许是因为这不是一个跟风的作品,它写的是人自身的困境以及如何克服困境的故事,而这个困境具有象征意义,也有长期的现实意义,因为他们三个人的处境,似乎也还是今天我的处境。

获奖作家访谈

徐小斌：即使面对黑暗也永不坠落

徐小斌 1953年生于北京，自幼习画。曾上山下乡，于1978年考入中央财政金融学院，毕业后在中央电大任教，1993年调入央视中国电视剧制作中心，国家一级编剧。自1981年始发表文学作品。主要作品有《羽蛇》《敦煌遗梦》《德龄公主》《双鱼星座》等。曾获全国首届女性文学奖、第八届全国图书金钥匙奖、第二届加拿大华语文学奖小说奖首奖。长篇小说《水晶婚》获得2016年英国笔会文学奖，并入围英国金融时报奖。代表作《羽蛇》成为世界著名出版社西蒙与舒斯特公司国际出版计划首次列入的中国作品。中篇小说《双鱼星座》获第一届鲁迅文学奖。

采访手记

她总想跟别人不一样。也总想跟自己不一样。

打小她就是个叛逆的孩子,挨打次数最多,处处拂逆大人的心思。后来她想,那么倔强顽皮又敏感自尊的孩子,要是让她碰着,保不齐也打。

磕磕绊绊地长大了,该插队的时候,徐小斌一声不吭地跑去销了户口,一副瘦弱的肩膀承担起黑土地上的沉重孤苦与寂寞;返城的时候,以小学生的水平,考上中央财政金融学院,居然是全校数学第一;毕业了,找了份不错的教师工作,却阴差阳错,因为一篇小说,走上了文学的道路。

她执拗叛逆,在写作上只听从内心的召唤。好评也罢,获奖也罢,她固然看重那些鼓励和肯定,却从未屈服过外界的任何诱惑。

她活在自己构建的童话世界里。简单纯净甚至有些不谙世事。当然,她写的是"成人童话"。

岁月几乎没给徐小斌带来什么变化,还是那么温和坦率,说话柔声细语,慢条斯理,完全不能让人相信,那风云谲秘又奇幻瑰丽的世界,是在她的笔下幻化而出。

如果用一句话来概括《羽蛇》,可以说羽是一个对爱充满无限希望的女孩,她一生都在寻求爱,但是她一生都在被爱所背弃。

问:在接受各种媒体问您最满意的作品时,您总是毫不犹豫地回答是《羽蛇》。《羽蛇》的影响太大,好像遮蔽了您在散文及影视等其他方面的成就?

徐小斌:《羽蛇》是我郁结在心、特别想一吐为快的写作。当时写作条件很差,工作特别忙,每天熬夜写。写得心都疼。《羽蛇》可以用多种东西概括,但如果用一句话来概括,可以说羽是一个对爱充满无限希望的女孩,哪怕一滴露水都可以复活,但是这个世界就没有一滴露水给她,她一生都在寻求爱,但是她一生都在被爱所背弃。

问:多少年来不断有人拿《羽蛇》做题目来诠释所谓女性主义的写作。您自己怎么评价?

徐小斌:女性主义的说法,起源于美国60年代兴起的女权主义。我们称之为"女性主义"是温和的。女性主义必须要有女性立场、女性视角和女性话语。这些都是评论家的说法,至于我自己,没想这么多。我的作品中除了《双鱼星座》算女性主义作品外,别的都不能归类为女性主义。我写的东西,关乎人性深层的隐秘。我觉得戴锦华的评价更全面,她说"徐小斌的作品不仅仅关乎女性,从某种意义上说,它关乎于整个现代社会与现代生存",属"现代寓言"。我是希望如此,但是否达到也很难说。

我写的女性基本上都有原型。托尔斯泰说,要用原型,最好把原型糅在一起,搅拌得越细越好。有些男作家写女性让女人看来不是真正的女人。就像古希腊的皮格马利翁,认为所有女人都有缺陷,就塑造了一个完美的女人,但是没有呼吸没有血液没有灵魂。所谓真善美,缺的就是真。我最要弘扬的就是真。现在是复制和粘贴的年代,缺的就是真品和真相。《炼狱之花》中其实埋藏着巨大的隐喻,海百合一直在人间寻找真相和真品。

问:您如何看待自己获得鲁奖的作品《双鱼星座》?颁奖会上有什么记忆深刻的事情吗?

徐小斌:我写了三十多年,得的奖其实很少,《双鱼星座》可能也是正巧赶上1995年世界妇女大会在中国召开,女性文学比较热吧。在此之前《小说选刊》复刊评奖,据说此篇得了全票,但是被一封匿名信给告下去了,说里面有对女性身体的描写。我那时除了写作完全就是一个浑浑噩噩的人,根本没有为自己争辩,觉得无所谓。到了首届鲁奖,刊物再报,评上了之后才通知我,那时候简单啊。

写《双鱼星座》时我内心处于崩溃状态——本来就常常对现实世界无所适从,完全不懂得处理各种关系,常常万分痛苦却又无法言说。

于是第一次自觉地写了逃离意识——女主人公卜零在男权世界权力、金钱和性的三重挤压下,在现实中奄奄一息无法生存,她逃离在梦中。在梦中,她用三种不同的方式极度冷静地杀死了三个男人——权力、金钱和性的代码,从梦中醒来之后,她走向(或曰逃往)她认同的空间:佤寨。卜零也在经历了一次致命的"爱情"之后获得了完全的成熟。我在一篇创作谈里写道:"……父权制强加给女性的被动品格由女性自身得以发展,女性的才华往往被描述为被男性注入或者由男性塑造,而不是来源于和女性缪斯的感性交往。……除非将来有一天,创世纪的神话被彻底推翻,女性或许会完成父权制选择的某种颠覆。正如弗洛伦斯·南丁格尔胆大包天的预言:下一个基督也许将是一个女性。"这篇创作谈当时被一些批评家认为是所谓中国女性主义写作的一个宣言。貌似有力量,其实内心虚弱不堪,也许是我的下意识告诉我,那一天是绝不可能到来的。而且,我们会离那一天越来越远。

颁奖会上好像真没什么记忆深刻的事儿,只记得当时的奖金很少,只有两千元。

与多年前的逃离意识相比,徐小斌在《炼狱之花》中的表现变得勇敢坚定。她依然以神秘虚幻的文风与现实主义结合,发出了自己独特而不可替代的声音。

问:您的作品总是有很多隐喻,这次又想通过《炼狱之花》告诉读者什么?

徐小斌:《炼狱之花》里有一句话:"神并不眷顾和保护善良的人,也不会惩罚恶人,是否连神都害怕现世?"其实是我自己的疑问。尤其是2005年、2006年我陷入困惑。质疑自己是否不够与时俱进,对人文环境有强烈质疑,内心有种纠结的痛苦。此前老觉得自己的价值观和做人的准则是对的,活得坦然。

问:您曾把那两年的经历称之为"痛苦的蜕变",为什么?

徐小斌:我能接受大善大恶但是不能接受伪善,说穿了就是不能接受"装"。我对自己和整个人文环境产生了强烈质疑。而且这种质疑得不到答案。我第一次感觉很恐惧,我对这个世界充满恐惧,忽然觉得这个恐惧不再是精神层面的恐惧,是物质化的恐惧。每天一到黑暗降临的时候,那种物质的东西就像冰凉的蚯蚓一样沿着我的脊椎往上爬。每当有这种感觉,我就在院子里不停疯狂走路,把头脑中的东西全部甩掉。

现在我想通了,这是每个时代都会有的事情。纠结过去了,我用一种不绝对化的姿态看这个时代和人文环境。

问:这种对伪善的不能容忍源自什么?

徐小斌:跟我关系密切的人,总说我童心未泯。可能内心缺乏成长过程,从小我就是跟整个社会语境背道而驰,格格不入。小学的时候停课闹革命,所有小孩子都在外面又玩又闹,我就在家里看书,我家藏书多,又幸好没被抄家,看了很多俄苏文学,陀思妥耶夫斯基的《被侮辱与被损害的》,托尔斯泰的《复活》《战争与和平》《安娜·卡列尼娜》等等,《复活》里讲到聂赫留朵夫脑子里经常有两个人在争斗——精神的人与动物的人,我对自己说一定要做"精神的人"。去黑龙江兵团,很多人受不了强体力劳动,我从来就没叫过苦,一说去兵团自己就跑到派出所把户口销了。我一直活在内心世界里,外部世界几乎对我构不成伤害。

问:可是这一次外部的世界进入内心了,而且对您造成了伤害或者说困惑。

徐小斌:是的。各种事经历得多了,就想写出来。这次写作最大的难题是想颠覆自己的风格。如果按以往风格写下去,会非常顺手。但是一种风格写熟悉了就成匠人了,艺术家和匠人最大的区别就是创新。最大的难度就是,用奇幻的壳装现实的内容。这两个东西怎么往里糅,我必须要把所有的东西,都熟稔于心,横向要了解印度教、婆罗门教等等,纵向所罗门、示巴女王等等,我想把很多东西包括对生命的体验融入进去,让整个故事变得鲜活起来,我觉得可能费力不讨好。这次我是冒了很大风险,也是最后一次冒险。现在我总结了一个经验,要写奇幻就全写奇幻,上天入地,放开想象写;要写现实就彻底现实。以后我还是要回到《羽蛇》的风格。

问:书中墨菲定律宣称:总是最坏的那一面会得到实现。在此情况下,海百合决定在人间"熬"下去,这算一个悲剧结局吗?

徐小斌:不,这是个勇敢的选择。勇敢是我以前作品中女性人物所没有的。过去是选择逃离,现在直面现实。我现在慢慢地变得敢于直面现实了。譬如遇到现实中破了道德底线的东西,我会直截了当地表示我的反对,哪怕这样做很得罪人。过去我不会,我会选择逃离。

"一个真正成熟的女人是不可战胜的。真正美丽的女人是历尽沧桑的女人。"她虽然这么说,却在《炼狱之花》里,刻画了一个"生瓜蛋子"海百合。

问:您作品中奇幻的神秘色彩,来自哪里?

徐小斌:我的祖籍是湖北荆门,楚国有巫风,姥姥和妈妈经常会做些怪梦,每天一大早,她们的第一件事就是互相说梦,回忆她们经历的怪事。有一次姥姥说,她梦见自己从悬崖掉下来,被佛掌接住了……这些事对我影响很大,像是听故事,有原始的恐惧感。

我比较早地读了《聊斋》《红楼梦》,看得我神经衰弱、失眠。童年的影响对一个人的成长影响太大了。小时候我是被吓坏的孩子,从小爱做白日梦。有一阵儿,我特别想将来当隐士。像北宋林逋一样过"梅妻鹤子"的生活,在山清水秀的地方待着,就是爱幻想。

问：奇幻的写作方式，会不会使批判现实的力度削弱？

徐小斌：我也考虑过。但是我写作有个忌讳，不愿意和别人一样。写现实主义的太多，中国传统文学中《山海经》《搜神记》《聊斋》等等这一脉越来越弱，以至于当代的想象力、原创力都呈现极度匮乏之势。我不想被庞大的现实主义挤掉，只是对奇幻小说有点偏爱，觉得不该消失。

问：您很注重原创力，可还是用了西方奇幻作品中常用的戒指作为重要的意象。

徐小斌：戒指是被很多人用过了，这个语境也不是我擅长的，所以我反复修改，不想在细节上跟别人一样。最后想到，把月亮花嵌到戒指上，重点写花。这本书原来叫《记忆之花》，后来评论家张志忠建议我改成《炼狱之花》。月亮花是贯穿始终的意象，它知道人的前生后世，人生即炼狱，《炼狱之花》象征人的生命力的顽强，即使在炼狱里也能开出花来。

问：很佩服您有一种自我挑战的勇气。

徐小斌：我写作太投入，太消耗，不像有的小说家能比较轻松地写。我的每一部小说对自己和读者都是挑战。如果概括起来，1985年发表《对一个精神病患者的调查》（原来叫《弧光》），是一种神秘主义的萌芽，真正完成虚幻与现实互相转换的作品，是《海火》。此前还写了几个现实主义的作品，比如《河两岸是生命之树》，此后也有现实的，比如《别人》。

我的小说都有深度隐喻。从发表小说到现在三十年间，我一直坚持两点：一是真诚写作，只有奉献给读者诚意，才能进入读者内心，就像巴尔扎克所说，只有出自内心才能进入内心——现在好多大片很华丽，但是没有诚意，所以没法进入观众内心；二是深度写作,我不想把写作变成平淡无奇毫无历险的过程,不能停留在表层故事上,有深度寓意才是真正的文学。

问:可否谈谈您的写作经历了怎样的变化?这种变化中是否也有不变的原则?

徐小斌:每一部长篇都风格迥异。并非我有意颠覆,而是:我所写的每一部小说,其风格都是根据题材决定的。最初的长篇《海火》因为写的是大学,所以叙事风格有点学生味;《敦煌遗梦》写宗教故事,所以比较神秘;《羽蛇》写五代女人的心灵秘史,文字是我比较习惯的华丽句式;而《德龄公主》是历史小说,所以用了一种明清小说的手法,甚至有人说有些句式很有《红楼梦》的味道;《炼狱之花》是当代讽刺小说,因此用了当代年轻人的语言;而《天鹅》,我一开始就定位为白描式的朴素手法。

戴锦华在长篇评论中认为《海火》是我小说形式的分界线,陈晓明则认为变化始于《迷幻花园》。但是实际上我内心的变化时期是《炼狱之花》。那时,我深感整个社会游戏规则的改变。当时很希望此书如那块涂了黄油的面包,能在时代的昂贵地毯上留下一点痕迹。——如墨菲定律所说"面包掉地时,黄油一面朝下的概率与地毯的价格成正比"。此书获得了第二届加拿大华语文学奖小说奖首奖,但是几年后再回看,我认为此书写得并不好。起码在艺术上犯了"出离愤怒"的毛病,并没有把虚幻与现实糅合得那么好。

当然有一以贯之、始终坚守的:

第一是原创写作。我属于"自虐型"的,对自己要求严苛,既不愿重复别人,更不愿重复自己,希望每一次都能把自己最新鲜最深刻的感悟带给读者。为此,在我的作品中,基本看不到互文关系。第二是诚实写作。自觉在这方面做到了问心无愧。虽然在中央电视台工作了二十年,但我从来没有违心地接受任何一部编剧任务——哪怕此举会给我带来巨大的利益。第三是深度写作。每一部小说都有着故事背后的象征或隐喻。我希望表层的故事抓住更多的读者,更希望我的知音能看到我内在的表达。

对音乐知识的熟练运用和对音乐审美的独特见解是《天鹅》的突出特点,男女主人公有着对音乐的共同热爱,并且共同创作了一部名为《天鹅》的歌剧。

问:阅读《天鹅》,觉得这种纯粹的爱情故事已经久违了。但是又忍不住与《廊桥遗梦》与《钢琴教师》作比。您处理这样的题材,有没有觉得,驾驭这种古老的爱情故事,其实难度更大?

徐小斌:确实很有难度,主要的难度是:正面写爱情,如何才能冲破俗套。

其实最初的想法是来自一个真实的故事,"非典"时期曾经有一对恋人,男的疑似"非典"被隔离检查,女的冲破重重羁绊去看他,结果染上了"非典",男的反而出了院。男的照顾女的,最后女的还是走了,男的悲痛欲绝。这个错位的真实故事让我颇为感动。

我喜欢那种大灾难之下的人性美。无论是《冰海沉船》还是《泰坦尼克号》都曾令我泪奔。尤其当大限来时乐队还在沉着地拉着小提琴,绅士们让妇孺们先上船,恋人把一叶方舟留给对方而自己葬身大海,那种高贵与美都让我心潮起伏无法自已。

问:《天鹅》尝试了一种"仿真"式的写法。

徐小斌:我弃绝了惯用的华丽句式尽量让它素朴自然。恰恰2000年前后我有一次走新疆的经历,于是把故事的发生地设置在异域。为了完成小说,我又前后两次去新疆,成本巨大。本来我以为,这样的写作会比之前容易得多,但是进入叙事语境后才明白,原来难度如此之大,我又把自己逼向了绝境。而这部小说最不一样的,是用了一种现代性来诠释了一个带有古典色彩的爱情故事。

当代科学中的最艰深的超弦理论提出了物理世界的超时空架构,可以帮助人们观察多重宇宙的存在。美国北卡罗来纳州医学教授兰萨证明:人在心跳停止、物质元素处于停顿状态时,其意识、讯息仍可运动,亦即除肉体活动外,还有着超越肉体的量子讯息,即我们俗称的灵魂。"当生命走到尽头,身体机能尽失时,还会在另一个世界重新开始。"这个最新的当代科学研究成果帮了我的大忙,最后我的处理就是这样的,通过温倩木之口,道出了古、夏将在另一个世界延续生命的真相——这一点,至今还没有多少人看出来,其实我已经给足了暗示了。

问:您曾经送朋友一句评价"理想主义的最后一颗棺材钉",但实际上这个评价同样适合您自己——这种理想主义,将伴随您一生?

徐小斌:是的,多年以前,我对参加北大社团竞选的一位好友说:"你不适合搞政治,你是个理想主义者,可以说,你是理想主义最后的一颗棺材钉。"没想到三十年过去,在异国他乡,他依然没忘记这句话。当然,这句话其实也适合我自己。

有人说我的写作是"刀尖上的旋舞",我想也可能是"刀尖上赤足的旋舞"吧,如同小人鱼为了爱情喝下巫师的毒药一样。但是我想是好事。疼痛,会让你清醒,会给你刺激,所以说太幸福的人没法儿写出好作品了,痛苦才能给人power!

我并不是有些朋友说的"坚强",实际非常敏感和脆弱,而且经常莫名恐惧,神经质。幸好还有一种天生的快乐元素。

说到我还有点坚持的勇气和动力,基本上来自两个人:一位是我的父亲。父亲是一位正直善良的老知识分子,早早就离开了这个世界,在世的时候,他总是为我每一点小小的成绩高兴;另一位是在我很小的时候遇见的一个人,从我的一些作品里可以看到他的影子。他们对我的一生都有巨大的影响,换句话说,是他们的精神力量和爱滋养了我的一生,让我即使面对黑暗也永不坠落。

获奖作家访谈

陈应松：重回我们的文学故土

陈应松　1956年生于湖北公安县，武汉大学中文系毕业。曾任湖北省作家协会副主席、省文学院院长。现为中国作家协会全国委员会委员。出版有长篇小说《还魂记》《猎人峰》《到天边收割》《松鸦为什么鸣叫》《豹子最后的舞蹈》《马嘶岭血案》及小说集、散文集、诗歌集等七十余部。小说曾获中国小说学会大奖、全国环境文学奖等。中篇小说曾七次进入中国小说学会的"中国小说排行榜"。中篇小说《松鸦为什么鸣叫》获第三届鲁迅文学奖。

采访手记

苦难对民族、对作家、对普通人，都有可能转化为精神的滋养。当然，陈应松并不仅仅是一个写苦难的作家，写苦难只是他作品的极少部分。有人说陈应松是"底层写作"，有人说他的作品是"生态文学"，还有的说是"打工文学"。但他认为自己所坚持的唯一一条就是"好作品主义"。

从陈应松的作品中，能看到他与作品共同成长，在不停歇的写作途中，他不停地修正自己，不断加固和修正心中的信仰。作家在这个时代的角色是落寞的，但对于一个执着于文学的人，它依然是演绎生命的最好方法。文学是最形象、最绚烂的一种精神表达。文学是寂寞者的一种精神狂欢。总之，无论时代怎么发展，无论科技和传媒如何发达，文学的存在依然是必须的。文学是一种最洁净、最简单也是最令人沉醉的劳动。他的小说讲述了一个个让人战栗的、惊心动魄的故事，让我们充分感受着温暖和光明，坚韧和勇敢。他对于底层人民的梦想和生存环境穷形尽相的描写，展现出了生命的苍茫和壮美。

陈应松说,他是一个爱远离的人。"远离我不喜欢的城市浮嚣的生活,去拥抱我自己认为值得的、有助于我的精神健康的东西。"

问:您与神农架似乎有着千丝万缕割舍不断的情缘。"神农架系列"作品包括长篇《到天边收割》《猎人峰》和中短篇《太平狗》《松鸦为什么鸣叫》等,深刻真实地描写了苦难的生活以及苦难的人群。您两次挂职,能谈谈您的挂职经历吗?

陈应松:我第一次挂职就去了湖北神农架林区,担任区政府办公室副主任。我太喜欢神农架山区了,过去就有过许多接触。后来我想,能够住在那儿了解更好,就提出申请,去了神农架。

神农架是另外的世界,那里跟武汉完全不同,比如会有呼吸困难,因为海拔较高,常会出现心脏异常。比如那里每天下午基本会下一场雨,因此那里没有灰尘,房间里一周不抹也没有问题,可说纤尘不染;那里的星星特别多,可以看到小时候曾见过的银河;可以看到疑似UFO在空中蹿来蹿去;可以看到动物在林中跑来跑去;可以8月里烤火;可以吃到许多野果。那里山民的生活完全与我们不同。这种不同对我的冲击很大,颠覆了我过去所有的写作和与文学相关的东西。神农架天高地阔,心情舒畅,在那里有如脱笼之兔,脱缰之马。精神大释放,境界大飞跃。

问:《松鸦为什么鸣叫》获第三届鲁迅文学奖中篇小说奖,这篇小说是您挂职期间创作的吗？

陈应松：这篇小说是"神农架系列"中的一个，挂职时听到的真实故事，人物原型也是真实的。在大雪封山的12月的某一天，我突然想我要去采访这个人，但离我有四个小时路程，要翻过海拔近三千米的山垭，林区政府不给我派车，说是要对我的生命负责。可我一意孤行，上街找了一辆个体户的小"轻卡"，我说你敢不敢开啊？他说，只要你敢坐我就敢开，我说只要你敢开我就敢坐。翻过燕天垭，在积雪和油光凌的道路上，走了四个小时才赶到那个人家里。在途中，我看到一辆大货车翻下公路，车卡在崖边树下，所幸的是，司机跳了下来，捡了条命。采访中我得知他小孩上学困难，给了他一百元钱，而上车离开时，他却塞给我一袋子核桃和一包自己炒制的茶叶。那个人的双手因修公路炸得没有了。我在回去的冰雪皑皑的神农架公路上，突然悟出了这么一点：我要写出人性中最明亮、温暖的那部分。因为是冒着生命危险采访得来的素材，我前后写了两遍，才拿出去发表。

问：您知道自己的作品参评吗？当时的评选过程后来有人向您透露吗？是否评委的意见比较一致？

陈应松：是《钟山》杂志推荐的，后来听说是全票。我过去的作品比较压抑、先锋，自己感觉不可能获得国家级大奖，所以听到获奖消息，我有点吃惊。后来想也还在情理之中，《松鸦为什么鸣叫》是我色调最明亮最温暖的一个作品。

问：您去领奖了吗？还记得当年的领奖情况吗？

陈应松：那一届鲁迅文学奖在深圳颁奖，场面很大，要求参加颁奖典礼时穿正装。我和毕飞宇住一个房间，我们俩都没带长袖，穿着短袖T恤参加颁奖,看起来不是很严肃。

问:获奖给您带来了什么?

陈应松:对我的写作没有大的影响。在创作上我是很固执的。获奖以后,曝光度多了一些,过去"神农架系列"获得过全国环境文学奖等一些奖,但大家没有太多关注我的作品。获奖之后,约稿多了——我不是写得很多的人,这样就逼着自己多写了一点。这个奖对我来说是一种激励,我仍然按部就班地按自己对文学的理解和创作,继续写"神农架系列"。

问:今天您怎么看待自己当年的作品?

陈应松:我对这个小说还是满意的,专门写山区公路的神秘车祸和写救人背尸的小说,在当时还没有过,这样写死亡应该很新鲜。我对发表过的旧作,不会回头再读。但我发表之前很慎重,一般都是放一段时间,回过头来再看看,几次校对,满意了才拿出去。写得不满意推倒重来。《狂犬事件》写了三遍,《松鸦为什么鸣叫》写了两遍,《马嘶岭血案》写了五六万字,觉得长了,就推倒重来,重新使用另一种语言。长篇小说《猎人峰》出版时和当时写的完全不一样。其实写完后自己还比较满意,我拿给长江文艺出版社的一位编辑看,他认为故事情节不集中,好小说要情节一波接一波地击中读者。我听了突然豁然开朗。那个时候有点较真,就推翻了重新写,《猎人峰》第一稿现在还留在我的电脑里,是另一个小说。认真对待文学,文学对你的回报还是很多的。

陈应松几乎成了苦难叙事的代名词。底层群体遭受的屈辱多,愤怒也多,希望总是充满着破碎感,这都是小说最能打动人的东西。

问：您的很多作品，从中篇小说《太平狗》《松鸦为什么鸣叫》《狂犬事件》《马嘶岭血案》到长篇小说《到天边收割》，无不深刻而真实地描写苦难的生活以及苦难的人群。您如何看待苦难？

陈应松：苦难对一个民族，对一个作家，对一个普通人，都是极好的滋养，正视苦难，是文坛和我们的现实必须面对的。但事实上，我并不仅仅是一个写苦难的作家，写苦难只是我作品的极少部分。有人说我是"底层写作"，有人说我是"生态文学"，还有的说是"打工文学"。但我认为自己所坚持的唯一一条就是"好作品主义"。

贫困山区的妇女是社会地位最低下的人，我在神农架看到了太多的命运悲惨的女人。苦难意识是生活本身告诉我的，不是编造的。贫困山区的农民，是农民中的农民，底层中的底层。底层作为消费水平低下的、缺乏言说舞台的群体，更具有本土生活经验的特征，他们遭受的屈辱多，愤怒也多，希望总是充满着破碎感，这都是小说最能打动人的东西。我自己是个最下层的人，不过是混入了作家队伍，典型的冒牌知识分子。但我对自己的身份认同，从来是清楚的，我的生活态度、生活方式，我的情绪，我的立场，绝对是底层的。特别是我的精神状态，永远跟老百姓站在一起。

问：您对写作有一种敬畏感？

陈应松：有一年在四川甘孜藏区，我看到那些从甘孜磕等身长头到拉萨的朝圣者，他们非常单纯，非常安静，没有很多想法，每天就磕那么两三里路，要磕一年或者更长才能到达他们心中的圣地拉萨。

写作也是这样的,就是一种很简单的想法,做好远行的准备,哪怕千辛万苦也要走到心中的圣地的那么一种决心。如果还没有做好准备,那么文学就是世俗的,所有的操作就是功利化的、技术性的,与整个世俗生活所要求的那种文学期待,采取了一种毫无警觉的合作态度,也就无法品尝到真正写作的那种愉悦和欢喜。

问:您希望成为什么样的作家?

陈应松:小说必须是独特的,越独特越好;作家必须是孤独的,越孤独越好。我的小说与大多数人不同,正是得益于自己的诗歌素养,我的语言的音乐感,描写的诗意,节奏感以及追求小说的密度、凝练和小说排列的美感,以及处处象征意味,都是与写过诗分不开的。这与完全没写过诗的作家完全不同。

我引为自豪的就是我曾经是个诗人,而且现在还在写诗,且诗也越写越好。

《到天边收割》的某些荒诞的情节和细节是想象的结果,但整个小说则基于当下乡村的真实。陈应松的荒诞和魔幻是有节制的,是有限度的。

问:《到天边收割》这本书,拿起来就没放下过。这是一部让人心痛的作品。这部作品自始至终有一种神秘的气息,金贵看到了"天边的麦子",在书中意味着什么?作品定名为《到天边收割》有何特殊的含义?

陈应松:这是一个悲剧意义的象征。书中说了,看到了天边的麦子就会有灾难临头。如果被这个东西引诱而出走,去收割这片虚幻的麦子,必死无葬身之地。这是一个象征,也是一个宿命。金黄的麦子肯定是一个幻觉,或者说是希望。但终将是一个悲剧。这有我对农村现实和农民命运的根本思考在里面。当然,金贵后来打破了这个宿命,他回去了,但也是身负重伤,伤痕累累。这当然是有寓意的。《到天边收割》是一个我很喜欢的题目,千千万万到城里去寻找梦想和希望的农民,都是到天边去收割他们心中的那片金黄。

问:金贵在小说中,是一个善良、软弱、不太有男子汉气概的人物,可是最后对老柳树的态度,却一改之前的忍辱负重,突然有了有仇不报非君子的气概。为什么会有这种转变?

陈应松:我写的是一个从小失去母亲的孩子,他的性格走偏了,比较乖戾,难以忍耐。我写的是受侮辱的一个人,在遭受极度的身心伤害后,他这种从小失去母爱的人,后来又被母亲抛弃的人,走了极端。另外,乡下人进城,真的是能够极度忍辱负重的一群。但一个名誉和身体都受到伤害的人,是难以再忍受的,他一定会不顾一切,为维护自己的声誉而战,我理解这种纯朴的山里人。另外,神农架的人都有一点猎人性格,撞上这样的人,你可得小心点为妙。

问:金贵被判处死缓,但是小说最后却写他充满信心:"我一定会回来的!"这是否是一种盲目的乐观?

陈应松:这是一个光明的尾巴,呵呵。但何必把他写死呢?为什么要把最残酷的惩罚给一个人背负?不!我就写他先是被人打成重伤了,他后来才杀人,这当然只能判死缓。他的杀人其实是正当防卫。我的小说都是以悲剧结束的,这个长篇是个例外。我想生活总该是有希望的。

"但我又需要神秘。小说的神秘性是必需的,没有神秘性的小说不要说读着难,写着都没有趣味。"2016年,《还魂记》出版。

问:在《还魂记》里,村民皆因喝了村长家结婚筵席的假酒而都成了瞎子,黑鹳庙村成了名副其实的瞎子村。设置如此荒诞诡异的情节和故事背景,您是怎么考虑的?

陈应松:因为瞎子村的男人都喝假酒瞎了,看不到这个回来的半人半鬼的鬼魂,会有戏剧性。瞎子村肯定会灌入一些东西,它叫黑鹳庙村,有许多在屋顶做巢的黑鹳,在村庄上空飞来飞去,而且黑鹳与一个楚王的传说有关。这应该是个好主意,但也增加了难度和风险。在当今,写作是与风险并行的,而难度对作家是最好的激励。我喜欢布置一个诡异和荒诞荒凉的小说环境,写小说没有暗示是无趣的,小说就是寓言,小说就是把想说的话不说出来,但其实你已经通过小说场景、故事本身、象征暗示告诉了读者。相信读者的领悟力,相信他们可以与我们对话,相信我的幽默他们会笑,相信他们喜欢我说一半留一半的智慧与狡黠。

问:小说写亡魂归故里——其实关于亡灵叙事,让鬼魂来担当小说叙述主人公的写法在小说史上并不鲜见,您认为自己的讲述有何独特之处?

陈应松:写小说无非就那么几种叙述,亡灵叙事并不常用。就算假定第一人称是亡灵,也有怎么讲述的问题。我以这个亡灵——这个讲故事的鬼魂来讲还魂后的故事,他是安静的鬼魂,像是没有出现在这个世界上,是一个游魂、孤魂。我找到这种语感基本就找到了这部小说。模仿所有大地上死去的人说话，是我写这个小说的出发点。以一种什么口吻来说，真是一件难事。仿佛这个亡灵参透了所有生死，是潜藏在大地深处的说话者。我希望有这样一种味道。这个小说因为是鬼魂手记，则更像私人日记，有隐秘心灵的部分，避开了大众话题，更好地发挥了我自由书写的空间。

问：在这样自由自在的表达中，您有怎样独特的收获和感悟？

陈应松：写作是把自己的精神和才能提拔的过程，我不知道近些年有没有这样的小说出现，我读得少，我不是指什么亡灵叙事，我是指这样写，让人在文字中感受到一个真正的孤魂野鬼在遥远的村庄游荡，他内心有那么多对人世生活的依恋和不平。他活在这个时代，也死在这个时代，我们从他的遭遇中感受到了什么？是否通过他的所思所想对这个世界、对我们的生命有重新认识？对我们所处的社会有重新评判？

每次写作都会有新的收获，我完成了这样一本书，我看见了我的固执和勇气，写作过程中要克服懦弱不是容易的事情，一个长篇从起心到完成会是几年，这其实是折磨自己的过程，而且很漫长，不能让自己疯掉。是个练心性的过程，磨性子的过程。无所顾忌地表达就是与自己对峙、与自己决斗，不屑于那个自己，重建一个自己。所以写长篇的时候，有两个自己在前面，你操纵新的自己灭掉旧的自己，蜕出壳来。打败自己，是唯一的工作。

获奖作家访谈

孙惠芬：走"有心"的道路

孙惠芬 1961年生于辽宁庄河。曾当过农民、工人、杂志社编辑。现为辽宁省文学院专业作家,中国作家协会全国委员会委员,辽宁省作家协会副主席。著有长篇小说《歇马山庄》《上塘书》《吉宽的马车》《秉德女人》《生死十日谈》《后上塘书》《寻找张展》等。曾获第三届冯牧文学奖文学新人奖等。《歇马山庄》获辽宁省第四届曹雪芹长篇小说奖、第二届中国女性文学奖,《吉宽的马车》获第三届中国女性文学奖。中篇小说《歇马山庄的两个女人》获第三届鲁迅文学奖。

采访手记

表面上看来,孙惠芬亲切随和,实则"外圆内方"。体现在写作上,她从来不想改变自己,为市场应和某些东西。她坚持为自己内心写作,固执而倔强。

她的笔下,传达给读者太多的温暖。然而在她看来,温暖不是一味地写善,阳光照到阴暗的地方才叫温暖。如果忽视了人性阴暗的一面,只给人好的东西看,温暖是虚伪的,善也是伪善。作家真正的温暖体现在对人性的悲悯。

读了沈从文的《湘西散记》,孙惠芬才真正意识到自己身后的那片土地是她创作的源泉。萧红的《呼兰河传》让她百读不厌,那种描写荒芜的土地上忧伤的情感打动了她。孙惠芬由此知道,好的小说家更像大地上的野草,落到哪里都能生根发芽,在任何时空里都能自由地思想。

多年前采访孙惠芬时,她曾说,自己想走出家门,回到乡村大地上去吸氧,去接地气,充实自己,让自己蓬勃起来。宁静的生活会带来创作的专注,同时也有制约,长期过着无菌的生活让她有一种惶恐感,无菌也无营养。她觉得自己的创作似乎跟城市关系不大,在城市找不到兴奋点,城市无法进入审美视野。然而在近来的写作中,我发现,孙惠芬已逐渐突破自我,无论讲述乡村还是城市的故事,当开始注重生活本身的意味,她的写作便有了把玩的感觉。

把玩并非对写作的不尊重,而是一种游刃有余的状态。

"我像一只永远无法停靠的小船,在城与乡之间艰难往返,最终,我听到的是一个疲倦的灵魂不倦的歌唱。"

问:在您的诸多作品中,以故乡为原型,精心构建起丰富的乡村世界。但也完全不同于以往的农村题材,触及时代的神经。您是以怎样的心态描写笔下的农村?您对农村、对于自己的家乡抱有怎样的感情?

孙惠芬:谢谢你这么说。关注时代,最初对我,是无意识的意识。小时候奶奶常说,我们都是小水沟里的水,只有流到河里,才能流进大海。奶奶指的大海,是国家。奶奶一直希望后代的血管通着国家(《秉德女人》就有奶奶的影子)。在我小时候的记忆里,家里经常开家庭会,叔叔从外面回来,一家人围在灯下听他讲国家的事。

不知道是不是奶奶的家国意识无形中影响了她的后代以至于影响到我后来的写作,但有一点是确定的,我的作品里,一直都有如奶奶和父亲这样的人物。早期《小窗絮雨》《闪光的十字架》,中期《伤痛故土》《伤痛城市》,后期的《天窗》《致无尽关系》……其实,要说真正的自觉,是到写《歇马山庄》时才有的。那时候有了一些阅读的积累,知道所谓大作品"大"在哪里,当然重要的是随着时间的推移,越来越深地体会到,我们每个人都在时代的洪涛之中,我们怎么都无法脱离与时代剪不断理还乱的关系,而能不能打通个人与时代关系,是对写作者的考验。当把对家庭亲人故乡关系的敏感扩展出去,去用心体会他们的血管神经如何在洪涛里奔涌跳动,作品里的血管神经也就通向了相对开阔的地带。

问:《歇马山庄的两个女人》获得鲁迅文学奖,您如何评价这篇作品?

孙惠芬:那是一次难忘的写作。当时我在城市的生活渐渐安稳下来,有了大一点的房子,孩子的上学、丈夫的工作、我的工作,都有了确定的着落,于是写《歌者》时那种与城市的对抗在弱化,虽然对乡村的怀念依然是心绪的主流,但那心绪里有一种比原来更宽广更大的东西在升起,那东西是什么,当时并不知道,只知道生活的安稳在心灵里拓展了一块空间,让那东西乘虚而入了,使自己都能感到笔触轻盈自在了,有了从容不迫的感觉了。多年之后才知道,那东西其实是悲悯,是一种在相对安稳状态下获得的情怀。

问:长篇小说《歇马山庄》同样获得文学界的认可和好评。

孙惠芬:是先有《歇马山庄》,后有《歇马山庄的两个女人》,正是因为有《歇马山庄》疾风苦雨似的倾诉,才有了两个女人从容镇定地从笔端走来,就像急雨驱散乌云,得见空旷明丽。那乌云,自然就是刚进城时与城市对抗情绪的积聚。

"以艺术的方式关照现实、解剖人性是孙惠芬一直的理想。"

问:《生死十日谈》以在场的方式直面辽南农村自杀问题,但它却是一部虚构作品。您是担心家乡的人们对号入座,还是写作本身的需要?

孙惠芬:两者都有。但主要还是写作本身的需要。有些故事确实是下乡访谈所得,并且创作灵感也来自访谈过程,但真实的故事本身并不能呈现一个艺术的真实。而写作对我最大的诱惑不是记录现实,而是以艺术的方式关照现实。木心说:"人性中最大的可能是艺术。"以艺术的方式关照现实、解剖人性是我一直的理想。虽然我知道我并没有做得更好。

问：关于农民自杀调查,您认为《生死十日谈》全部呈现出来了吗?是否还有未尽的表达?这部作品在您的创作中有何独特的意义?

孙惠芬：乡村自杀的故事多种多样,如同托翁说的,幸福的人大致相同,不幸的人各有各的不同。在写作中,我尽量循着乡村城市化进程这一时代脉络,将目光投射到人心的最黑暗处,去发现并塑造一个个在黑暗的深渊里以不同的方式自我超拔与救赎的心灵。这或许正是这部作品对我的意义所在:即自此,我了解那黑暗的地方,正是人类精神高地升起的地方。《后上塘书》的写作,《寻找张展》的写作,以及目前正在准备的写作,都源于这种了解。

问：回顾自己的创作,您觉得自己的创作风格经过了怎样的变化?

孙惠芬：我不知道自己是什么样的风格。要说变化,可能在创作心态上确实有变化。早期,写作是为了倾诉。20世纪90年代,随着一篇篇作品发表,得知自己在亲近艺术,便对自己在艺术上有了要求,特别想当一个大作家、好作家,并且觉得创作是生命的全部。又一些年过去,现在,却变得完全不同,我觉得生活就是生活,生活比创作更重要,而当对创作不再有更高要求和期待,放松下来时,反而获得另一种自由。

张展到底是确有其人还是虚构?"为什么找""怎么找""寻找谁"……孙惠芬的讲述悬念迭起。

问：写完《寻找张展》,您觉得为"寻找"找到答案了吗?

孙惠芬：去追寻改革开放三十年里父母与子女两代人,不由得会想到一个镜头,就是《少年派的奇幻漂流》电影里那个在船上与老虎搏斗的少年派。我们这代父母,其实和我们的子女同在一条船上。有时候父母就是老虎,让弱小者与之搏斗,可当时代的惊涛老虎一样逼近,父母又和子女一样成了弱小者。而最为可怕的是,做父母的往往容易畏惧,因为望子成龙的心愿往往会成为我们随波逐流的借口。这就是时代之船的整体氛围。在这条船上,两代人都需要对抗考试、分数、攀比、升学、成功等时代风暴,当单纯的儿子和异化的父亲在不同的观念里对峙、搏斗,谁也不可能试图了解谁,只等有一天,父亲突然消失,儿子才开始了对父亲的寻找。

在写作过程中,我努力写出三个层次的寻找:一是叙述者儿子对张展的寻找,这是同代人对同代人的寻找。他和张展,我努力把他们写成一个立体人的两面;二是叙述者"我"对张展的寻找,我也努力把"我"和张展的父母写成同一代人立体的两面,当在寻找中发现,"我"原来和张展父母一样,我们都是这个时代的老虎,觉醒也就在寻找中发生了;第三,就是张展对父母的寻找,如果父亲活着,张展无法走上寻找之路,这是残酷的,可人生就是这么残酷,不落入深渊,就不会有本能的求救需求,从而也就不会在滑落中升飞,最终抵达精神高地。

一块贫瘠荒原上的精神高地,也许这就是最终找到的。

问:作品不但呈现了独生子女的教育问题,包括药家鑫、李刚事件等在小说中都有涉及,而且也触及了官员腐败,对于当下社会的种种问题和弊端,都有很多深刻的描写。您如何评价《寻找张展》的深层意义?

孙惠芬:如果说小说真的有深刻的笔触,我想首先因为我本身就是"90后"孩子的母亲。写作中,伴随儿子成长的母亲角色起了很大作用,或者可以说,没有一些年来与儿子搏斗的疼痛和与周边环境搏斗的切身感受,根本就写不了它。然而这不是最重要的,最重要的是,在这次写作中,我常常能感受到上天的赐予。我一直觉得,张展的形象原本就在那,在一块岩石下面,而某种神秘的契机让我来开掘他。

问:我很感兴趣您在作品中提到,儿子在生物界模仿生命体的"两大算法",一是遗传算法,一是神经网络。就像庄稼,太阳、天气、雨水等信息,哪些信息对它起到了重要作用,哪些起到辅助作用,它们会有不同的决策——真的是这样吗?引入这样的内容,是否也有独特的含义?

孙惠芬:你不说我还忘了,这也是一件有意思的事情。那是一次无意中的交流,就发生在我写《寻找张展》前半部的时候。儿子是学生物信息的,做学术做得很纠结时,有一天去加州公园,突然生出感悟。当他把感悟用微信告诉我,竟然一下子点化了我:张展的命运遭际何尝不是一棵庄稼的命运遭际?当内在的遗传、神经网络、生命体和外在的阳光、天气、雨水等发生连接,谁又能说张展不会成为眼下的张展呢!

问:这部小说充满了悬念。您在讲故事的过程中,似乎也有一些技巧上的变化?

孙惠芬:随着时间的推移,我发现我越来越喜欢讲故事,喜欢讲好一个故事。讲好一个故事,考验的就是讲的形式。我说过,最初写作只为倾诉,也说过,我喜欢朴素的力量,可现在不一样了。现在能够体会到形式本身的力量。这是一种很妙的感觉,它发生在我不把写作看成生命的全部之后,当开始注重生活本身的意味,写作便有了把玩的感觉。

问:很多小说的创作,您都特别注重实地调查采访。而真正采访来的《生死十日谈》也还是写成了小说。您如何看待虚构与非虚构作品的差异,如何看待想象力之于小说创作的重要性?

孙惠芬：一些年经常往返乡村，包括几年前回乡村挂职，只为想象的翅膀在土地上飞翔。因为我了解自己，我不是一个才华横溢能够天马行空的作家。

《寻找张展》和《生死十日谈》不同，《寻找张展》是完全的虚构，是把虚构小说做成一个非虚构的感觉。而《生死十日谈》是把一个非虚构故事做成一个虚构的小说。《寻找张展》里写到的四处寻找，在生活中从未发生过。也不曾有张展那样一个孩子的任何原型。

问：您对小说创作还有怎样的期待？

孙惠芬：没有期待，灵感来了，就接住它，没来，就用心地过日子。用心，这或许算我对自己最大的期待。我希望自己永远走有心的道路。

获奖作家访谈

蒋韵:凭吊的何止是一个传奇

蒋　韵　1954年生于山西太原,籍贯河南开封。毕业于太原师范专科学校中文系(现为太原师范学院)。曾任太原市文联主席、山西省作家协会副主席。1979年发表处女作《我的两个女儿》,创作有长、中、短篇小说三百余万字。主要作品有:长篇小说《栎树的囚徒》《我的内陆》《隐秘盛开》《你好,安娜》及《人间——重述白蛇传》(和李锐合著),小说集《心爱的树》《晚祷》《上世纪的爱情》《失传的游戏》《水岸云庐》,散文集《春天看罗丹》《悠长的邂逅》《青梅》等。曾获老舍文学奖、郁达夫小说奖中篇大奖、赵树理文学奖、"小说月报"百花奖等多种奖项。中篇小说《心爱的树》获第四届鲁迅文学奖。

采访手记

"就像在无人的旷野上,突然遇见的一棵树,沉默、尊严、枝叶婆娑,让某个孤独的旅人,眼睛和心底一热。"蒋韵形容她笔下文字的此段话语,恰是我遇见她的小说时确切的感受。

初识蒋韵源自《隐秘盛开》。还记得当年阅读时的感觉,那种无望、孤独,痛入骨髓,却深深地打动了我。后来发现,"爱,也许从来都和被爱无关,爱永远是一个人的事"这句话,不止感动了我,也感动了无数读者。

孤寂,美好,因爱绝望。用文学挽留或减缓时代急速前行的脚步。《你好,安娜》对于蒋韵来说,是一次情绪的释放,她要写的,不仅是逝去的时代,更是人性中曾经有过的至暗时刻,以及至暗时刻的闪光点。

美国哈佛大学东亚系教授王德威曾对蒋韵《行走的年代》有过精准的评价:"蒋韵关心的是诗,写的却是小说。如何处理抒情和叙事之间的张力是她着墨最深的地方……她自己何尝不就是一个诗的地下工作者,就着写小说的掩护,发送讯号,找寻当年失散的同路人。"

蒋韵认同这个评价:一个写小说的诗的地下工作者。可能正是这样一种矛盾的奇特的关系,使她的小说与众不同。

有那么多人喜欢《隐秘盛开》,且有不少是年轻的读者。蒋韵说,这些讲读者其实在某种意义上也温暖、拯救了自己。

问:《隐秘盛开》的写作源自什么,还记得当时的写作状况吗?我想,这样一部引发无数读者共鸣的作品,一定首先打动了您自己。

蒋　韵:应该说,写《隐秘盛开》之前,我其实没有真正描写过爱情。写它,源自一种冲动,是对当时颇为流行的小说模式的反感,那种模式,我把它总结为"零度叙述+性"。不知你是否记得,有相当长一段时间,我们的小说中,一涉及现代人的两性关系,似乎,只有肉体和性欲别无其他。肉体似乎是一面最理直气壮最飞扬跋扈最反叛最高调的旗帜,它几乎变成了人性的代名词,并以时代代言人的身份宣告着古典爱情的死亡,而且,是以一种冷漠和蔑视的姿态。于是,人类两性关系中诗性的、浪漫的、星河般神秘的情愫,被剔除净尽,完全简化成了上床和上床速度的归宿与过程。这样的小说见多了,突然有一天觉得不想再沉默,于是,我想,那就让我这个时代的落伍者来写一个另类的"陈旧"的故事吧,让我来写写古老的爱情。让我来写写和灵魂有关的、诗意的爱情。或者说,让我来向这永生不死的爱致敬。

动笔时有一种不管不顾、不计后果的畅快,一种明知是南墙却偏偏要撞上去的任性,还有一点让我自己感动的悲壮——因为我认定这样的小说是没人看的。就算发表出来,也无非是自生自灭,无声无息,顶多被人评价一句"老掉牙的滥情之作"。认定了这样的结局之后,写起来,反而获得了一种前所未有的解放和自由,一种奇妙的沉浸。当然,截稿把稿子发出去后,我开始忐忑,开始为它的命运担心,直到有一天,我的责编周晓枫打来电话,她在电话中哽咽,她说,"我觉得我好像能够平静下来和你说话了,可是还不行……"那一刻,我突然非常感动,我知道,我的潘红霞,在这个人世间,有了第一个朋友。

问:《隐秘盛开》是"一部关于爱与死的小说。一种走在刀刃上的爱情,疼痛,始终不诉说。主人公潘红霞,像一个传说,一种星光,当我们仰望星空时才能看见,而我们永远不能在人群中看见她"。这种爱情,也许只有那个年代才有。所以,从某种意义上,您对于爱情的书写,其实也是对一个时代抒写的挽歌。您觉得呢?

蒋　韵:你说得不错。潘红霞就像一个传说,一种星光,一个理想,似乎永远不能在人群中看见她。确实,潘红霞没有原型,有的,只是现实生活中的蛛丝马迹。小时候,我家邻居有个朋友,常来他们家做客。那是一个中年女性,年纪看上去和我母亲相仿甚至还要大几岁。她没有明艳的美貌,却有一种难以言说的沉静的风韵。从大人们的嘴里,隐约听说了她是一个独身的女人,隐约听说了她的独身是为了一个她喜欢却不能相恋的男人。其他的,一概不知,她有着怎样的结局,也一点不知道,因为随着我家邻居的搬迁她也销声匿迹。只是,当我起意想写一个纯爱的故事时,我首先想起的,就是这个遥远的沉静的女人。还听说过另一个故事,是我朋友的一个朋友,77级大学生,读大学期间,一直暗恋一个男同学,却始终没有表白,为此,她在心里默默想念了他半生……总之,这些属于那个年代的往事,这些人,陌生的或相识的,我的同龄人我的长辈,他们如同沃野,滋养出了我的潘红霞,滋养出了一个遗世独立的爱的天才,她身上,有着那个时代极其鲜明的印迹。记得我在小说"题记"中这样写:凭吊一个传奇。其实,凭吊的何止是一个传奇,还有生长那个传奇的时代,还有,我们正在失去的与美、与善、与悲悯仁厚的亘古之爱有关的一切。

问:但是到了后来的作品,比如《琉璃》中海棠为了寻找心中隐秘的爱情,执意来到南方;《心爱的树》里的梅巧,在生育了四个子女之后和丈夫的学生私奔……故事里的女人开始寻找爱情,并付诸勇敢的行动。但是这种行动在作为读者的我看来,未免是自私的。对于爱情书写的变化,也许并非您刻意为之,但是,是否也算是一些隐秘的变化?

蒋　韵:我这样认为,在我的创作中,真正以爱情为主题的小说,也许只有《隐秘盛开》,我试图在这部小说中探寻爱是什么,爱可以造就什么样的生命。而《琉璃》和《心爱的树》则不然。以《琉璃》为例,《琉璃》我写的其实是抵抗。记得那是2012年的秋天,我从黄河边归来,黄河在这个秋天意外地涨水,坐在船上,两岸都是果实累累的鲜艳的枣林。我以为这个秋天会非常美好,但归来的第二天,仅仅一秒钟的疏忽,我就被一个一寸高的台阶绊倒了,造成踝骨骨折。《琉璃》就是在养伤的病床上写成的。其实我并不满意这篇小说的名字,它完全没有必要如此直白。可自始至终,在我写这个故事的时候,"琉璃"这两个字,总在我眼前出现,熠熠生辉,美丽而易碎,就像这个秋天,就像我们珍惜的、珍视的一些东西。

太宰治有句话:生而为人,对不起。这也是我想说的:拥有永远青春的灵魂,对不起。

应该说,我对这个人物的态度,是复杂的。同情、批判还有我以往小说中一直拥有的某种反讽。

她觉得自己是一个缓慢成熟的作家,青春期很长。

问:《心爱的树》获第四届鲁迅文学奖,这篇小说,您是在什么情况下创作出来的?

蒋　韵:写《心爱的树》,是在2005年前后,十五年前的事了。起初,是听了一个好友讲的故事,讲她外公外婆的往事,但我听了并没有想写出来的欲望,觉得那不过是那个年代屡见不鲜的故事。因此沉淀了许久,在心里藏了许久。有一天,不知为什么觉得特别想写一个在我们的土地上几近绝迹的君子,中国传统意义上的"士",于是,想起了朋友的故事,感到那故事中的外公身上有一些这样的元素,于是,就有了《心爱的树》。

都说在我的小说里,男性往往都是有明显的弱点的,他们没有我的女性人物那样的坚韧、忠贞、义无反顾和对一样事物豁出性命的、如同信仰般的热爱,我自己其实并没有太意识到这点。但,《心爱的树》是个例外。这个男性,我称他"大先生",他也确实当得起这个称呼。他貌似古板,有明显的缺点,但,却仁义、有大慈悲,更有"剑胆琴心"。这个词,这个成语,我特别喜欢。我想那其实是中国男性的一种理想吧?侠骨柔肠。我还把这个人物和河东这块土地结合了起来。所谓河东,应该是指山西晋南一带,那块土地,非常古老,非常有意味。我在小说中描绘了它奇特的地貌,还有关于舜的传说,秋风楼的故事,以及,抗战时期河东成千上万的柿子树为了气节不惜"落果自戕"的悲壮。我让我的大先生出自这块土地,我觉得,这样,这个君子才算有出处。同样,也是在沉思,为什么如今,即使在这样神奇的土地上,也再生长不出这样的人物呢?应该说,这其实是我想写这个故事的初衷,类似于凭吊。

问:您当时知道自己的作品参评吗？评选过程后来有人向您透露吗？是否评委的意见比较一致？

蒋　韵:我不知道自己的作品参评。当时山西作协曾打电话问过我,报不报鲁奖,我说不申报,因为我自己觉得没什么希望。但后来是《北京文学》替我申报了。我并不知情,他们没告诉我。所以整个评选过程我不仅一点不知晓,而且觉得这事和自己毫无关系。那段日子我们正在筹备并承办了一个女性文学方面的年会,从全国各地来了许多专家、教授、学者,我为这个会议出面请来了毕飞宇和叶兆言出席。会议结束后大家去五台山,我记得很清楚,就是在从五台山返回太原的途中,我接到了一个朋友的短信,上面写着:"姐姐获鲁奖,祝贺!"我以为谁在开玩笑,过后接到了《北京文学》的信息,才知道是真的。

至于评委的意见是否比较一致,我不很清楚。后来好像听人说是得票比较高吧？因为公布时,那一届的获奖中篇小说是《心爱的树》打头。

问:获奖给您带来了什么？

蒋　韵:山西号称是个文学大省,鲁奖诞生之前,获全国优秀中、短篇奖的作家,就有好几个。而在我之前,获鲁奖的,已经有王祥夫、赵瑜,和我同期获中篇奖的,还有葛水平。物以稀为贵,在我们山西,获奖不是什么稀缺的事。所以,我没觉得获奖前后有太大的不同。喜欢我小说的,没有因为我获奖就更喜欢我,而文学圈外的大众,也没有因为鲁奖这件事而更多地知道我。当然我自己是高兴的,被人认可终归是一件值得高兴的事。但我也想,要是这个奖,早来十年,我会更高兴。可假如我没得这个奖,又会怎样？答案是,我仍然还是那个我,我仍然还是会写出《行走的年代》《晚祷》《朗霞的西街》以及《你好,安娜》的那个作者,那个蒋韵。至少,获奖,与创作无关。

问:今天您怎么看待自己当年的作品?

蒋　韵:至今,我仍然还是喜欢《心爱的树》。那应该已经是我成熟期的作品了。三年前,山西作协要出一套80年代"晋军崛起"作家的小说集,每个人收录的作品,必须是80年代发表的。我抵触了很久,不想出。原因很简单,"悔少作"吧。我觉得自己整个80年代都很青涩。除了80年代末的《冥灯》除外。我其实是一个缓慢成熟的作者,青春期很长。我觉得自己真正的成熟大概要到2003年之后,所以,我更想让人看到的,是自己比较成熟的东西。尽管,青春期的东西里可能有一种浑然天成的激情。

从《晚祷》开始,蒋韵的写作开始有意识地围绕着"罪与罚"的主题。

问:小说《完美的旅行》中呈现了完整的剧本。和《你好,安娜》一样,也是"罪与罚"的主题。是从什么时候开始涉及这么沉重的话题?

蒋　韵:2014年的中篇小说《晚祷》、2017年的《水岸云庐》和2019年的《你好,安娜》,这几篇小说都有一个共同主题,就是"罪与罚"。之所以触及这个话题,是觉得,活在当下的人们,我们,包括我自己,怎么那么容易忘却?怎么活得那么没心没肺?怎么那么容易给自己开脱洗白?怎么可以无论做过多大的恶都可以毫无负罪感?一个人如此也就罢了,少数人如此也就罢了,但,假如这是一个时代的主流一个滚滚洪流呢?可能是不想被这样的洪流所裹挟吧？我开始塑造那些隐藏的、渺小的小人物，她们因为自己曾经在童年、在少年、在青春期犯下的过错或者说罪孽，始终不肯原谅自己，不肯放过自己，她们用整个余生来记住那罪，不开脱、不宽恕、不赦免，用一生来惩罚自己的罪愆，直至面对灵魂的"最后的审判"。这样的人，说她们渺小，是因为，与健忘的、遗忘的主流相比，她们微如沙粒。但，我以为，她们存在的意义不小。

《完美的旅行》是我多年前的一篇小说，在《你好，安娜》里，我小心翼翼把它改编成了一个舞台剧。我喜欢舞台剧，也一直想尝试，没有勇气，就在自己的小说里小试了一把，加入并突出了"罪与罚"的内容。我想，也许有一天，我会真的把它写成一个舞台剧的。

问：《你好，安娜》中的友情、亲情、爱情，都特别感人。

蒋　韵：那个年代，年轻人之间的友情，有时候，甚至可以用"相濡以沫"来形容。彼此的友情几乎是生命中的水和空气。年轻时，读罗曼·罗兰的《约翰·克利斯朵夫》，印象最深的，是安多纳德的弟弟奥里维和约翰·克利斯朵夫之间的友情。当奥里维无限欣喜地告诉自己"我有了一个朋友"的时候，他觉得世界都变得和昨天不一样了。那一大章的描写，好感人啊！我特别感动也特别理解他们之间那种彼此引领的、精神交融的友情。年轻时，我也一直有几个知交，我们共同经历了许多事情，许多风波。像《你好，安娜》里的一些描写，一些情节，都有我生活的一些影子。她们是我的历史，是我的青春岁月。我爱她们，直到今天。

有人问我说，写丽莎，写丽莎这一家人，是不是最为用情？至少，这一家人身上，有一点我自己家的影子。写丽莎母亲患病，我想起的是我的母亲。丽莎对母亲的歉疚里，有我对我母亲的深深歉意。而那个曾经骄傲任性、感到憋屈就要跳脚，到后来则最为脚踏实地、最接地气的丽莎,有可能,是我自己想成为却没有做到的人。

不是所有人在经历许多事情之后都会变得很通达透彻。至少对于蒋韵来说,《你好,安娜》的写作,在精神气质上并不是多么超然。

问:有几类人物,一直在您的小说中生长,一是沉静内敛的女性,如彭姨;一是自私的女性,如海棠;一是才华的女性,如素心,有的则是同时兼具几个特点。

蒋　韵:不错。是这样。不过我想,每个人的人生中都会这样吧？遇到形形色色的人,和形形色色的人共存于世。我碰到的,或者说在我的人生中留下深刻印记的,肯定远不止你举出的这几类人,如果你不说,我还真没意识到,但细想想,这几类人确实常常出现在我的小说里。我想,这可能源于童年和少年时期的记忆。还有一类人,也常出现在我小说里,那应该说是我心中的理想了,那就是:生如夏花之绚烂,死如秋叶之静美。这个,也来自我少年时代认识的人:一个因为拒绝揭发好友而选择了为尊严而死亡的美丽女人。她对我的影响,刻骨铭心。但我知道,我永远做不到她那么从容和决绝,所以,她才总活在我的小说里。

获奖作家访谈

吕新:为了月色澄明,为了更多一些良宵

  吕　新　1963年生于山西雁北。历任文化干事、编辑、专业作家,现为山西省作家协会副主席。1986年开始发表小说,著有小说多部。主要作品有长篇小说《抚摸》《光线》《梅雨》《草青》《成为往事》《阮郎归》《掩面》《下弦月》及散文集《初夏手记》等。曾获第六届花城文学奖杰出作家奖、首届吴承恩长篇小说奖。2014年,中篇小说《白杨木的春天》获得第六届鲁迅文学奖。

| 采访手记 |

1993年第1期的《花城》，推出的主打作品依次是吕新的《抚摸》、格非的《锦瑟》、苏童的《烧伤》、范若丁的《皂角树》。

1997年，《抚摸》作为"先锋长篇小说丛书"由花城出版社出版。吕新以"写作是对于生命的一种安详的抚摸"，表达自己平缓的心情与平静的写作习惯。

这习惯自他写作时起没有改变过。尽管多数评论惊羡他有高超的叙事技巧、充满灵性的语言和无限超拔的想象力，也有人质疑他的小说只是一堆"语言的泡沫"。

吕新不为所动。用他的话，就是"我做事一直都比较单一，做什么就是做什么，很少会想到这件事以外的任何别的事"。只是写着写着，就发现离过去已经很远了。

二十多年后再读吕新，会感觉他并没有太多变化，又觉得有无穷的深意，其内涵和底蕴比初始的吕新更为开阔丰厚。归来依旧是少年。吕新的语言看似轻描淡写，实则结构紧密又充满张力，场景、人物、细节描写以及心理活动很出色，叙事平实又充满了隐喻，引而不发，让人回味。然而对于多数习惯在故事中寻找乐趣的读者来说，可能依然存在着阅读的挑战。

吕新的小说不是没有故事，他的高明之处在于，把大量的留白给读者想象，他的故事则藏在风中的烟叶里，藏在纹理清晰的树轮里，藏在月夜满地的清辉里，藏在细雨迷蒙的傍晚里。

和许多先锋派作家一样,吕新受到的文学启蒙是20世纪欧美现代派小说,他更敬佩胡安·鲁尔福,以不多的文字成就伟大。

问:在众多的外国文学作品中,您觉得哪类作品更容易引起共鸣?

吕　新:还是被称为现代的那些,博尔赫斯的那本小黄书,一看就喜欢上了,我看书唯一做过标记的就是他那本,用红蓝铅笔在里面画了红线。同时买的劳伦斯的、毛姆的,还有几个人的,好像就没那么喜欢,有时候看着能睡着。第一次看《百年孤独》《喧哗与骚动》也非常激动。当然还有鲁尔福,所谓拉美文学,我也就喜欢这三个人。

最近这一二十年,我真的没有发现过再让我很喜欢的作家。那年看到马尔克斯去世的消息,感觉眼前迅速拉起一道黑幕,从此不再期待什么。其实,即使他还在,八九十岁的人了,也不能再期待他什么,他能在获奖之后写出《霍乱时期的爱情》,就已经是超越所有人的奇迹了。

问:为什么这么说?您觉得获奖对于作家有什么特别的挑战吗?还是说获奖作品已是他创作的顶峰?

吕　新:普通的奖励当然不至于对人有什么太大的辐射,但是像诺奖这样的,大家公认是全世界或者整个人类最高的文学奖,人到达这样一个顶峰以后,出于人的本能,本身就会不由自主地松一口气,或者完全松懈、涣散,从此再也不能像原来一样集中精力做什么,一百年来的事实已经很好地证明了这一点,同时也证明获奖作品确是他创作的顶峰。另外,按照自然规律,任何一个事物,到了抛物线的顶端,剩下的也就是开始下滑了,自然规律决定只能下滑,没有别的出路,绝不可能从抛物线的那一端,从顶峰的那一端再重新翻上去。另外还有一个客观的年龄问题,获这个奖的基本都在五十岁以上,更多的甚至七八十岁、八九十岁,这年龄,即使不获什么,也已经到了写作的顶端了,对于生命来说更是已经接近了尾声。

除了马尔克斯,一百多年来,你看看还有哪一个人创造了这样的奇迹?

评论家王春林认为,吕新的写作始于所谓的先锋文学,而且,一直到现在为止,他的小说写作中先锋气息也依然存在。

问:2015年出版的《草青》,既有个人,又有关于时代的记忆。开头描述的是乡村,但却以魔幻的视角切入。

吕　新:《草青》完成于90年代末,第一次出版是2001年,是我本人非常喜欢的一部小说。中间还曾有过一次出版,有大量的插图,画得很好,和我心目中的那种情景比较吻合,后来没有做成。其中有一张邬云娜戴着草帽,站在雨里,目送着儿子胡天远去,完全就是依照小说里的描写画出来的。

坦率地说,写这个小说,可能完全忘了有人要看,只顾着写了。现在想起来,当时是夏天,天气应该很热,我却经常写得浑身凉幽幽的。共写了两份手稿,一份是草稿,第一稿,后来又比较工整地抄了一遍。我也说不清为什么对这个小说有些偏爱,当时写得很满意,去年我又翻了一下,仍然很喜欢。故事是我喜欢的故事,包括人物。这个小说可能给人最大的障碍和阅读困扰就是其中的时间问题、年代问题,这个问题解决不了,就很难读。要说有什么独特之处,可能也还是对于时间的运用和描绘,缺点也就是优点,长处也可能就是短处。

问:您的小说向来都以隐喻见长,大风、炊烟、阴沉的天空、冬夜、月亮和糖等意象既充满隐喻,又具有结构功能。《下弦月》本身就是一个巨大的隐喻。这部小说的结构自然是有新意的,但是,对于读者来说,也面临阅读的挑战。这一点您考虑过吗?

吕　新:有时候这种事也实在是没办法,随着年龄的增长,心态的改变,实际上我觉得我已经改了不少了,改了很多了,包括性格和习惯。现在有时埋头一阵猛写,写完以后发现有的句子存在问题,段落也有问题,比如意象过于繁复或者晦涩,别人可能会不明白,那时候就会给句子或者段落动手术,进行一些改造,从用词到说话方式,能切除的就切除,尽可能让人明白,这在二十多年前是很难做到的。做这些心里其实非常矛盾,因为真是太厌恶陈词滥调了。如果用陈词滥调组合一篇小说,唉,那真是宁可不写。

从小就喜欢吃糖,至今仍然如此,看见甜东西,就会有一种本能的喜欢,想去接近。

问:在这样自由自在无所顾忌的表达中,您有怎样独特的收获和感悟?

吕　新:还真没有你说的那种感觉和表达,要有就好了。心里常常紧缩。

写作这种事,其实有时候挺可怜的,比如忽然想到一个很好的人物的名字,或者作品的名字,也都会令人非常的高兴、满足。换作是别的领域的人,这又能算是个什么事呢。

很多的事情其实都是一样的。一个人去集上卖完鸡以后,回来的路上偶然捡到一只兔子甚至一只小羊,那也一定是非常高兴的事,就像你给你的人物忽然想到一个很好的名字一样。

问:评论把您归入先锋作家,您认同吗?您对"先锋"是怎样理解的?

吕　新:实话实说,这么多年,我从来没有想过这种问题。

按照我的习性,本来不想说这种事,你问起来了,就随便瞎说一下。这么一种现象或者说精神,如果用一些词来描述,我想可能应该是这样的一些词:向往自由,不驯服,想反抗,想另辟蹊径、另起炉灶,不喜陈词滥调、墨守成规和因循守旧,语言或形式上的革新,甚至革命,首先对于语言的要求大于其他一切,在这种前提下对于真正有价值有重量的东西也仍然青睐有加,古代和现代的那种比大部队提前先出发的小分队或者先头部队、尖刀班甚至敢死队,或者压根就不属于什么大部队和集体,喜欢单打独斗、自由行动,也可能三五个人志趣相投,像"竹林七贤""扬州八怪"、法国的格里耶他们,应该还存在着一种较深的自恋,世人皆浊我独清,或者扎起围栏,隐身迷雾与神秘,像品钦那样……

2014年,吕新的《白杨木的春天》获第六届鲁迅文学奖。此时,据他发表处女作已过去了近三十年。

问:《白杨木的春天》写作过程是否顺利?

吕　新:记得好像比较顺利,往往一段还没有写完,另一段就已经提前出来了,就像一群人藏在街角探出头往外看,虽然看不见他们的身体,但是头已经都露出来了。写草木写栅栏的时候,看见黢青的街灯已经亮起,有影子投射在地上,有脚步声传来。而更远处的云崖披着积雪,已经能够望见。

问：能否谈谈这篇小说的来历？

吕　新：已经过了好些年了，现在几乎想不起这个小说当初是怎么来的，首先可能应该与一些实物有关：一座偏远的小城，青白色的不太明亮的街灯，街两边的连环画一样的人家、店铺，隔墙飘出的大提琴哭泣一般的声音，寂寥无比的直属粮库，城外的草木，当然少不了杨树，通往远处的公路，一种老式的在小孩子眼里像是长着脚的长途汽车，这些多为实物和记忆。另外就是精神方面的，一些在心里盘旋已久的东西。两方面一经融合，小说就有了。

问：《白杨木的春天》先是获得《十月》文学奖，又获赵树理文学奖、第六届鲁迅文学奖，集万千宠爱于一身。白杨木，对您来说是否也有特殊的意义？

吕　新：我们那个地方，只有杨树、柳树和榆树，而以杨树为最多。我为什么动不动要说一个词——苦寒之地？因为事实如此。记忆中，长水果的树只有杏树和李子树，如果那也能叫水果的话。李子，从来也没有甜过，好像就没有长成过，就那还有人看着。杏子也是，品种好的很稀少，大多酸涩，咬一口，酸得人浑身直哆嗦，可能只有怀孕的女人能对付，那也得是怀着男孩才行。小时候看《红色娘子军》，看见海南岛的椰林，大人小孩，所有的人都惊呆了，怎么可能会有那样的树？有些一贯自以为是的人就认为是画的。

父亲去世前几个月，我回去看他。是阴天，屋里光线昏暗，就我们两个人。他睡着以后，我走到阴面的阳台上，看见他前些日子买的葱散乱地堆着，互相压着，有的已经发霉。我虽然从来没有挽过葱，但还是松松垮垮地帮他挽了起来，靠墙摆好，坏了的扔掉。

又擦了地,清洗了厕所。之后,站在窗前一边抽烟一边望着外面萧瑟的秋风,风刮来,白杨树上金黄的树叶雨点一样无数鸟一样哗哗地飘舞、落下。旁边正在办丧事的灵棚里,高音喇叭一遍一遍地播放着高亢嘹亮的悲音,其中的晋北道情,本身就像一种悲音。秋风秋雨愁煞人,虽然没有秋雨,但秋风落叶更令人无限惆怅。眼前的情景似乎只能用凄凉、苍凉和悲凉来描述。

  草木对于一个地方来说,也许不能说是灵魂,但至少也应该是一种容颜,像我们从小生活的那种寒冷的地方,就更是如此。河边的一片存在了很多年的高大的白杨树林消失以后,那一带从此就变得很丑陋。小时候从正反两面都舔过那种树的树皮,除了清苦,还有点儿辣。

获奖作家访谈

王跃文：文学应是思考生活的重要方式

王跃文 1962年出生，湖南省溆浦县人。湖南省作家协会主席，中国作家协会主席团委员。主要作品有长篇小说《国画》《梅次故事》《亡魂鸟》《朝夕之间》《大清相国》《苍黄》《爱历元年》，中短篇小说集《漫水》《无雪之冬》，杂文随笔集《幽默的代价》等。曾获湖南省青年文学奖、湖南省文学艺术奖，以及《小说选刊》《中国作家》《当代》等多家文学刊物奖。中篇小说《漫水》获第六届鲁迅文学奖。

| 采访手记 |

　　以他秉直又清高的本性，不像是能混迹官场十七年的公务员；但是，以他把枯燥无味的领导发言都能妙笔生花显出才华横溢的本事，又确实是当年机关里不可替代的笔杆子。

　　20世纪90年代末，《国画》火了，甚至有媒体把王跃文奉为官场小说的鼻祖。

　　对此，王跃文一概否认。自古以来文无第一武无第二，哪里就称得上鼻祖？何况，"官场小说"这一说法本就狭隘，若以此归类，那么《红楼梦》就是青春文学，《战争与和平》成了军事题材，雨果的《九三年》就该归为历史小说了……说着说着，王跃文自己先乐了。

　　说起写官场的历史，他还是觉得《史记》里的"本纪""列传"是最早的官场小说，而他最感兴趣的官场小说，只有一部半，一部《儒林外史》，《老残游记》只能算是半部小说，其他清末民初的官场小说具有文学史的意义但不构成经典。

　　他只有写作。对于现实生活的观察与忧思在他的笔下幻化成众多故事，胸中的郁闷之情在键盘的敲击声中慢慢挥洒而去。像是在暗夜的隧道中行走，突然透入一线光亮，他的人生变得通透豁达。

20世纪90年代末,王跃文以《国画》成名,这部描写官场风云的小说也把王跃文推上了风口浪尖。

问:1999年《国画》的出版,使您一举成名。《国画》之前,您是怎样的生活状态?

王跃文:我出版《国画》之前,一直是在机关工作着的业余写作人。当时,我每年创作一两个中短篇小说,但每次发表出来都会受到关注,或被权威选刊选载,或评上有关文学刊物的奖项。我从县级政府机关,一直工作到省级政府机关,都是从事机关文秘工作。年轻时有从政理想,慢慢看破些门道就放弃这个想法了。我后来对同事开玩笑说,你们在这里干为的是做官,我不过是就业而已。这话至今还被老同事们提及。我以就业心态在大机关里待着,日子过得很平淡自然,完全成了所谓官场的观察者。

这部小说出版后对我的直接影响,就是我从此离开了政府机关。客观上讲,我并不认为这是一件坏事。我有机会从事专业文学创作,也算是遂了我平生心愿。别人看来,我离开大机关应该是遭遇了天大的事情,我自己却是自得其乐。所谓得失,要看你需要的是什么。所失并非你所需,反而可能就是得。

问:回头看来,您觉得《国画》对您而言,是一部怎样的作品?

王跃文:我不敢说《国画》写得怎么好,不过只是我的真诚血性之作而已。我从二十三岁起就在机关里工作,目睹了很多叫人可为感怀的人和事。不平也罢,不公也罢,黑白也罢,很多事说起来都是鸡毛蒜皮。但是,正是种种摆不上桌面来说的琐碎之事消磨着我们的人生,让很多看似简单的事情变得无可奈何。一股沉闷压抑之气,越来越逼得我透不过气。于是,我开始写小说。先是写了一系列的中篇小说,后来就写了长篇小说《国画》。我想用这部小说告诉人们,我们的生活本可以变得更好的。小说里的那些人,都被某只无形的手拉着往下坠,他们都是值得同情且应该得到救赎的。

许是岁月的磨砺,让当年锋芒毕露的王跃文,在步入中年的过程中,逐渐成熟稳健。在《苍黄》中,他对于当下社会现状的叙述已是从容淡定,甚至有了诗情画意。

问:您陆续写过一系列的官场小说?

王跃文:《现代汉语词典》对官场的解释是:指官吏阶层及其活动范围(贬义,强调其虚伪、欺诈、逢迎、倾轧等特点)。《现代汉语词典》第六版修订时,在"贬义"前面加了"多含"二字。原因也许因为"官场"这个词在现实生活中使用得越来越多了,而从道理上讲又不方便把官场都看得贬义。这是词典编辑们遇到的现实尴尬吧。事实上,某些官场中人的确是把自己贬义化了。因为"官场"二字的词性之故,我也不愿意把自己的小说叫作官场小说。这是其一。其二,对作家及其作品任何类型化的描述,都是贬损。我不同意。

《国画》之后,我出版过《梅次故事》《朝夕之间》《苍黄》等好几部小说,都是畅销且常销的。我的任何小说集、杂文随笔集也是畅销且常销的。没有像《国画》那样爆炸性的影响,一则是读者对我作品有了平和的接受态度,二则是我的作品长期没有得到堂而皇之的宣传和评介。影响在民间,读者是判官。所幸,我的所有小说现在都在正常出版。

问:在写作中,您觉得心里有没有表达的障碍?写作中是否有意规避很多东西?

王跃文:我不觉得有表达障碍。我的写作是自由的、率真的。我心里是怎么想的,就怎么写去。如果有人觉得有的文字有什么出格之处,肯定不是我的问题,而是生活本身的问题。自古固然有写坏书的人,但作家们整体上讲都是有职业道德的。

作家反映现实生活,其笔触永远达不到现实的真实程度。现实的复杂和严酷,大大超过作家的想象能力。白的抹不黑,黑的抹不白,这是起码的常识。但是,我也并不主张作家的创作要同生活比复杂、比厚黑、比残酷。作家的才智是比不过现实的荒诞的,文学也未必非得如此。

问:从早期的创作到最新的作品,您的创作心态,有没有发生一些变化?

王跃文:也许是年龄的原因,我的创作心态越来越平和了。同年轻时的郁愤悲凉相比,内心多了些温暖、理解、宽容。但是,这并不等于我认同现实中存在的消极和负面。

《漫水》的叙述格调是抒情的,展示了一个恬静、安详、沉思的世界,充分体现了乡土文化的沉静和田园的美。

问:小说集《漫水》是一部相对比较纯粹的作品。作品所描写的是逝去的乡村。是您记忆中的乡村,也是理想的乡村。写作《漫水》,有怎样独特的体会?

王跃文:非常感谢您对小说集《漫水》的肯定,但我并不承认自己其他的作品就不纯粹。我写作不同题材的小说,情绪和文字面目差距很大,这是文学表达所需要的。如果能理解为我创作的丰富性,也许更为客观。《漫水》这部中篇小说,写的都是过去记忆中的乡村,那些人和事也都渐行渐远的。文学更多的时候都是在回望,《漫水》便是一部回望乡村的小说。

问:在您的写作经历中,乡村的书写并不特别突出,是什么原因?
王跃文:回过头看,我最喜欢的是自己写的那些有关乡村的中篇小说。作家对生活的观察和思考有某些神秘现象,颇值得研究。我从小生活在乡村,但离开之后很长时间我对乡村是隔膜的。我四十岁之前写的小说,基本上都是与城市有关的现实生活。过了四十岁,记忆中乡村的人和事朝我扑面而来。

问:《漫水》的写作是否心态都与以往不同?
王跃文:我过去在机关工作,一边写公文,一边写小说,两种思维,两种文体,两种语言,自由切换。可能这同我的个人气质有关,就是适应性较强。写作《漫水》这样的小说,文字想快都快不起来,心思想浮躁也浮躁不起来。

我写作《漫水》的时候,时时感觉自己像咿呀学语的婴儿,每个词每句话都在模仿我的父老乡亲。用老百姓的语言思考和写作,脑子里活生生地就呈现出许多意蕴无穷的形象、修辞、情绪,等等。我尽管很努力了,但总不能百分之百地传神。如果说到湖湘文化,那么民间存活着的生活方式,包括行事方式、语言方式、思维方式,散发出来的都是湖湘这片土地上人们的精气神。

我从未因写完一部小说失眠,但写完《漫水》我通宵没有合眼。小说结尾写到慧娘娘的灵柩被火红的飞龙架着,慢慢升到天上去。写到这里,我眼里充满泪水。一个乡村农妇的一生,让我生出许多难以言说的感慨。余公公、慧娘娘,他们是极其普通的乡村人,但他们活得真实、自适、仁爱。他们终生匍匐大地辛勤劳作,而回到大地时却是那么的庄严。

问:所以您评价《漫水》是一部乡愁作品?

王跃文:《漫水》里写到的乡村生活,都是我记忆中故乡20世纪70年代以前的真实生活,属于渐行渐远的乡愁。文学有时在远望,而更多时候是在回想。沈从文先生八十多年前写《边城》的时候,真实的湘西也不是他笔下那么纯美的湘西,当时的湘西也已受到现代文明的侵蚀。正像沈从文先生自己在创作谈里说到的,他要用自己的小说构筑他心中的"希腊小庙"。《边城》就是沈从文的乡愁。

问:《漫水》获得鲁迅文学奖,对您有怎样的影响?

王跃文:《漫水》获得鲁迅文学奖,家乡的父老乡亲很高兴,提出来要在村里建个"王跃文创作室",我没有同意。我倡议建个"漫水书屋",发动社会各界朋友捐书,自己承诺在有生之年每年捐一定数量的图书。这个书屋现在已建起来了。

对于自己有着清醒认识与深刻反思的作家,是值得敬重与期待的。我思故我在。王跃文认为,文学应该是人类思考生活的重要方式。

问:《大清相国》塑造了以陈廷敬为主要代表的大臣群相,写作中做了怎样的准备?

王跃文:我不是专门做历史研究的,没有能力阅读大量史料。陈廷敬是顺治朝的进士,为官及功业主要是在康熙朝。为了写这部小说,我把顺治十八年间和康熙六十一年间发生的大事桩桩件件都看了。写历史小说光看正史不行,还得读大量杂书才能触摸到历史的体温和肌理。可以说,《大清相国》里写到的任何故事都是陈廷敬做官那些年发生过的,我在此基础上加以文学虚构。

问:《大清相国》中最难处理的部分是哪些?您的这部作品有怎样的现实意义?

王跃文:我从陈廷敬二十岁中举,写到他七十岁告老还乡,时间跨半个世纪。最难处理的就是时间问题,中间做了些时间跳跃。有人批评说《大清相国》仍在宣扬封建清官意识,缺乏时代性和现代眼光。这种批评看似有道理,其实未必然。简单的清官崇拜固然不可取,但我写历史人物时不能超越历史,况且不论在什么社会背景下陈廷敬身上的清廉和勤勉都是可敬可法的。对简单的清官崇拜的批判,前人早有意识。雍正皇帝登基第二天,就专门对知州知县下谕说不得"或借刻以为清,或恃才而多事",这比《老残游记》的清官批判早了一百八十多年。

问:多年前采访您,您曾经用"痛苦"形容看到自己文字的感受,总觉得小说背后的东西挖掘得不够,缺乏厚重性,更谈不上哲学层面。那么现在的写作,和当年比有变化吗?

王跃文:我现在仍然觉得自己的小说厚重不够,宏大不够,更不够哲学。

问:《爱历元年》心平气和又无奈地写尽社会现象。为什么总是感情出轨?在您的笔下却尽是善良、隐忍、克制甚至真诚。为什么会这么表达?

王跃文:《爱历元年》不过是正视了当代中国人的情感状态而已,小说里的人物都是善良的,他们的情感变故都是情非得已,而他们的自我救赎或情感回归都是生活的真诚召唤。我坚持认为这是一部真诚的情爱之书、生活之书、命运之书。

问:《爱历元年》写了六年,应该是您写作耗时较多的作品吧？这是一部怎样的小说？

王跃文:一方面是因这期间我自己经历了特殊的年龄阶段,一方面是我对生活的观察与思考发生着变化。整个写作过程断断续续,思路和小说结构也不断地调整。最初的写作基调有些悲观和阴冷,写到最后却发生了逆转。这是一部关于爱、宽容和救赎的小说。当社会被某些辨识不清的洪流裹挟的时候,当所有人都貌似向前奔跑的时候,我愿意选择慢下来、停下来,甚至往回走,看看那些狂奔的人丢失了什么。我想通过一些鸡毛蒜皮、鸡零狗碎的事情的描写,回望中国二三十年突进与逡巡的过程,停下来做一些思考。乡下有句俗话:忙行无好步。我们现在是否应该慢些走,回望一下来时的路,展望一下未来的路？写作《爱历元年》时,心里是存有这个想法的。

问:《爱历元年》的写作,有什么特殊的感悟吗？

王跃文:自己未进入中年之前,总认为中年危机是个伪命题。一旦进入中年,很多始料未及的困惑、纷扰和迷惘都逼到眼前来了。生命的盛年已过大半,走过的路却未必是自己愿意走的；功过、得失或成败此时大致已成定局,经历过的都没有机会修正；也许经历了很多事情,有些事可以向人倾诉,但有些事只能打落牙齿和血吞；孩子开始了自己的生活,我们却未能放下悬着的心；父母皆已老去,他们需要我们更多陪伴,而我自己仍在滚滚红尘中打拼；看了大半辈子的人间大戏,是是非非似乎都不是那么回事儿。总之,有许多纠结和感怀。如此愁肠千结,都隐约渗入这部小说的文字里。小说不是靠逻辑推理讲道理,而是用故事和形象感染人。

问:您觉得自己是怎样的性格?

王跃文:我的性格是外柔内刚,讲原则,但不迂腐。《论语》载有子夏的话:"大德不逾闲,小德出入可也。"此话,我深以为然。我内心有原则,不愿意违背自己的原则做人做事。我在生活中,不与人争高低,也不争名争利。很多人和事,我会看在眼里而不道破。

全国优秀报告文学奖

获奖作家访谈

何建明：四十年专注中国故事

何建明 1956年出生，江苏苏州人。中国作家协会副主席，中华文学基金会理事长，中国报告文学学会会长。著有《时代大决战》《那山，那水》《死亡征战》《爆炸现场》《南京大屠杀全纪实》《国家》《忠诚与背叛》《部长与国家》《生命第一》《我的天堂》《根本利益》《落泪是金》《中国高考报告》等。三十余年来出版四十余部文学著作，改编成电影电视十余部。曾三次获得鲁迅文学奖、五次获得中宣部"五个一工程"奖、四次获得徐迟报告文学奖。报告文学《共和国告急》获第一届鲁迅文学奖，《落泪是金》获第二届鲁迅文学奖，《部长与国家》获第四届鲁迅文学奖。

| 采访手记 |

从1997年至今,中国作协副主席、中国报告文学学会会长何建明的四部作品,连续被中宣部列为党的十五大、十六大、十七大、十八大推荐书目。十九大召开前夕,他的《那山,那水》又被浙江省委宣传部推荐为十九大献礼图书。这是国内首部以"两山"重要思想诞生地安吉县余村发展之路为主题的文学作品。

20世纪90年代,何建明的一部《落泪是金》引起了全社会对弱势群体的关注,社会对贫困大学生的直接资助额至少超过三千万元,使数以百万的贫家子弟获益。

他第一次意识到文学作品的感召力如此之大,自己笔下刻画的人民命运和情感,不仅表达着人民的心愿和心声,更承载着时代使命和社会责任。

从《根本利益》到后来的《国家行动》《部长与国家》《为了弱者的尊严》到《那山,那水》,何建明越来越感受到,如果一个好的故事感动人,它的精神力量是无穷的。

"讲中国故事,是我的立身之本。中国社会所发生的伟大变革与进步,所经历的拼搏与奋斗,都被我纳入笔下,成为故事的源泉。"何建明说。他的作品,具有鲜明的中国共产党的色彩,他们或是共产党人和中国共产党相关的形象与故事,或是在中国共产党领导下在当代所发生的精彩的中国好故事。党性、时代性和人民性,是何建明作品的共同标签。他说:文学上的"党心",其实就是"人民心""时代心"和"时代的文人心"。

"报告文学作家,就该像冲锋的战士。"何建明一直以此践行着自己的文学生涯。从第一部报告文学《腾飞吧,苍龙》起,讲中国故事就成为何建明的立身之本。

问:您如何评价自己不同的创作阶段?

何建明:《腾飞吧,苍龙》《湘西探险记》《警卫领袖风云录》《神秘的禁区》《缉私大王》等作品,是我在部队生活中所经历的人和事件的记叙,歌颂是这些作品的主旋律,张扬真善美是基本内容,我视作是新闻性强于文学性的初级创作阶段;《共和国告急》《科学大师的名利场》《落泪是金》《中国高考报告》等作品,以批判现实主义为基调,几乎每一部都在社会上引起关注:《落泪是金》通过文学作品提出"弱势群体"概念,获第一届鲁迅文学奖的《共和国告急》创作于1992年至1994年,第一次把矿难作为报告对象;《根本利益》写出了一个感动中国的执政为民的公仆梁雨润……

我第一次意识到文学作品的感召力是如此之大,自己笔下刻画的人民命运和情感,不仅表达着人民的心愿和心声,更承载着时代使命感和社会责任感;从《根本利益》开始,到后来的《国家行动》《大国的亮点》《永远的红树林》《北京保卫战》《部长与国家》《为了弱者的尊严》《农民革命风暴》《国家行动》《我的天堂》等作品,结构恢宏,叙议兼长,同时在文体上有所创新。

问:您第一部获得鲁迅文学奖的作品《共和国告急》是深入矿区冒着生命的危险采写来的?

何建明：为了解矿难事故和如瘟疫般地发生在各地的乱采乱挖现象，我去湖南湘西山区和陕西等地采访，几次被土匪式的黑势力们用自制的土枪、铁锹顶着后腰。现在想起来都有些后怕，但在当时，压根就没顾虑这些。我并不后悔，因为报告文学作家的社会调查和一线采访，必须像战士上战场一样，没有冲锋，怎可能占领高地？文学写作也是如此，尤其是报告文学写作。

问：《落泪是金》感动了无数读者，引起了社会各界对贫困大学生的关注，并且获得第二届鲁迅文学奖。直到今天，仍然被团中央、教育部门当作每年开展救助贫困大学生的首推书。

何建明：1997年9月，一位领导同志给我介绍中国高校的贫困生情况，并期望我能写一部反映这方面问题的作品时，我还觉得自己无法抽出那么多时间去完成一件工程浩大的调查。但是第一次采访，我就感到自己无法放弃这一特殊使命了，因为它超出了我原本所能想象到的调查意义：一个有社会责任感的正直作家不干这样的事，还干什么呢？一年时间，我走访几十个单位，采访三百多位当事人，倾听了一批又一批贫困生们的诉说，有一天甚至连续进行了二十一个小时的采访。只要你深入高校、深入中国教育改革的前列，你就会马上发现，任何走马观花的轻率态度都无法对得起自己，更不用说对得起成千上万名正在与命运抗争的贫困大学生们。我也越来越深刻地认识到，重视高等人才培养，也就是重视了中国未来命运。

问：学者丁晓原认为，"《部长与国家》可能是何建明非虚构历史叙事中最重要的一部作品，而就其泛政治化写作的整体看，可能也是以非虚构文学的方式表现重大政治题材最为得体到位的一部"。2007年,您凭借《部长与国家》第三次获得鲁迅文学奖。

何建明:是大庆石油会战这个历史事件本身的价值,以及余秋里、王铁人等共和国老一代石油人的历史功绩,成就了这部纪实文学的价值。《部长与国家》出版后,许多大导演都找上门来,想拍电影电视剧。一部报告文学,我们检验它优秀与否,如果不考量读者和社会及市场对它的反馈,就将失去这一文体本身的意义。没有读者和没有影响面的作品,首先就已失去了报告文学应有的文本功效,获再多的奖也没有用。其实,无论哪一类作家,要写出真正好的文学作品,都必须做到与社会进行零距离的接触。因为只有这样,才能触动读者内心最敏感的东西。

何建明认为,讲中国故事第一要解决的是,心中有大义,心里有人民,肩头有责任,笔下才有乾坤。这样的写作标杆要树起来,这是作家应有的写作立场。

问:讲什么样的中国故事,这是一个作家的立场,也是文学的根本问题。

何建明:所有的文学作品,其实都是在"讲故事",只是形式不同而已。而在这个星球上,人是唯一能讲故事的生物,人又是唯一被故事所感染后产生理想信仰和人生动力的物体。讲中国故事是有讲究的:有人讲中国的黑暗或愚昧,有人讲中国的光明和精彩。站在什么立场讲什么故事,是当代作家首先应该解决的第一课题。一个有良知的作家应该以强烈的社会责任感和使命感真实地记录社会发展过程中与人民群众生活和命运息息相关的重大事件,为人民代言,关注弱势群体,塑造时代英雄,抓住最能反映人心的事件和时代的闪光点。

问:讲述中国故事,应该注意哪些方面的问题?

何建明:文学是需要引领的,很多写作者对我们的国家、民族,对人民的理解是浅层的,对国家的主流视而不见,对现代化进程中出现的负面问题无限放大。只看到高速公路穿过村庄带来的破坏,没有看到交通便利带给几代农民梦想的实现;只看到癌症村,没有看到华西村、永联村。我们更应该想到怎么传达正面的声音,因为写得不够多、不够好,引领、提倡得不够,正面作品的影响力还没能完全传播出去。中国处在历史的转型期,新事物与旧体制、旧观念之间的矛盾与交锋,十分激烈,局部与全局之间的冲突也很凸显,作家在讲述中国故事时把握大局的重要性也格外突出。

问:关于中国故事,您对自己有怎样的期许?

何建明:我希望自己讲述的故事能够温暖世界,让所有人能感受到中国的崛起对全人类是一种福音。当世界在最危难时刻,中国是可以在国际大舞台上表现出大国风范、大国情怀以及大国担当的。

就何建明每一部作品的影响力而言,都堪称精品力作。他认为,"精品"是主题出版优良产品的系统工程。

问:您一般选择将怎样的题材纳入自己的写作范围?

何建明:我给自己定的标准是:国家大事、党的大事、人民群众特别关切的事,必须去完成。再苦再累,时间再紧也必须去写。

生活在中国这样的国度,写国家大事、写党的大事、写人民的大事,这是中国作家的基本任务和基本责任。我在所有的"大事"当中,选择的方向是:重中之重、能从小见到大的人与事,还有人民群众特别关切的事。比如2014年,国家设立第一个国家公祭日,是当年的12月13日。我接到写作任务,要求书稿必须在半年之内完成。要采访调查,要创作修改,这在一般作家看来似乎不可思议,尤其我还是在岗工作的一名领导干部,只能利用业余时间创作。但是我别无选择。

问:您如何看待"主旋律作家"这一称谓?

何建明:准确地说,我应该是个时代的歌者,或者说是时代的记录者。"主旋律"的概念被一些人误解了,主旋律本来是个很好的名称,结果慢慢地因为有人把主旋律归为"主题好""艺术不咋样"的东西了。这是完全不对的。主旋律其实说的是时代性、现实性和人民性。设想,我们这些作家的作品内容,缺少时代性,没有现实性,又不顾及人民性,有谁来理你?

一部好的作品,一定是主旋律的作品。把为时代呐喊、为人民写作的现实作品,简单地理解为好主题不好看的官样文章是片面和歧义的。真正的主旋律作品,既高扬时代性、人民性和现实性,还一定是最有广泛的读者所接受并具有当代文学最高水准的优秀艺术品。

问:目前,您已经有十部作品改编成电影,有的还获得最佳故事片和"五个一工程"奖。您讲述的中国故事,不但在国内受到欢迎,也备受国外读者的青睐。可否分享一下您的成功经验?

何建明:可以说,现在我写每一部作品时,都有自己的对文体本身的一些探索。主要在三个方面：一是结构，二是叙述，三是文字。结构主要考虑读者的需求与口味；叙述主要是感情的戏剧推进效果和精彩程度；文字尽可能地美。最重要的是对题材的把握和发力的精准上下功夫。

问：您在报告文学领域已经取得了很多成就，多年来仍笔耕不辍，创作的动力何在？

何建明：我们是幸运的一代，因为我们生活在中国伟大的时代。这个时代给予我们的生活和文学的材料太丰富多彩，我觉得越干越有劲，越干越干不完。动力在于此。同时，我也注意到，读者越来越挑剔，要求也越来越高，任何艺术作品都面临挑战，如果不在艺术上进一步求美求精的话，就有可能被淘汰。这就让我感觉到一种压力和责任。

他时时感受着疫情中的特殊上海，火热的心和激情的泪，随这座城市一起跳动和流淌……

问：近几年，您先后为上海写了《浦东史诗》和《革命者》两部报告文学，目前又在写以上海"抗疫"为主题的作品，是什么留住了您的眼光和脚步？

何建明：《浦东史诗》的书写过程，让我们深切地感受到一点：这三十年的新上海生活的丰富性、多彩性和深刻性，足以产生多部经典作品。生活确实需要沉淀。然而如果与其等我们快进坟墓时去品着茶在草地上回味年少时的往事，还不如现在去拥抱正在发生着的那些燃烧到我们筋骨的现实生活，去书写当代的火热生活。

也正是这个原因，两年前陆续写完两部重大题材后，我发现上海这个大都市里有一些年轻人生活得很优越,家庭条件也好,学历很高,但他们因为个人的自私、自傲和孤僻,结果走上了高智商的犯罪道路。2020年1月15日我到上海采访这方面的事情,正巧与上海疫情的"一号病人"擦肩而过,之后就被"留"在上海度过了整个疫情,至今仍在上海。

本来是被动地宅在上海,远远地"隔岸观火",随着疫情越来越严重,上海面临着惊心动魄的"疫战"考验,我也亲历了疫情中的许多感受深刻的事情,决定投入"疫战"创作……结果一投入,就再也出不来了。现在上海成了中国防控境外疫情的最前线,我就干脆直接进入了主战场去生活、采访及创作。

问:从《浦东史诗》《革命者》到《上海表情》《上海筋骨》,既有对这座城市的纵深了解,也有瞬间的表情记录。

何建明:我自己也没有想到,一场突如其来的大疫情,让我与上海这座我热爱的城市,竟然共同度过了整个"疫期"。《上海表情》之所以要写,完全是意外收获,或者说完全是一次不同状态下的激情投入。我自己以为在上海"度疫"可能是自己所能做得到的最好选择,因为宅在家也是战斗——大家都这么说。可是,后来疫情的发展和上海的"战疫"确实感动了我,也有许多在疫中所经历的事太令我无法平静与宅了……于是,许多时间我悄悄地走到大街上、走到黄浦江边、走到商场和码头,去感受疫中的上海。当然我也一直在把自己身处的上海和武汉做比较,并且不断受到来自大上海的那种因为细微的关怀而温暖、因为决策果断而看到的不一样的结局、因为准备充足而不惧风浪袭击的实力等等,如此这般,我发现自己这六十多天变成了一次最完整和最充实的深入生活和体验生活过程!《上海表情》就此在笔下"滑"了出来。

问：2003年"非典"时期，您也在一线采访。和那个时期相比，您的心情有何不同？

何建明："非典"时，我还年轻，毫无畏惧之感，第一个提出来到前线去采访，一个人居住在隔离的小房子里，整个创作处于亢奋状态。不能回家，就整天吃方便面，现在血糖高就是那两个多月的前线采访落下的病症。

这回不一样了。我觉得不会再像当年去冲锋陷阵了，我的呼吸道不太好，别传染上"光荣牺牲"了，那样太可惜了：我还有好多作品没写完呢！这是真实想法。没想到我还是冲到了前线——当前防控境外疫情战斗异常艰巨，上海动员十万人在阻击战，我身在其中，怎能当旁观者？

既然是一名现实生活的记录者，就不能平时伟大、战时尿包呀！后来发现我还是一名"冲锋的战士"，或许永远是吧。

获奖作家访谈

李鸣生：思想决定作品的高度

李鸣生 1956年生，四川简阳市人。中国报告文学学会副会长，中国作家协会报告文学委员会委员，供职于解放军新闻传媒中心。主要作品有"李鸣生航天七部曲"(包括《飞向太空港》《澳星风险发射》《走出地球村》《远征三万六》《中国长征号》《千古一梦——中国人第一次离开地球的故事》《发射将军》)及中篇小说、电视电影专题片多部，共约九百万字。曾三次获鲁迅文学奖，三次获中宣部"五个一工程"奖，三次获中国报告文学奖以及中国三十年优秀报告文学奖等，多部作品入选《中国报告文学精品文库》《共和国作家文库》《21世纪中国文学大系》等。报告文学《走出地球村》获第一届鲁迅文学奖，《中国863》获第二届鲁迅文学奖，《震中在人心》获第五届鲁迅文学奖。

| 采访手记 |

被文学界称为"中国航天文学第一人"的军旅作家李鸣生,2017年推出了中国首套超大规模的非虚构长篇纪实文集《李鸣生文集》,既有对国家大事的宏阔叙事,又有对个体命运的真实记录;既有对非凡人物的精神观照,又有对底层苍生的悲悯书写;既有对远古文明的探究追寻,又有对现实矛盾的揭示拷问。是文学,又是国志,亦是民族史诗的一部分。作为历史,是发人深省的明鉴;作为文学,提供了考证一个时代的蓝本。

"报告文学是最能体现现实主义精神的一种创作,最能体现作家人格与良知、风骨与气质的一种创作,同时也是饱含争议、最具风险的一种创作。在文学这个大家族中,几乎找不到任何一种文体能像报告文学这样最公开、最直接、最尖锐地面对社会的挑战、现实的挑战,同时也是面对作家自身的挑战。"李鸣生说。

《李鸣生文集》选录了作家在1990—2010年二十年间创作的主要作品,共十六卷约六百万字。评论家丁晓原认为,建构三十年中国报告文学史的优秀作家有许多,李鸣生是其中不可或缺的一位,他的写作对报告文学文体具有典型意义。他以其独特的创作,为我们书写了新中国航天的悲壮历史。它们既是航天的壮美诗史,亦是民族史诗的一部分。

20世纪80年代末,李鸣生骑着一辆破旧的自行车,顶风冒雪,开始了《走出地球村》的采访。他在北京中关村一带大海捞针般地寻找一个个历史线索,打捞一个个被岁月遗忘的科学家。

问:《走出地球村》是我国第一部反映"东方红1号"卫星从研制到发射的悲壮历程的长篇纪实作品,也是迄今为止唯一的一部,采访的难度一定很大。

李鸣生:采访是异常艰难的,有科学家好不容易联系上了,很快又被谢绝;有的科学家早已去世;有的科学家失去线索,只好拐弯抹角,四处打听;有的科学家历史背景复杂,当事人不愿多谈。通过几年艰辛的采访、写作,我不断加深了对中国航天事业和科学家们的理解和认识,终于完成了三十万字的长篇报告文学《走出地球村》。

问:您真正写的其实不只是发射"东方红一号"卫星的新闻,同时也对中国的当代社会史进行了一次整体剖析和全面反思。从一开始,您的写作就充满激情,也很具批判性。

李鸣生:在采访《走出地球村》的同时,我开始思考如何突破中国科技题材的写作。就在1990年3月的一个夜晚,我偶然翻到一则关于中国的"长征三号"火箭将在西昌发射的消息。这消息令我兴奋无比,第二天我便向系里请假要去西昌采访。可系里的老师说我已经请过一次采访假了,不行。我急了,说,即使我父母去世我也可以不请假,但这次无论如何你们得给我假!几位老师被我的真诚感动了,同意了我的请求。我当即骑车去买第二天的机票。可到了售票处一打听,还有当天的机票。于是我临时改买了当天的机票,将自行车往路边一扔,便急忙"打的"赶往机场。等我气喘吁吁登上飞机时,离起飞时间只剩几分钟了。

五个月后,我写出了我的第一部二十五万字的长篇报告文学《飞向太空港》。这是我真正的成名作,它为我带来了荣誉和福音。只是长达一年多的审稿,使我对报告文学伤透了心,我甚至一度发誓再也不写国防科技题材的报告文学!但经过近两年的自我反省,我认识到,中国的航天发射乃是我中华民族的伟大壮举,与个别认识肤浅的人无关。一个真正的作家,写作不是为了个人,超越个人、超越阶级、超越民族乃至超越地球的一切恩怨是非,才是应该具有的胸襟和气度。于是1992年8月,在作家出版社和《当代》杂志的鼓励支持下,我再次奔赴西昌发射场,接着用四个月的时间赶写出了《澳星风险发射》。

问:能否谈谈获得第二届鲁迅文学奖的《中国863》?作为第一部描写中国高科技领域发展历程以及中国科学家参与市场竞争、征战世界的长篇报告文学,写作中遇到什么困难吗?

李鸣生:采访历时一年,过程并不顺利。高科技知识浩瀚无边,光把每个领域的基本概念弄清就很困难;再把枯燥的科技转化成生动的文学叙事,更不容易;何况采访的科学家都是各领域的泰斗,对话难度不说,光是采访时间就不好安排。写作《中国863》是在1997年夏天,北京奇热,我得了颈椎病。很痛苦,有时简直就想自杀,只能一边跑医院一边写,把颈椎牵引器架在脖子上写,每次牵引器一架在脖子上就全是汗水。

我写《中国863》,就是想呼唤一种高科技意识。早在80年代初,高科技便令人眼花缭乱,幸福无比,可中国到了90年代甚至今天,国民的高科技意识依然比较淡漠。这是一件令人痛心而又遗憾的事情。

问：光学家王大珩称赞《中国863》"写得很好,是一本很好的科普读物,也是历史的见证";文学评论家李炳银认为这部作品"关注生活的现实存在,冷静地面对,严格地审问,积极地修补,乐观地期待"。您怎么评价这部作品？

李鸣生：我的全部写作,只是一声呼唤而已——呼唤国家意识的复苏,呼唤科学精神的张扬,呼唤对知识价值的重新肯定,更呼唤对国家人才的真正保护！

李鸣生用他的笔跟踪着中国航天事业的进程,他把自己的写作捆绑在中国航天事业的火箭上,一次又一次地发射升空,先后出版的反映航天事业的七部作品就是成功发射的七颗"文学卫星"。

问："航天七部曲"的写作,是基于怎样的机缘？

李鸣生：原因有两个方面：一个是我当兵就在西昌发射场,十年最美好的青春留在了发射场,因此我获得了一种生命的体验和情感的体验。特别是1984年4月8日西昌第一次发射中国的第一颗同步通信卫星,我目睹了火箭腾飞时那最辉煌的一瞬间。与西昌发射场的科技工作者有了一种血肉的关系。后来我又接触了大量的航天专家,搞火箭研制的、搞航天测控的,与中国的航天人便有了一种难以割舍的情结,感到在他们身上有一种精神,一种属于我们这个民族的精神,让你没有任何理由不去写他们,感到有一种责任,如果不写的话,就像欠了他们一笔账似的。另外从文学的角度来说,过去的文学作品一向表现的都是人类创造陆地文明的历史,自20世纪50年代,苏联第一颗人造卫星上天后,人类进入了航天时代,用我的话说,人类开始了创造空间文明的历史,文学自然就应该有所表现。所以我就想,写"航天七部曲",在题材上开创一个新的领域,给我们的文学辟出一块新的风景。当然,航天文学不仅仅是属于我李鸣生的,我希望有更多的作家加入这个领域的创作,从而构建起中国航天文学的大厦。而我的这些作品,不过是这个大厦中的几块基石而已。

问: 在您的一系列作品中,《澳星风险发射》比较特殊。作品中,您将1992年3月22日"澳星"发射失败视作一种客观存在,以一种中性的叙事立场,在中国航天文学中第一次直面失败。这样颠覆常规的写作,其意义何在?

李鸣生: 不客气地说,用一本书来专门写失败问题,在中国我是第一人,也是迄今唯一的人。其最大的意义,我认为就是突破了写作的禁区——须知这是二十多年前啊!其实,成功与失败如同硬币的两面,无法分割。事实上中国航天的挫折与失败,自20世纪50年代就开始了,且一直伴随至今。可几十年来我们却只颂成功,忌谈失败,甚至有的还有意遮蔽、掩盖失败。而在我看来,一个民族若是既会欢呼成功,又能正视失败、接受失败,甚至超越失败,从而达到一种欣赏失败的境界,那这个民族才是伟大而不可战胜的。如诗人惠特曼所言,当失败不可避免时,失败也是伟大的。当然了,在当年那种政治生态环境下,写中国航天的失败问题,是需要胆量和勇气的。记得当时写作此书,我不仅做好了受处分、脱军装的心理准备,甚至上法庭迎接打大官司的材料都堆了两尺多厚。

问: 您写航天,实际上作品中所表达、折射的主题和内容具有极大的包容性和辐射力。

李鸣生: 我的写作,既有对大时代、大事件的整体描述,也有对科学家个体命运的具体叙写;有对历史真相的客观揭示,也有对现实问题的深刻反省。一个民族的历史总要有人记录。航天历史是人类最惊心动魄、神圣伟大的历史,而中国的航天历史则是其中重要的组成部分。作为从发射场走出来的作家,我记录这段历史,既可以说责无旁贷,也可以说非我莫属。

问:您的作品之所以具有广泛的影响力,不仅仅因为揭秘性,更在于视野宏阔、人物塑造生动,和国家的历史发展相呼应,具有感人至深的艺术魅力。大题材、大视野、大构架、大叙事、大主题、大气场……您认为,这种"大"来自什么?

李鸣生:主要来自两点。一是来自题材本身。比如中国航天,题材重大,题旨宏阔,内容丰富,穿越古今,横跨中外,是一部史诗性的大历史,属于世界性的题材。唯有"大写",方能完成。二是来自作者的胸怀。当然我所谓的这种大,不是形式上的大,也不是大而无当的大,更不是假大空的大,而是合情合理的大,有血有肉的大,实实在在的大,与作品长短、字数多少无关。

《震中在人心》直面心灵,深情而深刻地揭示了大地震对于人心的震撼与重创,真诚而真实地发掘了地震现场和精神废墟上人性的复杂与微妙。

问:《震中在人心》在观察的视角、反思的深度、叙事的技巧以及文本的形式等方面都体现出您的探索意识和艺术个性,也可以说是对您既往叙事风格的自我突破,对此,您有着怎样的想法和考虑?

李鸣生:第一,我想逃避概念化写作。"概念"这个东西是很难从我们脑海里剔除的。比如一写汶川大地震,脑子里就可能套上了"抗震救灾"这个概念。因此"大题材"如何逃避概念化的写作,我想在本书中做点探索。第二，我想有点属于个人的思想。优秀的作家首先是个思想家。思想的基点是对社会、对历史的客观审视与真诚反省。在这个信息、传媒高度发达的社会里，留给报告文学的空间不多了。如果说记者留下的是新闻，作家留下的就是思想，而报告文学能继续存活的唯一理由，也是思想。面对这场大劫难，我想用自己的脑袋想点问题。第三，我想尽量说点真话。在我看来，真相比真实更为重要；与其强调作品的真实，不如强调作品的真相；而不管真实还是真相，均取决于作家是否虚假，是否讲真话。所以我想尽量说实话、真话。第四，报告文学的叙事缺乏变化。尤其是一些写所谓"大题材"的报告文学，几十年来基本都是传统意识、主流叙事。所以写作本书时，我想用现场视角、全知视角叙事的同时，也借助当事人的视角参与叙事，尽可能把传统的主流叙事转化为作家个性化的叙事。第五，我想在文本上做点尝试。报告文学不仅需要思想的革命，也需要文本的革命。随着读图时代的到来，传统文字在影像面前常常显得苍白无力、底气不足。于是我想到了图文结合，让照片客观纪实，参与叙事，成为文字不可替代的一部分。总之我希望《震中在人心》能逼近地震的本原状态，带给读者一点心灵的震撼、一丝灵魂的慰藉和关乎生命与生活本体的思考。

问：听说《震中在人心》虽然在第五届鲁迅文学奖终评中以名列第一胜出，但在初评时因为作品思想的某种"异调"、主题的非主旋律而差一点遭淘汰出局？

李鸣生：《震中在人心》对我过往的创作是一次颠覆性的写作。这是我写得最苦的一部作品，也是我相对满意的作品。写完此书落下严重的地震"后遗症"。写作期间，每晚噩梦连连，不是梦见山崩地裂，便是尸骨遍野，吃了八十多服中药。2009年中秋之夜,写到成千上万的孩子遇难一章时,我面对漆黑的夜空独自号啕大哭。至于评奖"风波",的确有过此事,我也是后来才听说的。主要是我写了汶川大地震的某些真相,突破了某些禁区,比如学校的垮塌问题、学生的死亡问题;加上写作思维不同、理念不同,纯属作家个人化的叙事,而非传统意义上的主流叙事,故引发争议,差点被毙。好在遇上多位有识之士,最终不仅获奖,还高居榜首。或许我该把这次评奖叫作"有良知的评奖"吧。

问:您是少有的三次获得鲁奖的作家。能谈谈感受吗?

李鸣生:我真实的心情是:最初,很高兴;后来,很平静;现在,无所谓。我承认,任何一个作家要想获得全国性的大奖,都不是一件很容易的事。但获奖仅是衡量作品的一个重要因素,而非唯一的标准。获奖的不一定都是好作品,没获奖的肯定有好作品。我的观点是:作品能获奖是好事,可以让更多的人读到作品。但写作的目的不是为了获奖。从写作的本质意义上讲,一个真正的作家与奖无关;验证作品好坏的不只是奖项,更重要的是读者、是时间。

问:既有知识分子的情怀,又有"史家"的抱负,阅读您的作品,能感觉到您对于当下社会、当下知识分子的忧思和反思。

李鸣生:报告文学是一种非常特殊的文体,其特殊性在于它是一种有社会担当、有历史使命感的文学。略萨说过:"文学,首先是对社会的发言。"我个人非常赞同这一观点。尤其是当下的中国,报告文学作家更应该首先发言,大声发声! 当然,这个声音不能是假声。作家投身社会,负起担当,既是使命也是宿命。否则,我个人认为,就当下的中国而论,文学尤其是报告文学,便没有继续存在的必要。

问:您一直呼吁报告文学作家要讲真话。

李鸣生:是的,今天的中国到底需要什么样的文学?我认为,最需要的就是说真话的文学。人民最想看到的是真相,最想听到的是真话,最厌恶的是欺骗,最憎恨的是谎言。而说真话,是一个作家最基本的人文态度、最起码的艺术良知、最基本的写作追求。当然,说真话,作家的独立是前提。没有独立,便没有真话可言,也不可能有真话可言。巴金老人一辈子留下的最好作品,在我看来就三个字:"说真话"。法国作家左拉说:"知识分子的责任,就是说出真理,暴露谎言。"我以为,一个作家敢不敢讲真话,是态度问题;讲得好不好,是水平问题;明知是假却要说真,或者明知是真却要说假,则是人品问题。就当下而言,讲真话是中国文学最大的价值所在,也是出路所在。尤其是报告文学作家,挖掘真相,暴露谎言,更是责无旁贷。当然,说真话从来都是需要胆识和勇气的,也是有风险的。好像有人说过,作家的胆识,比天才还重要。

获奖作家访谈

李洁非:"历史应如镜,勿使惹尘埃"

　　李洁非　1960年生于安徽合肥。1982年毕业于复旦大学中文系,分配至北京新华社《瞭望》杂志,1985年初调中国艺术研究院《文艺研究》,1987年秋调中国社会科学院文学所新学科研究室,1995年转至该所当代文学研究室至今。现任中国社会科学院文学所学术委员、创新工程首席研究员。2000年加入中国作家协会。著有《小说学引论》《中国当代小说文体史论》《城市像框》《解读延安》《文学史微观察》《天崩地解:黄宗羲传》及"典型三部曲""李洁非明史书系"等。曾获冯牧文学奖、华语文学传媒大奖年度文学评论家奖等。报告文学《胡风案中人与事》获第五届鲁迅文学奖。

| 采访手记 |

20世纪80年代末,当李洁非从文学批评界逐渐疏离,隐身到专题研究上时,并不知道自己面临的将是愈沉潜愈深入、愈庞杂愈开阔的领域。像是一个以笔为武器的斗志昂扬的战士,李洁非突然扛着"枪"转移到后方。后方的战局更为风云巨测,他却以数倍的付出在这里寻到了"战争"的根源。

李洁非选择从小说学开始入手。这是他自80年代后期比较侧重的小说语言、文体批评所延续下来的思路,先写《小说学引论》,然后是《中国当代小说文体史论》。之后做城市文学研究,出版了该领域较早的研究专著《城市像框》。2003年,他着手延安文学研究,成果就是《解读延安》——这对李洁非而言是比较重要的窗口,从这个研究经历,打开了通向"典型三部曲"的路径。

《典型年度》的出版,为李洁非的"典型三部曲"的出版画上了句号。这部作品选取了新中国成立后六个具有典型意义的年代,以年度为横断面,以点带面,将深刻影响当代中国的人物和事件放在精神思想史的角度来体察,提供了当代中国的一种思想轨迹。

回看平生所做文章,李洁非发现一条分界线:80年代喜做长文,恣意汪洋,动辄万言;至90年代,恰在而立之年后,则渐趋简短。古人云:"文以气为主",文之长短,料亦与此有关。

问:1982年,您大学毕业后先从事新闻工作,供职新华社《瞭望》杂志。您如何评价这段经历?为什么后来转向研究领域?

李洁非:新华社是毕业分配的结果,从我当时讲,自幼爱文学,大学专业也是学文学,不愿放弃。故而在新华社未满三年,经吴方先生,调到中国艺术研究院《文艺研究》编辑部,做文学编辑。1987年秋,又由中国社会科学院文学所所长刘再复先生接纳,调入文学所。几十年下来,觉得自己还是适合待在科研单位,对自主地选择问题和做事较为有利,新闻单位经历也有好处,可丰富视角。

问:20世纪80年代中期起,您开始从事当代文学批评,从什么时候转向专项研究,是出于什么样的契机?

李洁非:80年代的文学,思想碰撞激烈。那时我二十四五岁年纪,脑子里还有理想主义,把文学看得蛮高,觉得它如何如何,当时觉得文学病在思想浅薄,认为搞批评比搞创作更有意义,能更直接地介入文学的思想现实。这都是年轻气盛的想法,所谓把思想看重看高,无非是对胸中那些一己之见很在意。到了80年代结束的时候,慢慢觉得执着于个人的东西蛮可笑的,它在现实世界面前分量很轻,根本不足论,与其用主观的想象和规划要求文学,不如脚踏实地研究些问题,认识事实。这样一点一点疏离文学批评前沿,后撤到一些专题的研究上。这个变化出现在21世纪之初,

2002年、2003年左右,也就是我着手延安研究的时候。

过去,李洁非对延安的概念化印象是模糊的,无意中涉猎,却发现延安时期文学艺术研究对自己来说其实是当代文学起源的一种寻根。

问:《解读延安》的写作是什么原因?

李洁非:这个课题是2003年立项的,当时杨劼所在的中国艺术研究院当代文艺研究室的室主任艾克恩,是一位出身延安时期的老干部,他们立项要做"延安文艺史",杨劼参加了。他们有很多资料,我没事就去翻翻,发现延安那段历史的复杂性、丰富性、重要性不是一个角度就能概括的,特别是像我这种搞当代文学研究的,总会为现代文学如何演变成当代文学这个样子而心存疑惑,一直找不到根子在哪里。涉猎延安时期文学艺术研究对我来说其实是为当代文学起源的一种寻根,循着这样的契机,沿着这个方向走下去,才有我后来的一系列文章,才有《典型文坛》和《典型文案》。

问:是否在创作之初,并未打算要写成"三部曲"?进入史料的钻研,是一种什么心态?您笔下的"典型",和我们日常所见到的文学史,有何不同?

李洁非:"三部曲"从2006年起始,2013年全部付梓完毕,前后经历七年,整个过程是个不断发现的过程。写《典型文坛》未预计到写《典型文案》,写《典型文案》又未预计到写《典型年度》。我是"随波逐流",历史探究,自然而然不断把我带到新的维度。追随历史本身,而非追随概念、理念与空谈,一定会和我一样循序而进。这就是沉浸于史料的好处和收获,我总是感叹,历史是真正和唯一的老师,我们只要认真听讲,少一点想当然和先入为主,直面史料,而不预设判断,每个人都能分辨出历史本身的足音。

我所讲的"典型",其实就是当代中国大地的现实本身,紧扣中国历史现实,而非使自己观察思考先行被什么或旧或新的理路、议论、术语所框束,同时也不过分抱什么是非好恶,尤其不执着于自己的价值取向,由着历史,由它自动确定和呈现问题与含义。我做"典型三部曲",无非如此。

问:《典型文案》被学界称作是新中国六十年当代文学的一份"档案"。无论对人、事、史,"均致力于考辨梳拢,抉微索隐,陈其概要",是一部理路谨严、具有思辨光芒和智慧含量然而又文采斐然的作品。很想了解您在写作时,秉持怎样的原则和底线?

李洁非:当我尝试学习处理历史以后,益发体会到中国史学传统光芒万丈。从孔子起,中国史学最大特征就是"述而不论",《春秋》无直接褒贬,褒贬化于择词,故称"微言大义",作者心中存有是非,然而尽量不跳出来干预、左右读者。司马迁《史记》,几乎仅据史料叙述,议论极简,只限于篇末"太史公曰"有几句点睛之笔,非常审慎。反观西方史著,虽然也讲求材料考择和出处,但重主观、好发议论却是他们不能抑制的禀性。

年轻时,可能会喜欢西方史著,觉得时常能受观念、思想的启发,但现在我读史书,深感凡属作者的思想和议论对我几乎都属多余,而只注目于材料,因为更渴望、更想要事实,只要有事实,我自有解读与判断,不愿作者把他的观点塞给我。一个人读史,若能见材料则喜、见议论则厌,在我看来,始为得窥历史门径;之后,进而再能懂一点辨别史料真伪、确疑的方法,就可以对历史试着摸索一番了。

问:您非常注重史实梳理,很少做主观判断,这种学术风格从

《解读延安》开始,到"典型三部曲"已日趋成熟。这种学术风格是怎样形成的?

李洁非:首先,在临近三十岁前后,我对过去思想作风,有过反思,颇为先前偏于浪漫的心思而赧颜,开始去主观趋客观。其次,从延安起,研究对象及课题在当代所处特殊语境,需要审慎对待,力避浮谈虚论,以确切史实为安身立命之本。再次,在研究以及择取撰述方式时,对中国传统史学的真谛与巧妙有所领悟,从而形成一种方法论的自觉。

明代王艮有《学乐歌》,是李洁非喜欢的治学状态:"乐是乐此学,学是学此乐。不乐不是学,不学不是乐。乐便然后学,学便然后乐。"他期待写出从心胸到式样能尽拆藩篱的书。

问:您认为当代史材料如何使用才能充分发挥其作用?

李洁非:第一是审视,先不预设材料真伪,对任何材料都不马上投赞成票,不论官撰私述,也不论一手二手,都经过研究者调动专业积累运用专业眼光审视后,加以取舍。

第二是辨别。经常,某史料基本可靠,但枝节有疑点,需要辨别,我的办法是"三堂会审",就同一事找到多方供陈,让他们之间相互去质对,存同舍异,相同的地方留下来,不同的东西先放一边,我也不去说人家说得不对,这样相对可靠一点。

最后,不要忘记逻辑。凡事都有逻辑,逻辑就是来龙去脉。一件事,表述因人而异,但表述压不倒逻辑。怎么说都有可能,但怎么说也改不了来龙去脉。瞻前顾后、握住逻辑才能解读历史,不为具体说法所惑。

问:进入文学史的研究,对您自己来说有何影响?

李洁非：我在年轻的时候,是颇主观的一个人。做了文学史后得到的最大教益是,论人看事,不要以我为主,什么都从自己出发。里面涉及两个功夫,一是推己及人,一是反求诸己。碰到跟自己思想感情相格不容的人和事,不要代人家立言,把自己放到对象的条件境遇下,找寻他的道理、逻辑。不割裂他,使他自身的联系性完整了。所以主要是心胸,心胸不够,到多大岁数还会极端、主观、绝对。要放下喜厌好恶。喜厌好恶,人之常情,越是常情越要放下。我们不是出于喜欢不喜欢、赞成不赞成研究一个人一件事,是为探其由来。所以,即便是反感的、不苟同,也以对象为本位,还原他的心路历程、环境背景。写作中的艰苦,有体力上的,也有心力上的。体力上,穷搜博览还唯恐遗漏,很累。但跟心力的艰苦比,却不算什么。实际上,对写到的人、事和问题,我内心不可能没有臧否,放下喜厌好恶,是将明明有的东西克制住,不让它来干扰研读和写作,这是一个和自我搏斗的过程,碰到我反感甚至憎恶的地方,努力不流露,这是折磨,但没有办法,为着"历史应如镜,勿使惹尘埃"的信念,只能如此。

问：如何使自己的分析能尽量还原至历史现场,您有何独到的经验？

李洁非：中国史学有知人论世的传统。这跟当代史学不一样,当代史学是义理先行、预设判断、以论带史,先有主张和理念,然后把历史往当中塞。中国传统史学不是。如果用小说叙事来比喻的话,有一种手法叫"场景",跟"描写"相对,全部由直接引语也就是人物对话组成,海明威就擅长这个,其实更擅长的是中国古典小说,读《三国演义》《水浒传》《红楼梦》,心理描写、景物描写很少,偶然有也很克制,不像西方小说大段大段写。西方作家讲主体性,喜欢干预故事和人物,老自己跳出来。在艺术上,"场景"是更上乘的功夫。

我做文学史个案研究对所涉人物的把握,就是揣摩这个道理。研究者尽量少插嘴少议论,让人物自己说,一言一行取自他们自己。这是司马迁的办法。《史记》本纪列传,基本都是场景、直接引语。读西方历史书或我们现当代历史书,常常读到史学家一大堆议论,读《史记》却都是现场,末尾才有一小段"太史公曰"。这不仅是方法问题,也表示对历史的态度。干预不干预?多干预少干预?中国史学更倾向于不干预或少干预,所以能留下鲜活的东西。

李洁非以沉潜求实的态度、简洁苍劲的叙事,体现了纪实文学写作所追求的独特境界,并以《胡风案中人与事》获得第五届鲁迅文学奖。

问:能否谈谈获第五届鲁迅文学奖的《胡风案中人与事》?

李洁非:学术要有规矩,不胡来,但学术不应该打格式。眼下学术格式化,为学位、职称、拿经费等等而设,方便打分,方便评级,方便制表,方便考核……总之给你各种笼套让你钻。中国现在岂止有应试教育,分明还有应试学术。过去党八股只在公文中体现,现在淹没了学术。很多论文,支离破碎,言不及义,文风令人不能卒读。学术真的是这样吗?鲁迅《中国小说史略》、梁启超《中国近三百年学术史》、胡适《白话文学史》、陈衡哲《西洋史》等等,哪一本民国学术著作写成今天这个样子?都很自由很松弛,对读者态度很亲切,很讲笔墨文采。学术不代表让人昏昏欲睡。

问:《文学史微观察》获得了华语传媒大奖。这部作品从作家经济收入等制度性因素切入,通过丰富的材料挖掘、编织,来呈现20世纪文学运动展开方式和作家的存在方式特征,对于深入把握这一时期高度政治化的文学形态提供有效的通道。北大学者洪子诚先生非常赞赏您"随笔性的生动文字,处理材料上绵密细致的功力,加强了这部著作评述的深度和可读性"。您的大局观和掌控细节的能力为学界称誉,能谈谈这种"超常功力"是如何培养出来的吗?

李洁非:洪子诚先生那样说,是对后学的鼓励,我做得还很不够。如果说我的研究与作品,略有一点自己的特色,我想大概是出于两点:一是尊重事实,凡论以事实说话;二是尊重历史,充分考虑和还原历史情境,不越俎代庖,用今人今地替代彼时彼地。

问:2014年,您出版了《天崩地解:黄宗羲传》。选择黄宗羲为传主,出于怎样的考虑?

李洁非:我寻找能将中国的过去与未来衔接起来的思想和人物,黄宗羲应属于其中的一位。"五四"以来中国的大烦恼以及许多问题的根因,是与自身文明和历史饱尝割裂之苦。这一点不克服,我们在精神上就健康不起来。数千年历史上,我们有许多对历史充满建设性的思想和人物,不论帝王将相抑或布衣贤达都有,只是我们还不曾将这些用未来和前瞻的眼光加以重审,以建立我们的理性文明谱系。我觉得中国缺少对自身文化的解释。写黄宗羲,主要是沿这种思路而来。类似值得做的人物很多,可惜精力和学识都太有限。

问:用太史公写《史记》的手法写《天国之痒》,希望还原一个原原本本的太平天国。您的写作与我们所熟悉的历史教科书中的太平天国有何区别?

李洁非:比如《天朝田亩制度》,在教科书中作为太平天国重要的创制必讲,但不会告诉你这个创制只停留于纸面,根本没有实行,更不会告诉你不能实行的原因。这次写《天国之痒》,我所做的就是牢牢抓住鸦片战争和千年变局这个根本,力显太平天国革命的"近代"属性。传统农民起义中不含"新""旧"冲突,太平天国截然不同,"新""旧"冲突格外激烈,包括它的覆灭其实也是这种矛盾自我撕扯的结果。

问:通过写作,您对太平天国运动是否也有了进一步的认识?

李洁非:相对旧反清运动,洪秀全开启的进程或可称作"新反清运动"。这与后来革命者提倡民族主义,精神实质完全相同;从建立"理想国"来讲,中国的历史,以太平天国为界,我们在之前二三千年可考的史事中,没有见着一例纯然为着理想慨然以赴的社会运动,可在它之后,此一情形却屡见不鲜。自它开了这先河,一百多年来中国对理想主义的追求,此起彼伏,一浪高过一浪。太平天国因其背后特殊的成因和事件发生的历史性时间节点而在中国历史上具有无可替代的地位。

获奖作家访谈

关仁山:作家应与所处的时代肝胆相照

关仁山 1963年生于河北唐山。中国作家协会全国委员会委员,河北省作家协会主席,中国作协书画院副院长。主要作品有长篇小说《日头》《天高地厚》《麦河》《白纸门》,报告文学《感天动地——从唐山到汶川》《执政基石》,中篇小说《大雪无乡》《九月还乡》《落魂天》,短篇小说《苦雪》《醉鼓》《镜子里的打碗花》,散文《塔和路的畅想》等。作品曾获中宣部"五个一工程"奖、第十四届中国图书奖、第九届庄重文文学奖、香港《亚洲周刊》华人小说比赛冠军等。长篇小说《麦河》《日头》入选2010年、2014年中国小说学会年度排行榜。多部作品改编拍摄成电影、电视剧、话剧、舞台剧。报告文学《感天动地——从唐山到汶川》获第五届鲁迅文学奖。

| 采访手记 |

"农民可以不关心文学,文学万万不能不关注农民。"河北省作协主席关仁山自小生活在农村,创作中也时时警醒自己不能忘本。

他热切而深情地投入广阔农村的怀抱,像鸟儿飞入丛林,如骏马驰骋草原,农村中那些鲜活的人物和故事,被他悉数纳入囊中,经过巧妙的构思与编织,变成引人入胜的故事。这故事书写的既是河北燕赵大地,更是中国农村的生动写照。

农民贫困的根源在哪里,是制度原因还是农民自身问题?农民怎样才能活得更好?在创作了一系列农村变革的中短篇小说后,关仁山沉下心来,笔触开始探索变革中的当代农村和当代农民的命运。在《日头》中,他追求鲜明的现场感,大胆追问农村的根本问题,对于农村田园荒芜、生态失衡、空巢老人、留守儿童等社会现象的描写,不是简单谴责,而是深度反思,追索这种现象的历史根源和文化根源、制度根源。

2017年10月,关仁山出版《金谷银山》,以京津冀协同发展为大背景,展现党的十八大之后中国北方农村一幅波澜壮阔的生活画卷,被誉为是一部当代中国农民新《创业史》。

同为河北唐山老乡的管桦喜欢关仁山的才气,送他一幅书法:"扎根乡土,热爱生活"。没想到,这句话打下了关仁山日后创作的基调。

问:最早挂职是有什么契机吗?挂职之前您对农村了解吗?

关仁山:1990年,当时是北京市文联主席管桦推荐,我从县政府办公室到了唐山渤海湾的渔村——黑沿子镇涧河村。挂职之前,我对于农村是隔膜的。到了村里,村委给我分了房子,我跟着渔民出海,去农民家里聊天,身上揣着小本,随时采访记录。几个月后,我写出"雪莲湾风情"系列小说的开篇《苦雪》,在《人民文学》发表,并获得当年年度小说奖。此后,我连续写了《蓝脉》《红旱船》《落魂天》等一系列小说。

问:挂职对您的创作有何影响?能否谈谈挂职的感受?

关仁山:挂职之后,我有更充分的视野和胸怀去关注大量民俗民情。我决定把过去的风格彻底丢掉。我的创作动力和激情来自生活,生活感动了我,我才有写的动力。我们河北冀东平原时常被缥缥缈缈的雾所笼罩,在浓雾里触摸我们的土地,在浓雾里探寻父老乡亲的心灵,我感觉浓雾里的平原和人就有了文学需要的质感和味道。

第二次是1997年,我和谈歌、毕飞宇等被聘为广东文学院合同制作家,条例上规定合同作家,必须深入生活,一年当中得在广东待半年,我在佛山市罗村镇当副镇长。和当地农民接触,听不懂他们的方言;吃饭不习惯,老得拽着酱油瓶子;气候也不适应,深入不下去。

从政不是目的,我是想通过挂职来丰富自己的经历,以写出更好的文学作品。通过对民间的体察,把挂职期间的种种经历充实到自己的文学作品中去,才是我的最终目的。

问:然后有了第三次挂职?

关仁山:2001年,我特别想了解土地的规模经营和现代农业生活,主动要求在唐海县挂职副县长,和那里的基层干部和农民打了三年交道,获益很大,写出了长篇小说《天高地厚》和中篇《红月亮照常升起》。《红月亮照常升起》在《十月》发表后引起争鸣,很多读者认为是虚假的生活,有评论说关仁山迷失了。其实完全是真实的,北方干旱,大面积稻田在上边投资、地方补助、农民集资后改成旱田种棉花,我跟踪了整个过程,也参与了农田的基本建设。这对于后来创作《麦河》有很大帮助。

问:您对"深入生活"一定有独特的体会。

关仁山:我觉得,深入进去之后,身边的人就立体了,感情拉近了。有一次在唐海县拍我的电视剧《平原上的舞蹈》,和农民聊天时他们就说,里面的农民形象都能对上号,可见深入生活对写作是有帮助的。之后,我一直想给"雪莲湾"做个总结,便调动了大量细节,完成了《白纸门》。

从挂职副村长到副县长,不论职务高低,我从来没有过居高临下,走进农民的世界,我更重视和农民情感上的沟通。故事可以编,可是普通劳动者的感觉编不出来。真正走进普通劳动者中间,需要技巧。有的农民有抵触,我所做的就是化弊为利,利用职务帮农民解决些实际困难,替他们代言,和他们交心。

问:您觉得挂职对自己的创作帮助大吗?

关仁山:体验生活是不错的方式,但不能走马观花,主要是体验内心的变化,尊重农民的生活逻辑和尊严。亲近是必要的,否则没有细节;还要有距离,这样才能思考。我们要关注瞬息万变的浪花,但是仅写浪花不行,还得透过浪花看到大河深处的涌动。作家表述的方式在变,不变的是对民间的热情和情感,对土地、对农民的理解越来越透彻,挂职的和不挂职的岁月留在你脑子里,会使你保持一种滴着露珠般的新鲜感。

农民可以不关心文学,文学万万不能不关注农民。书写农民在大时代中的命运起落和心灵蜕变,是关仁山的一个想法,也是一个目标。

问:您说过要"书写农民在大时代中命运起落和心灵蜕变"。在"农民三部曲"《天高地厚》《麦河》和《日头》的写作中,是如何突破自我的?

关仁山:农村与城市的落差很大,农村发生巨变,已经不是过去的农村了,写农村最大的难度是认知的困难,其次是关注现实题材如何艺术表达的问题。

当年,我创作《九月还乡》《大雪无乡》等作品时,对农村的描述是单向的;在《天高地厚》中,开始追问农民的出路在哪里。但这部作品不是全景,不够壮阔,写起来不过瘾。后来,我尽量把叙事放在宏大的背景上,开始了多向度的写作,开始更为复杂、更为深入、更为超拔地讲述冀东平原的动人故事。"农民三部曲"中,每一部都有改变。《天高地厚》生活气息浓厚,写得比较瓷实,缺少一些飞翔的东西;《麦河》就注意到了这些问题,有了一些变化,以一只鹰的两次蜕变为隐喻,形而上的思考多了;《日头》更注重虚实结合,魔幻的东西更多,虚幻和哲理意味更足。

问:"三部曲"提出了很多发人深省的问题,深入揭示并试图给出农民不富裕的原因,试图解决"三农"问题的弊病,以及当下人心失控的根本问题。

关仁山:"三部曲"在内容上没有什么连贯的人物、地点和故事,但题材是一致的,都紧紧抓住了当前农村最紧要的现实问题:"三农"、土地流转、农民工进城、农村基层领导权、乡镇企业、招商引资和自然资源的破坏、传统乡土文化式微,等等,中国农村三十多年来发生的所有的阵痛与巨变——从家庭联产承包责任制,到新一轮的土地流转、社会主义新农村,以及前途未卜的农村衰败和城镇化建设——过去、当下、未来的三维空间都进入了文学画卷。

我想作为现实主义作家,要敢于直面现实、深入研究,走到真正的现实生活中,去发现隐蔽在生活底层的矛盾所在,把它们挖掘出来、呈现出来,不能回避。

问:从中短篇小说到长篇小说创作,您在内容和叙事方法上都有很大变化。这种写作的认识和变化来自什么?

关仁山:我过去的中短篇小说,由于篇幅限制,表现比较单一。创作长篇小说后,我非常注重集中表现农民的现实处境与命运,深刻反思农村贫困和苦难的根源,剖析了农民的劣根性,对权力和资本致使人性扭曲、制度不公做出批判,这些都是放在国家变革的大背景下,写普通农民的理想与向往、幸福与欢乐、迷茫与困惑、痛苦与彷徨,讲述当代农民的生活和精神变迁,表现当代农民在社会转型期思想和心理的裂变过程。长篇小说只有放在宏大背景下,才会有宏大叙事,才能更有分量。当然,社会中可能存在不少问题,但我们要看到主流,作家应与自己所处的时代肝胆相照。

作家应该有担当,应该有激浊扬清的勇气,要直面现实,关注转型期农民的喜怒哀乐和他们的命运。对于作家来说,存在的勇气就是写作的勇气,而写作的勇气来自内心的强大。

问:2010年,您的报告文学《感天动地——从唐山到汶川》获得全国第五届鲁迅文学奖。这部作品,对您来说有何独特的感受?

关仁山:我是唐山大地震的幸存者。因为亲历,写《唐山大地震》《感天动地——从唐山到汶川》都有一种情结。用唐山人的话说,今天的哀悼是在重塑一种抗震精神。抗震精神是新唐山的崛起之魂,也使他们成为在汶川的唐山志愿者,成为他们永远保持前进姿态的精神原动力。从唐山到汶川,相隔千里,时间也跨越了三十二年,见证了中国改革开放整整三十年的历程。地震灾难,让我们引发环境与人的无限思考。地震怎样形成的?我们该以怎样的姿态面对突如其来的灾难?对于灾难,我们要有民族深刻的记忆,需要心灵的净化和道德的反思。

问:您是小说家,却以报告文学获得鲁奖。您觉得小说和报告文学之间有何可借鉴吗?

关仁山:我非常崇敬报告文学作家。小说的写作手法,如果运用到报告文学创作上,会增强艺术感染力。

问:《日头》是探讨农民问题直接而大胆的一部作品。从农民不富的原因一直到农民问题的根本,都有敏锐而勇敢的探索。

关仁山:我不断对自己说:这是"农民三部曲"的最后一部书,要面对良心说真话,以良心的名义,反对一切扭曲人性的苦难,所以,在风格上就尖锐一些,大胆地探索一些问题,写出时代的漩涡,写出新农民精神裂变。比如,农民贫困的根源在哪里,是制度原因还是农民自身问题?农民怎样才能活得更好?其实,我知道小说解决不了问题,但金沐灶的仰望星空的姿态代表着时代良心。我是想以此引起政府和社会的注意,如果政府真正为中国农民着想,就应该认真地去考虑解决这些问题。即使一时还不能做到位,也要将此作为长远目标来努力。

关仁山一直敏锐地捕捉时代变迁中农村生活的变化,注重表现几十年来农村的沧桑巨变。

问:写农村,最大的难度是什么?

关仁山:关于现代农业、土地流转、城镇化等当下现实的描写对作家来说一直是一个挑战,这既是对作家认识能力和判断能力的考验,又面临着如何把现实文学化的问题。农村与城市的落差很大,农村巨变,已经不是过去的农村了,写农村,最大难度是认知的困难,其次是关注现实题材如何艺术表达的问题。

问:2017年出版的《金谷银山》是继"农村三部曲"之后的创作,也是一部反映新农村文化道德重建的作品,作品塑造了范少山等一系列勇敢坚强、勤劳致富的新农民形象,其实也延续了"金沐灶"的探索。

关仁山:《金谷银山》的任务是要重建,我找到了"范小枪"这样一个新农民原型。在我们的这个时代,蜕变中的民族文化需要新的农民英雄。《金谷银山》中的这个农民是在无意识中完成了一个新乡村文化道德的重建、文化的重建以及经济重建。这个重建既不是今天的文化的照搬,也不是历史文化的翻版,它是农民自己干起来的、正在建设的文化。我们未来的文学作品需要的是文化重建。我以京津冀协同发展为大背景,写荒弃的乡村怎样在新时代下艰难地复活,写农民融进城市的艰难历程。

问：为了创作《金谷银山》，您花了半年时间在北京昌平曹碾庄和燕山长城脚下白羊峪体验生活？

关仁山：只要走进农民的生活，就会有新的创作冲动和激情。我要求自己把艺术生命的根扎在现实生活的厚实土壤中，脚踏大地去创新才有底气。我走访了五十多位农民，了解他们的生活情况，探索他们的精神世界，他们的内心辽阔、质朴。劳动使农民具备了土地一样宽容、博大的胸怀，他们永远在土地上劳作，像是带着某种神秘的使命感，即使在最困难的时刻也不失去希望和信心。

问：您认为《金谷银山》中的最主要宗旨就是"重建"？

关仁山：在我们这个时代，需要新的农民英雄。《金谷银山》中的青年农民范少山，正是在无意识中完成了一个新农村的重建：文化的重建、道德的重建以及经济的重建。这个重建既不是今天城市文化的照搬，也不是历史文化的翻版。它是农民自己干起来的、正在建设的文化。

问：能谈谈您的《大地长歌》吗？铁凝主席评价《大地长歌》："无疑是一部有勇气、有热情的、用艺术的表达写出我们新时代的巨著。在文学界纷纷打出城市书写的当下，关仁山先生对农村改革的关注与书写，就是献给改革开放四十周年最好的礼物。"

关仁山：《大地长歌》以改革开放四十年为时代背景，将家国大事、转型时代农民的生活艰辛和精神诉求，通过曲折复杂的矛盾冲突展开故事，同时将滦河流域古朴的生活习俗及地域文化真实而细腻地演绎出来。中国改革从农村开始，小岗村签字画押进行土地承包，我把这个故事移植到了黄河流域。在改革开放初期，他们面对那个时代巨大的矛盾，尤其是土地的矛盾。土地承包制让农民实现了解放，不仅是生产力的解放，也是人性的解放。这样才有后来的传统企业振兴、城市改革崛起、农民进城打工、乡村城镇化建设,然后到乡村振兴等。

问:这些年,您走进新生活,发现并书写现实,写出了不少作品。您认为作家应如何艺术地表达新时代?

关仁山:一是对时代的整体把握,站在人类命运共同体的高度上思考;二是对弱者的同情与爱护;三是对生命的人文关怀;四是对人民无私的爱;五是对艺术创新的不懈追求。所以说,使命担当与文学创作绝不能成为放弃艺术之美的理由。从"高原"到"高峰"怎么攀?中国作协在行动,作为作家更应加倍努力,像鸟儿出山一样飞向广阔的天空。

问:您的作品为中国文学的人物长廊增加了一批血肉丰满的新农民群像。为什么您总能敏锐地捕捉到时代变迁中的农村生活?您如何理解农民形象的"新"?

关仁山:文学的任务是要塑造新形象,同时也不能割裂过去。《麦河》出版后,有些评论家说突出的是塑造了现代农民形象曹双羊。曹双羊终于从为了财富打拼天下的传统农民,蜕变为一个搏击市场的现代农民。他对农民与土地有超常的爱,但是他农民式的从商理念同商品社会灵活的游戏规则格格不入,这是他遭遇失败的深层原因。他在失败中站起来,完成了农民人格到商业人格的转型,完成了当代社会生活中真实的英雄精神的挖掘和重塑。曹双羊就是这样打拼过来的,他不算农民英雄,但他是一个有缺点的能人,是另一种新农民。不管怎么写,我对笔下的人物都充满真诚的热爱。作品的深度取决于人物形象的情感深度,作品的高度取决于形象的精神高度。所以,作家要永远牢记文化担当和社会责任,不断提升自己的学养、涵养和修养。

获奖作家访谈

赵瑜:好作品应在民众中有共识

  赵　瑜　1955年生于山西长治,祖籍河北安平。曾任晋东南地区文联秘书长、《热流》副主编,现为山西省作家协会副主席、中国报告文学学会副会长。著有长篇报告文学《中国的要害》《太行山断裂》《王家岭的诉说》《寻找巴金的黛莉》《白居易传》及"体育三部曲"(《强国梦》《兵败汉城》《马家军调查》)等三十余部。先后获得三次徐迟报告文学奖、三次赵树理文学奖、三次中国作家奖。报告文学《革命百里洲》获第三届鲁迅文学奖。

采访手记

总感觉,用"侠骨柔肠"形容赵瑜最为确切。在他豪爽仗义的背后,有一颗善良甚至柔软细腻的悲悯之心。

20世纪80年代后期,报告文学创作发生明显的变化。赵瑜成为问题报告文学的重要代表作家之一,他总能够敏锐发现问题,勇于以独立之思想批判现实。他对一切都怀有好奇,写作更是如此。

不断探索文体创新,不断开阔题材领域,三十多年,赵瑜从青葱少年写成了"山西老汉",依然写得风生水起。报告文学理论界评价赵瑜的文学创作经历丰富、题材广泛、内容深刻、形式多样,在当代文学史特别是报告文学史上有着独特而重要的意义,已形成具有丰富文化内涵的"赵瑜现象"。

报告文学理应区别于最好的社会学调查,理应区别于最好的通讯报道,理应在运用绝不虚构素材的同时,达到生活本质的美、追求文学的美,使读者与我们一道,同悲哭,共欢笑。这是赵瑜的观点。

他深信,自己的善意早晚会被认知。他的眼光与笔触超越事实表相的纷争,抵达社会最尖锐、最敏感、最不为人知的真相。他的描述平静客观。但是,如同静海深流,诸多的反思和叩问,恰恰来自这深不可测的平淡。

他什么都写过,诗歌、小说、散文,后来发现,自己还是喜欢写实的东西。

问:据说您早期是一个职业运动员?走上写作之路是什么原因?

赵　瑜:70年代,我在晋东南体委参加过职业化体育训练,游泳、自行车、篮球,篮球能打到区级教练。从事多年体育工作之后,我调到晋东南行署交通局,很多人事方面的政策强调干部也要现代化,我就又进入晋东南师专政治系进修。在机关单位,干部要求按点上班,这对我来说是极其困难的事儿。尤其以我的性格,不愿意跑官,不愿受拘束,体制的压抑对我来说苦不堪言。尤其是80年代的文学热潮对于全国青年有很大诱惑力,我也总在琢磨能写点什么,我热衷于组织民间文学社团,并担任长治"新羽文学社"的负责人。

1984年,山西地方文学刊物《热流》要创刊,主编急于找一个头条,就约我写一篇煤炭题材的作品。这恰恰是我很早就琢磨过的,我很快就完成了《新形象之诞生》,被安徽矿区评为"煤炭工人最喜爱的作品",很快被《报告文学选刊》选载,改编成电视连续剧《深层》,并获全国煤矿文学乌金奖。

问:初次写作就获奖,是否极大地鼓励了您的信心?

赵　瑜:从这之后,我逐渐稳定在报告文学领域,我觉得报告文学更适合我的性情。我虽然爱玩,爱游走,但就知识分子传统而言,深深受到山西文化氛围影响。从赵树理时代,之后马烽、西戎、束为、孙谦、胡正等,崛起的知青作家群体如郑义、李锐、柯云路,当代土生土长的作家如张石山、张平、韩石山、王祥夫等形成的雄厚的文学队伍,山西作家的传统就是关注民生,贴近现实,受地域传统文化的延续,成为地方文化的主要特色,即使有人写小说,也很少风花雪月。他们有深厚的农村生活基础,作品也忠实于农村充满尖锐复杂矛盾的现实生活,忠实于自己的真情实感。

问:评论家白烨说,赵瑜是一位特别善于、特别敢于面对和处理各种疑难杂症的报告文学作家。您叙述的是当下的焦点、热点社会问题,几乎每写一部都能引起轰动。

赵　瑜:报告文学题材本身决定了作家必须直面人生,应当去追求民众关注的事。我追寻一种使读者有启发的作品,希望对社会能有所贡献。

在写作题材上,我完全是顺其自然的态度。就像老母鸡下蛋,是从小米粒般的卵慢慢成熟,不断生发不断孕育,"下蛋"是水到渠成的事情。写完《强国梦》和《兵败汉城》,我感到没有把体育写透,终于在《马家军调查》里完成了这一夙愿。但我坚决不重复自己。"体育三部曲"写完之后,很多出版商找到我,以丰厚的经济利益作为回报,希望我再写一些体育题材的作品,但是我没答应。我认为自己对于体育的思考已经在"三部曲"中完成,再写不会对读者有什么启发,于是放弃。不断地向新领域探索,并把探索的结果科学地告诉读者,我乐此不疲。

突破作家的地域性,不是简单从理性上突破,而是实地踏勘产生飞跃。

问:《革命百里洲》是在什么情况下完成的?

赵　瑜：第一次跟湖北接触，是1997年。中央电视台要拍纪录片《大三峡》，聘我为总撰稿人，并兼任"移民"这两集的编导。湖北移民重点是秭归、巴东。这个地区淹没的区域大一些。通过这一次工作，我对宜昌民情和三峡工程有了近距离的认识。

第二年，爆发了举世震惊的"九八大洪水"，主要危机地段还是湖北。我决定再到湖北去转转，留在宜昌寻访长江故事。宜昌市长孙志刚向我推荐了枝江市百里洲镇。他说百里洲在长江河道中心，是个四面环水的孤岛，却不是抢险地段。主要地段还是长江两岸。百里洲算个泄洪区，50年代就曾炸坝泄洪一次，冲刷成巨大喇叭形地貌，至今可见。我和他在滔滔洪水中上岛去了一趟。当时的民兵全副武装，乡镇党委书记两眼通红、浑身泥浆，可以说全镇两万人不分昼夜，誓死保卫他们的家园。孙市长急调湖北某军校官兵上岛协同抢险……这一切给了我极大的震撼。匆匆离岛之后，我决定还要来这里探究它的历史和现实。长江中游的湖北故事，使我真正突破一个黄河地域作家的樊篱，真真切切从这个窗口看到了中国历史的再现。离开百里洲以后，我又到洪湖、松滋、公安、嘉鱼等地考察了一番。从1999年起，我先后四次前往枝江百里洲，进行调研。最长的一次，我和宜昌市作家胡世全在岛上住了大半个冬天。详细考察了百里洲的历史人文情况。最终我和胡世全共同完成了这本《革命百里洲》。

问：《革命百里洲》于2004年获得鲁迅文学奖，同年获得徐迟报告文学奖，还被评为"湖北省文化精品生产突出贡献奖"。百里洲也因此在中国文坛提高了知名度。听说您后来重返百里洲时，当地干部要给您颁发"荣誉洲民"的称号？

赵　瑜：当时就有媒体发出疑问：像这样不是主旋律的作品，能获得鲁奖？其实作品发表后，也解除了百里洲广大干部的疑虑。他们以为我和胡世全是来挖掘当代"三农"问题的,要反映"三农"问题的尖锐和复杂。看了书以后释然了。

后来我受百里洲之邀故地重游,那里的老百姓很高兴。他们认为政府近年在那里修建长江大桥,似乎也有我的一份辛劳。他们写文章说,市里请求建设大桥,买光了书店里的这本书,审批中发现,《革命百里洲》就放在省长的案头。

问:《革命百里洲》是用历史的视角把百里洲作为剖析民国社会的样板,为长江农人立传,客观上让更多的人认识了千年孤洲。这部作品对您来说有何意义?

赵　瑜:《革命百里洲》关注的是湖北枝江上一个孤岛的历史与现实。中华文明的两大发祥地,黄河流域我相对熟悉,而长江流域我当时知之甚少,于是在拍纪录片期间亲近了长江,以写书来补上这一课。黄河流域更多产生现实主义文学,而长江流域则是产生浪漫主义文学。一个作家能拥抱两条河流,是乐趣,也是很有意义的事情。所谓突破作家的地域性,不是简单从理性上突破,而是实地踏勘产生飞跃。

"我发现了巴金写给黛莉的七封信。"赵瑜一下变得神采飞扬,脸上甚至洋溢着幸福又有些神秘的笑。"我在找黛莉。哎呀,这个找的过程太曲折了! 生活远比我们的想象更丰富。"

问:《寻找巴金的黛莉》揭示了巴金与黛莉鲜为人知的往事,同时也是解读20世纪新女性命运和大家族沉浮的密码。巴金为什么要给黛莉写信,黛莉是一个怎样的人?

赵　瑜:探索这件事的目的,不仅仅为了找到这个人,实际上还是触摸历史,追寻历史对人的命运、对上一代知识分子包括对山西这块土地,究竟带来了什么。作品中很多对历史的认识,恰好是我以前在山西就有所储备的,比如书中涉及对战争的认识、对民国知识分子的认识、对大家族的认识等等,作品只是整体发酵之后的产物。

一开始,我以为寻找黛莉很容易,没想到她出生在那么一个大家族,而这个家族在战争中转瞬之间消亡,寻找的过程一如探险,悬念丛生。比如,其中找错过人,引出与阎锡山兵工厂有关的另一段历史;卖给我信的古董商赵从平,突然遇害,对我又是一个非理性刺激。作家需要激情、真情,这种激情、真情促使我找下去,最终的结果是喜出望外,九十岁的黛莉居然健在。

问:这部作品用了侦探手法,很吸引人,您在寻找过程的心态是怎样的?一部十万字的作品,为什么您能两年的时间踏踏实实地进行田野调查?

赵 瑜:寻找调研,实事求是而已,没什么神秘的。但是怎么写呢?我比较欣赏韩石山的一句话:有不能说的话,没有不能表达的意思,我尽量不受外界浮躁的影响。外国作家有一句话:你要创作吗,先把门关起来。

问:发现信件之前和之后,看待巴金有何不同?

赵 瑜:过去的文艺评说,有为尊者讳的现象,对历史人物的认识是残缺的。比如说,对赵树理的认识是有头无尾,赵树理从《小二黑结婚》开始,被大家认识,但直到现在,赵树理死的过程是什么样,凶手是谁都没写清楚;对巴金的认识是有尾无头,巴金后来获得很高的荣誉,但他早期是什么情况,早期代表作《灭亡》是写什么的,大家又不知道。

陈思和在大学演讲时曾提到了巴金不被重视的一部作品

《电》,描写的是一大帮绝望的、没办法革命下去的无政府主义者,但是没有引起重视。其实研究《电》的作品的前后,才是研究巴金的源头。

问:您觉得报告文学写作需要想象力吗?

赵　瑜:要是缺失想象力的话,就不去寻找黛莉了。当初我总在想,她出生于怎样的家庭?走了怎样的道路?活着还是去世?想象力体现在调查和创作过程中。非虚构作者的笔下,可以自己加以联想,但是报告文学主体故事不能加以想象和构置。比如写"大跃进""人民公社",大家热火朝天,常常达到了无限膨胀,但在一个村里一个镇上,到底有没有冷静的人?赵树理就是这样一个人。所以,在采访中一定要寻找几方面人物,你的经验和现实生活告诉你,要想象有多种多样的人物存在。

《野人山淘金记》这种罕见的题材,需要也更适合摄影和文字结合。此类作品在国际上屡见不鲜,在国内尚少。

问:在作品的开头,您就提到故事好听书难写。难在哪里?

赵　瑜:采访环境的艰辛是一个方面,但比这更艰苦的地方我也去过。关键在于未知数太多,使作家无从考量。你能否走进淘金者内心,他们能否把你当作弟兄对待,淘金人群和社会的隔膜,探知社会结构的难度……一般人很难理解其中的喜怒哀乐、矛盾争端,你面对困难,有时候可能会陷入一种喊天不应呼地不灵的困境。去之前我也很茫然,带了一堆中国证件,包括护照、作家协会、摄影家协会、收藏家协会的证件等等,以防万一。

问:作品纵横捭阖,时而历史,时而当下,其中也有一些议论,您认为这种议论对作品有何帮助？

赵　瑜：报告文学的优长包括议论的优长，在一定时候需要直抒胸臆。我反对在作品中思想大于形象，所谓多维政论加上数据，伴之以急切呼吁，这当然不行。但不能因而否认作家议论的好处。优秀纪实文学最根本的力量，还是思想。我不想简单强调文学性，对政治理念也不须回避。作品的文学话语和议论感想应是并举而互不排斥的，只是在成分多少上，由于作家的喜好不同，会有差异。作者不可高高在上，议论不可过多过滥，代替和妨碍了读者的思考。恰当的议论才能引人入胜，推动思索。如果完全放弃议论，那么，纪实文学和小说、散文的差异就相当小了。今天的不少非虚构作品，恰恰忽略了这一点，或者说不善于运用精当的议论，很像是把散文拉长了，因而文体上也将混沌一片。

问：在中国这样的人情社会，保持高质量的独立调查是不是很难？

赵　瑜：你选择题材时，题材也在选择你。独立调查的前提是大善，首先你是善意的、公道的，是从爱心出发求公正，不是跟谁谁过不去。作品一时被人误解不着急，作品的好意和善意最终会被人们认识。作家从大爱善举出发，还是从简单揭秘出发，必是两个结果。《马家军调查》不是为了抢眼、为了猎奇，不是单纯呈现丑陋黑暗。《马家军调查》的构成，采访马俊仁只是十分之二三，如果老马说什么我就写什么，那就不是独立调查。作家一定要从善意的角度出发，努力去写真实客观的故事。至于发表出来后，受众方面的反应会有种种差异，也不奇怪。作品本来就要启发读者讨论与思考，推动大家对人性、对中国体育产生新的认识。今天，国人再看体坛的胜利，就比较冷静，看金牌也比较理性。也许，我的作品也发挥了一点作用吧。

报告文学不要简单进行道德评判,马俊仁同样是受害者。写《王家岭的诉说》,首先要站在矿难受害群体看问题,只有站在生活本身的真善立场上,才能做到独立调查。

独立调查要保持质量,最重要的一条,就是从根儿上学会拒绝。如果一个故事和我的内心选择发生冲突,我只能拒绝和放弃,否则写出来就是应邀吹捧的文学,不会好。

问:报告文学在中国的发展似乎与生俱来带有一种政治色彩,打着时代的烙印。但是您所创作的报告文学,作家的主体意识非常强。

赵　瑜:报告文学有时依仗题材的选择,而根本大法还在于怎么写。卫星上天、矿难、洪灾、地震、大事件……报告文学好像天然承担这类创作。这自然是报告文学作家义不容辞的职责,可是,报告文学仅仅停留在这些大题材上吗?为什么单独赋予报告文学这样的使命?太奇怪了,要改变这种奇怪。一是观念要突破,关键还需眼睛向下,扑地为人。突破平庸常态,心中拥有读者。报告文学应该写人民群众最直接的生活,写和小说一样的喜怒哀乐,反过来比小说更有力量。这也是一种变革,不管是虚构或非虚构,是文学就有共同目标:文学要反映人的本真生活,反映人们对真善美的终极追求;二是技法要突破,要吸收各种手法,包括侦探手法戏剧手法,报告文学不能没有文学性。

获奖作家访谈

党益民:我以写作告慰战友的英灵

党益民 1963年出生,陕西富平人。武警西藏总队政治工作部主任,中国作家协会会员,中国报告文学学会理事。出版长篇小说《喧嚣荒塬》《一路格桑花》《石羊里的西夏》《阿宫》《父亲的雪山,母亲的河》《根据地》《雪祭》,长篇报告文学《用胸膛行走西藏》《守望天山》等十余部文学著作。《一路格桑花》《守望天山》被改编为影视剧。作品曾获全军文艺新作品一等奖、北京文学奖、徐迟文学奖、柳青文学奖、"五个一工程"奖等多种奖项。报告文学《用胸膛行走西藏》获第四届鲁迅文学奖。

采访手记

党益民十九岁进藏修建青藏公路,西藏有他难忘的青春岁月。他深爱那片土地,深爱那里的自然风物和人文环境,更怀念那些牺牲了的战友。

他先后进藏四十余次,多次穿越青藏公路、新藏公路和川藏公路。"那些公路像多情的臂膀,将西藏紧紧拥抱,又像一条条搏动的血脉,联结着内地与西藏。"党益民说,西藏是他生命中难以磨灭,不能忘却的记忆。

他经历过许多次生死劫难。那些感动和劫难,成为他生命中的一笔宝贵财富和创作的源泉与动力:"在唐古拉山上,夜里零下四十多度,我几乎冻死;为了给驻守阿里的新兵做榜样,我在海拔五六千米的高度上,用了十三个半小时徒步五十八公里,绕着冈底斯山的主峰冈仁波齐走了一圈,几乎累死;在黑昌线遭遇大雪封山,每天只能吃一把黄豆,几乎饿死;在阿里无人区夜渡冰河,冰层突然坍塌,车子陷进河中,几乎被淹死;在川藏线怒八段遭遇山体崩塌,几乎砸死……但每次我都大难不死,活了下来。"

即便如此,他还是眷恋和深爱着西藏。他总是随身携带一张绸缎做的西藏公路交通图,那地图,承载着他心中化不开的西藏情结与怀想。每当他打开地图,查看那些熟悉的曾经战斗过的地方,就激动不已,那激情燃烧的青春岁月,仿佛就在眼前。

他如同虔诚的圣徒,用滚烫的胸膛行走西藏。不同的是,圣徒们朝圣的是神灵,而党益民朝圣的是长眠在雪山上的战友们的英灵。

问:为什么时隔二十年,才写这一段西藏往事?

党益民:我一当兵就在海拔四五千米的青藏线唐古拉山修筑公路,我们先后有一百多位战友牺牲在那里,掩埋在山下的格尔木烈士陵园。部队后来转战到了藏东高原的那昌线,也先后有多位战友牺牲在那里的雪拉山上。我目睹过战友的牺牲,那些无声无息却又惊心动魄的场面,一想起来就让我肝肠寸断、浑身战栗。我不忍心去回忆,所以一直没敢动笔。

后来上级将我调离高原,交流到了零海拔的辽沈工作。站在海边,呼吸着充足的氧气,想起高海拔地区发生的事情,恍若隔世。我曾对驻扎在海边的部队官兵讲:你们在这么好的地方当兵,要知足,要珍惜。与艰苦的高原相比,这里简直就是天堂。你们起码不用住帐篷喝雪水,起码有充足的氧气可以呼吸,起码不会担心因为一场感冒而丢掉性命,起码不会担心雪崩突从天降。就是这种零海拔和高海拔的强烈反差,让我突然决定写这部书。

问:开头第一句话:"在遥远的藏北高原一个名叫雪拉山的地方,有一片冰雪覆盖的墓地,其中一块墓碑上赫然写着我的名字。""我"既然已经死了,怎么讲述这个故事?

党益民:这不是魔幻现实主义的亡灵叙事,而是设置了一个悬念,小说最后给出了现实的答案:当众人以为连长赵天成在执行任务中已经牺牲,战友们为他建起了衣冠冢,而他却并没有死,只是被雪崩冲下山谷,在葬礼即将结束时,他在"满天飞雪中,正一瘸一拐地朝这边走来"。我在创作每部书时,都在极力寻找属于"这个故事"的叙述模式、腔调,以及句式。只有另辟蹊径,才算得上是创作。

问:作品中的人物塑造特别精彩,每个人物都让人过目不忘。炊事班长兰洲为改善连里官兵生活,抓雪鸡被冻死;城市兵牛大伟怕苦装病想通过打小报告和行贿改善处境;赵天成对战友兼同乡刘铁手足般的情谊……还有赵天成的妻子,女医生黄雪丽。这些人物不同性格的碰撞非常精彩,栩栩如生。您是怀着怎样的感情写这些人物的?有没有觉得有不好把握的人物心理?

党益民:这些人物是我过去战友中的一个或多个重组,他们想些什么,有哪些喜怒哀乐,我都心知肚明。从某种意义上来说,他们就是我,我就是他们。写他们,就是写我自己,所以没什么不好把握的。在阿里无人区,我遇见过两个女军人,提起远在千里的孩子,她们怎么也揩不净自己的泪水,我能感觉到她们的痛苦与无奈,那一刻我就是她们。一个去西藏结婚的新娘因肺水肿长眠不醒,她的婚礼变成了葬礼,那一刻我懂得了什么叫残忍。一位妻子带着五岁的儿子去西藏探亲,母子在营地苦苦等来的却是丈夫牺牲的噩耗,那一刻我从这位妻子的哭声中知道了什么叫痛不欲生。跟我一起走上高原的一个陕西同年兵,我们刚刚还在一起,转眼他的车子就在执行任务中翻下了帕隆藏布江,半个月后才找到半具遗体,半年后又找到半具遗骸,我们不得不两次掩埋他,使他成为全军唯一拥有两座坟墓的士兵,那一刻我懂得了什么是"生的艰难与死的容易"。

我没有遮掩矛盾,没有刻意美化这些平凡的高原军人,他们有缺点但却仍然是令人肃然起敬的英雄。他们参军的动机各不相同甚至非常现实,他们中有些人一心想穿上"四个兜"(军官),吃上公家饭,让妻儿随军变成城里人。但是他们都在严酷的高原环境里生死与共,一步一步成长起来,最终成为一个合格的共和国军人。

党益民的《用胸膛行走西藏》有一句话打动了无数读者:"走吧,我们一起去西藏,我用胸膛,你用目光。"

问:《用胸膛行走西藏》荣获第四届鲁迅文学奖、第三届徐迟文学奖、第十届全军文艺一等奖,此书被选入《中国报告文学精选》。能谈谈这部作品的创作吗?还记得当时获鲁奖的感受吗?

党益民:我从新疆进藏,穿越阿里无人区,然后到达拉萨,再从川藏线出来,一共走了四十多天,了解到很多鲜为人知、催人泪下的故事,我决定写一部长篇报告文学。我对阿里的战友们说,我要为你们树碑立传。有的战士说,我们年底就要退伍了,恐怕看不到你的书了。我说,我保证让你们在退伍前看到写有你们故事的书。

可是从西藏回来,我大病了一场,一病就是两个多月。但是我不想食言,病中便开始了写作,每天晚上都要写到凌晨两三点,后来患了腰肌劳损,有时站都站不起来,两个月就写完了《用胸膛行走西藏》。我实现了自己的诺言,让高原退伍老兵离开部队前看到了写有他们故事的新书。这部书后来获得了第四届鲁迅文学奖。在颁奖典礼上,我说:"这部书不是我一个人写的,是我和我的战友们一起写的,我只是用手中的笔,而战友们是用青春、鲜血乃至生命。所以这个奖也不是颁给我一个人的,而是颁给我那些长眠在高原和现在仍然战斗在高原上的战友们的。"我说:"鲁迅是一种精神,西藏也是一种精神;鲁迅让人的灵魂觉醒,西藏让人的灵魂净化。我感谢西藏给了我灵魂一个栖息的地方,感谢我的战友们,是他们给了我写作的源泉和力量!"

问:从1983年首次以新兵身份入藏至今,您已经有四十多次入藏,央视播放您的专题片《走不完的西藏》时,许多人边看边落泪。为什么您对于西藏有那么深厚的感情?

党益民:因为我的许多战友牺牲在那片土地上。在那条穿越冻土地带的著名的青藏公路上,我们部队牺牲了一百零八名战友。后来我们又修筑或养护了西藏的中尼公路、那昌公路、川藏公路和穿越阿里无人区的世界上海拔最高的公路——新藏公路。可以说,进藏的每一条路我都走过,而且不是一次两次,是很多次。在西藏,我亲眼看见一个排长倒在我面前的血泊中,永远停止了呼吸。一个小时前,我还为一个抢险战斗中的推土机手拍照,一个小时后他连同他的推土机一起被泥石流卷走了。跟我一起入伍的战友,上午还跟我在一起,中午他就牺牲了……我活着,他们却永远地掩埋在了雪山上。你说我对西藏怎能没有感情?我怎能不一次次走进西藏?

问:西藏给了您什么?您觉得这样多次深入藏区,使您的作品有怎样的独特之处?

党益民:给予我的主要是一种精神。我的一本散文集叫《西藏,灵魂的栖息地》。书名是一篇散文的题目,二十五六年前发表在《散文》杂志头题。西藏就是我灵魂栖息的地方。每走一次西藏,我的灵魂就会得到一次净化。西藏赋予了我安宁、纯净、质朴的心灵。我的作品很少使用华丽的词语,我不喜欢用那些东西,因为西藏没有虚伪的奢华。我想用最朴实的语言诉说最真情的故事。我觉得真实、真情最有震撼力和生命力。我确实很少去写大人物。我写的都是普通的战士。在西藏,每一个普通的身体里都包裹着一颗不普通的心灵。我要做的,就是让人们走进这些美丽纯洁的心灵。

问：您的作品，多数来源于青藏高原上的一代代军人。在一次次的采访和写作中，您对军人的理解有什么变化吗？

党益民：他们长年驻守在高海拔地区，默默无闻，头发掉了，指甲陷了，"钝刀子割肉"般地忍受着高原恶劣条件的折磨，无怨无悔，"他们的笑容没有被污染"。我为他们写作，用良心写作，让读者触摸那些朴实而纯洁的心灵。《守望天山》主人公陈俊贵，是一位退伍老兵，他与家人为一百六十八名战友苦苦守墓三十年，他的故事感动了我，书出版后他被世人所知，感动很多人，被评为"感动中国十大人物"和"全国道德模范"。这个世界总得有人坚守，坚守信念，坚守道德，坚守友情，坚守亲情，坚守爱情，坚守荣誉。军人就是这样一个群体。

写历史长篇小说《石羊里的西夏》，党益民不仅仅是想告诉大家一段鲜为人知的西夏覆灭的历史，而是想通过一个民族、一个国家的兴亡成败，反思我们人类的共同命运。

问：2008年，您在《当代》推出的《石羊里的西夏》，希望通过鲜为人知的西夏覆灭的历史，通过一个民族、一个国家的兴亡成败，反思人类的共同命运。触动您进行这样一种反思的源头在哪里？

党益民：我还在成都工作的时候，就对汶川、北川一带的羌族地区古朴的民风、神奇的羌寨和古老的羌族文化产生了浓厚的兴趣。

我研究西夏历史十多年，对八百年前的西夏所发生的一切有一种似曾相识的感觉，好像我就曾经生活在那个时代，那些帝王将相、那些血腥的场面仿佛就在眼前。其中最吸引我的是西夏的最后一个帝王李睍。恍惚中,我感觉自己就是那个倒霉的李睍。我时常有种强烈的叙述欲望,好像我来到这个世界上,就是为了告诉人们八百年前曾经发生的那一切。这部书其实就写了两个字:忧患。民族忧患,国家忧患,军队忧患。一个没有忧患意识的民族,迟早会被其他民族灭亡,国家也是如此。西夏的覆灭,再一次验证了"生于忧患,死于安乐"这句话。

我没有写党项辉煌的立国和盛世,而是选择了党项民族的"败走麦城",就是想揭开西夏的疮疤,探究其覆灭的奥秘。我不仅仅想告诉读者鲜为人知的西夏史,而且想反思一个民族、一个国家的灭亡原因,借此警醒后世。

问:评论家称《石羊里的西夏》在悲凉当中有一种人文的思考、历史的思考。您认为这种思考的价值在哪里?

党益民:西夏立国时十分强大。这么一个"以武立国"雄霸西北的军事强国,为何会突然被蒙古人消灭,使得党项人包括他们的历史、文字几近灭绝?当年元朝为宋、辽、金三朝修史,为何唯独没有为西夏修史?致使我们今天翻遍了二十四史也寻找不到西夏史。尽管党项人的许多风俗文化在同宗同祖羌族人身上得以传承,但是作为一个独特民族,党项早已从历史的长河中消失了,连同党项奇特文字。所有这一切,都给这个消失在丝绸古道上的王国蒙上了一层神秘的面纱。作为党项后裔,我想撩开这层神秘的面纱。

陈俊贵拖家带口重返天山,为班长和一百六十八名牺牲在天山的战友守墓,一守就是三十年。党益民的长篇报告文学《守望天山》感动了中国。

问：陈俊贵出于对牺牲战友的感情，自愿地放弃了安逸的生活，在天山为烈士守墓，一守就是三十年。他的事迹虽然让人感动，但是看完之后，很多人都会想到值与不值的问题。为了怀念与感恩，他把自己、妻子以及孩子们的青春全部葬送在那里；而且他守墓这么多年，并没有创造出更多的价值。您认为值吗？

党益民：我认为值。这个社会总得有人坚守。陈俊贵对他的儿女说："如果当时班长没有把最后一个馒头让给我，那么现在躺在墓地的就是我，没有了我，也就没有你们，我们一家说啥也不能忘了救命恩人。"对陈俊贵来说，这是他的一种报恩方式，不一定值得提倡。报恩有多种方式，不一定都去守墓。但是陈俊贵既然选择了这种方式，我们就应该尊重他。我们提倡的是这种"诚实守信，知恩图报"的精神，而不是这种方式。

问：在当前的时代，这种纯粹而崇高的精神是很缺失的。在这部书里，您向读者表达的是什么思想？

党益民：在我们这个社会、这个时代，太需要一种精神、一种纯粹、一种崇高了。陈俊贵为我们做出了榜样。作为一个军人，他的身上体现了战友之间那种情同手足、亲如兄弟，甚至超越兄弟情的纯洁感情，体现我军的优良传统，诠释了"当代革命军人核心价值观"。作为一个普通公民，他为我们树立了"诚实守信、知恩图报"的道德典范。这是我想表达的一个方面。另一个方面，我书里不仅写了陈俊贵，写了他一家人，还以他们的感恩故事为主线，写了三十多年前部队修筑天山公路时牺牲的一百六十八个战友，塑造的是一个英雄的群体，是一部多声部的英雄交响曲。我想告诉人们的是，我们的党我们的国家一直都很重视民族地区的经济建设，我们的军队听党指挥，几十年来为边疆民族地区建设和发展做出了巨大贡献，也付出了很多牺牲。

问:写到今天,您如何评价自己的写作状态?很多作家面临同质化、创作资源枯竭的问题,但是您好像恰恰相反?

党益民:我们常说,艺术来源于生活,我对此深有体会。我一直在一线部队工作,经历比较丰富,有写不完的素材,所以不存在创作资源枯竭的问题。我的写作状态良好,只是因为工作太忙,只能在休息时间写作,有时候体力不支。上级曾经几次想调我去创作室,当专业作家,我都拒绝了。我不喜欢当专业作家,我喜欢基层部队生活,喜欢跟战士们在一起。同质化问题对我来说好像不严重。我写历史题材、军旅题材,也写乡土题材,题材不同,写法也不同,甚至差别很大。有评论家说,看《石羊里的西夏》和《一路格桑花》,感觉就像两个人写的。即使同一题材,比如西藏题材,我也会努力避免同质化,极力让每本书都有自己特有的表达。创作贵在创新。我不想重复自己。我不敢说超越别人,但我起码要超越自己。一点一点超越自己,超越了就是进步。

全国优秀诗歌奖

获奖作家访谈

朱增泉:军旅诗是诗歌中的盐和钙

朱增泉 1939年出生,江苏无锡人。1959年1月入伍。担任过二十七集团军政委、总装备部副政委等职,参加过老山轮战。长期坚持业余写作,已出版诗集、散文随笔集四十余种,诗歌、散文入选几十种选本,有的散文入选中学和大学语文课本。主要作品有诗集《中国船》《生命穿越死亡》《忧郁的科尔沁草原》《地球是一只泪眼》,以及《朱增泉散文与随笔》(四卷)、《战争史笔记》(五卷)等。诗集《地球是一只泪眼》获第二届鲁迅文学奖。

| 采访手记 |

"军旅生涯影响了我整个人生,这种影响是深入骨髓的,不可磨灭的。我的爱国情怀,民族情结,使命感、责任感,直至生死观,都是军旅生涯铸就的。"将军诗人朱增泉说,"我把一生交给了军队,军队给了我一切。"

对于"将军诗人"这一称号,朱增泉风趣而谦虚地说,将军和诗人当然都是真的,但我在部队是将军,在诗坛只是普通一兵。

1990年以后,朱增泉逐步转向散文随笔创作,2005年为集中精力写作《战争史笔记》,基本停止了诗歌创作。"将军诗人"的转型,是因为他发现自己的诗歌中叙述成分太多,写散文可能更为适合。

《朱增泉散文与随笔》(四卷)之所以把书名定为"散文与随笔",朱增泉是希望让读者对他处理文体结构的随意性多一点谅解。"严格说起来,我书中的有些随笔,并不像地道的纯文学随笔,那样的随笔汪曾祺写得最好,他的随笔有一种不经意间信手拈来的深厚功力。我的随笔只是在文体结构上'随意而为'的意思。"朱增泉坦诚自知老之将至,创作激情大减,整理这些零零碎碎的文字,大有"打扫战场,鸣金收兵"的意向。以后是否还能写些什么,要看生命活力恢复和保持得如何再说了。

在一次次的梳理中,朱增泉对于历史、对于战争的认识在不断深化。他认为,历史要经过长期沉淀,才能看得更加清楚。这在《朱增泉散文与随笔》中体现尤其突出。

问:《朱增泉散文与随笔》于您而言,有何独特的价值或意义?

朱增泉:我是写什么学什么,通过写作这些文章,学到了不少知识。我说过,到中国历史长廊中去走过一趟和没有走过时的感觉是不一样的,不仅丰富了知识,也提高了人生境界。有了写作的爱好,丢掉了诸多无谓的应酬和累人的烦恼。

问:在编选的过程中,重新回顾梳理自己的作品,您对于这几十年的创作有怎样的总结和评价?

朱增泉:的确是对自己的业余写作做了一个总结。就此封笔,不能再熬夜了,身体状况不允许了。回顾这么多年的业余写作,我总结的第一条是"顶住压力,坚持不懈"。压力来自闲言散语,比如说我"不务正业"之类。我举出两条理由他们无法反驳:第一,官员写作是中国的文化传统。历史上那么多好文章、好诗词,几乎都是古代官员写出来的。第二,毛泽东写诗,朱德写诗,董必武写诗,叶剑英写诗,陈毅写诗,我为什么不能写诗?写,继续写!理直气壮,毫不退缩。我自己一直守住这条底线:先把本职工作做好。我所有的诗歌散文作品都是熬夜熬出来的。

我总结的第二条是"文章千古事,得失寸心知"。这是杜甫的诗句,我借来表达一下自己的感慨。我写历史题材、政治题材的东西比较多,思考的问题大多和我们中华民族兴衰存亡有关,与人民群众的疾苦有关。我作为一名老军人,这是肩负的使命所使然。从总体上说,我的散文随笔比较厚重、大气,有点历史底蕴,语言比较简洁,有我自己的一些风格特点。就这四本书而言,每一本书中都有几篇好文章;但有不少篇目自己也并不满意。孰优孰劣,都交给读者们去评说吧。

问:您笔下的人物,每一个都给人留下深刻的印象。既有现实生活中的军嫂、士兵、诗人、航天员、元帅,也有帝王将相和二次大战期间的罗斯福、丘吉尔、斯大林、朱可夫等。我很想知道,您写的历史人物,有没有颠覆人们印象中的人物形象的?有一些被作家们反复书写过的人物,您如何写出自己独特的发现?

朱增泉:我开始写人物散文,是写自己接触过的人,真实,但缺乏深度。后来注意从多角度切入去写一个人,避免概念化、平面化,既写他的正面,也写他的侧面,甚至反面,使人物形象更丰满、更真实,有血有肉,所以比较有深度。我写帝王将相,比较有代表性的是人物卷中的《汉初三杰悲情录》。汉初三杰是指张良、韩信和萧何,写刘邦同这三位西汉开国功臣间的微妙关系,我自己觉得把这四个人都写活了。刘邦自己指挥打仗本事不大,却能将这三位杰出人物随意掌控摆布,为他所用,不能不说他的驭人术在中国封建帝王中是一流的。

战争卷中有一篇《从伊拉克战争说到诺曼底登陆》,其中写到二次大战中的三巨头罗斯福、丘吉尔和斯大林。通过对他们的重新研究,我对这三位历史人物都有一些新的发现。过去我们对罗斯福和丘吉尔都是否定的,但我从历史角度去重新认识他们,对罗斯福和丘吉尔都产生了一定好感。我认为这两人都是世界级政治家,对二次大战胜利都有历史性贡献。罗斯福另一条贡献是二战结束前就为建立战后秩序做安排,提议创建了联合国,为战后世界新秩序奠定了基本框架。

问：战争卷的散文和随笔中对21世纪美国战略思维及其战略走向的分析和预判，对21世纪亚洲国家群体性崛起的历史机遇及必将面临美国战略遏制的分析和预判，正在"不出所料"地一步步展现在我们面前。为什么您会有这样的前瞻性和预判能力？

朱增泉：这样的前瞻性和预判能力，是我对世界局势走向分析的结果。从宏观层面做战略性分析判断，不像对某些突发性事件的预测那样难以捉摸，它是有迹可循的。就像观察一条河流，只要找到它的源头，弄清它的流向，再根据季节变化，是可以预见它的水流大小变化的。

朱增泉的《战争史笔记》关注了中国古代战争史，以及战争给人类带来的深刻思考。

问：诗歌创作是您当了集团政治部主任以后才开始的，四川文艺出版社曾出版过《朱增泉诗歌三卷集》：政治抒情诗《中国船》、军旅诗《生命穿越死亡》、抒情诗《忧郁的科尔沁草原》。能否谈谈您的诗歌创作具有怎样的特点？

朱增泉：我写诗是在老山战场上开始的，写出第一首诗的时间是1987年1月31日。我通过长期自学，对文学产生了兴趣，但我参战前从未想过要当什么诗人，参战给我提供了契机，使我突发性地写起诗来。《山脉，我的父亲》就是在老山战区写出的第一首诗。大意是：人们都说大地是母亲，我说山脉是我的父亲，我踏着山脊去约会死神。写完已是午夜，我带着诗稿到山坡下的战地小报编辑部去审阅小报清样。我进了屋先给大家念了一遍这首诗稿，问大家这算不算诗？大家都说："这就是诗啊，很好的诗。马上发，马上发!"我就是这样开始写起诗来。后来通过去前线采访的记者、作家,把我登在小报上的诗歌带回后方,有些报纸杂志进行了转载,引起了人们注意。既然大家承认我写的这些分行文字是诗,我就"一发不可收"地写了起来。

一直写到2005年,我把诗停了。集中精力开始写作五卷本的《战争史笔记》。我写的是自由体白话诗,有两个特点比较明显:一是我的军旅生涯比较长,军旅生活积累比年轻诗人多;二是我当了多年领导干部,站在宏观角度分析问题的能力比年轻诗人要强一点。这两条优势反映在我的诗歌创作中,生活气息比较浓,视野比较开阔。所以,不少人说我的诗歌比较大气,而且有不少诗篇真切感人。但我的诗歌作品水平不整齐,有些作品我自己也不满意。尤其是我的长诗,叙述的成分比较多,而诗歌是拒绝叙述的,即使写叙事诗,也不能用写叙述文的句子去写,这是我不再写诗以后才彻底明白过来的。

问:写散文随笔,也是硕果累累。2011年出版的《战争史笔记》(五卷)贯通中国古代战争史五千年,中国作协主席铁凝称赞说,这部书是史学的也是文学的,是军人的也是诗人的。

朱增泉:铁凝主席概括的这两句话很精辟,我感谢她对我的鼓励和支持。何镇邦说:"《战争史笔记》是老朱的代表作。"他是从作品的分量和产生的影响来评价的。我接受并珍惜他们对《战争史笔记》的评价。我为这部书的确付出了相当大的心血,动笔时我已六十五岁,写完时已七十岁,没有一点毅力是拿不下来的。我写作《战争史笔记》是严肃认真的,因为这是写历史,不能误传子弟,所以我不搞任何"演义""戏说"之类,对每一条史料都查得很认真。当然,即便小心再小心,也难免仍有某些差错。所以,今后几年如果我身体条件还允许,我想再修订一遍。

朱增泉认为军旅诗是诗歌中的盐和钙,爱国主义、英雄主义永远是军旅诗的基调。一个正在迅速崛起的伟大民族,不能缺少这些精神元素。

问:您的诗集《地球是一只泪眼》获得第二届鲁迅文学奖。能谈谈这部作品吗?是在什么情况下创作出来的?

朱增泉:《地球是一只泪眼》是我的第七本诗集,出版于1999年8月。诗集共分五辑,第一辑《地球是一只泪眼》是写国际题材的作品。《地球是一只泪眼》是一首短诗,一问一答两句:"地球是漂在水里吗/为什么每一块大陆的周围/全都是汪洋大海//哦——地球满腹忧烦/她睁圆了望不断天涯的泪眼/何时能哭干,这么多/苦涩的/海水?"这是我对充满矛盾的世界前途的忧思,也是对人类命运的终极思考。我用这首诗的题目做了书名,也用它做了第一辑的栏目标题。第二辑《对手之间》是写战争题材的作品,主要部分是写老山作战战斗生活的;第三辑《我生命的河流》是写我自己生命体验的作品;第四辑《放牧灵魂》是写我游历祖国南北各地的作品;第五辑《出奔》是几首长诗的选章。综合起来,可以反映出我诗歌创作的全貌,的确是我的一本重要诗集,我的诗歌代表作都集中在这本诗集里。

问:听说您是在完全不知情的情况下获奖的?背后有什么故事吗?

朱增泉:第二届鲁迅文学奖是2001年9月举办的。《地球是一只泪眼》这部作品参评,是解放军文艺出版社上报的,他们没有通知我。评委投票结果出来后,有朋友给我打电话我才知道。9月22日在鲁迅故乡绍兴颁奖,因为我当时还在职,工作日程都安排好了,无法更改,未能前往出席领奖仪式,很遗憾。当时评奖是比较公正的,我没有通过任何人去做过任何"幕后工作",我事先连参加评奖都不知道嘛。但总有些人先入为主,认为我获奖有别的什么因素。著名诗歌理论家吕进是评委之一,评奖结果一公布,有位记者采访他,开口就问:"朱增泉获奖是不是因为他是领导干部的缘故?"把吕进问火了,他回答道:"你也太小看我们了嘛,我们只看作品不看人!"这位记者可能不知道,我的诗歌在此之前已经多次获奖:第一次是获得河北省文艺振兴奖(那次同时上台领奖的有铁凝,她的获奖作品是长篇小说);先后两次获得解放军八一文艺奖;第四次获得中国诗歌学会颁发的中国诗人奖;最后获得第二届鲁迅文学奖也算是水到渠成吧。

问:您如何评价军旅作家的诗歌创作,在当前诗坛中有怎样的独特价值?

朱增泉:目前的军旅诗创作,和中国诗坛的总体情况一样,处在一个低潮期。老一代军旅诗人李瑛是大家,他的诗歌影响了几代人。中年一代像周涛,他的诗歌是出类拔萃的。年轻一代的军旅诗人刘立云是代表,他不断探索,坚持不懈,取得了不小的成就。和刘立云同时代的还有武警的王久辛。更年轻的一批军旅诗人我都不认识了。军旅诗的低潮期,和我们当前的时代背景、社会现实有关。人们的生活观念过度物质化了,文艺圈过度娱乐化、低俗化了。我期待军旅诗有朝一日能重新振兴。军旅诗是诗歌中的盐和钙,爱国主义、英雄主义永远是军旅诗的基调。一个正在迅速崛起的伟大民族,不能缺少这些精神元素。

获奖作家访谈

西川：我的诗歌越来越直截了当

西　川　1963年生于江苏，1985年毕业于北京大学英文系。现为北京师范大学特聘教授。出版有九部诗集、诗文集，其中包括《深浅》和《够一梦》，另出版有两部随笔集、两部评著、一部诗剧。此外，译有庞德、博尔赫斯、米沃什、盖瑞·施耐德等作家的作品。其诗歌和随笔被收入多种选本并被广泛译介，发表于二十多个国家的报刊。英译《蚊子志：西川诗选》(译者 Lucas Klein)入围2013年度美国最佳翻译图书奖，并获美国文学翻译家协会2013年卢西恩·斯泰克亚洲翻译奖。诗集《西川的诗》获第二届鲁迅文学奖。

| 采访手记 |

当年叱咤风云的"北大三剑客"西川、海子、骆一禾,如今只剩下西川孤军奋战。

在《环球》从事八年半的编辑工作之后,西川来到中央美院。听说学生们很喜欢听他的课,毕业了还会返回到他的课堂。我向西川核实,他开心地大笑:"我非常'大言不惭'地说,很受学生欢迎!没听过我的文学课,等于没有上过美院。"

自信的西川。奇怪的是,这句听上去有些狂妄的话,从他口中说出却如此妥帖。

"有一种神秘你无法驾驭/你只有充当旁观者的角色/听凭那神秘的力量/从遥远的地方发出信号/射出光束,穿透你的心/像今夜,在哈尔盖……"这首曾广为传颂的《在哈尔盖仰望星空》已成过去,今天的西川,带着一种强有力的气场,不但能召回毕业的学生,更能征服他的读者。

生活还在继续,西川也身不由己地在时代大潮中继续他的诗人生活,并屡屡斩获大奖。2018年,西川以北京师范大学特聘教授的身份,出版《唐诗的读法》。他的见解很独特,这独特使他无论是在大学还是在诗坛,都拥有相当数量的拥趸。

西川的诗歌从早期的抒情到后期的反抒情,是有明确界线的。90年代以前,他写得比较抒情,希望成为大家公认的普遍意义上的好诗人。90年代以后,他不在乎这些了。

　　问:当年您曾提倡知识分子写作,这种观点今天有变化吗?
　　西　川:骨子里没什么变化。现在回过头来看,我很感谢当年的那场争论把问题挑出来。所谓知识分子写作有一些问题,到今天它应该包含对自己知识谱系的清洗,比如早年读西方和俄罗斯的诗歌,后来再读东欧的诗歌,就会对西欧的诗歌有所清洗。在这个过程中,我的视野又扩展到印度、阿拉伯、土耳其等地的诗歌,过去我对这些关注不多。所谓清洗包括对古典文学的重新认识。当时知识分子被批评最多的是其写作和社会生活没关系,我个人觉得,我是很关心社会生活的人,只不过我当时不太愿意把这些事情直接写到诗里,现实在我这里是要经过处理的。争论之后,我自己向现实生活打开的程度比以前宽得多。
　　关心社会生活的背后,必须还有一个支撑,这支撑和我过去的写作有关系。有的诗人完全依赖个人才华,我想我不是纯粹依赖个人才华,尤其四十岁以后。诗歌写作有一个上下文的关系。看一个人的作品好还是不好,不能完全凭自己的印象,举例说,我们评价一首古诗好不好,是和李白、杜甫的诗歌比。你的写作和别人的写作是对抗、继承,还是包容?我保持写作中的上下文关系。

　　问:2012年,您出版了《大河拐大弯——一种探求可能性的诗歌思想》,对于诗歌理论和思想的探讨不乏真知灼见,可否简单解释一下,您的写作发生了怎样的变化?这背后的原因是什么?

西　川:我的诗歌从早期的抒情到后期的反抒情,是有明确界线的。90年代之前,我是努力写"好诗"的人。我想像别人一样写作,写得像某几位西方现代主义诗人前辈,这对我来讲是一个学徒期。从80年代初算起,我的学徒期大概持续了十年左右。后来慢慢地,我发现自己没有榜样了,只能走到哪儿算哪儿了。从原来想让自己成为专业诗人到成为"业余诗人",从写"好诗"的状态到写"坏诗"的状态——这是我写作的方向性变化。这是我自己的专业表述。在这样一个时代,诗人需要在意的东西太多了,包括在意自己的社会生活、历史生活吞吐能力。一旦我关心这个,就意味着我的写作变得泥沙俱下。

我认为过去的诗歌标准不能满足我的智力需要和我对创造力的认识。这几年,我的写作又有变化,比如《够一梦》更直接地处理当下生活,把当下经验完全写入诗歌。我曾经对于直截了当的东西非常警惕,现在我有足够的经验来处理这些,诗歌越来越直截了当。

不客气地讲,大多数读者跟不上我的写作进展,批评家们也跟不上我思维的进展。我注意到一个滑稽的现象:在网络媒体,甚至在一些据说是具有学术价值的书中,读者或者批评家或者教授、博士们,会引述别人对我后来创作的还算靠谱的评论,但所举出的例子又是我学徒期的作品。他们似乎没有发现这其中评论和作品的错位。

问:无论是教学,还是诗歌创作,您都特别自信。这种自信,源于什么?

西　川:我知道这世界上与我年龄相仿或者比我年轻的诗人们的工作进展到什么程度、我自己的工作进展到什么程度。我去过很多地方,参加过很多文学交流活动,我知道别人对我作品的反应。我有一些真正的同行。举个例子,2014年我写过一首长诗叫《醒在南京》。在《诗刊》发表后,遭到一些人振振有词的批评。他们完全看不懂,不知道我在说什么,不知道我为什么这样写,他们认为我的写作和我学徒期的写作相比已经大失水准。太好玩了!2015年这首《醒在南京》的英译文发表在全球顶尖文学刊物《巴黎评论》上,我看到有人在《巴黎评论》的网刊留言,说这期杂志只有《醒在南京》是一个spectacle(壮观,惊人之作)。这是个有趣的情况:国内读者读我早期的诗歌,国外读者读我后来的诗歌。2017年9月我在阿根廷的罗莎里奥参加诗歌节,当地记者说我"像摇滚明星一样受欢迎"。我理解这是说阿根廷听众一听就明白我在干什么。但是在国内,我不得不说,我没有这个运气。凭我学徒期的作品我不可能获得机会真正地周游世界。

问:您说自己理解的诗歌比一般只读中国诗歌的诗人丰富得多。能否谈谈您对诗歌理解的"丰富",体现在哪些方面?

西　川:比如说关于诗歌的界定。中国普通读者的诗歌知识构成,基本上是两个方面:1.中国古代诗歌尤其是唐诗宋词;2.经过老苏联表述的欧洲19世纪的所谓"积极浪漫主义"文学,以及"五四"之后的新文学包括革命文学。但是对我来讲,20世纪的拉美文学、印度文学,欧洲和美国的现代主义、后现代主义文学和现当代哲学,文艺复兴前后的欧洲美术、西方和中国的当代艺术,中国先秦两汉诸子著作、历史著作和历史研究,文人画之前的中国绘画等等,都是我关心的领域——我的兴趣点要多得多。

所以我看问题和只读中国古代、当代诗歌的人不太一样,这就意味着我们对诗歌的定义不一样。比如有人主张诗歌要用词节俭,我就问,为什么不能口若悬河?我当然充分知道语言精练的好处,但屈原和司马相如不就口若悬河吗?莎士比亚不就口若悬河吗?有人认为诗歌要优美,我就问,为什么诗歌不可以泥沙俱下?韩愈的诗歌有些就不优美。有人说诗歌要抚慰心灵,我就问,为什么诗歌不能让你的智力产生风暴?为什么不能摧毁或者颠覆你过去认为正确的东西?我并不是一个品位恶劣的人,但通常所谓的好品位其实躲不开俗气的嫌疑。我强调创造力。

西川认为,每一个诗人、艺术家,如果他足够优秀,每一次发现就意味着对文学史的认识刷新一遍。

问:您认为诗人如何才能保有持久的创造力?

西　川:我一直关心我的此地,关心时代生活的此时此刻,我对于各种事物的好奇一直都在。我对当下生活、对各种知识也充满了好奇,这些东西会一直推着我往前走。我对低智力的、自我满足的、单纯抒情的东西不屑一顾。我不觉得诗人一定是无时无刻都在写诗。法国诗人瓦雷里就曾经停过二十多年不写诗,但那些年他完全投入哲学思考,到晚年他又写出了重要的诗篇《海滨墓园》。但是这么多年,我没有间断过写作,也从来没有间断过阅读。我不断认识到自己的缺陷,然后就有一种愿望,修正这种缺陷。在当代诗人中,我不光写诗,也翻译作品,也做古典文学研究。

问:《唐诗的读法》是您的长篇论文,解读唐诗的契机是什么?

西　川:我总是被问题牵引着走。我当年学的是外国文学,又做很多翻译,出版过五本翻译著作,一般人以为我偏向外国文学,其实这只是我的一个面,我对中国古代文学的阅读和思考从未停止过。我曾经长时间在中央美术学院教书,本科教学的内容就是中国古典文学,所以研究中国古典文学是我的日常。我在书中使用到的文献和材料不是我临时查找的。

但我不是研究唐诗的专家。写这本书的原因,一是被很多问题——姑且用一个词——"骚扰"。不断有人拿唐诗和新诗做对比,老在质疑我们什么时候才能写出像《唐诗三百首》中的诗。我非常反感这种比较。当然我不否认唐诗很伟大,但那伟大背后是有一些小秘密的。二是我认为在当代中国,古典诗歌研究在方式、方法和介入角度方面存在一些问题,这直接导致了一些对于古典文学的文化误解——不是语词、句读、审美上的误解。我得说我受益于当代专家学者们的研究成果,但由于我是一个书写者、实践者,在写作现场的人,我看到了一些他们大概不敏感的东西。支撑古人写作的,不光是个人才华,还有整个社会系统,这让我特别感兴趣。三是一段时间,我不断被人请去谈古诗。我对古诗的理解就有了些零碎的说法,后来我想,索性把这些东西整理成完整的著作吧。

问:那么您的解读和古代文学专家的解读相比有何不同?

西　川:有很大的不同。我不认为我们和古代诗人之间只有简单的继承关系,我不认为我们对古人只有欣赏的份儿。我们有我们的当代生活,他们也有他们的当代生活。尽管我们和古人的"当代生活"不一样,但古今诗人与生活的结构关系是一样的。我是从当代人的角度读唐诗,同时又尽量让自己变成唐代诗人的同代人,近距离查看他们究竟是怎样生活和写作的。这样一个角度使我可以反思我们的当下。虽然这是一本关于唐诗的小书,但书中也包含了观察当下时代的角度。我自己有一个基本的看法:古代文学的确是我们的文化遗产,但每个时代的作家所写出来的东西,在当时,都不是文化遗产。很多背古诗、写古诗、研究古诗的人,都把古诗当成了文化遗产、高高在上的东西。他们不知道,或者不理解——不敢理解,东汉王充在《论衡》中所说的"夫古人之才,今人之才也"这句话。他们无视文学艺术的发生现场。这和我的切入点非常不一样。

问:以这种切入点读唐诗,呈现出来的作品有何独特的风格?

西　川:我读唐诗不仅仅是因为它的语言、表达形式很美,我也会关注唐朝诗人所生活的时代、他们面临的复杂的社会历史局面。这些因素导致了他们的诗歌、文学反应。我在书里特别提到了韩愈。我发现宋朝人对韩愈评价极高,他们对唐代诗人的排序是杜甫、李白、韩愈。我们今天的排序是李白、杜甫、白居易、王维。韩愈在当代选本中位置越来越弱。而在宋代,苏东坡的弟弟苏辙认为唐诗当首推韩愈、杜甫。欧阳修、王安石、苏轼他们都非常钦佩韩愈。还有一点,由于我们对韩愈写作的忽略,使得我们把李商隐早年学过韩愈的事实也忽略了,读李商隐我们只读《无题》,其实他也写过《韩碑》这样的移步换景、步步顿挫、酣畅淋漓的诗,是模仿韩愈所作。李商隐的诗歌开合度还是挺大的,我们把他读窄了。

我们读古典文学的趣味,如果等同于《唐诗三百首》的趣味,那我们就不自觉地成了清朝人。《唐诗三百首》本来是清朝中期编给小孩子的发蒙读物,今天成了文学大名著。我没有说它不好,但是要警惕这种好。在阅读中国当代文学、外国文学的时候我们也应留个心眼儿,不能傻乎乎地被人牵着鼻子走。

问:说到翻译,王小波有一句话:"中国最好的作家都在搞翻译。"您翻译诗歌,多属于兴趣还是另有原因?

西　川:王小波说的是穆旦。我还专门写过文章,我认为穆旦的中文是不成功的,他的所谓现代主义诗歌其中有一些语句是语焉不详的,却把不懂现代派的人吓唬住了。我做翻译基本是出于别人的要求,我不是专业搞翻译的,也就是说,我不以翻译大家名著为己任。我翻译过几本书,包括《博尔赫斯八十忆旧》和《米沃什词典》。但我翻译诗歌一向很小心——当然,即便如此我也翻译了很多诗歌,不见得是经典,是为了学习、交流,从兴趣和环境出发。如果我翻译的作品还不如我写得好,就没有太大兴趣,同时也有我很想翻译的作家和诗人。最近有出版社在约我翻译庞德的作品,我没有完全答应。如果翻译庞德,就意味着我后半生全要扑在庞德身上了。

问:翻译《博尔赫斯八十忆旧》《米沃什词典》,是自己选择的吗?

西　川:作家版《博尔赫斯八十忆旧》(后来广西师大版改名为《博尔赫斯谈话录》)是我自己主动翻译的。80年代,我对博尔赫斯特别感兴趣,就翻译了这本书。2017年9月,在布宜诺斯艾利斯我西班牙语诗集《夕光中的蝙蝠》的首发式上,博尔赫斯当年的学生、已经快八十岁的语言学家卡洛斯·拉斐尔·路易斯把博尔赫斯1961年送给他的首版《创造者》这本书转送给我,上面有博尔赫斯的签名。当时在场的阿根廷作家、诗人都挺嫉妒,其中一位开玩笑表示他会来北京把这本书再偷回阿根廷。卡洛斯说当年博尔赫斯把这本书送给他的时候,其实有一个未言明的愿望,就是将来这本书应该转赠给一个来自远方的、说奇怪语言的诗人和翻译家。卡洛斯听说我来到布宜诺斯艾利斯,上网查了我的情况,认为这个人就是我!我当时感到非常震惊。我想到了博尔赫斯的小说《莎士比亚的记忆》。鸡皮疙瘩都出来了。得到这本书使我感到很荣幸,同时也感到很神秘。

问：在翻译中有何难度？这些难度包括哪些方面，又是如何处理的？

西　川：最大的难度是不了解别人的文化。首先，你的外语要过关，即使这样也会出错。我译《米沃什词典》的时候，中国还没有出版过一本《波汉词典》，我是从英文转译过来的，但英译本中也有些波兰文的英文拼写，所以非常需要《波汉词典》和《波英词典》，没办法，我自己在美国生生认识了两位波兰诗人，和他们成为朋友，向他们请教关于波兰的历史文化，甚至波兰人姓名的读法。

获奖作家访谈

于坚:诗歌是为日常生活提供存在的理由

于 坚 1954年生于云南昆明。历任云南省文联文艺理论研究室编辑、云南文艺评论编辑,现任云南师范大学文学院教授。二十岁开始写作,著有散文随笔《我的阅读史》《棕皮手记》《人间笔记》等,诗集《诗六十首》《对一只乌鸦的命名》《云南返边》《于坚的诗》等。曾获《人民文学》奖、《十月》文学奖、朱自清散文奖、2015年新经验散文奖、华语文学传媒大奖2017年度杰出作家奖。诗集《只有大海苍茫如幕》获第四届鲁迅文学奖。

采访手记

到昆明,正赶上春城落雨,霎时寒气袭人,却平添了几分寂寥的诗意。来到中国最美的大学之一的云南师范大学,来自国内外的诗人聚集在一起,为着一个共同的目标:诗歌。

诗人于坚的身份是云南师大文学院的教授,同时是《诗与思》的主编。他的嗓音有些沙哑,亮脑门,大眼睛,和善的笑。采访的过程中,于坚的手机不停地响。他面带歉意地说:"我现在干的都是以前从来没有干过的事儿。"

他主持的西南联大国际文学节,少不了由他出面,邀请嘉宾,迎来送往……就连参会者背的白布包,都是他亲手设计、亲自选的布料。与其说他事无巨细的勤勉,不如说,他为了云南师大成功举办这次诗歌盛会倾尽全力,为了诗坛相交至深的朋友之情倾尽全力,甚至为了能推动诗歌的发展倾尽全力。

20世纪80年代,于坚、韩东等创刊的《他们》,成为第三代诗人崛起的一个重要标志。今天的于坚更喜欢旅行。昆明已很难唤起记忆,焕然一新,记忆没有任何遗址,他得在别的地方记起昆明。他在世界许多地方发现自己青年时代以前的昆明。他在旅行中写作,在写作中旅行,实践着自己对写作的新思考,那就是试图重返汉语的文章传统。

写作是专业而并不是职业。过去于坚老害怕"专业"这个词，"为学日益，为道日损"，中国诗人都有这种恐惧。

问：四十年来您对于诗歌理解的变化，是怎样的？

于　坚：早年是非常感性的写作，不太重视对诗歌本身的思考，对诗歌传统的研究和思索也总是在感性的层面，缺少理性思考，有某种感觉和语言冲动就去写，有一点逞才使气，这种写作我觉得并不是专业的写作。最近二十年，我越来越认识到，中国传统的才子型写作，面对日益丰富的世界时不能够完全地表达存在。现在我越来越重视经验性的写作，对语言有一种自觉的把握，有更为深入的思索，而不仅仅是有点感觉就去表达。感性不是贬义，感性也可直达人心、直抵真理，但我以为中国思想并没有对先哲们感性的、直觉的真理进行更理性的思索。宋代的理学有过这种努力，但是还不够。

王安石有《伤仲永》，仲永其实是某种中国传统，不是个案。中国有很多诗人都是仲永，靠着才气写作，将才气作为饭碗，一本书混一辈子。少有歌德那样的道成肉身的、匠人式的写作，写作是专业而并不是职业。过去我老害怕"专业"这个词，"为学日益，为道日损"，中国诗人都有这种恐惧。理性层面控制得越厉害，离诗的悟性越远。但后来我越来越意识到，这是如何把握语言的问题，维特根斯坦说，我的语言的边界就是我的世界的边界，我们时代的语言边界与古代是不一样的，许多古代世界黑暗的部分，被现代照亮了。像品钦《万有引力之虹》那样的作品，如果没有现代物理学的语言出现，是完全不可想象的。比如理性，这不是个人是否愿意的问题,现代化就是一种巨大的理性存在。仅仅率性而为的写作显然无法把握我们时代的更奥秘的诗意。

问:当您倾向理性的思维,会有何利弊得失?

于　坚:我可能会远离80年代和90年代的读者,他们喜欢我的感性的诗歌,可能不能接受我现在的写作方式,这对我来说并不重要。首先,写作是表达我对世界的感悟,写作不是诗人顺应时代,而是时代向诗人脱帽敬礼。我不同意诗属于青年这种幼稚的说法,杜甫、苏轼的诗只属于青年吗?那些伟大的作品同样令世故的人群震撼,包括政治家。我们时代受"少年中国"这种思潮的影响,许多诗人想象的读者是毛头小伙子,海子的诗打动不了成熟的人,更别说那些老于世故的商人政客。弗罗斯特的诗可以在白宫朗诵,杜甫也是帝王之师。这是诗的成熟。如果想象的读者永远是少年人,诗歌很难走向成熟。我想象的读者是没有年龄的,如果只是将诗理解为一种语言的青春期,这些读者看我现在的诗可能会有隔阂。

问:您说要像匠人一样专业写作,可是创作又是需要摆脱匠气的。

于　坚:这是作家永远要面对的问题。一方面要保持感觉,一方面还要控制感觉,不能让感觉消耗你。具体到每个人是不一样的。只能说,它和诗人天生的材料有关,李白说"天生我才必有用",你如何把握这个"才",让它像树一样生长。如果你自我调整、自我修养不到位,可能自我消灭,也可能隐含的可能性生长起来,总之,作家将写作放在他生命的什么位置是非常重要的。我比较欣赏帕慕克的一句话:他一辈子的努力就是避免成为名人。你在写作时不能成为一个名人,不能用名人的方式写作。

在经历了20世纪激烈的文学变革之后,中国当代文学对于文学的认识正在回到某些基本的常识上来,这也许是于坚能够获得鲁迅文学奖的一个原因。

问:您最早写诗是什么时间?

于　坚:早年就是写着玩儿。70年代的时候,生活世界全面政治化,精神生活只是私人的秘密生活,我偷偷写些诗,只是想使朋友对我另眼相看,赢得朋友的尊重,证明自己不是个庸人。后来诗歌变成专业的嗜好,写作变成一个"恶习",就像吸毒成瘾,必须每天都写。我反对靠灵感写作,这是一个神话,其实作家就是匠人,他可以在任何状态下写作,不是明月东升的时候才能写,他整个生命都是写作的状态。

问:您怎么看待写作与土地的关系?您的诸多作品,比如《云南这边》《丽江后面》《人间笔记》等,都在关注故乡。《尚义街六号》还入选《历代昆明十大文学名篇》。对于故乡,您怀有怎样的感情?

于　坚:我父亲是1949年来到云南,母亲是明代的移民后代。我属于汉文化的传统。在云南这块土地上,更强大的是地方性知识。中原的主流文化在这里溶入了边缘文化的血液,地方性知识对我的写作影响很大。我很少有中原主流文化的那种大一统意识,在云南,人们天生就知道这世界是多元的。有些人说话你听不懂,风俗、衣饰、世界观都跟我不一样,但我们在一个世界上生活,在一个集市里交往,这对云南人来说是常识。这些常识非常深刻地影响了我的写作,使我天生成为自由主义者,对我影响最深的思想家之一就是以赛亚·伯林。在我看来,他就像是一个云南思想家。自由主义对于青年时代的我不仅仅是书本上的,而是日常生活中体会到的,它不仅仅是理论上的概念,而是来自我的生活世界。

故乡是一种世界观。昆明赋予我看世界的立场。故乡这个词今天与心痛同义。

问:您最早接触朦胧诗是在什么时候?

于　坚:我看到朦胧诗是在1979年,非常震撼。云南和政治的关系没有那么密切,对时代的感觉相对微弱,对人的生命、生活、爱情的感觉更为强大。昆明是非常安静的城市,我整天沉浸在诗歌里,80年代中期我开始思考一些问题:为什么走红的诗歌没有对日常的存在状态的表达? 20世纪中国文学有一种鄙视日常生活世界、反生活的潮流,作家诗人热衷的是故乡批判,热衷未来主义,这也是张爱玲这样的作家不被待见的原因。那个时候我的诗转向了日常生活,《尚义街六号》就是那时写出来的。

问:在您的作品中,诗集《只有大海苍茫如幕》有怎样的独特性?

于　坚:我之前出版过三本诗集,这一本看到的人最少。因为这部诗集获奖引起了巨大争议,基本上没有发行。

问:是在什么情况下获得鲁奖的? 那一届鲁奖竞争激烈吗?

于　坚:已故前《诗刊》副主编、诗人李小雨当时主编了一套诗丛,叫作《雍和典藏》。这本诗集是其中之一。她作为主编将这套丛书拿去参加了评选。规定参评诗集里的作品必须是首次结集出版,那套诗丛只有我这本符合条件,因此入围。诗集争议很大,相当激烈,曾有评委担心我可能会落选。最终结果是,十一位评委,我获得七票。

问:最终还是获奖了。那次争议对您有什么影响吗?
于　坚:相当郁闷。这件事令我意识到,一种正常的、独立的、古典意义上的写作对于作者来说,不仅是一种写作姿态,更是一种使命。

问:您去领奖的时候有没有印象深刻的事情?
于　坚:印象深刻的就是我第一次进入如此宏大的场合,红地毯、聚光灯什么的。不像是在为作者颁奖,而是在为明星、模范颁奖。与我那光线阴暗的小书房形成巨大反差。很不适应,手足无措,举止像个傻子。

问:获奖给您带来了什么?获奖前后,您的创作有变化吗?
于　坚:对我的告状、批判持续了六年。上海《文学报》发表批判我的整版文章,文章尾部标着:"(作者文责自负)",我从未回应过一个字。我继续写作。依然在我的小房间里。

于坚认为,中华民族从来没有停止过关注诗歌,只是关注诗歌的角度在每个时代是不一样的。

问:在多元化的时代,诗歌关注日常生活的表达,会带来更强的生命力吗?
于　坚:当然,至少在最近二十年,中国先锋诗歌的主题已经转向生活世界。人们以为诗意仅仅是风花雪月,而对关于他们日常人生的诗很陌生、很反感,而这正是诗的生命力。反感,是复活的一种状态,习惯才是危险的。中华民族从来没有停止过关注诗歌,只是关注诗歌的角度在每个时代是不一样的。80年代、90年代大家可能更关注诗歌如何对时代、对政治发言,现在那些较为正常的读者更关注诗歌怎样为生活世界提供存在的意义。

问:很多时候,大家常规中的印象是:"愤怒出诗人""国家不幸诗家幸"。

于　坚:我认为诗不能只是简单地表达对现实的不满,不能仅仅停留在怀疑和批判的层面,而应看到那个任何意识形态都无法穿越、控制、摧毁的普通人的永恒世界,这个生活庸常的美丽是不以历史运动的意志为转移的,任何暴力都无能为力。这种日常生活世界的美,不是时代赋予的,而是自古就在于人们的日常生活世界中。我的意思是,就是在奥斯维辛,一个女子也会在想象中为自己的脸颊涂脂抹粉。这是庸常的、无奈的也是超越性的,没有时代地域的。我以为文学应该表达这些。

门罗获得诺奖,我几年前看她的作品,就说她会得奖。我喜欢她小说中表达的日常生活的深度,在庸常的家庭里对生命意义的追问。中国当代文学在这方面表达太弱,还在批判、怀疑、解构的层面。就像798那些东西无论在拍卖行价值如何飙升,它们只是时代性的,我没有看到生命的美好、在地狱深处的美好。我以为今天需要写作去建构的东西,恰恰是中国本来存在的,是连接每块大陆的花岗岩,但是也被写作遮蔽着。诗要好很多,但依然不够,这可能也是读者远离诗歌的原因。

问:您认为诗歌的存在有何意义?

于　　坚：诗为我们时代坚持了尊严。这种尊严的存在也是新诗必然被冷落的原因。正因为被冷落，持久的写作所遭遇的困难、诱惑和折磨皆为史上罕见，最悲壮然而也最庸常，诗人这种古老的手艺在今天更接近于宗教式的祭献、牺牲，因此诗的持续才具有了专业品质。

于坚所认为的好诗是：其最大的一圈是引车卖浆者流都明白的汉语；其最小的一圈，是禅。

问：您在70年代就开始摄影，2013年出版的《印度记》收录了您很多照片，非常有冲击力。此外您还拍过纪录片《故乡》《碧色车站》，为什么会对摄影有这么大的热情？

于　　坚：我从来不想当什么摄影家，就是玩儿。我觉得导演比起诗人，需要更强大的介入世界的能力。我不想令我的写作只封闭于室内。如果你抬着一台摄像机，你就得用另一双眼睛去看世界，你无法再想当然了。摄影我首先考虑的是如何看，电影要拍得好，导演首先得明白什么是诗，我喜爱的大导演费里尼、布勒松、安杰伊……其实都是诗人。一切艺术的核心都是诗，只是表现的材料、手段不同而已。

问：很多诗人放弃了写作，转向小说、散文或者其他。好像诗人的创作生命力格外的短促。而另一种现象是，一些坚持创作的诗人，欧阳江河、梁平等，写起了长诗。

于　　坚：我写作四十年没有放弃什么，没有放弃诗，也没有放弃散文、摄影……都在搞，它们都是我的写作，核心都是诗。古代中国的文人都是诗文书画俱全。现在文人这个词似乎已声名狼藉，呵呵，一为文人，便无足观。但是过去中国，谁不是文人，政治家、士大夫,谁不是文人?就是商人也以附庸风雅为荣。载入《史记》《资治通鉴》的,谁不是文人,我还真找不出一个。在这方面,我是公认向后看的,否则你怎么说你是汉语作家。

问:法国诗人穆沙的演讲之后,您说到对于他的诗歌是"似是而非"的理解。这也是诗人与读者之间甚至诗人之间存在的一种常态。比如德国诗人顾彬在演讲中也提到他翻译欧阳江河的诗歌,其实也是不能完全看懂的。您所理解的好诗是怎样的?您如何理解这种"看不懂"。

于 坚:我们还是可以依据阅读经验辨别出什么是好诗。好诗的要素已经约定俗成。对好诗的感觉已经积淀在我们关于语言的经验中。

我以为诗就是那些可以蛊惑人心的语词。当你被蛊惑的时候,你就进入了一首诗。那些语词经过诗人的组合,具有返魅的力量。狄金森说:"它令我全身冰冷,连火焰也无法使我温暖。我知道那就是诗。假如我肉体上感到天灵盖被掀去,我知道那就是诗。"说得好,诗是一种带来感觉、令人心动的语言。

一首诗就是一个语言的场,"篇终接浑茫"。就是语言已经被创造成为一个场,进入"意有所随,不可以言传"的境界。主题、意义、情绪、修辞、深度……都是小于场的东西,而这个场是心的在场,语言在这里已经消失。读一首诗就是被击中,而不是被教育。诗是语言创造的一个存在之场,离开了这个场,诗就不存在。最得人心的诗是最具魅力的诗。为天地立心。一首魅力四射的诗是一个塔。塔的基础部分人人可进可懂。个人的修养(心灵、阅读经验、知识结构)决定你可以进入诗的哪一层。诗最核心的塔顶部分,只有少数人可以进入。但如果只有这个高处不胜寒的少数没有下面的基础,塔就飘在天上。

齐白石说:"太似则媚俗,不似则欺世",媚俗的诗只有一层,欺世的诗只有飘在天上的尖。好诗是,其最大的一圈是引车卖浆者流都明白的汉语;其最小的一圈,是禅。好的诗歌是七级浮屠。深度属于最小最核心的一圈,最基础的部分,外沿只要懂汉语都可以进去。一座塔是一个立体的场,也可以用佛教的"坛城"来比喻。"汉魏古诗,气象混沌,难以句摘"。王国维所谓"有篇无句",是新诗气象。

《巴黎记》可以视作于坚深度解密"巴黎之所以独一无二"的哲思之文的集合。对于坚而言,到巴黎去不仅仅是一种旅行,也是一种田野调查。

问:您如何描写笔下的巴黎?

于　坚:我写的是我的巴黎。巴黎是一种黄金材料,一个黑洞般的隐喻,吸引了无数作者。对于我,空间就是时间,时间就是空间。读那些巴黎之书是在纸上旅行,纸是一种空间。在巴黎漫游是在时间中旅行。我通过絮语、陈述、引文、图片写下了我的经历、见闻、思路、灵感。写作就是重构记忆,这本书我实验着一种写法,回到传统的文,文就是没有文体形式的分类,只有文。我很在乎如何写,一直在想怎么突破那种惯常的散文回到文。《巴黎记》是从散文回到文。文章就是一切形式的文,重在"章"。世界是身,文章为世界文身。

问:您怎么理解"文章"?

于　坚:中国古代那些伟大的经典无不是文。《左传》的风格极似《尤利西斯》。严肃的作者应当已经注意到,西方19世纪末以降的写作都在努力脱离传统的线性写作,写得更自由,更随心所欲，更没有文体界限。无论乔伊斯、普鲁斯特、罗兰·巴特似乎都在将他们的写作随笔化。汉语是一种大地语言，所以，上善若水，随物赋形。这意味着写作是文的流动而不是形的凝固。写作其实不过是一种对语言的回忆，是语言的一次次超度、转世。我以为现代写作其实是一种文的复活，它以复古的假象呈现着真正有效的现代性。

获奖作家访谈

雷平阳:我一直想在纸上建一片旷野

雷平阳 1966年出生于云南昭通。现居昆明。云南省作家协会副主席,云南师范大学硕士生导师。著有《雷平阳诗选》《我的云南血统》《云南记》《基诺山》《山水课》《乌蒙山记》《击壤歌》《送流水》等作品集二十余部。曾获《人民文学》《诗刊》等刊物文学奖项及华语文学传媒大奖诗歌奖等。诗集《云南记》获第五届鲁迅文学奖。

采访手记

"澜沧江由维西县向南流入兰坪县北甸乡/向南流一公里,东纳通甸河/又南流六公里,西纳德庆河……"多年前,雷平阳的诗歌《澜沧江在云南兰坪县境内的三十三条支流》(以下简称《澜沧江》)在海南尖峰岭举行的诗会上成了争论的焦点。

学者臧棣认为,《澜沧江》一诗"在它的固执的罗列里,有一种固执的不同寻常的诗意"。但有人对该诗的价值表示了怀疑。厦门城市大学中文系教授陈仲义对它的"格式化"特性不以为然。

有人问,如果让你再写一次《澜沧江》,你还会这么写吗?

雷平阳说:我只会再抄一遍。这诗歌是试金石,能够试探出你对诗歌的了解到底有多少。《水经注》中这样的体例特别多。

雷平阳几乎不上网。第一,不喜欢电脑;第二,他喜欢手写时汉字活过来的感觉。

他从小喜欢写字,还有抄诗的习惯,这个习惯已经坚持了二十多年。写字时不可能像书法家不停地临帖,碑上歌功颂德的文字不太有趣。但他发现了一件有意思的事情,就抄自己喜欢的文字。《诗经》、《楚辞》、王维的诗、王昌龄的诗、《杜工部全集》……他不知抄了多少遍,抄的时候喜悦、舒服,写字的过程变得非常快乐。在书写中体验诗意之美,是别人无法感知的。

有人将雷平阳坚持用笔写作的习惯理解为一种用情至深而用笔极为克制的特殊的语言仪式。的确,在雷平阳那里,依靠手写这种"仪式",写作才切实,才不打滑,才靠得住,才有可能用语言之力挽救垂死中的事物。

他曾想过做小说家,也写过小说写过散文。然而一个人的精力实在太有限,雷平阳最终还是选择了诗歌。

问:听说您早期创作的诗歌,基本被烧掉了?

雷平阳:原先我曾想过做小说家,我一直对叙事比较有兴趣。2000年前后,我有一个面对自己的反思——到底我应该做什么。我写小说写散文,另一方面也有诗歌等着自己。一个人的精力实在太有限,后来还是选择了诗歌。

烧掉的好多诗歌比较虚飘,类似于空洞的抒情诗。之所以烧掉,还是出于对语言的反思。我对待语言的态度变了,我开始特别喜欢干净纯粹的语言,同时也喜欢诗歌里面有些叙事的成分,以及诗歌里由细节产生的力量。

问:您也从事过小说创作,为什么最终还是选择了诗歌?

雷平阳:因为语言的洁癖。写小说,有时候围绕人物塑造、故事推进,采用的语言和诗歌语言的干净度透明度没法比。我特别痛苦,尤其是要拼着老命塑造坏的人物、表达坏的思想,所使用的语言实在没有美感可言——这是对自己的伤害。我果断地选择了诗歌。

问:您的《山水课》里也有很多散文,看起来像小说。

雷平阳:我对文体不是特别在意。文体不应该是桎梏,它不能把我关锁住。所以我的小说也会抒情,散文也会叙事。

问：这种自由的状态，和您的性格有关吗？

雷平阳：我想应该跟我理解的文学有关。文学最重要的是呈现了什么，或者说，这一次关于文学的活动到底发生了什么惊心动魄的意义没有——它是散文还是小说并不重要。

问：语言对您如此重要，那么您认为什么是好的语言？为了保持好的语言，您需要刻意做很多努力吗？

雷平阳：对诗人来说，语言就是故乡。我自己喜欢的语言，一是真正回归到汉语本意，没有引申意义；二是干净透明，像乡村的空气，文字闪闪发光，活泼泼的。

也不要太多刻意，就是平常的书写，我的思维非常简单，首先写作，绝对需要传统的写作方式，然后和生活的土地发生关系。云南到处都是寺庙，每棵树每条江都是神灵，你就生活在它们中间，然后才是跟世界上非常优秀的思想、美学以及很多写作观念交流，有效地从它们中间吸取营养。这三方面结合，你才可以有自己的小小的天地。

只要你观察一下，任何写作者的写作都会偏某一个方面。我喜欢古代的笔记，对古代的诗歌精神，包括山水精神非常在意，然后再跟自己的土地发生联系。就像莫言在和大江健三郎的对话中所说，不管看到怎样打动自己的故事，都会摆到故乡的背景里写，才使得故事焕发勃勃生机。

我认同他的说法，也是所谓的精神出处。西方的很多书都是有精神出处的，要么出自《圣经》，要么出自古代传说。应该说这是传统，是常识，但多数人容易把常识弄丢。

"仁者见仁，智者见智"，对于这句老话，雷平阳有自己的判断。

问:您如何看待误读?

雷平阳:有时候,好的诗歌才能让人误读。误读的空间很让人向往。有一种情况很可悲:我们的误读不是建立在美学上,不是所谓诗人建立起来一个个空间被误读。那真的是误读了。

原因很简单。有人说,中国是一个诗歌的国度,但教材里的很多诗歌是不在现场的。就像我们读了初中、高中、大学教材上的诗歌,不是写作现场上的诗歌,没有把诗歌发展中最好的作品交给学生,好的诗歌总是被课本所遮蔽。就像我自己,从学校所带的诗歌观念,诗歌一定要写得像徐志摩那样,结果走了很大弯路后才重新认识诗歌,才发现在徐氏之外,在世界上还有无数杰作。不能正常面对诗歌发展的现状,使得大量现代好诗游荡在街道上,不被认真看待。加上大量读者缺乏诗歌训练和教养,只能凭着自己的经验去判断,也使诗歌标准莫衷一是。中国有一句话,判断一件事情,常说"仁者见仁,智者见智",它的模糊性,它容易被话语权持有者利用的一面,决定了它只能带来审美混乱,我觉得很可笑。

问:为什么?

雷平阳:谁是"仁者",谁是"智者"?举个简单的例子,在特定的社会环境中,你写得再好,只要被有话语权的人评价说写得太烂了,它在当下就可能只会承受"烂"的命运。可悲的是你还不能说他不懂。诗歌里的说智说仁,只有在无限的少数人中间成立,不是大众哲学。

西方也好东方也好,有这么多诗论,都是强调诗歌应该有一个标准的。你说它不好,往往是一句话判了死刑,究竟不好在哪里,没有人研究。有些人说这首诗是垃圾,是否对垃圾进行分类、分析？很少有人做这样的事情。在这种情况下，优秀的诗歌被遮蔽了。

问：您对诗歌教育现状有怎样的认识？

雷平阳：随着时代的发展，人们也意识到诗歌教育的重要性。但是在一些学校，老师的观念还有待改变，他们还会把一些陈旧的诗歌当成葵花宝典教给学生。民国时代诗歌的历史价值是有的，但是用现在的标准去看，它的幼稚、俗滑，是显而易见的。我们现在喜欢拔高民国时期的文学成就，这是一种世俗心理，不应该植入教育领域。站在诗歌立场上，作为一种诗歌范本，教育过程中给孩子一种导向，我认为选择进入课本的诗歌，一定要是人类诗歌史上的翘楚，选择怎样的诗歌，不妨听一下诗人的意见，毕竟诗歌史与诗歌精品是两码事。我自己也是在这样的教育中出来的，早期模仿一些民国时期的诗歌，后来接触到欧美诗歌，还有中国诗歌现场上一些诗人的写作，才发现自己原来对诗歌的认识是有问题的，这时才急急忙忙地转身，把视野放得更宽，来重新面对现场，寻找自己喜欢的诗歌。确实是走了弯路的。

雷平阳认为，如果连正道都没走，一出场就开山，不会走太远。

问：为什么一直对古代诗歌感兴趣？

雷平阳：《诗经》类似大合唱，到了《楚辞》，就有了个人精神的探索，唐宋明清的诗歌，以及近代的文学，我都是认真地阅读，有事没事就抄诗。

中国新诗有一百年的历史了，但是我们看见的大量诗歌，仿佛还是西方诗歌和美学的翻版。我能不能写出中国土地上生长出来的诗歌,既有精神出处,又不掉队,它一个字一个字都是中国土地上产生的?这种诗歌肯定是费力不讨好。中国现在很多观念被西方观念绑架了,我的声音非常微弱,像深夜旷野上青蛙的叫鸣。有话语权的人,他们控制了与西方交流的通道。

我深切地感受到,中国的诗歌创作必须和土地发生关系。如果还只是将中国古代传统里的几个意象、几个图案、几个符号抓过来,就把中国古代的传统代替掉,这是一种暴力。

问:这么自信?

雷平阳:可以对比着读了试试啊。中国诗人的经验、阅读已今非昔比,包括接受现代文明的熏陶也有了长足进步,所写的诗歌已经比较成熟。中国诗人也许还没有现在世界上流行的语言的、美学思想的通行证,但他们所持有的汉语诗歌精神同样闪闪发光。如果打碎了全球一体化的语言,尊重语言的个性和美学,尊重诗歌带来的狂喜或者悲伤,真正的汉语诗歌乃是诗歌天堂里的庞然大物。而且,中国人口多,诗人也多,诗歌从来不缺少读者。我常常看到汉语诗歌中惊心动魄的作品,它们并不比我喜欢的西方诗歌少。

我其实特别谦卑,经常在阅读的过程中,感到不自信、气馁。尤其是在读到伟大作家、诗人作品时惭愧得要命,觉得自己只是写了一些东西,没有太大价值,跟这样伟大的作家伟大的灵魂相比,差距太大。

问:是不是现在有些诗人在某种程度上淡忘了精神来处?

雷平阳:我们现在翻译某首诗歌时,总在说,西方大师是在民族传统氛围中怎么成长,又是吸收了古代传说,又是接受了

《圣经》的洗礼,这才形成了他的什么风格。他们的诗歌又是如何如何地接受了山水教育、民族文化教育,云云。奇怪的是,当我们写作的时候,又把自己传统的东西全部放弃,把自己民族古老的教义丢在了一边,一切照着这些西方大师的路数来,这是不是很荒唐?

雷平阳写诗的追求是:重新建一个世界,并把高不可攀的世界打碎。

问:好多诗人写几首代表作就消失了,得一个奖就消失了。您的《云南记》获得鲁奖之后,近几年又陆续出版了几部诗集。诗人如何保持饱满持久的创造力,您有什么经验可以分享吗?

雷平阳:我觉得自己仍在进步中。我佩服西方的一些诗人,博尔赫斯、米沃什……他们一直写到老。为什么?还是与对诗歌的认识有关,与诗人的精神积累有关,同时也与诗人是否给自己置办了一片天地有关。还有,也与自己有没有和自己再见的勇气和能力有关。如果一个诗人总是频频向自己致敬,很难进步。必须频频看不起自己,转身走掉。

很多诗人没死之前,就把墓志铭写好了,没有一次又一次背叛自己,没有从美学上、思想上往前走,没有真正拥有自己的精神出处、拥有自己的根据地。只有拥有者才能永远写不完。作家的写作,说到底就是造井而已。有一口井,永远不会干死。佩索阿一生没有离开过生活的城市,他站在那里,心脏为整个世界跳动,这样的诗人,创造力、生命力肯定会长久得多。而不是说像流浪汉,今天写这样,明天写那样,到处转来转去。

歌德的诗中有这么一句,大意是:徒爱空想的人犹如一匹着了魔的畜牲,在干枯的荒原上四处寻找,却看不见四周有牧草青青。很多人抱着脑袋里旧有的东西,没有到现场,他曾经为之讴歌的乡村,变化那么大,完全可以重建新的文学理想,但又视而不见。这样的一些事情,很能说明问题。我们是跟着时间走,还是被时间遗忘了。

问:您判断好诗的标准是什么?

雷平阳:好的诗歌是,我本来已经有了一个世界,但是这眼前的诗歌又多给了我一个世界。我写诗也有类似的追求:要重新建一个世界,把高不可攀的世界打碎,要有勇气到每一个角落开辟自己的天空。

问:好诗很多,但是被读者记住的并不多。

雷平阳:被记住的、被朗诵会频频朗诵的诗歌,不见得有多大的诗歌价值。诗坛也需要"面朝大海,春暖花开"这样的诗歌让百姓记住,让大量的房地产商把它当成广告。但它只是诗歌中的一个元素。朦胧诗里我最喜欢的是顾城的"黑夜给了我黑色的眼睛/我却用它寻找光明"。它是高贵的,优雅的,干净的,没有时代的戾气和粗鄙,它在任何时代都会有人喜欢。它在特殊的年代出现,像被清水洗过一次又一次。读这样的诗句,适合一个人在孤灯下阅读。

问:您的诗歌适合在什么情况下阅读?

雷平阳:适合在山中,在没人的时候静下来读。我在强调,我个人经验的东西,有的时候,甚至是山里不常见的经验,因此我也才会说,我一直想在纸上建一片旷野,让消失的旷野复活,和现代文明有交流的机会。清代有个诗人赵翼,曾在云南带兵时写过一首关于高黎贡山的诗歌,他说当他离开时,只想把此山带回他的老家姑苏。赵翼的诗歌提供给我这样的观念,诗人要做的事情,就是要把一座山、一条江,把它的荒烟蔓草、地老天荒的气象,把未曾描述的古老时间和现代文明的冲突,把未知的美,通过书写介绍给读者。

问:很想知道您在写作过程中的心态?

雷平阳:孤独或清寂,也是一种享受。青蛙在山野里鸣叫,是生命的本能。只要你认可了这种本能,你习惯了这种重复的叫声,也能让你的生命显得非常丰满,让你随时还有力量不停地去发声。

问:这种力量来自哪里?

雷平阳:还是生命本身的一种蛮力,对书写本身由衷的喜欢。让我去做其他事情,我还真做不了。让我把云南普洱茶卖到外地我也卖不了。让我说,把云南带给我的启示、它跟现代社会之间的冲突写出来,是我愿意做的。

全国优秀散文杂文奖

获奖作家访谈

铁凝:文学最终要向世界传达体贴之情

  铁　凝　1957年生于北京,祖籍河北。曾为河北省作家协会主席、中国作家协会副主席,现任中国文联主席、中国作家协会主席。1975年开始发表文学作品,主要著作有长篇小说《玫瑰门》《大浴女》《笨花》,中、短篇小说《哦,香雪》《第十二夜》《没有纽扣的红衬衫》《对面》《永远有多远》等百余篇,以及散文、随笔等共四百余万字。作品曾六次获包括鲁迅文学奖在内的国家级文学奖;另有小说、散文获中国各大文学期刊奖三十余项。所编剧电影《哦,香雪》获第四十一届柏林国际电影节大奖和中国电影金鸡奖、百花奖。散文集《女人的白夜》获第一届鲁迅文学奖,中篇小说《永远有多远》获第二届鲁迅文学奖。

采访手记

铁凝坦率真诚的笑容总让每个接近她的人都如沐春风,她看上去那么随和,似乎每个角落的普通人都能感受到她的关切的目光。

但她在创作上却很"拧",她珍爱自己的写作,认准了毫不妥协。"做人可以随和,但是遇到跟文学有关的事,还是要较较真。"她认真地说。

很多时候,人们愿意用温暖、明朗等词语来形容铁凝及她的作品带来的印象。的确,即便她的作品中有诸多触及现实的尖锐和苦难,最终也仍然有不屈不挠的对未来明亮的期待。有一位作家说:"我有的时候的确对生活不恭敬,那是因为我渴望生活更神圣。"现在,铁凝愿意借这句话表达自己的内心:"我的文学有时候也对生活不恭敬,那是因为我渴望文学更神圣。"因为温暖的力量是强大的,穿越了沉沦以后上升的力量更需要勇气和境界。铁凝说:"所谓温暖,那个温暖不是小的恩惠,是非常有震撼力的。作家应该追求大的情怀,我希望能获得这种情怀。"

我曾问铁凝:您希望成为什么样的作家?她想了想说:"第一,我希望有健康的身体;第二,希望有一颗明净的心,可以经历不愉快、麻烦和痛苦,最后这颗心仍然要保持明净;第三,我希望我是一个对他人有用的人,我希望有能力帮助他人,成为对他人带来快乐的人;第四,是希望写出好的东西。"

自2006年起,铁凝担任中国作协主席,2016年12月,同时担任中国文联主席。

铁凝从小学就喜欢写日记。在当时中国文化荒凉的背景下,偷着读了很多禁书、书店里被下架的书,还读了一些被批判的名著,这些都成为她最初的文学准备。

问:英文版的《中国日报》曾经称您是"婴儿作家",为什么?

铁　凝:可能主要跟年龄有关。中国作家协会对青年作家的关注是有传统的,这是好的传统。前几年对于80后作家入会,有人质问:他们凭什么入会?1982年我加入中国作协的时候也二十多岁,是那个年代的"80后"。1975年,《会飞的镰刀》被收入《盖红印章的考卷》出版,共收入七位作家的作品,我是年龄最小的。当时觉得很荣耀,能跟刘心武这样的名作家在一起。1985年,我是中国作协有史以来最年轻的理事。

当时年轻作家有一批,我是其中年龄最小的;在知青里也是小的,插队赶上了一个尾巴。

问:是否与早期作品纯净温暖的特质也有关?

铁　凝:当时,我们的国家刚刚解冻,文学充当了先锋,冲在了最前面,作家们率先以一批"伤痕文学"的作品,对整个民族的伤痛起到了疏通、宣泄、抚慰心灵的作用,所以那个时候,反思的、启蒙的文学都是相对比较沉重的主题,《哦,香雪》的出现,有一点辛酸,但是没那么沉重。我用这样的方式传递一种这个民族和国家清新的、向上的、纯净的气息。

《没有纽扣的红衬衫》改编成《红衣少女》,获第五届中国电影金鸡奖最佳故事片奖、第八届大众电影百花奖最佳故事片奖。在颁奖会上,我正好和夏衍在一张桌上吃饭。我吓得一句话也不敢说,夏公对我说:"铁凝,我想告诉你一句话,我很喜欢《没有纽扣的红衬衫》。"我也很激动,语无伦次,说了些什么也都忘了。后来我才知道,他是立主《红衣少女》得奖的,因为他从中看到了青春的力量。

《哦,香雪》获第四十一届柏林国际电影节大奖,以及中国电影金鸡奖、百花奖,前段时间中央电视台"流金岁月"又播了《哦,香雪》,请了一些主创演员,我发现有一些以前我也不知道的事情,了解到这个片子在当年获大奖的情况:柏林电影节除了成人的评审团,还组织了少年评审团来打分,他们解释了一些电影为什么获奖的原因:这部电影让他们受到感动,因为电影里的女孩子和父母的心灵很纯净,他们看到了精神的富足和美。香雪的劳动是快乐的。比如父女俩开荒回家,香雪跑前两步,掀起门帘,让父亲先进去。他们说,女孩非常美,体现了东方的伦理道德。这部电影在中国才卖出去十几个拷贝,但在德国被列为中学生必看的电影。

铁凝认为,一个作家应该在千变万化的生活中保有自己心灵当中最宝贵的那些东西,有坚守这份东西的勇气;同时也应该有回过头来打倒自己的勇气,用新的作品打倒以前的作品。

问:从1975年发表文学作品开始算起,您认为自己的创作经历了怎样的变化和进步?有评论以1988年您发表的第一部长篇小说《玫瑰门》为界线,认为您的风格由清新转型为凝重,彻底撕开了生活中丑陋的一面,并且开始走向成熟。您这么认为吗?

铁　凝:从《没有纽扣的红衬衫》往前推,我不觉得有太大的挑战性。但是此后,探索人性的深度和复杂性有了新的追求,我也想打倒从前的自己。

我至今仍然怀念80年代,不是因为那时的文学位置有多高,而是怀念当时的文学氛围和写作的激情。那时笔会其实是改稿会,每位作家带着半成品,我带的是《哦,香雪》。每天生活特别有规律,上午写作,修改稿子,下午可以游泳。晚上回来同行之间互相看小说。我写完之后,几个同行先肯定了这个小说,说这是一篇好小说。现在回忆起来像做梦一样,大家互相读未完成的作品,互相提意见。

在《玫瑰门》之前,我的文学叙述是笨拙的,也不地道。但我看重这种笨拙。之后,能够看到作家自觉改变自己的意识,会碰触到人性的更深层次、丰富复杂甚至女性丑陋的一面。体现这种思考的还有《灶火的故事》,发表后在河北也引起争议。有老前辈很关心我,好心劝我不要这么写,认为我的写作路子有问题;但是我对作品的判断很拧,他们没能说通我,我又把作品寄给了孙犁先生,他对青年作者很关心,很快在《天津日报》的《文艺》增刊发表,《小说月报》立刻转载,这对青年作者是很大的鼓励。在那部作品里我试图开掘人性的深度,但是想法和笔力不匹配。

写《玫瑰门》我耗尽心力,这跟人物原型有原始的模特有关,虽然创作中变成了虚构的文学创造,但是涉及家族的人物,有感情的纠结,个人的感情色彩注入太多,投入很多情感的积累。写了六万字之后我觉得把主人公漫画化,伤害了文学人物的塑造,全部推翻重新开始。我力图摆脱女性的视角,出现第三性视角。

《玫瑰门》是我的第一部长篇,写完之后,我跟主人公经历了一场精神和灵魂层面的跨涉。现在我仍然认为《玫瑰门》是我至关重要的长篇,不是顺应了某种时尚。《玫瑰门》1988年发表,1989年由作家出版社出版。这时有两种声音,一种说,这部作品标志着铁凝的成熟,另一种声音呼喊:单纯的铁凝去哪里了?

问：在您成名之后，读者大概可以分为两类：一类认为铁凝就应该光写这样的，甚至读者认为作者也应该像主人公香雪那样纯净透明；一类也期待着有所变化。您对自己有怎样的评价？

铁　凝：提出这些问题的都是关爱我的人。《哦，香雪》和《没有纽扣的红衬衫》，都是我在编辑之余写的，香雪是乡村的女孩子，安然是城市的中学生，身上也有单纯和诚实，更多的是反判的意识。那时评论家雷达评论说，安然脸上有笑容，但不是傻笑了，对于不加思考地灌输给她的东西，她会说不。外在的表现就是衣服外面的扣子。那是迄今我接到读者来信最多的，很多中学生来信说，他们觉得不被家长和老师理解，看了以后觉得被人理解了。《没有纽扣的红衬衫》引起大的讨论，当时安然的衣服还挂在服装店，挂一个大牌子："安然服已到货"，这也说明了社会的影响。

我并不想夸大作品本身，作品本身没有那么强大，我只是说明当时中国社会欣欣向荣、呼唤着一种生机，民族的方方面面的复兴和生发，而且很多人由于整个民族的开放，也带来了个人改变命运的可能性。

我也在思考，在作品中设置了这样的疑问：社会要把年轻一代塑造成何样的人，他们是祖国的未来，是倡导诚实、独立思考，还是要世故、没有创造力的、面孔模糊的年轻人呢？国家正在蓬勃的开放时期，年轻人赶上了多么好的时光，他们个性里有非常光彩的一面，不该被遮蔽。我作为写作者有强烈的感受，是有感而发写出的作品。

问：作为女作家，描写女性是您最擅长的，但是在《玫瑰门》里，您尝试了既非男性也非女性的、超脱性别之外的视角，现在看，您觉得这个视角成功吗？后来的文学创作中，有没有再做类似这样大胆的尝试？

铁　凝：在文学上的进步是很难的，不是你努力就能旧貌换新颜。作家是什么？有人说作家就是写作困难的人。所向披靡，面对白纸，没有障碍——没一个同行是这样的，特别是有了几十年写作历练的作家可能会觉得前边的路更不好走。1983年《哦，香雪》获奖，我有点小得意，有点小虚荣，如果有某个读者某一天跟我说："今天我又读了你哪篇作品"，我一定会拿出来自我欣赏一遍。这个坏毛病现在还有。伴随着这种心态，我就想写作没什么难的。

现在越写越知道害怕了。当你刚开始写作时，什么都不知道的时候，觉得很容易；知道得越多，知道你不知道的越多。1985年我去美国，待了十天，写了十几篇观感。那是我第一次走出国门；后来我想，如果一个人去一个国家，十天能写成十篇，当他住一年，可能一篇都写不出来了，待的时间越长，越明白自己知道得少。文学就是这样，你要献给读者的是什么东西，惯性的写作是可以的，但首先你觉得没什么意思。一定要打倒自己，同时坚持一些核心的力量，可是想打倒自己很难。

问：在您的作品中，《无雨之城》似乎是被关注相对较少的作品？您自己最满意的作品是什么？

铁　凝：《无雨之城》盗版比较多，我一位亲戚在南方的渔船上还买到过这本书的盗版。可是当时《无雨之城》出来后，有人问长篇小说可以这么写吗？不是通俗化了吗？他们认为长篇小说应该是厚重的。我也受到了这些评论影响。这部作品写得快，三个月就完成了。但是写得很累，有时候写一天写一万字，一天不说话，晚上会短暂的失声。

当时是作为"布老虎丛书"的一种推出的，同时加入的作家还有莫言、马原等。过去的小说概念里没有品牌。现在我仍然认为，"布老虎丛书"作为一个相对轻松的品种，对推动中国长篇小说的发展是有贡献的,除了沉重的、正襟危坐的小说之外,也应该寻找轻松一些的作品。我心里正有个故事,又想给自己一个挑战,就抱着尝试一下的心态创作了《无雨之城》。

《无雨之城》写得不沉重,没有更深刻的内涵,有的读者说好,有的读者说耐读,但在当时销量很好。1996年江苏文艺出版社为我出版五卷本文集,我自己排除了《无雨之城》。现在回过头来看,我看重这部长篇的训练和实践,对之后《大浴女》的写作有着至关重要的意义,包括叙述的结构和节奏的把握。结构长小说的能力,有意无意之间做了一次练兵。在这个意义上我不忽略它所包含的厚度和深度。

问:您的很多作品都伴随着争议,包括2000年出版的《大浴女》。

铁　凝:我始终坚持认为,涉及性描写,是严肃的事情,非涉及不可的时候不必回避。涉及人性的深度的层面的时候,如果绕不开它,我也愿意有节制地面对。我不是怀着低俗之心给读者添一些佐料,性描写也不应该是成为文学的佐料和挑逗。

改革开放初期,中国文坛受到西方文化强烈的冲击。铁凝和同时期作家一样,不同时期欣赏不同的经典,这种营养的吸收是至关重要的。

问:您的创作在这一时期有怎样的变化?

铁　凝:如饥似渴地阅读,把所有书拿来也觉得不够用了。中国作家在短短几年里试验了国外十几个流派,这也是一个国家的朝气。我在模仿当中也有造作和刻意为之之处。《麦秸垛》就是急于改变自己的作品,画外音都有了:"你看我在变,我也没被潮流丢下!"后来又写了几个中篇,包括《对面》《棉花垛》到《永远有多远》,我就觉得沉静下来。

一个作家在写作实践中,应保留强烈的敏感,有能力打倒自己的作家是了不起的,但这只是事情的一个方面。打倒自己,还应该保有一个核,守住一些对人生的体贴,对世界的追问和质疑,还有乐观的希望。

问:近两年,您的创作更多地倾向于短篇小说,仅仅是因为职务与创作的冲突、时间所限吗?《伊琳娜的礼帽》《咳嗽天鹅》《告别语》等短篇的写作,在人性的开掘上有了进一步的深入。这是您今后创作努力的方向吗?

铁　凝:我不勉强自己,如果内心没有召唤,我也不刻意写作长篇。否则属于自我虐待,也不是对文学的尊重。新的长篇并没有完全准备好,在做写作前的案头准备,恐怕也需要我去一些应该去的地方。

当然写短篇跟时间的零碎有关,我的心里必须有服务的意识。如果该做的工作不做,就变成另外一种意义的自私。我没有权力也没有资格这样。所以现在又到了业余状态的写作。

我想,是一个写作者,你应该坚持写作。如果连写作也没有了,你拿什么和你的同行对话?如果你不是写作者,没有对文学敏感的实践,你会真的关心他们的创作状态、关心他们怎么样的心境吗?和同行之间互相讨论小说,我感到非常快乐。

问:现在写作的心态,跟过去比有什么变化吗?

铁　凝:对于一个作家,积累到一定时候,一定要用长篇的形式才能更丰满、更深厚、更完整地表达,长篇无疑是体现作家综合能力的实践,我相信一生也不会忽略短篇。短篇和散文,在我来说都是非常宝贵,我还会写长篇,但不会放弃短篇。

短篇小说毕竟跟长篇小说相比,工程量和劳动量要小,但是,写着写着,短篇也挺耗时的。一个短篇不改六次以上,我不敢拿出来。写完一放,立即发现问题。写作有时候会不断地重复自己。刚写完初稿,会自我陶醉。我不相信电脑,因为上面的文字太流利了,它会蒙蔽你。我会打印出来,在确凿的纸上修改。修改也是对语言锤炼的一种方式。我对改小说有瘾,特别享受那道工序。这样的过程对我来说有苦恼,也是享受的过程。

我是作家当中的一员,我愿意和大家一起进步。哪怕进步得慢。就像跳高运动员,眼看着再高一点就能跳过去,但打破纪录很难。我想,作家要给自己设置障碍,对自己不要有误会。

问:我喜欢您的散文其实不亚于小说。我特别喜欢文字里流露出来的真诚与善良。对于不同文体的创作,您是怎样不同的心态?

铁 凝:我不认为散文是文学品种中的小摆设或者填空。有人会说要做一篇小说,但散文在某种意义上有不可制作性。写散文首先要求真,所有人写作,唯独在散文里有真的性情。小说的叙述者可以是两个人,叙述者可以是旁观者的态度;散文不可以,如果没有真正触动你的东西,就不能写,对散文我没有经历过制作感,没写过虚构散文。每当我写散文,我在做一件事,就是我在做人生的学徒。散文确实关乎你的人生,不像小说有时候可以规划。正因为有这个特点,散文在某些方面有高出小说之处。我不轻视散文。

获奖作家访谈

赵玫:我希望保持一种探索的姿态

赵　玫　1954年生于天津,祖籍河北乐亭,满族。毕业于南开大学中文系。天津市作家协会主席,天津文史研究馆馆员,中国作家协会全国委员会委员。已出版《朗园》《武则天》《高阳公主》《上官婉儿》《秋天死于冬季》《漫随流水》《林花谢了春红》等长篇小说,《岁月如歌》《我的灵魂不起舞》《寻找伊索尔德》等中短篇小说,《从这里到永恒》《一个女人的精神生活》等散文随笔集。1993年获庄重文文学奖。《漫随流水》获国家新闻出版总署"三个一百"原创图书出版工程奖,《博物馆书》获国家新闻出版部署向青少年推荐的优秀图书。曾三度获全国少数民族文学创作奖。散文集《从这里到永恒》获第一届鲁迅文学奖。

| 采访手记 |

赵玫是较早以女性主义意识写作的作家。20世纪80年代后期,赵玫的短篇《巫和某某先生》《无调性短歌》、中篇《展厅——一个可以六面打开的盒子》等就受到评论界的注目与好评。她总是敢于挑战,敢于尝试,因此评论界评论她是"先锋派"。90年代,赵玫先后完成《武则天》《高阳公主》《上官婉儿》,给历史小说增加了新的范本;而她的散文又是一贯的真实、优美,让人回味无穷。无论是小说还是散文,她的所有作品中自然流露出一种高雅又略带忧伤的气质,那种独特的魅力总是吸引读者的目光。

她是一个对于任何高尚而有益的事物充满热情和兴趣的作家,永远在追求形式的变化和新奇,因而探索和创新对她来说是必需的。在不断对自己提出挑战的同时,她对于艺术独特的表达形式也为读者提供了思考的空间。

和赵玫的对话是在一个明媚的春日。她的丰富、她的深刻在平和热情的谈话中展现出来。她所有的作品,以及作品体现出的学识和素养,是建立在理解中西文学的基础上,她喜欢戈达尔,在《秋天死于冬季》里细心的读者会发现这部作品始终弥漫着法国新浪潮电影的基调。她热爱杜拉斯和伍尔夫,喜欢杜拉斯语言的感觉和高质地的感情,也喜欢伍尔夫的冷静和理论。难得的是,赵玫本身恰恰融合了这两位女作家的优势,她热情却不失分寸,感性,但不失冷静。

赵玫自文学评论进入文坛,1986年,赵玫的小说《河东寨》发表在当年很前卫的《上海文学》上。

问:南开大学毕业后,您做了什么工作?印象中,您发表作品时似乎已年过而立?

赵　玫:1982年大学毕业后,我曾在《文学自由谈》当编辑,于是得以和新时期文学一道成长。我是从文学评论进入文坛的。后来开始写小说。那已经是1986年了。我喜欢这种一边写评论、一边写小说的感觉,因为这样做能让我想起弗吉尼亚·伍尔夫。

问:最初的写作是什么想法?为何能在写作中越走越远?您觉得写作于自己,是怎样的一种存在?

赵　玫:写作之于我已经成为某种生存的状态。对我来说,这种状态才是最为重要的。这是我想做也还算会做的事情,我能够控制自己。能够让自己安静,远离浮华。有时候独自在家,读书或写作,喝咖啡和茶,觉得在世事的喧扰中,自己仍旧能过着一种精神的生活,真是幸运。

问:感觉您在西方文学艺术中借鉴了很多有益的东西,能具体谈谈吗?

赵　玫:我一直喜欢读西方小说。最初接触的外国作品是父亲送给我的《普希金童话诗》。那时候我会从头到尾背诵《渔夫和金鱼的故事》。然后是"文革"中彻夜读《简·爱》,在手电筒的光照下为罗切斯特泪流满面。再然后就是伍尔夫和杜拉斯。读伍尔夫是读她精彩的书评。读杜拉斯是读她的早期小说《琴声如诉》。于是这两个女人为我洞开了一扇窗,让我看到了窗外景象。然后我的写作就开始了。

问:《我们家族的女人》是您的第一部长篇,这部作品连同之后出版的长篇小说《天国的恋人》《世纪末的情人们》,被评论界称为"当代爱情三部曲"。

赵　玫:1992年,我出版了第一部按照长篇小说规则去写的作品。记得开始动笔的时候是一个深秋。那是我第一次接受长篇小说的稿约。我很兴奋。觉得有很多东西想写,但又无从写起。于是我迟疑很久,仿佛一直在等待什么。直到有一天晚上,我去听一场音乐会。在夜晚的宁静的大街上,清洁工将满地枯黄的落叶堆在一起燃烧。那时候街上充满了秋叶燃烧的气味。那气味很令我感动。而我在那一刻又恰好一片茫然。于是便有了《世纪末的情人们》开头的那句话:"暗夜里弥漫着一种黑色的烧烬……好像有无声的音乐在鸣响。"找到了这句话就找到了我的小说,那是支撑整个故事的基调。

一个偶然的契机,张艺谋为了给巩俐设计一个女皇的角色,请来赵玫、苏童、北村等几位作家一起写《武则天》。

问:在《武则天》之前,您所写大多是当代题材,从未涉足过历史题材。能谈谈当时的感受吗?

赵　玫:我没有把握能否完成。在一段时间里,我看了《新唐书》《旧唐书》《资治通鉴》等等,以及不同版本的《武则天》。我发现国内有很多人写过武则天,包括郭沫若也写过话剧,甚至国外也有作家涉足,但是却没有一位女性描写这位非凡的女人。我觉得完全可以用现代的方式、从女性的视角来解构武则天。

这对我来说是一次挑战。我恰恰是对挑战充满兴趣的。只是我没想到,这样一个偶然的契机,让我付出了十年精力。

问:实际上写完《武则天》,您还意犹未尽地陆续完成《高阳公主》《上官婉儿》。

赵　玫:我是在戴着镣铐跳舞。写当代题材可以天马行空编故事。历史只是给你框架,历史资料中几个字便说明一个事件,你可以展开无限的创作空间。我对自己的要求是尊重史实,光看史书就看得晕天黑地。不仅了解那个年代的人,还要了解社会背景、风俗民情、饮食服饰等等文化层面的知识。

在掌握了大量资料后,我还是找不到感觉,就专程到洛阳、西安走了一圈。虽然和唐朝已经不同,但是山水和人文地理的景观没有特别大的变化。洛阳的白马寺还在,西安的法门寺以及盛唐的建筑还在。那年夏天特别热,但是我走得很有收获。我突然知道怎么写了,所有人物都活了,好像此行为笔下的人物找到了一个舞台。

问:那十年写历史题材的作品,有何独特的感受?

赵　玫:写得特别疲惫。因为不仅是技术上的辛苦,所有的作品全部用手写,每部必须写两遍,每部作品四十多万字,三部作品重复两遍等于二百多万字;而且这些人在宫廷里的生存让人觉得无比沉重,他们永远在争斗,高阳公主是皇帝女儿,也仍然死于政治。

"历史三部曲"是一项大工程,我完成得很艰难,但是充实快乐,并且为历史小说提供了一种另类的范本。后来这三部长篇历史小说也成为我十多年来在不断再版的常销书。写作历史小说让我意识到，沉淀下来的千年岁月是怎样精深博大、动人心魄。我选择以现代的方式，重新解释那些历史人物，潜入那座距今已一千三百多年的大唐宫殿，追随在辉煌历史中活动着的一个个女人，探询她们惊心动魄的生命流程，从蛛丝马迹中丝丝缕缕地揭开那些人物的秘密，这对我来说是一个无比兴奋的写作过程。

她一直特别关心男人和女人之间的关系，世界本是由男性和女性组成的。

问：谈谈您的《寻找伊索尔德》吧。阅读中我一直为女主人公揪着心，也特别想知道您对爱情如何看待？其实在书名中，似乎就已经隐含了一种态度。

赵　玫：爱情无疑是这个世界中最美好的感情之一，但与之相伴的却又总是一些极为负面的情绪。情感问题尽管不够宏大，但由此衍生的战争、男人和女人的战争，有时候也是会你死我活的。爱与恨永远相生相伴，冲突和悲剧承载了这一切。这就是我为什么喜欢爱情题材，因为它拥有一种永恒的价值。

在传统观念中，爱情无疑是恒久的。但现在的世界，我慢慢发现，爱情在人们的生活中已没有那么魂牵梦绕了。没有了很深的爱，自然也就没有了很深的痛。所以我写了《寻找伊索尔德》，毕竟这个世界上曾经有过为爱而死的伊索尔德。在这个小说中我没有讴歌爱情，我只是写了某种无痛无痒，某种无聊无奈，某种不了了之。

问：我特别关注您的作品中对话与心理的描写。女人内心的无奈、失落、痛苦等等百般纠结，描写得细腻到位。您觉得自己对女性心理基本把握了吗？是否在写作中游刃有余？

　　赵　玫：我首先将女性看作一个物理的群体。所以无论怎样姹紫嫣红，其属性都是不会改变的。于是女性常常拥有共同的认知，这种认知甚至是不分阶层的。尤其在谈论男人的时候，你会发现她们可能会有语言上的差别，但本质上的感受却惊人的一致。

　　所以我愿意让我的女性角色深深融入这个集体。我觉得可以体察她们内心的活动。也知道在她们爱或恨的时候，会做出怎样的举动。

　　所谓的心理描写，我在写作中可谓毫不自知。但对话，我总是反复修饰，不想让任何对话言之无物。

　　问：《寻找伊索尔德》和您之前的作品相比，有哪些突破？您说过自己总是喜欢"变样子"，这次有哪些是变化的？在这些作品的写作中，您有怎样的收获？

　　赵　玫：《寻找伊索尔德》是一部中篇小说集。它是近年来我的这类小说的合集。之所以有了这部作品，是因为我一直想拥有一本以《寻找伊索尔德》为名的书。感谢作家出版社让我了却了心愿。

　　在写作中，我喜欢变化。这会让我的精神生活充满某种刺激感。《寻找伊索尔德》应该是代表了我现在的状态。我迷恋于特里斯坦和伊索尔德美丽的中世纪传说，我崇尚伊索尔德对爱情的坚贞不渝，我感叹于伊索尔德为爱而死的永恒悲剧。但可惜的是，我小说中的人物所经历的现代爱情却是那么苍白。

　　在写作《寻找伊索尔德》前后，我愈加觉得故事已经没有那么重要了，关键的是语言。于是当语言成为你最需要的元素后，你便开始变得从容。语言不仅负载故事，也要承载思想。而平庸的故事又能说明什么呢？这种想法从写作长篇小说《八月末》的时候就开始了，记得我在序言中说，希望小说能有诗一般的语言和意象，于是在描述中尝试着，让语言比故事更重要。

问：在《秋天死于冬季》中，常规的道德理念全部被颠覆。

赵　玫：我不是有意识的。我把他们安排在大学里，我对大学并不是特别熟悉。这是我自己制造的人物事件，我不知现实和事件距离多远多近。我觉得还要改变。我希望在这样的冲突中展现更多的人性。我总是希望颠覆。

赵玫一直对知识分子的生存状态比较关注。她认为他们有很多智慧，也有劣根性。她在变化的写作中不断体验精神生活的刺激感。

问：您一直关注知识分子的生存状态。在多年的写作与观察中，您如何评价知识分子，尤其是女性知识分子？

赵　玫：知识分子应该是一个时代的良心。"五四"前后的那些知识分子做到了。他们学贯中西只为着祖国的强大。这个阶段文化融合的直接后果是，带来了社会的进步和观念的变革。他们中学为本，西学为用，进而酿就了中国历史中伟大的新文化运动。就文学而言，白话文诞生了，还有非常现代的诗。而抗战时期迁移至长江上游李庄的那些知识分子也做到了。在如此艰辛的环境下，他们却依旧背负着民族的使命。

尽管我总是在谈论着杜拉斯，但其实更深刻影响着我的那个人是弗吉尼亚·伍尔夫。她和杜拉斯是全然不同的两个人，虽然她们都写小说，又都把小说写得惊天动地，但伍尔夫更具知识分子的质地。因为她没有杜拉斯般躁动不安的爱情，和堪称绝唱的悲欢离合。她的生活很平静。而平静下面,又总是向着一个很深的所在。那是唯有伍尔夫才会有的一种生命的品质。所以伍尔夫才堪称知识分子。那种真正意义上的知识女性。

随着年龄、阅历的增加,赵玫的作品中有越来越多的思考,写作技巧也日趋成熟。然而这并不意味她写作中不存在瓶颈或困惑。

问:写作了几十年,出版了近百部作品,是否各种题材于您而言已经驾轻就熟?

赵　玫:也有写着写着就想放弃的那种沮丧的时刻。而最大的困惑来自我希望自己能有所变化,无论题材,还是技术,包括话语的方式。写作的过程也是学习的过程,这对自己来说非常重要。我希望能以一种探索的姿态写作,我希望写作中既充满思辨的色彩,又洋溢着感性和激情。

问:您说过任何的创造性都来自对传统的背叛,并由此发现并创造出一种前所未有的形式。

赵　玫:我所以喜欢"形式"这个词汇,是因为我觉得在形式这个词汇中可以找到创新的手段。形式之于我一直是一个非常明确的概念。我喜欢将技术混杂在文字中,甚至混杂在认知和情感中。新的方式必然会带来新的哲学。在意绪流淌的时候,景象就是思想。于是形式也就自然而然地负载了心意。

形式是一种十分微妙的东西。它很具体又很形而上。所以我总是喜欢用搭积木来比喻我所理解的形式理念。文字或句子就像积木,是一种固定不变的物质,但拼接的方法却无穷尽。不同的搭法必然会产生不同的物体,而形式的意义就隐藏在那不断变化着的拼接方式中。

很多年来我痴迷于这种搭积木的游戏。我喜欢在不同的拼接方式中,产生出不同的意义。我希望我的作品中充满形式感:任意绪流淌、时空倒置、凝固或是运动的文字的画面,乃至句式、标点的变异等等。而这就是尝试本身所产生的价值。

获奖作家访谈

邵燕祥：我的淬过了火的乐观主义

邵燕祥 1933年生于北平，2020年8月1日逝世。原籍浙江萧山。20世纪50年代和80年代，先后在中央人民广播电台和《诗刊》社当编辑。1951年出版第一本诗集。1979年后继续写作诗文，至今出版作品集共近百种，其中有人生实录《沉船》《人生败笔》《找灵魂》《我死过，我幸存，我作证》《一个戴灰帽子的人》等。近年问世的有《邵燕祥自选抒情诗》，随笔《柔日读史》《蔷薇叶子》《痛与痒》《闭门日札》和序跋集《一万句顶一句》。随笔集《邵燕祥随笔》获第一届鲁迅文学奖。

| 采访手记 |

"他曾经奔跑/向着太阳/向着风雨/他曾经跌倒/不止一次/不要人扶掖/他又艰难地爬起/他在泥泞中练了腿脚的韧性/又在干岸上试过了速度和耐力/最后/这个'老运动员'选择了全天候的项目:散步

"不是为了表演/更不是竞技夺标/他只是按照自己的心意/随性走着/走着/散步着/散步着

"从20世纪走到21世纪/从蹒跚学步到从容漫步/这个在中国散步的人/这个在天地之间散步的人/他/就是我"

这首写于2013年11月1日的诗歌《散步的人》,可视为邵燕祥人生经历与创作的写意概括。

从1947年至今,邵燕祥已经历了七十余年创作旅程。1984年,在从大兴安岭林区十八站去沿江的呼玛途中,他以《开花》表达自己"拼一生的情思/开放这一次"的激情,写下"即使只开放一次/即使只开放一天/能够开花/也是幸福的/因为/是在这可爱的大地上/开花啊!"步入老境,邵燕祥依然愿意以"花期"来回顾和总结自己的创作。

"八十多岁的老人,把写作比作'花期',好像不着调",他温和而自嘲地笑着,进一步解释:"我说诗是'花'。百花齐放是好的,文学作为'花'也是好的。我更进一步认为,诗是诗人的生命之花,是用自己的心血、用精神、用生命灌溉的。"

1949年至1957年，是邵燕祥几乎专意写诗的第一个"花期"。他以歌颂革命战争胜利的《歌唱北京城》开局，写出了《到远方去》《我们爱我们的土地》等一首首新时代的咏叹调，表现了一代建设者的豪情。

问：您的处女作发表在什么时候？

邵燕祥：1947年9月28日，我第一次在正式报刊发表诗作，是《失去譬喻的人们》。最初发表的《失去譬喻的人们》《偶感》《橘颂》《病》这几首诗都是寄给沈从文先生，沈先生转给周定一先生的。由此开始，我受到鼓励，不歇手地写诗并及于其他体裁，在1948年有了个课余写作的小高潮，不叫花期，算是含苞待放吧。正是在这个意义上，我称沈从文和周定一两位为恩师。

问：第一本诗集《歌唱北京城》是怎么出版的？

邵燕祥：《人民文学》1949年冬天创刊，1950年2月发了我一首诗。编辑们的回信都不署名，只盖一个"《人民文学》编辑部诗歌组"的章。1950年的秋冬之季，严辰用本名给我写了一封信："燕祥同志，你什么时候到编辑部来？我们见一见。"

严辰见我，是因为他接受了上海一家出版社的约请，编一套诗歌丛书，想选我的诗。这就是1951年夏天出版的第一本诗集《歌唱北京城》。这本诗稿删掉了一些作品。比如1949年12月，我写了一首叙事性的诗《伏尔加河之歌》，是写苏联卫国战争的。写红军战士回到伏尔加河边的故乡时，发现父亲已年老故去，妻子被纳粹德国兵吊死在村里，他满怀仇恨地回到了前线。这首诗寄到编辑部后,我收到一封回信(据我判断是严辰写的),信中说我"可能受到旧文学的影响,有一些忧郁的气质,在诗里感到灰暗的调子"。

问: 您认为他的判断准确吗?

邵燕祥: 基本准确。我的童年是寂寞而压抑的。1939年上小学的时候,我居住的古城北平已经成了日本人信马由缰的世界。我的童年和少年时代的生存环境,就是战争。我从1947年开始发表诗作,那时正是国民党统治时期,我的诗歌基调是悲凉的、控诉的。我用悲凉和控诉鼓舞斗志。1949年之后诗歌基调才转入光明的、乐观的气氛,《歌唱北京城》就是欢庆革命胜利。这种转变,符合主流文学的要求。但是写了两年,我就写不下去了。

问: 能具体谈谈什么原因吗?

邵燕祥: 我参加共产党领导的革命,只是参加学生运动;我是普通的参加者,不是负责人,对于斗争生活不能说有多少阅历和积累。我感到无以为继,想歌唱,却空洞、苍白。但是不久,我很快找到了新的诗情,既符合内心要求,又符合大的文学潮流。

国家第一个五年计划发布,我感觉到国土上涌动着即将开始社会主义建设的政治气氛和激情。工业建设的先行,一是地质一是交通,1954年我作为中央台的工业记者下到东北工业厂矿基地,大半年的时间在鞍山、抚顺、长春汽车厂工地跑来跑去,写了一组以社会主义建设为题材的诗歌。这些诗不是叮叮当当的生产过程的简单重现,而是融入了自己的感情。我的主人公都是年轻的同龄的建设者。

我还有一种担心,按照当时主流的文艺观点,知识分子如果没有彻底改造成工农分子、没有彻底劳动化,头脑里必然残存着小资产阶级的王国。我写的时候没有顾虑,写出来以后,有些担心,放了很久才拿给报刊投石问路。我担心我贯注在这些诗歌里的激情,是不是用小资产阶级的思想感情,冒充工农兵的思想感情。后来这些作品不但被广大读者接受了,也被主流文学界肯定了。大家从常识出发,认定从青年工人到青年知识分子都是无可怀疑的青年社会主义建设者,我们的思想感情是为第一个五年计划的实现而奋斗、而献身。

问:在诗歌和杂文创作中,您受到哪些人的影响和提携?

邵燕祥:沈从文、周定一、杨振声、严辰、梅益……很多人都提携过我。如果说写诗过程中受到的影响,那就很多了。吴思敬曾经在《苦难中打造的金蔷薇》的序言里提到,我第一次发表的《失去譬喻的人们》"指控权力者宰割人民、发动内战,但具体指的谁,诗中并未点明,这在政治上也许是不鲜明的,但这种不点明,恰恰也使这首诗与一般的檄文有了区别,而成为一种历史现象的概括,在不同时代的读者读来,都可以有自己的联想与体会"。正如吴思敬所说,这首诗没有直接指证,没有成为当时的政治诗,而有更多的解释的余地。

这首诗的写作受穆旦影响,对我是有里程碑意义的。在诗歌的风格和写法上,我最初受臧克家的影响很深。他的《罪恶的黑手》《运河》是我特别欣赏的长诗。我的新诗创作主要受"七月派"的影响,如艾青、田间、冀汸、绿原。国外的诗,读得比较多的是普希金的诗,其人其诗给我一些影响;涅克拉索夫的长诗《在俄罗斯谁能快乐而自由》(楚图南译),题目我很喜欢,后来写过一首《在中国谁能快乐而自由》。在我的《最后的独白》长诗里,有一些梦中幻象来自涅克拉索夫的《严寒,通红的鼻子》。

一个人的创作,特别是写作初期,更容易受人影响,甚至于带着模仿的痕迹。

问：对于那个时期的诗歌创作，您怎么看？

邵燕祥：历史上对于自己不成熟的时期的作品，叫少作。对于少作有两种态度，一种叫悔其少作，晚年出集子时，把不成熟的作品删掉；二是不悔少作。我倒觉得无所谓。因为那是一段历史，不容否认，也不容遮盖。如果写得不成熟或不正确，代表了一种历史的记录，但也不可高估。我是将诗歌当手记、当日记来写的，记录了我当时的精神生活或经历。我当时并没有读到毛泽东在延安时期的讲话，但是我这个靠拢了地下党的年轻人，受他们影响，我的诗表现出三种倾向：一是倾向政治；二是倾向现实；三是倾向于共产党的号召。

问：您怎么评价这些诗的价值？

邵燕祥：中国新诗百年，我从1947年开始写诗，扣掉反"右派"后的二十年，前前后后还有五十年的创作经历。我的"自选诗"里没选进来多少，说选进来作为纪念的全是垃圾，我不承认。当然，没有任何艺术价值、思想价值和历史价值的垃圾也有。1950年初，从东北调粮食进关，我马上写了题为《粮食进关》的"诗"，等于把新闻分行写下，基本就是垃圾。但是更多的是带着思想感情和温度的诗歌，有的艺术上不是很成熟，没有足够的审美价值，但是有一定的认知价值。我的那些诗，有一些没有选入自选诗稿的，恐怕多少还有一点认识各个时期文学和诗歌走向、认识我这样一个特定身份的作者在这个大时代下，在文学和诗歌道路上摸索的痕迹。不但有足迹，还有手印。

我仍然说，我是诗歌爱好者和习作者，并且是全天候的。现在不像当诗歌编辑时关心宏观诗歌面貌，对成千上万的年轻诗人，我是寄予厚望，希望他们当中逐渐形成高原，再形成高峰。我们是高山仰止,不但对过去的高山高峰仰止,还对未来祈而盼之,希望能够好好地建设诗歌的乌托邦,建设诗歌真善美的精神家园。我对一些问题是悲观的,但是我的精神世界和生命的寄托是乐观的。

我有一首诗《我的乐观主义》,我的乐观是成年的乐观主义,区别于我年少时期的乐观主义。这个乐观主义淬过火,因此是有韧性的。我对中国的新诗,也是抱着成年的乐观主义。我承认有创伤,还是继续写诗,在自己身上一层层蜕皮,把那些非诗的东西蜕掉。

现在不怕你追求诗,就怕你把不是诗的东西当成诗来追求。而且诗人也要独立思考不要随大流,不要赶风。

"文革"以后,随着新诗复活的高潮,出现了邵燕祥诗歌创作的第二个"花期"。他认为,应该允许诗歌的乌托邦存在。

问:1978年,您以《中国又有了诗歌》回到诗坛。"还是迎着朝阳出发,/把长长的身影留在背后。/愉快地回头一挥手!"《假如生活重新开头》您没有戚戚于个人的伤痛。

邵燕祥:当时我就是想写出好诗,写出跟这个时代相称的好诗。80年代我出的诗集中,两本带有"花"字,一本叫《迟开的花》,还有一本是《如花怒放》,这个基调,就是基于当时新时期思想解放、改革开放,思维空间、言论空间也相对开阔,当时的民心民气让人感到蒸蒸日上的情绪。

问:80年代末90年代初,《最后的独白》和《五十弦》,被评论界认为是您目前为止比较好的诗歌。

邵燕祥:我也认同他们的意见,后来的诗歌没有超过这两首。大概是在1978年,最迟是1979年,我在外文局的内部刊物《编译参考》上读到了斯大林女儿的《给友人的二十封信》,从中我第一次得知了她的生母,也就是娜佳的事情,非常震动。也许是出于搞写作的人的敏感,我立刻意识到这是一个莎士比亚式悲剧的题材。

我想我写不成莎士比亚的悲剧,但可以是剧中的独白。莎士比亚剧里的诗都是无韵体的,我押了大致相同的韵,但是不严格。我一直认为,诗在某种情况下跟群众见面,是要通过朗诵的。新诗如果太格律化,朗诵的效果不好。

问:在您的诗作中,很少有像《五十弦》这样以女性为倾诉对象,集中处理个人情感的作品。

邵燕祥:我过去曾经说过,不管是写诗还是写杂文,都是我向公众的发言。在这样一种理念之下,很长一段时间内我的诗多半取材于公共空间,包括抒情,或者政治抒情,都是人人理解的公共生活当中的所谓莘莘大者。从80年代中期比较集中地开始写杂文,慢慢超过了我写诗的量。我觉得《五十弦》的产生,离不开我在写作上的诗文分工,《五十弦》从个人情感上切入,但并不是写卿卿我我;有些人认为我借此题材还是写的政治,这个说得过了一些。的确,任何个人感情也好,命运也好,都不能脱离他所属的环境,烘托出时代气氛也是不奇怪的。从这个意义上,可以说1949年以后,一个刚刚冒头的抒情诗人,通过写宣传诗慢慢夭折了,到《五十弦》又复活了;也可以说,《五十弦》集中体现了我自80年代,特别是其中后期以来所信守的"只写真情,写自己"这样一个思路。

问:您怎么看当代的新诗?

邵燕祥:现在很多人唱衰新诗。也有人说成是网络传播或市场经济的罪过。诗歌好像放开了,放开了主要是在形式和风格上实现多元化。现在民间的诗歌刊物大量存在,也没有人挑剔。基本上,我们诗人在追求诗性、追求纯诗的前提下,逐渐淡化了政治,远离了现实,更多地进入所谓内心生活。内心生活是不应该排斥的,对于外宇宙的激情反映本来就是应该通过内宇宙,不应是截然分开的。但是过去不谈内宇宙,现在只提内宇宙的,两眼不看外宇宙了,好像都已经仙风道骨。我觉得这使得我们有些作者、有些年轻的诗人多少浪费了自己的诗情,也浪费了自己的才华。

当然,我觉得诗歌本身,是一种无用之用。

诗歌是我们生活中的乌托邦,政治上要废除乌托邦,要脚踏实地走改革开放的新路,但要允许诗歌的乌托邦存在,不要让它受到社会力量的挤兑。不同的诗人中有不同的乌托邦。

诗的乌托邦是什么？一句老话,诗人还是应该有真善美的追求。在这样的前提下,能够抒发自己真正的内心感受,对读者有一些潜移默化的影响,或者让读者在审美的愉悦当中,在诗歌所表现的内容中有所感触有所认知,这就足够了。读者对诗的接受,最表层的是感受,也会进入认知的层次。我认为诗歌的乌托邦,也要注意两个极端化的表现,让我们成为真正的作者和读者,在心灵上能融洽的乌托邦和精神家园。

邵燕祥认为,好杂文首要的标准,一是针砭时弊尽量中肯到位,二是对社会现实的反映较一般文学作品更及时。

问:您是从40年代开始写作杂文的,杂文和诗歌创作,对您来说分别意味着什么？杂文创作中您有榜样吗？

邵燕祥:我以鲁迅为师。我初中一年级的国文老师叫仇焕香,是北大中文系毕业的,第一次看到我的作文,觉得很好,就批了"文笔老练,非率尔操觚可比。是从何处抄来？"下课后我找他,说仇先生我不是抄来的。他说好吧！第二次作文,他就注意了,在堂上

"监考",后来发现我果然不是抄的。他对我特别好,对我说各种心里话,也问到我的政治倾向。我当时倾向反对蒋介石,他说他有"那边"(指共产党)的朋友,借给我毛泽东的《论联合政府》。第二学期他就不在我们学校教书了,但是留了地址,我们一直通信。1946年1月春节前后,我到他家里去,他手头所有的鲁迅杂文集单行本都借我了。这就是我接触鲁迅杂文的开始。

问:您的杂文曾获首届鲁迅文学奖,您如何看目前的杂文创作?在您心目中,判断好文章的标准是什么?

邵燕祥:在我心目中,好杂文首要的标准,一是针砭时弊尽量中肯到位,二是对社会现实的反映较一般文学作品更及时。至于杂文的文采还在其次(这一条拙见,为一些重视杂文文采的作者和评论界朋友们所不取)。

现在杂文对现实的反映,当然不及传媒组成部分的时评更快捷。许多时评作者也在适当吸收杂文笔法,这样会吸引更多的普通读者。

而纸媒上的杂文不可能在迅速、及时一点上跟时评相比,那就必须在每一篇杂文项下,力图挖掘更深,手术更细,且更注意提高文化品格,使有耐心的读者从中得到审美的愉悦,同时领受比同一主题的时评更多的思想收获。——当然,这都是高标准了,我是做不到了,但希望更多杂文家能做到。

获奖作家访谈

韩羽：土法上马，我写我的

韩 羽 1931年生，山东聊城人。1948年参加工作，先后从事美术编辑、创作、教学。河北省美术家协会名誉主席。曾为中国美术家协会理事、河北省文联顾问、河北美术出版社总编辑。出版有《读信札记》《韩羽画集》《中国漫画书系·韩羽卷》《韩羽文集》《闲话闲画集》《陈茶新酒集》《杂烩集》《韩羽小品》等。获中国漫画金猴奖荣誉奖、全国封面设计优秀奖、全国插图优秀奖、布尔诺国际实用美术展铜奖。设计人物造型动画片《三个和尚》《超级肥皂》获文化部奖、首届电影金鸡奖、柏林国际电影节银熊奖、丹麦国际儿童电影节银奖等。杂文集《韩羽杂文自选集》获第一届鲁迅文学奖。

| 采访手记 |

　　如果在漫画家笔下,九十岁的韩羽应该颇有特点:大脑门,因瘦削,眼睛显得格外大。

　　听韩羽讲话,像听故事。他不是不擅长理论,而是更坚信要把深奥的理论用浅显的语言表达并让人听懂,才算是深入的交流。因此他的故事里便挟带了很多生动的例子,智慧、简朴、抓人。他连比带画附写——是的,韩羽说话带有浓郁的山东口音,怕我听不懂,特意准备了纸笔,打算将生僻的专业术语写给我看。殊不知恰恰因是乡音,令我听来分外亲切悦耳。

　　"作画大半辈子,为这说道,苦思冥想,绞尽脑汁,偶有所得,破涕为笑,继而生疑,憋得欲哭,谓为作画,实发神经。"在2017年出版的《画人画语》的跋中,韩羽为自己总结:"年入老境,懒于作画,转而更喜品赏,会心处,原先惑而不解者,古今绘画之佳作竟先我而解,触类旁通,虽隔靴亦搔到痒处。信哉,弄斧必到班门。边看边记,聊复成文……"

为贾大山作画:"贾大山自甘寂寞,埋头写作,不喜出头露面,只画背影,意在颂彼之长;我本画技不高,难得肖似,只画背影,实为避己之短。"

问:您怎么评价贾大山?

韩　羽:贾大山很有才气,尤其在短篇小说上,不但在河北,在全国都是拔头筹的。贾大山当了正定县文化局局长,我有个朋友想去观光大佛寺。那时我和贾大山只有一面之缘,他不仅陪着我们到处走动,还请我们吃喝了一顿。吃饭之间,他突然问我:"韩老师(我比他大十几岁,占了便宜),你说什么叫好人,什么叫坏人?"我一时语塞,他说:"有贼心,没贼胆,是好人。有贼心,有贼胆,是坏人。"我拍案叫绝。反复思量,"君子有三畏:畏天命,畏大人,畏圣人之言","发乎情,止乎礼义",古人的话,文文绉绉,令人思摸半天,何如他这话干脆,一语中的,一针见血。就凭这句话,尝一脔而知全鼎,可想见其小说之了得,为孙犁所青眼相加。

问:你们那么熟悉,为何给他画的漫画像,却只画了背影?

韩　羽:贾大山跟我熟悉,我们一起开河北政协常委会,一年要开五次。一开政协会就打电话了:"韩老师,你去不去?你去我也去。"我们容易谈到一起。画画、写文的人开政协会,要谈国家大事,要谈河北省大事,简直就是矮人看场,无从置喙。想必大山也有同感,好在终于有个散会之时,会后我们斗嘴皮,冷不丁给对方来一下子,以口舌胜,乐在其中。贾大山挺好玩,喜怒不形于色。有一次我去找他,他正坐在床沿上捧着本书。是我送他的《杂烩集》,正读《毛毛论评》,是我以儿童的口吻评论丰子恺的儿童漫画,其中有两句话我自己都极为得意,瞅着他读了一遍又翻回去读一遍,洋洋自得,单等他叫一声好了。可是他把书本合上了,无动于衷。我悻悻然,他莫非窥出了我的心思? 真会作态。

河北有个文学刊物《长城》,约我给画几幅河北作家的漫画像,有徐光耀、铁凝、贾大山。80年代在《文艺报》上发表过我画的徐光耀、铁凝的漫画像,至于贾大山,我闭着眼都能想出他的模样,随时都能将他拘来笔下。不仅要肖其形,传其神,还要兼及成其趣。没想到要求过高,反而坏了,我一鼓作气,再而衰,三而竭,神、形俱无。编辑催稿了,不画不行,没了辙,只好画了一个他的背影。

问:但是您的题跋为"背影"做了最好的注释。贾大山满意吗?

韩　羽:我写了几句话:"贾大山自甘寂寞,埋头写作,不喜出头露面,只画背影,意在颂彼之长;我本画技不高,难得肖似,只画背影,实为避己之短。"因为贾大山不喜凑热闹,没有大哥二哥麻子哥,所以"自甘寂寞,埋头写作",这是事实。为什么画背影? 因为他不喜出头露面。他看到后问我:"你不欲我以真相示人吗?"我当然不以实情相告,说:"不闻金圣叹批《西厢记》吗? 观如来者不见顶相,正是如来顶相也。"

画什么必须像什么。这个不能含糊,凑合是画不好的,虽然我画得歪鼻子歪脸,但画什么像什么的技法必须具备。

问:现在文人画很多,有一些因为没有经过专业美术训练,在细节上就模糊处理。一般读者可能很难辨别,哪是真正的艺术?

韩　羽:以我的理解,美术创作需要具备三个条件:一是需要绘画技术,就是画什么必须像什么。这个不能含糊,凑合是画不好的,虽然我画得歪鼻子歪脸,但画什么像什么的技法必须具备。西洋画必须把人体素描画好,不然毕不了业,毕业了也画不了画。

二是生活。延安文艺座谈会的讲话就强调生活,艺术要高于生活,生活是创作的源泉。可是,同样生活中的事,有人看得深刻,有人看得浮浅;有人观察面窄,有人观察面宽。只有深刻的认识,才是真正有生活的作品。

三是绘画语言,这是最重要的一点。怎样通过画笔,把你从生活中观察认识的结论,通过绘画表现出来。这个很难。一个画家最要劲的地方就在这上面。这三点都过硬了,才有可能画出好画来。

问:很想了解,在绘画语言这个最难的问题上,您有什么诀窍?

韩 羽:怎么说明白?就拿今天收到的《河北画报》说吧!画报里收了我五十八年前的一幅画,是表现到处大丰收。"大丰收"好画,"到处"二字就没法画了。这就需要在绘画语言上做功夫。我终于想出了一个农户的大门口,从门里看门外是遍地庄稼,从门外看门里是满院子瓜果。这不就把"到处"二字绘画出来了。

问:您还有一幅很有代表性的画《雾》,除了画框,什么也没画。

韩 羽:马克西莫夫画过一幅描绘雾的《正阳门之冬》,莫奈的《日出印象》也是描绘雾的经典之作。都是油画,是靠了虚实冷暖的交错,扑朔迷离的色彩将那"雾"捕捉到画面上来的。不用油画或水彩颜料,只用一管毛笔,把雾画来试试看?这也是我遇到的难题。

一次是为老舍先生的《英国人》一文画插图,由于印刷条件的限制,只能用墨线。为了不让人误解为雨点或沙尘,我将墨点点成一"雾"字。在"雾"字的两边再点出两个模糊的人形。由于中间有雾,彼此谁也看不清谁了。

又一次,是为我自己的散文《夜路》画插图,仍是大雾。我不想重弹老调,想来想去,既然是雾中什么都瞧不见,瞧不见了还能画什么,干脆不画。于是在纸上画了一个边框,边框内表示是画面,画面中是空白,边框外是标题:"漫天大雾,什么都瞧不见。"这是不画之画,这是无为之为。不画,正好画出了"什么都瞧不见"的大雾。

《画人画语》既是写给画画的人看的,也是写给不画画的人看的。画者和读者互相影响,这就是水涨船高。

问:为什么写《画人画语》一书?

韩　羽:这本书,既是写给画画的人看的,也是写给不画画的人看的。画者和读者互相影响,这就是水涨船高。

问:美术界有一些说法,比如"视觉冲击力",您怎么看?

韩　羽:霓虹灯、鞭炮、闪电都有视觉冲击力,能解决啥问题?一幅好画,老话不叫冲击力,叫抓人,叫你忘不了。这个力量才是大的。我还是相信我们过去的说法,以理动人,以情感人。

问:无论是读书还是绘画,您特别善于琢磨。

韩　羽:开个小饭馆,还要琢磨老百姓爱吃哪一口呢,不琢磨怎么推销?任何艺术都离不开观众的参与创造。两者是合作关系。比如人的两条腿,作者是一条腿,观众是一条腿,一齐用力,才能迈步。如果无视观众,只剩下一条腿,靠蹦,又能蹦得了多远?

好文章一是深入浅出,二是有趣味,既有深刻的思想内容,又

有有趣的叙述形式。

问:您的杂文集曾获首届鲁迅文学奖。您觉得什么样的文章是好文章?

韩　羽:好文章一是深入浅出,二是有趣味;既有深刻的思想内容,又有有趣的叙述形式。

好文章的字句,能活起来。借用绘画比喻,印象派画面中的颜色就是闪烁跳跃的、是活的、是趣在色外,所以如此者,是因为颜色不是调和涂抹的,而是色块与色块之对比互相撞击出来的。没有对描绘对象深入观察与对颜料性能的熟练运用是难以做到的。写文章也是如此,字句之妙,言有尽而意无穷,也是字与字相互撞击出来的,古人所谓的炼字炼句,也就是为的这个撞击。

问:您的文章和画都这么有趣,您是不是也是特别有趣的人?

韩　羽:我没觉得自己有趣。如果我自己觉得自己有趣,倒很可能真真的没了趣了。

问:有的画好,好得有法说;华君武的画好,好得没法说。您认为他的画有趣;清人张潮也曾说"才必兼乎趣而始化"。如何看待"趣"?

韩　羽:无论写文或是作画,都要有理有趣。理因为有了趣才更深刻,趣因为有了理味儿更浓。台湾诗人余光中谈写散文"应众体兼备",总结出四句:"白(话)以为常,文(言)以应变,俚(语)以见真,西(洋)以求新。"我再妄加一句,狗尾续貂:"趣以玩味。"

问:您对自己的作品满意吗?

韩　羽:不满意。多亏了不满意,才使我稍有进步。

问:那您有什么遗憾吗?

韩　羽:干什么都会有遗憾,没有十全十美。眼高手低,本身是个矛盾,只有这样才能不断进步。

问:从作品中看得出来,您从中国传统文化中汲取了很多营养,包括《世说新语》《聊斋志异》《红楼梦》等,也从俄罗斯文学中受益很多,比如您谈到喜欢托尔斯泰的《战争与和平》,普希金的《上尉的女儿》等。

韩　羽:我读书杂乱,见什么读什么。读的时候没想到要学到什么。就是求知,起作用是后来的事,读多了眼界就宽了。

问:您说过"艺术就是玩",可是您年轻时也为画画废寝忘食,甚至"玩命"。

韩　羽:人活在世上,都想活得好些,想活得有价值些,这就是欲望。为这欲望,不惜去玩命,不惜去拼搏,这也可以叫动力。但这动力固然可以使人成,也可以使人败。

有一天走在大街上,我问朋友,你看这满街上南来北往匆匆忙忙的,他们都干什么去?朋友说:"我哪儿知道。"我说:"我知道。"我把他们分了两大类,一类是想法儿忙着去活,一类是想法儿忙着去死。

说艺术是玩,因为玩,纯粹是愉悦自己,而不计其他。只有在玩中,在超脱物外的状况下,想象活动才能得到充分的驰骋,直到忘我的境地。只有在玩中,性情、愿望、才、识才能得以最充分的流露和发挥,更敏锐地感悟真、善、美。其极致,就是玩到认真得不是玩。

获奖作家访谈

余秋雨:我是一个"随行随吟"之人

余秋雨　1946年生于浙江省余姚市,现任澳门科技大学人文艺术学院院长。中国著名文化学者、文化史学家、散文家。1966年毕业于上海戏剧学院戏剧文学系。1980年以来陆续出版了《戏剧理论史稿》《中国戏剧文化史述》《戏剧审美心理学》及"文化大散文"《文化苦旅》《山居笔记》《冰河》《空岛》《信客》等。2002年获马来西亚最受欢迎华语作家奖、台湾白金作家奖,获2006年全球数据测评系统推荐影响百年百位华人奖,2010年获台湾桂冠文学家奖。散文集《山居笔记》获第二届鲁迅文学奖。

| 采访手记 |

二十几年前,白先勇读到余秋雨的《文化苦旅》,当即把这本书介绍给台湾的尔雅出版社。记得当年尔雅出版社在新书的扉页上印了一句话:"余秋雨是白先勇最推荐的大陆作家。"

事过二十年,白先勇认为这句话还是正确的。他说,从《文化苦旅》到《君子之道》,余秋雨的很多书,几十年都在守护中华文化。他的书受到那么广泛的欢迎,首先是因为他始终在写我们的中国文化。他也写过世界各国的文化,但核心还是中国文化。他关切的,是整个中华民族的"文化DNA"。余秋雨的散文,从世间流行的小品文拔身而出,接上了唐宋八大家的大风范。在现代散文的成就上,应该给他最高的敬意。

不仅散文创作是在书写我们的中国文化,余秋雨的小说创作也在试图找回中国散落在历史记载之外的故事。他希望用象征的艺术找回那些散落和遗失。

2015年,余秋雨连续推出两部长篇小说:先是《冰河》,又有《空岛》。

"我用历史纪实的笔调,写了一部悬疑推理小说。"余秋雨在《空岛》题记中说。看似两种相聚甚远的表达,却在《空岛》中呈现出恰到好处的融合。

《空岛》,借用故事起源于和珅对财富的追逐,他想把中国最大的海盗——王直的宝藏收入囊中。多番寻访之后,黑衣人何求,朝着目标之一,扬州赵府的藏书楼——海叶阁出发。自此,秀才岑乙、黑衣人何求、赵府主人之女赵南、赵南的侍女小丝、藏书楼的诸位长老和扬州城里的老老少少,毫不相干的人们命运彼此牵连,连同海叶阁、梓园、辅仁书院这些传统文化的象征之地一起,卷入小石激起的千层巨浪之中,经受着种种考验。

余秋雨以其独特的创作方式,向人们讲述着从古至今的文化定律,大善大美,小丝小缕,相互维系,彼此相依。

问:您从来不用电脑写作,但是创作成就斐然,2014年出版二十二卷本的《秋雨合集》,2015年又推出两部作品。您如何看待写作?

余秋雨:写作是我的生命,有一点像矿藏的地质层。矿藏的横断面有一层一层的地质层,每一层互为依据。我的第一层是合集里面近十年的国际演讲,包括在联合国的演讲、在美国国会图书馆的演讲都收在合集里面。联合国网站第一条是我的演讲,影响很大;我的第二个矿层是二十年的全球考察,我可能是全世界唯一走遍了古文明遗址包括恐怖主义地区的人文学者。二十年的全球考察,没有成为世界旅游,而是文化活动,是因为有三十年的学术研究,这是第三层。

第四层是我有四十年的创作训练,我在做上海戏剧学院院长之前,还担任写作教师时,自己也写,每天训练学生写。这后面还有五十年的古典修养,我的合集里面翻译了《庄子》《心经》,翻译了屈原、苏东坡,这都是五十年古典信仰建立起来的。

每个人的地质层面是不一样的,我走遍国际,所以国际上新的艺术思潮对我有重大的影响。同时考察提升了我的艺术感觉,又使我考察的文章写得有温度。大家完全看不到我的作品里面有任何剑拔弩张的东西,而是有比较丰富的人生。

问:20世纪80年代您早期的创作多是戏剧理论方面的专著,

那个时期您对于戏剧理论的研究对后来的创作有怎样的影响？

余秋雨：我在写作散文之前，就已经出版了《世界戏剧学》《观众心理学》《中国戏剧史》《艺术创造学》。这是一个体制庞大的学术工程，使我对世界各国自古至今最重要的哲学、美学、心理学、文化人类学名著，有了比较完整的把握。因此，我到世界各地考察，永远不会胆怯，心想，我熟悉这片土地上最优秀的圣哲。

问：您对于文学的热爱始自什么？

余秋雨：始自天性。后天的阅读经验和审美经验，又提升和强化了这种天性。这是我生命深处永远潜藏着的一种美丽。

问：在90年代，您的大文化散文在文坛引起广泛的影响，尤其是您的散文作品对于中国历史、中国文化的追溯、思索和反问中特有的灵动与活泼，在散文中独树一帜。《文化苦旅》《文明的碎片》《千年一叹》等每一部作品都在文坛掷地有声。能否谈谈，您的散文创作几十年来有怎样的变化？

余秋雨：谢谢您的表扬。写散文之后，海内外绝大多数读者都把我看成是一个纯粹的散文作家，其实我的主业还是学术研究。研究的方向，已渐渐集中到以下四个方面：中国文脉，中国人格，中国美学，以及中国文明在全球坐标中的位置。这些课题都很重要，近二十年来联合国总部、世界文化大会、哈佛大学、耶鲁大学邀我去演讲的，也都以此为主题。但是，我又不希望这些过于严肃、过于理性的研究吓走了我的广大散文读者。因此，力图用散文笔调来表现研究成果，这就是后来出版的那么多书。在这方面，司马迁是我永远追摹的榜样。欧洲的榜样更多，但比司马迁都差得多。

问：作为学者型作家，您的作品却每每都能在读者中引起强烈的反响，不但成为常销书，也是畅销书。您认为是什么原因？

余秋雨：这证明，我们的读者并不拒绝思考深度。这里出现了三个"度"，那就是：只要加入作者的生命温度和审美高度，就能把思考深度全然激活。今天的读者，虽然也喜欢放松型、消遣型的阅读享受，但在放松过后，却会认真接受一些美丽的艰深。

问：在行走中思考、写作、沉淀，您的作品与一般意义的文学作品区分开来。您希望自己的作品带给读者怎样的思考？

余秋雨：法国思想家卢梭说："如果停止行走，我就停止思考。"我在给北京大学学生讲授"中国文化史"时，曾经在课堂上要他们一次次标出屈原、司马迁、李白、杜甫、苏东坡的行走路线，并借此告诉他们，真正伟大的文字，总是先让脚写在大地上，再让笔写在简册上。当代的写作，更需要自己的单个生命与永远陌生的土地的碰撞。文字，只是这种碰撞所溅出的火花。

余秋雨自比一个老农。今天耕地，明天修堰，后天种稻，出门赶车，回家喂猪，都会。我们不能说，这个老农怎么频频转型。

问：为什么会想到转型创作小说？还是一种多年积累的必然？

余秋雨：实在算不上转型。文化只讲高度，不限专业。你看达·芬奇，深入到很多学科，都卓有成果。我曾在德国魏玛城的歌德故居逗留了很久,他涉足的领域也极为广阔,倒反而没有留下他作为一个世界级大诗人的多少印记。中国的苏轼,诗词、散文、论文、书法、绘画、音乐、医药、佛学,无一不通,且门门登顶。我当然不能与他们比,只能自比一个老农。今天耕地,明天修堰,后天种稻,出门赶车,回家喂猪,都会。我们不能说,这个老农怎么频频转型,天天转型。

问:有多年的戏剧理论和创作的积累,小说创作是否得心应手?

余秋雨:还是借用那个老农的比喻:有了耕地的经验,对泥土的习性就很了解,对土地与水的关系也很懂得,因此一旦修堰,也就得心应手。古人说:"天道无隔,一通百通。"我很愿意做这样一个老农。

问:《空岛》用历史纪实的手法完成悬疑小说,令人耳目一新,这令我想到戏剧的力量。您在创作中最大的体会是什么?

余秋雨:您是内行,居然一读就发现了戏剧的力量。其实,戏剧的力量也就是"叙事张力",戏剧要有,电影、电视剧、小说都要有。现在我看很多电影和电视剧作品,镜头很好,表演也不错,却在根子上缺少叙事张力,常常为它们深感惋惜。叙事张力也可以说成讲故事的魔力,不仅能让观众享受,也能让讲的人享受。您问我在创作中最大的体会是什么,我的回答是:享受着讲故事的魔力对我自己的诱导和激发,实在是神妙无比。

问:悬疑的构思是否对您的创作与阅读都构成一种挑战?

余秋雨:《冰河》《空岛》《信客》是三部不同的小说,但又可连在一起读,我想用三个历史方位,来艺术地阐述中国的人性风范。这三个历史方位,也有时间的连贯性,大致是:明代、清代、现代。悬疑的构思,只是一种艺术手法,借以把故事揉紧,并快速推进情节,可以省掉很多篇幅。这对现代人比较适合,也是20世纪的部分作家对19世纪过于冗长的小说模式的解构。

问:《空岛》中蕴含着的生命哲学,让人引发更多的思考,同时也会联想您本人对生命的思考。

余秋雨:不错,我喜爱的艺术作品,都与生命哲学有关。生命哲学的最高部位,并不是抽象思维,而必然是艺术形态。亚里士多德写过历史哲学,但他把诗看得比历史更高,他是对的。中国儒家,也把"乐"与"艺"放在归结各种大学问的地位,他们也是对的。当然,很多艺术作品与生命哲学无关,那也很正常,因为艺术的天地很广阔。我本人,由于历尽磨难,又一直在思考着生命的本质、生命的意义、生命的陷阱、生命的崇高。不仅在创作中,而且在学术研究、行政事务、日常生活、千里行旅中,也是这样。

问:为什么会想到以和珅对财富的追逐作为故事的题材?您认为这个故事对当下社会有怎样的启迪?

余秋雨:我写和珅,并没有现实影射的意思,而只是迷醉于三个"最":中国历史上最大的文典、最大的海盗、最大的贪官。这三个"最"组合在一起,一定能产生特别有趣的巨量级涡旋。因此,还是着眼于叙事张力。如果留一隙现实主义的联想,那就是把大文章做小了,非常可惜。

问:您愿意谈谈小说创作与戏剧、散文创作的不同感受吗?

余秋雨:各有着迷之处。德国诗人海涅说,小说、戏剧、诗歌,是人类精神中三种基本美丽的自然迸发。他把塞万提斯、莎士比亚、歌德这三个人,作为这三种基本美丽的最高代表。尽管海涅不了解中国文化,但他把文学的几种基本体裁与人类的几种基本美丽连在一起,显然是不错的。每一个文学创作者,其实都具有人类精神中的基本美丽,只不过精力有限,各有侧重罢了。文学体裁之间的区别并不重要,重要的是"品级"和"气格"。

余秋雨出版了很多本书,没有一本举行过首发式、签售式、研讨会。他与文学评论界也毫无交往。

问:您是大家最为关注的作家和学者,同时也是争议比较多的,您如何看待这些不同的争议?

余秋雨:有关我的争议较多?我看到的,只是四次无聊的诽谤。我没有出来争辩,因此构不成争议。

第一次,是说我在"文革"中参加过一个叫"石一歌"的写作组。大家读一读我写的《寻石之路》就明白了。我曾公开悬赏,谁能举出我在这个笔名下写过哪一句话,我就支付自己两年的全额薪水。悬赏已经二十年,至今无人领赏。我在"文革"中,冒着生命危险躲在外文书库开始写作那部六十八万字的《世界戏剧学》。请想一想,在那个稍稍偏离"革命样板戏原则"就要入罪的年代,写那部书需要什么样的勇气?相比之下,那些诽谤者当初在干什么?

第二次,是说我的书中有大量"文史差错",还有"抄袭",全国哗然。但是,后来有一个记者找到那个诽谤者,要与他比对证据,那人才轻松地说,他是"想当然"。

第三次,说我在汶川地震中"捐款二十万元"是"诈捐"。但是,我在哪里宣布过我要"捐款二十万元"?事实是,我在灾区以五十多万元捐建了三个学生图书馆,至今仍邀请诽谤者们随时参观。

而且,学生们还会教他们数学:五十万,比他们心中的二十万,要大一些。

第四次,说我和妻子离婚了,还伪造了妻子的离婚声明。结果,我的妻子马兰立即发表了一个正版声明:"若有下辈子,还会嫁给他。"

就这四次,其他没有了。从2014年开始,中国司法部终于有了逮捕和审判造谣、诽谤者的案例,他们也就不闹了。有的读者问我:"为什么当初不起诉他们?"我说,他们其实是一群无聊的可怜人,不相信人生中有勇敢、有奉献、有爱情。他们什么也没有,再把他们关在监狱中,就于心不忍了。

问:是否今后的创作将在小说上有所侧重?

余秋雨:我是一个随行随吟之人,从来不对自己的今后,做任何计划。您说我"小说创作如此游刃有余",又说"耳目一新",我一听就高兴了,那见好就收吧。已经出版的《秋雨合集》多达二十二卷,在书架上长长一排,里边还不包括《空岛》《信客》这样的小说。如果加在一起,那就实在写得太多、太多了。我又至今未用电脑,纯粹是最原始的手工写作。握着笔,一字一句地写,居然让稿纸堆成了小山。读者见了,一定会疼惜我的手。那就不要再让我多写什么了吧。如果还写,可能更多的是写书法。我的毛笔字写得不错,国内一些重要碑文,都是由我撰文,又由我亲笔书写的,例如炎帝碑、法门寺碑、采石矶碑、大圣塔碑,以及仰韶遗址、秦长城遗址、云冈、都江堰等等。我的六卷书法集,2014年获得了全国美术书籍金牛杯金奖。

问:在当下浮躁的碎片化时代,您认为作品怎样才能引导读者的热情?您对《空岛》等小说创作,有何期待?

余秋雨：没有什么期待。成熟的读者不必引导，他们在远处就能闻到林木之气。我出了那么多本书，没有举行过首发式、签售式、研讨会。我与文学评论界也毫无交往，因此，全国有那么多散文奖，《文化苦旅》却从来没有得到过任何一项。但是，这一些对读者都不起作用。我对读者，有充分的信心，他们如果现在没发现我的小说，迟早总会发现的，不急。

获奖作家访谈

李存葆：不能只用一种调子唱歌

李存葆 1946年生于山东五莲县。1964年入伍，1986年毕业于解放军艺术学院文学系。中篇小说《高山下的花环》获全国第二届优秀中篇小说奖；《山中，那十九座坟茔》获全国第三届优秀中篇小说奖；参加改编的电影《高山下的花环》获全国第五届电影金鸡奖最佳编剧奖。另有长篇报告文学《大王魂》和《沂蒙九章》(与王光明合著)分获中国潮文学奖和全国报告文学奖。近几年致力于多种题材的散文创作，有《大河遗梦》《飘逝的绝唱》等散文集出版。散文集《大河遗梦》获第三届鲁迅文学奖。

| 采访手记 |

2001年，初访李存葆。这是一位只愿意用作品说话的军旅作家。他不大愿意提及那部使其扬名天下的《高山下的花环》，尽管他的名字已与这部作品融为一体。

"花环"下的李存葆，没有不可企及的神秘和骄矜，更没有拒人千里的冷淡和漠然。或许，老乡的情分使我们更容易亲近，亦或许，他的作风本来如此。

评论家雷达的概括更为准确：在李存葆貌似粗糙的农民式的外表下，掩藏着一颗极为灵敏善感的心灵。对于苦难、自尊、道德、爱情以及人性的善恶，他的敏锐常常使我们惊讶。

三十多年前，李存葆是文学界瞩目的明星。那时，《高山下的花环》发表不久，全国就有近百家报刊全文转载，五十余家剧团改编成各种剧目上演，各种媒体的评论文章近三百多万字。作品更是被翻译成日、俄、英、法等十几种语言，美国嘉兰德出版公司出版的二十本世界文学系列丛书中，《高山下的花环》名列第五。梁三喜、赵蒙生、靳开来这些栩栩如生的形象，至今令人难忘。

作为解放军艺术学院文学系的同班同学，在评论家朱向前的印象中，那时的李存葆可谓"春风得意马蹄疾"，报纸的采访，刊物的索稿，大学文学社团的讲课邀请，电影厂或剧团的改编洽谈，接踵而来。

从《高山下的花环》到《沂蒙九章》再到《大河遗梦》，一直到近年的《呼伦贝尔记忆》和《渐行渐远的滋味》，李存葆在创作过程中峰回路转，在丰富性和开阔性的基础上更多地融入学者的哲理思辨。

在《高山下的花环》之前,李存葆就有近百万字的作品发表,单是诗歌就有五百余首。然而这位作家当初走上文学创作的道路,实在是太偶然了。

问:您是怎样走上文学创作道路的?

李存葆:十七岁那年,我成为青岛驻军某部守备连指挥班的一名战士,学的是炮兵指挥,军里组织考核,我的成绩是计算兵第一名。一次团里举办通讯报道学习班,训练队原本是让一位能写会画的高中生参加。没想到开学当天,那人生病,队长只好让我去顶替。在学习班学了四天,我写了三篇小稿,发表了两篇,其中《行军小憩》等几首诗歌引起讲课的新闻干事的关注,推荐发表在《青岛日报》《大众日报》上,另一篇也被青岛广播电台广播,激发了我的创作热情。从学习班回来,团政治处就通知我"转行"。

1967年,我被调到67军报道组。因为报道员可独居一室,我在那里看了大量的中外名著。莎士比亚、易卜生、雨果、契诃夫、叶赛宁、王实甫、曹雪芹……这些大师级的作品,把我带进了文学的圣殿。

问:虽然不是特别偏爱文学。但是走上这条道路后却一发不可收。《高山下的花环》是在什么情况下创作出来的?

李存葆:1979年春,我以作家身份去云南前线作战部队采访。后来,又到广西参战部队生活。在那里,我和前线官兵一起生活了四个月,目睹了很多豪情悲壮的动人故事,官兵们的喜怒哀乐,无时不在激荡着我的心灵。在前线,我边采访边写作,发表了十多万字的报告文学和散文。但是,我的心里一直酝酿着一部刻画英雄人物内心世界和表现部队人物内心矛盾的作品。

我在采访时了解到这样一件事:一个从农村入伍的连队干部,他的家乡属贫困地区,因此生前欠下一笔数目不小的账。他和年轻的妻子感情极深,上战场前,在写给妻子的信中,他真诚地叮嘱,如果自己战死了,她要坚强地活下去,希望妻子和家人,要多想想国家的难处,不要向组织伸手,他欠的账可用抚恤金来还……当时,部队的同志还没讲完,我就已泪流满面。这就是后来小说及电影《高山下的花环》中梁三喜一家的原型。

直到1982年,在中国作协和总政文化部联合召开的全国军事题材座谈会上,我才把早已构思好的《高山下的花环》同《十月》编辑部编辑张守仁讲了。会议结束后,我没有回济南部队,而是在北京找了一处僻静之地安下身来,火速赶写,仅用半个多月就完成了全稿。

《高山下的花环》意味着军旅文学创作新局面已经开始,也意味着以李存葆为代表的新一代军旅作家已经崛起。

问:《高山下的花环》通过对1979年南线战斗一支前线连队的曲折描写,将前方与后方、高层与基层、人民与军队、历史与现实有机地勾连起来,大刀阔斧地揭示了军队的现实矛盾和历史伤痛,令人振聋发聩。小说发表后引起极大的反响,并获得1982年全国中篇小说奖第一名。这部作品给您带来了什么?

李存葆:《高山下的花环》在《十月》发表后马上引起极大反响,并获得全国第二届中篇小说奖第一名。中央人民广播电台随即连播,社会上刮起了一股"花环"旋风。《小说月报》转载时,加印了八十万本,《上海青年报》刊出了特刊,一次印了百万份,累计印数达一千一百万册。

在新中国成立三十五周年之际,以《高山下的花环》书籍和人物为造型的彩车作为全国文艺界的唯一代表,驶过天安门广场。

问:当时电影是由谁改编的?能谈谈具体情况吗?

李存葆:当时,上海电影制片厂为拿到改编权,谢晋辗转请了冯牧转达希望改编拍摄的愿望,并给我拍了一封长达六百余字的电报。在接到恩师冯牧的信函和谢晋长长的电报后,我没有丝毫犹豫,就把《高山下的花环》的改编权交给了上影厂。因为此前已经有了改编的话剧和电视剧,反响很好,有人怀疑再拍电影没有人看。谢晋拍着胸膛发誓:"《高山下的花环》搞不出名堂,我谢晋今生永不再拍电影!"

确定上影厂来拍摄后,陈荒煤和冯牧先后提出要求,保证影片质量,希望下功夫把剧本写好,力争在军事题材影片中有所突破。陈荒煤还提出,电影的改编工作要以我为主,建议再找一位富有经验的编剧合作。于是,就有了著名作家李準的加入。我和李準就小说改编电影剧本共同拟定了一个提纲,将小说中的人物关系稍做了调整。改编方案定了之后,我用二十天写出了一个电影版初稿,交给李準去修改。

问:这部电影非常成功,感动了亿万观众。据说您为了感谢上影厂等同仁的支持与辛苦,电影摄制成功后把稿费全拿出来?

李存葆:电影《高山下的花环》成功后,为了答谢上影厂领导和剧组的同仁,我把编创剧本所得的两千多元稿费一分不留地全部拿出来为大家搞了一次聚餐。

如果说当年李存葆的《高山下的花环》与徐怀中的《西线轶事》

打破了军事文学长时期的沉默,标志着军事文学在新时期的集体登场,那么《我为捕虎者说》则标志着李存葆创作上的重大转折。

问:之后您还发表了《山中,那十九座坟茔》等作品,延续了《高山下的花环》的创作风格。后来为什么转向散文创作?

李存葆:我在部队文工团当过多年编导,写过两个大话剧。本来,我是喜欢编故事的,但是后来变得不大愿意了。

当今社会的复杂,一般的小说很难概括。近距离观察生活往往看不透,我就试着先写点历史方面的散文。这样的写作能使我更自由一点、理智一点,过几年回过头来再编故事、写小说,也许效果会好些。

由小说到散文、由军事题材到历史文化散文的转向,我并非出于一时激动,我是严肃的、认真的,甚至有些沉重。最终印证一个国家、一个民族的伟大是她的文化。文化是人类心灵之树上结出的圣果。一个民族的文化是这个民族心智果实的长期积累,而最能让骚人墨客思绪恣意飞驰的是散文。中国是散文的国度,散文是中国文学的母亲。无论是记、传、书、礼、柬,还是疏、论、序、跋、碑,先人都留下了震古烁今的散文名篇。老庄是散文,《史记》是散文,《论语》是散文,《孟子》是散文。散文情感的触角可谓无所不包,无所不亲。

问:那么您是否觉得,散文和小说相比容易一些?

李存葆:我从来不认为散文是在灯下放一支轻曲、煮一杯咖啡之后,就可随意去做的事。写小说,每天能写七八千字,写散文每天最多只能写两千字。我的散文都是一句一句"抠"出来的。

他是较早提出环境保护的作家之一,在《鲸殇》中可领略他对于人类生存意识的独到见解。散文创作中,李存葆充分发挥作为小说大家刻画故事的优点,把散文写得文采斐然又经读耐看。

问:纵观您的创作题材,不论是小说、报告文学还是散文,都是敏感的社会大题材、大制作,几乎没有书写自己个人性情的文字。无论早期的小说、中期的报告文学,还是近期的大散文都明显表现出这一点。

李存葆:作家应该用自己的良知去创作。因为散文不仅仅是茶余饭后的奢侈品,也不仅仅是一种花瓶式的点缀。散文贵在真诚,散文应该避开无病呻吟的痛苦状,也应该远离那种甜得令人发腻的小布尔乔亚的矫情——我们的散文应该更贴近中国人的生活,也应该更关注人类面临的生存危机与种种困境。散文里应该有情感的浓度、哲学的深度,应该有作家的正义和良知。

历史对文章的筛选极为苛刻。这种筛选愈是严酷,对真正的文学家则更具吸引力。也许我们罄毕生心力也难留下一篇为后人称道的文章,但我们仍会像苦行僧那样去跋涉、去探求,因为探求的过程也是美丽的。

问:《鲸殇》是在什么情况下创作出来的?这部作品刊出后,全国十二家文学刊物竞相转载,后来在首届"孔子杯"散文竞赛中一举夺冠。

李存葆:有一次,我到青岛部队和渔村采访,听到过去鲸鱼经常出没,如今却行迹罕然。后来,我又在电视上看到鲸鱼集体自杀的图像,感到很忧虑,人与自然、人与动物的生态平衡问题已经迫在眉睫,在这种意识的促使下,我写成了一万八千字的《鲸殇》。人类真正的不幸,在于懂得在珍惜自身的同时,也应该珍惜身外的一切生灵。

问:《龙城遐想》也是出于这样的忧虑。这个作品几乎包揽了散文界的大奖。

李存葆:一个国家、一个民族乃至一个人,要想生机勃勃,精神焕发,必须要同大自然亲密无间,必须从大自然那里感受到一种不可分割的友情。一旦大自然对人类失去了同情心和耐心,一旦大自然不再同我们进行和谐的交流,那么我们最终也就失去了赖以生存的根基。当我们经济发展和生态失衡形成恶性互动的时候,恢复生态环境,就变得比国人切齿痛恨的权力腐败更加难以治理。

问:事实证明您的忧患并非杞人忧天,现在的环境问题是越来越严重了。《渐行渐远的滋味》也是从小处入题,思考关乎道德法则、生态失衡以及民族生存的大问题。

李存葆:没有人能在需要与奢侈、明智与热切之间,划出一条明显的界限。也很少有人想到,人们用双手紧紧握住金钱和财富的时候,偶尔伸开手掌一看,一些固有的美好的东西,像烟雾一样飘散了。造物主从来没有欺骗过我们,欺骗人类的只能是人类自己。

问:梳理您的近作,能够发现您最关心的话题有两个,一是自然生态,二是人性生态。自然生态您用散文表达得多,人性生态则用小说诠释。

李存葆:近几年,我写的几篇东西都是围绕着这两个创作母体展开的。《霍山探泉》通过山西洪洞霍山下的一个泉子,谈人与水的关系;《绿色天书》《最后的野象谷》是写西双版纳热带雨林和野象保护的,这些是讲自然生态的;以《金瓶梅》一书故事的发生地山东临清为由头,写的那篇近四万字的散文《永难凋谢的罂粟花》,则是通过重新解读《金瓶梅》,剖析明代中晚期人性生态为何大恶化的文字。

自然生态和人性生态,对构建和谐社会都是重要话题。生态失衡必然导致社会失衡。人的欲望无边和地球的资源有限互为抵牾,人的欲望和人实现欲望的能力构成了永恒的差距。面对全球的生态失衡以及社会上的种种美与丑,作家没有理由不关心自然生态和人性生态。

李存葆戏称自己生性邋遢,不修边幅,友人曾称他"连队司务长"。但是每每赏画前净手,却是他多年养成的习惯。

问:近几年您对书画多有研究,为范曾、李翔等写过人物传记,并写了三十万字的《丹青十字架》,以及近二十万字的书画随笔。能谈谈吗?

李存葆:对于书画家而言,要摘取艺术王国里的皇冠,其难度不亚于铸山煮海。任何画坛巨子,必须要有他自己发现的新大陆,必须要有他个人独有的艺术符号,否则他就是一个克隆别人的工匠,一只附着于乔木上的攀藤。友情之于人生,有时像炼金术士所要寻找的那种点金石,有时又像诗家寻找的彩凤之翼、灵犀之明,同声则相应,同气自相求。只有能打动自己的艺术作品,我才会写一些。

问:艺术都是相通的。您在书画艺术中,领悟到什么?

李存葆:先天的禀赋之于艺术家至关重要。确有禀赋,又勤而行之不断修能者,其艺术注定会像呼伦贝尔大草原一样,充溢着绿的壮阔。悟性,灵物也,不用则尘封,小用则小成,大用则大成,常用则通神。

李存葆认为，军事文学是英雄主义的风骨，失去了风骨就失去了魅力。

问：什么是优秀的军事文学作品？您有怎样的评价标准？

李存葆：新时期以来，军旅作家在三条战线即历史战争、当代战争、和平军营的领域里联手作战，剑锋所指，不断将当代军事文学从勃发推向鼎盛，涌现出一大批脍炙人口、誉满文坛的力作。优秀小说的基本品格应是：感觉的敏锐，情感的丰沛，人物形象的丰满和心灵的丰富。文学作品的生命力是寄托在阅读上的。军事文学能最大限度地展示人的爱国主义和英雄主义，又能在特定氛围中坦露人的各种情感。正因如此，才有那么多的读者钟情于军事文学。

问：您怎么看待当下的军事文学创作？

李存葆：英雄主义历来是人类文明和人的精神的主旋律之一。爱国主义和英雄主义，始终是我国军事文学创作最绚丽夺目的主题词。这是由军事文学尤其是战争文学的特性所决定的。军事文学不能患软骨病，军事文学应该寻找我们这个民族的心灵标本，应该靠近我们这个民族的精神坐标。

获奖作家访谈

韩少功：好小说"始于情感，终于人物"

韩少功 1953年出生于湖南长沙。1968年赴湖南省汨罗县插队务农，1974年调该县文化馆工作，1978年就读湖南师范大学中文系。曾任《天涯》杂志社社长、海南省作家协会主席、海南省文联主席等职。主要作品有短篇小说《西望茅草地》《归去来》、中篇小说《爸爸爸》《报告政府》、长篇小说《马桥词典》《日夜书》、长篇随笔《暗示》《革命后记》、长篇散文《山南水北》等。另有译作《生命中不能承受之轻》《惶然录》等。曾获全国优秀短篇小说奖、上海中长篇小说大奖、法国文艺骑士奖章、华语传媒文学大奖、美国纽曼华语文学奖等。散文集《山南水北》获第四届鲁迅文学奖。

| 采访手记 |

　　如果把文坛比作武林,韩少功属于高手。这种高,不只是写作技巧的高,也不以作品数量取胜,而是思想和笔力所抵达的境界。

　　"语言是生活之门。一张张门后面的'马桥'是一片无限纵深,需要我们小心地冒险深入。"在美国纽曼华语文学奖授奖活动上,韩少功的致辞智慧幽默。他说,这本获奖的小书当然不是真正的词典——虽然很多书店职员曾把它误列在工具书柜,甚至以为"马桥"是与"牛津"有意对偶和比拼的品牌。

　　不仅仅是《马桥词典》的书名可能会引起歧义。作为文体意识和语言意识都超乎寻常的作家,韩少功的作品几乎一路伴随争议。也正源于此,从语言的切口进入谈论韩少功,大概是必要的途径之一。他的语言总能给我们带来新鲜的陌生感,让人为之惊奇、为之思考、为之心动、为之争论乃至拍案叫绝。

　　也因此,不论何时何地,阅读韩少功是一次次愉快的旅行。他试图以幽默的小说语言闯入言说之外的意识暗区。在他构筑的文字迷宫里,除了享受,更多的是对生活、对时代、对中国社会的更多思考。

　　韩少功曾经以开汽车形容自己的写作,常常左一下右一下地不断调整,有时比较关注社会,有时关注个人,有时会比较关注形式,有时会关注内容。有时甚至纯粹是要换换口味,以一种游戏心态,一种好奇心理。他说:"一位作者在写作中的基本特质还是会表现得比较持久的。以我自己为例,我一直不能接受那种不动心不动肺的技术化操作,也一直不能接受那种黑白分明的、忠奸对阵的故事,人性的复杂性一直是我的兴奋点之一。"

和新时期崛起的许多作家一样,韩少功曾被卷入"伤痕文学"的潮流,并先后获得一些全国大奖。但韩少功自己并不满意,他常常怀疑自己的观念,不断试图摆脱并有所创新。

问:《一条胖鲤鱼》发表在1974年的《湘江文艺》第三期。当时是什么情况?这三十多年来您的写作好像一直比较顺利?

韩少功:那一年我还是知青,参加一个写作培训班,交一篇儿童文学的作业。从那时到现在都三十七年了,差不多是一场文学马拉松。好在我是慢跑,体力上还能扛住,没有退出得太早而已。

问:《月兰》发表后,《西望茅草地》《爸爸爸》《女女女》《马桥词典》《暗示》等作品都引起一些争议,现在您如何看待这些争议?

韩少功:争议是好事,让人兼听则明。我优点不多,但至少有一条优点是能听意见,哪怕你九句话不靠谱,我也不会回嘴,但只要你有一句说在点子上,我就会心里一动,紧盯不放。不过当年有些对《月兰》《西望茅草地》《爸爸爸》的批评,是政治上打棍子;有些对《马桥词典》的批评是泼脏水,不是泼冷水。这就不正常了。当然这也没什么。在中国这地面上生活,你得毛深皮厚,有抗打击能力。

问:在《马桥词典》中,您说,自己写了十多年的小说,但越来越不爱读小说,不爱编、写小说——当然是指那种情节性很强的小说。我觉得这和张承志非常相像。他也曾说自己已经不具备充分的才能去写小说了,对故事的营造,愈发觉得缺少兴致也缺乏才思。

韩少功: 现代小说这种形式有了几百年历史,成熟了,丰满了,但也有些机能老化,甚至像唐诗宋词一样,会有作者和读者的审美疲劳。小说外部的技术条件和文化环境也在变化,如同美术的发展,在纸张和文学出现以后,绘画的故事性功能,像宗教画和宫廷画的那种,就会自动减弱;再遇到后来的摄影,肖像画和风景画也必然退潮。眼下各种现代传媒高度发达,小说最擅长的细节和叙事,早已被其他媒体分享甚至接管。微博不能表现细节吗?电视剧不能叙事吗?在这种情况下,任何一个敏感的小说家都不能不琢磨文体的变革,不能不对自己的工作多打几个问号。你不妨想象一下摄影出现时画家们怎么想……就是这意思。

问: 不同的是,您还在写小说,张承志目前的状况似乎是彻底放弃了。有一些优秀的作家,由小说转向散文,有人将其归结为底蕴不够、想象力下降等各种原因,您怎么看?

韩少功: 张承志是个心里有大事的作家,精神性很强,对小说这种世俗化、个人化和单线叙事的文体不满意,觉得不顺手,应该说不足为奇。鲁迅较早放弃了小说,肯定有其深刻的原因。钱锺书能写小说而弃写小说,大概也与才华无关,只能说他另有志向。至于底蕴和想象力,眼下中年以上的作家基本上都有透支甚至严重透支现象。有几个人敢拍着胸脯说大话?有些新作,只是维持作者一种表面的规模和数量,常常是水多血少的那种。在这方面,我也有危机感,对自己不满意。

问: 在创作上,您是否也有状态不好的时候?你觉得自己最大的瓶颈是什么?

韩少功:写不动,写不好,是常有的事呵。困难是多种多样的,除了技术层面的,最笼统地说,一是经验资源,二是文化资源,构成了作家的两大克星。有人说,中国人经历了很多曲折动荡,经验资源从来不缺。其实这也不对。如果没有适当的文化资源配置,就像好风景碰上了烂胶片,碰上了白内障,也会变成烂风景或者假风景。这就是对自我经验的误读和误用。我的意思是,中国作家千万不能吹牛,即便你打过仗、坐过牢、下过乡、失过恋,也不一定是经验资源的富翁。倒是应该经常警惕一下:自己的经验记忆是怎么形成的?是不是被流行偏见悄悄篡改了?是不是自欺欺人的假货?……从某种意义上说,作者最大的瓶颈还是对自己和对社会的无知。

在《马桥词典》中,韩少功打破了传统小说习惯于故事叙述和人物描写,语言成为小说的主角。

问:《马桥词典》中我们看到了"野心勃勃地企图给马桥的每一件东西立传"的韩少功。从十六岁去插队那年,一直待了六年,那段知青生活对您的影响是怎样的?

韩少功:那几年插队,没让我成为工程师或外科医生,但给了我一个接触大自然和了解底层社会的重要机会,差不多就是特殊的高等教育。有那几年垫底,即便我后来进了城,进了文化圈,也多了一个参照角度。1985年提出"寻根",参与的作家大多有下乡知青或回乡知青的背景。为什么?因为这些人不论是厌恶乡村还是怀念乡村,都有一肚子翻肠倒胃和泥带水的本土记忆,需要一个喷发的载体。"寻根"就是这样的载体。从这里,你不难看出经历对写作的深刻影响。

问：在90年代的思潮分化与冲突中，您处在争议漩涡中——无论是在人文精神讨论还是新左派与自由主义的辩论。现在如何看待当时的这些争议？

韩少功：我从来主张有话直说，但最反对划派、站队、拉帮结伙。比如我不赞成王蒙先生的有些看法，但一直尊敬他，甚至崇拜他。他在回忆录中说我否定王朔，那是他记错了。我主持《天涯》杂志，还以头条位置发表过王朔的文章，一直欣赏他的才华，只是说他杀伤力很强，但建设性不够。90年代那一段，我明确反对过拜金主义，反对过市场崇拜和资本崇拜，包括医疗、教育的市场化和土地的私有化，至今也不觉得有改变观点的必要。有人说我"新左"，我不在乎。但我一直庆幸有多种声音，而且希望有更高质量的反对者，因为这是避免自己封闭和僵化的必要条件。

20世纪，中国第一流的作家和学者几乎都在学外语、做翻译，因此30年代至80年代的翻译质量总体上最高，使中国文学创作受益匪浅。

问：能谈谈翻译米兰·昆德拉的《生命中不能承受之轻》吗？据说当时很多出版社都拒绝出版？后来是什么机缘出版的？

韩少功：当时主要是因为昆德拉没什么名气，相当一部分编辑只认名气，那就没办法了。后来作家出版社的白冰先生等力排众议，才接受了译稿。当时这本书在捷克还是禁书，外交部审读后，要求内部出版，要求"磨"掉一点敏感词句，以免影响对外关系。但不管怎么样，中国读者甚至比很多东欧国家读者更早读到这本书，已经是很不错的结果吧。去年我与这本书的法译者许均先生一起吃饭聊天。他说到国内好多同译一本书的,最后都不能见面了,像我们这样能一起吃饭的相当罕见。这也算是一个小八卦吧。谈到昆德拉在中国有这么多读者,有这么好的运气,我们都觉得有些意外。

问:您经常直接阅读外国原著吗?这种优势是否体现在您的小说创作中?

韩少功: 以前读过英文版的柏拉图、亚里士多德、康德、海德格尔、索绪尔等,都不算原著,不过双语比较,会有很多乐趣和一些感悟。当然也读过毛姆、莱辛、福克纳、卡佛等英语作家,不过对自己的写作好像没有多少直接的作用。仅就语言而言,方块字的组合变化空间好像更大些。我读外文的时候,常常觉得这一句或这一段,用中文可以表达得更漂亮。这可能是我读书的坏毛病之一,时不时就挑剔一下。

问:您的作品被翻译的情况如何?在和翻译家打交道的过程中,有印象深刻或有趣的故事吗?

韩少功: 碰上好翻译家是难得的幸运,比如英国的蓝诗玲(Julia Lovell),到我所在的湖南乡下待过好几天,功课做得扎实,连一些乡间的农具、家具、物种都不放过,如果找不到相应的英文词,就让我画,就去现场看。因此她的《马桥词典》英译也是广受好评的。她在译序中提到,我一开始根本不相信她能译好这本书,建议她放弃。但实际结果是,后来好几位英美读者对我说,他们读下来几乎没感觉到这是本中国的书,可见已译出了无迹可求、出神入化的效果。当然,遇到好译者的概率并不高,尤其是中国作家,要碰上汉学家兼好作家的高人,真是难。

问：您翻译过昆德拉、佩索阿等人的作品。您觉得掌握外语对作家真的很重要吗？德国汉学家顾彬说中国作家不懂外文，因此不可能有世界眼光。

韩少功：曹雪芹没有世界眼光，写得也很好。香港、台湾、海外华人作家的外语水平，总体上高于内地同行，但内地作家不一定就得绝望自杀吧？顾彬希望中国作家学外语，多一些了解异域文化的手段，应该是好意。不过，我相信顾教授也不会过于夸大外语的作用，不会不知道此外语和彼外语的区别。德语与荷兰语，法语与意大利语，顶多就是四川话和广东话的区别，大同小异。这就是说，一个欧洲人多懂几门亲缘语种，与一个中国人学外语，困难程度是大不一样的。这事要说清。

韩少功算不得先锋派作家，却在很长的时间里都保持着先锋的姿态。他的文体革新与精神探索并驾齐驱。

问：您对小说的评价标准是什么？什么样的小说是好小说？

韩少功：文无定法，很难有个好小说的行业标准。不过有些基础标准绕不过，比如标准之一，我归结为八个字：始于情感，终于人物。什么叫"始于情感"？就是对笔下的东西有感觉，有情感，有某种冲动，不是搬个理念或者技巧来哗众。什么叫"终于人物"？就是要落实于人物，把人物写得鲜活、结实、丰富，不能成为一些华丽的影子和流行的标签。没有这一条，玩结构、堆情节、秀文体，就都成了空中楼阁，画鬼容易画人难。

问：您是最重视文体探索的中国作家之一，是什么原因使您具有这样的探索精神？擅长在西方文学中汲取营养的作家在一段时期内成为先锋作家，但是另外一些人，外语能力强的作家，比如您，似乎走得更远。

韩少功:西方文学是他山之石,可以给我们很多启发。特别是在20世纪,中国第一流的作家和学者几乎都在学外语,都在做翻译,因此30年代至80年代的翻译质量总体上最高,使中国文学创作受益匪浅。但后来的情况有些变化。一是出版社热衷于抢档期,拼市场,粗制滥造者多;二是外语教学的应试化和功利化。我就遇到过很多这样的才子,词汇量不算小,语法点都精确,肯定能考出高分,但一旦离开课本,对很多寻常的历史和文化知识,常常是一脸茫然。有一次我说到自己的知青经历,说"农村就是我的大学",一个学西班牙语的博士竟然拒绝翻译,似乎觉得这句话不通。这样的人来做文学翻译,岂不可怕?我这里的意思是说,语言不仅是工具,更是一种文化,眼下很多外语人才的文化修养不够。当年梁实秋建议每一个中国作家都来翻译一本外国文学,支了一招,但眼下实行起来太难。

《山南水北》作为韩少功退隐生活的实录,充满声音、色彩、味道和世相的生动描述,并洋溢着土地和汗水的新鲜气息。

问:2006年出版的长篇随笔集《山南水北》获得第四届鲁迅文学奖。宣传页上有一句:"他把认识自我的问题执着地推广为认识中国的问题"。您怎么理解?

韩少功:我没有社会学和历史学的野心,也从不认为文学有改造世界的魔力。我们有两千多年优秀的文学了,但世道人心好了多少? 20世纪的战亡人数不是比前十九个世纪的总和还多?腐败与犯罪难道不是层出不穷?但这并不意味着文学可以不必关切社会,不意味着文学是一场自恋的游戏。这里有一个悖论:文学不一定使世界更好,但不关切世界的文学一定不好,至少是不大好。

文学为天地立心,但这颗心不是成天照镜子照出来的。哪怕卡夫卡和佩索阿那样的人,他们的孤绝也不是来自娘胎,而是在社会中磨砺的结果。

问:能谈谈这部作品的创作吗,对您来说有挑战吗?

韩少功:如果说有挑战的话,一个作家最为可怕的挑战其实来自自己,来自心中所设定的标高,来自对自己麻木、怠惰、势利、浮躁、浅薄的克服。即便这本书为我赢来了声誉,我也还会不时自疑:假如由前辈经典作家来处理这样一个题材,这本书会是什么模样?其成色会不会有所提高?其思想情感会不会更具有穿透力和打击力?或者我至少可以问一问:我在这本书里是否成功打败了自己?重要的是一个作者能否像意守丹田一样意守人世重大的精神难点,能否像打开天门一样打通自己的灵魂救赎之途。

问:在《山南水北》中,我们更能看到您对自然、对社会、对人生深刻的思考。您觉得当下读《山南水北》有何积极意义?

韩少功:我想不管是虚拟世界多么神奇、多么微妙,也不管这种虚拟的技术发达到什么程度,它可以做很多我们现在想象不到的,但是它永远代替不了人在自然间。自然对人的身体和心灵的那种滋养,是无法代替的。本真的自然更为重要和珍贵,但现在我们好像正在丢掉人与自然的关系。我希望这本书能重新唤起大家对自然的记忆、情感。

问:在您的创作过程中,一直没有停止过对人类文明、对人性的思考。无论是《马桥词典》《山南水北》或是《日夜书》这种思考,在不同的年代是否也有一些变化?

韩少功:当然会有变化。这种变化,既是社会变化在产生逼压,也是自己知识和感受的变化在促成变焦。两种变化交错,差不多就是古人所说文料和文意之间的互动关系。比如《爸爸爸》加上语言哲学,才会有《马桥词典》。《马桥词典》加上中国的城镇化,才会有《山南水北》。正常的作家都在不断地做这种加法。写作就是吸收各种变化的过程,以便把感受积累做成一些有意味的形式,做出各种文字的形式感。

问:您曾两次与茅奖评选擦肩而过,对中国的文学评奖怎么看?会不会觉得遗憾?

韩少功:我没把获奖的作品读全,但相信大多数是实至名归,受奖无愧的。即便有的写得不够好,得到一些鼓励也不是坏事。在这个圈子里混,得有平常心。同行们都不容易,这是第一条。不用太多时间,哪怕只有一二十年,人们记忆中就没有奖不奖了,只会看作品好不好,这是第二条。我也得过奖。得奖时多想想第二条,没获奖时多想想第一条,这就比较好办。

问:您希望自己成为怎样的作家?您现在创作对自己的要求是什么,和过去一样吗?

韩少功:每个人都有长有短,只能有所为有所不为。做几件自己该做以及能做的事,比如有一两本常销书,就够了。再降低一些标准:能做到每个作品都是自己确实有话要说,都言之有物,也可以了。这是我一贯的想法。

问:当前文学创作有什么问题吗?有人说文学正在日益边缘化、正在隐入危机,甚至已经死亡。

韩少功:全球化、都市化、精英化一来,作家们大多从以前各地域、各阶级、各行业的生活状态中连根拔起,其经验资源的丰富性和多样性大大减弱，这是一个重大危机。流行意识形态给大家洗脑，好像大家什么都知道了，什么都有共识了，对现实生活不再有陌生化的能力，不再有问题意识，又是一个重大危机。当然还有电子传媒的出现，深刻改变了文化生态，让很多作家不适应。比如一个精彩的段子，就是一段不错的文学，但这东西传来传去，经过了多手加工，那么该由谁署名？该给谁发稿酬？文学的产权制度是不是正在瓦解？一个有文学而无作家的"电子远古时代"是否正在到来？其实，在另一方面，当今人类又最感心灵无依，最需要文学来温暖和引导。所以我说文学不会死亡，只会变化。近期不可乐观，远期倒也无须悲观。

获奖作家访谈

刘亮程：故事终结处，文学才真正开始

　　刘亮程　1962年生于新疆沙湾县。现任新疆作家协会副主席。著有诗集《晒晒黄沙梁的太阳》，散文集《一个人的村庄》《在新疆》，长篇小说《虚土》《凿空》《捎话》等。曾获第二届冯牧文学奖。《寒风吹彻》《今生今世的证据》等多篇散文被选入全国中学及大学语文课本。散文集《在新疆》获第六届鲁迅文学奖。

| 采访手记 |

他的语言带着晨起露珠的新鲜和雨后土地的芬芳,还时时有哲理的思想撞击你的心房。你必须慢下来,慢下来进入他的语境,他的思考,才能欣赏和理解其间的种种意味。我把这些感受说给刘亮程时,他憨憨地笑了,说:"就是一个农夫在和你聊天。"

刘亮程的《在新疆》获得第六届鲁迅文学奖。他很高兴得到这份礼物,因为跟鲁迅有关。鲁迅生前没到过新疆,但他的作品早早到达新疆,在各民族人民心目中地位很高。"至少和各民族作家谈鲁迅时,大家都能谈到一起。"刘亮程说。

"我一回头,身后的草全开花了。一大片。好像谁说了一个笑话,把一滩草惹笑了……"仿佛有一双无形的手,推动你的眼睛不由自主地想跟着看下去。这就是刘亮程的文字。

种过地、放过羊,当过十几年乡农机管理员。刘亮程几乎所有的文字都是与他所生存过的乡村有关,对人类所生活的一种土地和状态进行深刻叙述。在他的笔下,新疆是一个远方,在地域上孤悬塞外。新疆的文学作品,亦有"孤悬"的意味。"新疆作家能够给中国文学提供不一样的东西。"刘亮程说。他的写作是随意的、随机的。于忧思中慢慢地写作,以单纯而丰饶的生命体验,揭示着生活中朴素的真理。

他被誉为20世纪中国最后一位散文家和乡村哲学家。

刘亮程最早的创作是从诗歌开始的。他的第一首诗是《童年之梦》。他说,似乎从一个童年的梦里醒来就会写诗了。

问:您的写作是从什么时候开始的?

刘亮程:大概从小学作文开始吧。乡下上学很困难,有些村子没有学校,我上二年级时,要跑到六七公里外的村子上学,年龄太小跑不动,就想等几年,等长大了跑得动时再上。这样就等了两年,又跟着四年级上。上到初三,考了中专,学的是农业机械。我以前一直在乡下——沙湾县的一个乡下小农机管理站当农机管理员,三五个人管着乡里的拖拉机,到各村去指导农村播种、耕种,觉得这样活一生也没什么不好。

在农机站,我一个人生活,父母家离得也远,没什么事可干的时候,就写诗。写诗用不了多少时间,这是件无聊的事情,还好没把生活给耽误了。如果有人喊我去玩,那我肯定撂笔就走了——生活是活生生的生命,你很自然地生活,干想干的事,朝着你的梦想生活,我年轻时似乎快活时光好多,哪有时间写作,所以我三十岁之前都没写出啥东西。

我那时候生活的地方,地域辽阔而封闭,生活贫穷,大家都想离开,走向城市是唯一的目标,文学好像是一条道路,不太真实,但是可以去往前走。文学可以把我的好多梦想融入其中。但是真实地接触文学以后,就没有原始的欲望了。文学的生存变成内心的愿望——生在乡下的一个青年,有走出乡下的愿望,想生活得更好一些,但没有其他的渠道,他又认识几个字,就想通过文学这条道路,让自己有朝一日生活得更好一些。

问：回顾您的创作经历，从诗歌、散文、小说，这是一个渐进的过程，还是自然的表达需求？

刘亮程：应该是很自然的事。人类的文学创作也是先有诗歌，后散文随笔，小说是最后出现的，我身上演绎了人类的文学进程。

问：您怎么评价2006年出版的第一部长篇《虚土》？它的文体既像散文又像小说。这似乎是从散文过渡到小说的写作者的共同特点。

刘亮程：对我来说，《虚土》是一首长诗。它的整个思维和情绪都是诗歌式的。似乎是早年没有写完的一首诗，最后写成了长篇文章。写完后也没定义成小说，出版社把它作为长篇小说，可能是有市场考虑。我也没有反对——它不可能是散文，如果作为散文的话，虚构的东西太多了。文学失去虚构能力的时候，往往是作家找不到文字的力量，就有一些作家到下面采写一些真实的东西亮相给大家，但它不是文学。文学就是虚构，就是呈现作家虚构和想象的能力。

刘亮程深情的叙述充分展示了他独特的个人体验。身边的人、物和事，都获得了饱满盛大的生命，清澈朴素的语言，看似不动声色，却深含珍惜和敬重。

问：2014年，《在新疆》获得鲁迅文学奖。您如何评价这部作品？对您而言有什么特殊的意义吗？

刘亮程：我在缓慢的新疆时间里写成这部书，前后写了十年。十年间我游走于南疆北疆，至今我，仍怀念我在南疆独自行走的日子，我背着相机，一个人在库车老城的巷子里走，在那些已经很难走到的村子里走,走累了停下来,坐在靠墙根晒太阳的老人中间,对他们笑笑,他们也对我笑笑,用他们脱光牙齿的嘴。我随身带着纸烟,一人递一根,跟他们一起抽烟。我不会维吾尔语,他们也不会汉语。其实什么话都不用说,就像坐在自己的老父亲身边,一辈子的时光都在这里了,阳光暖暖和和的,心里清清楚楚的。那样的感觉,就像坐在自己不曾经历的别人的日子里,遇见的每个人都仿佛是自己,照着谁的生活过下去,都是可以认命的一辈子。

《在新疆》是我和新疆的一场漫长相遇,我在新疆出生、长大,还将在这里老去。我希望《在新疆》是我和新疆的一场心灵沟通。

问:作品的哲思意味,对于在新疆的人生哲理的提炼,使您被誉为乡村哲学家,为什么有这样的风格?

刘亮程:是新疆给予的吧。写《在新疆》时,我有了一个新疆人的感觉,新疆给我的东西太多:长相、口音、眼光、走路架势和语言方式等等。我的文字不可能没有它的影响。

问:《在新疆》的文笔和风格有何特点?创作心态肯定也大有不同吧?

刘亮程:《在新疆》是《一个人的村庄》之后的散文结集,在这之后,我不再专心散文。一座村庄的重负卸在文字里。所以,《在新疆》更像散文,它就是走出村庄在天山南北的独自散步,闲散依旧,孤独依旧,缓慢依旧,有什么不同了呢,我倒真希望没什么不同。我希望自己不变化,像一棵老榆树活在路边,世界变来变去我还是老样子。

《凿空》入选亚洲周刊评选2010年十大小说,被认为是描写中国式孤独的罕见的作品。

问:几乎是在写《虚土》的同时,您开始《凿空》的写作,并认为将是一部"真正意义上的长篇小说,读者从开篇第一句话就会认同它是小说"。可是实际上,这部作品仍然有散文的影子,感受鲜活,结构也相对零散。您觉得呢?

刘亮程:是这样。我太沉溺于对自然的叙事。让故事停下来,让速度慢下来,把笔墨放在看似不相干的事物上,实际上是一体的。耐心读《凿空》,你会发现我呈现的与主题不相干的细枝末节的描述,可能是最有意义的。写作中,我也会把主题忘记。《凿空》本来就是一部我没有设定明确目的的作品。我也不愿意让它明确地到达目的。我不想让文字跟着主题去赶路。

问:这样做是否有些冒险?

刘亮程:如果急慌慌去完成主题才是冒险。我让一些东西失去速度,留出了真意。村子旁边打出了石油,村人老觉得村庄下面有动静,猜探头钻到身下了——我写出了土地的疼痛感。故事的走向是很焦灼地倾听声音,写瓦砾中还有钢筋,村里的闲人还能看出钢筋能卖钱。这个细节是被我们忽略的。我是在表达他们的生活状态,是社会建筑的最后收尾。城市中没用的东西,村民敲打出来卖几个钱。我们作为城市人,永远不知道瓦砾去哪里了,遭遇了什么命运。

问:《凿空》中,声音是非常独特的载体,通过聋子张金对声音的敏感回忆,构筑起了一个独特而神奇的村庄世界。声音在《凿空》中承担了特殊的功能,这在小说创作中是比较新鲜的。这么写是有什么缘由吧?

刘亮程:我的作品中写声音的文字非常多。这可能是童年生活给予的,也是很自然的表达。每个作家只能用所长书写。在过去的写作中,我发挥了自己的听觉,在《凿空》中最集中地表达了听觉。在生活中我可能是一个聋子——听那些想听到的声音、回避不想听到的声音、所谓敏锐的听觉不是把所有的声音灌进耳朵,是在嘈杂的声音中把需要的声音辨析出来。城市中各种嘈杂的声音把人的听觉淹没了,在乡下,我们会在五六点钟就被鸡叫声唤醒,甚至能听到蚂蚁走路的声音、老鼠走进院子的声音、蜻蜓的翅膀扇动的声音、尘土在空气中碰撞的声音……我们只知道听大声音,不知道听小声音。小声音才大得吓人。万物生长的声音,种子在发芽,苞谷在长穗,熟透的水果在坠落,千千万万的声音,我们的耳朵都失聪了。

从散文到小说,想象的尺度更大了。散文还受字数限制,自由的限度不及小说。散文往往把大故事做小,而小说是把小故事做大。"空"其实是把听觉想象发挥到了极致,把村庄所有的声音都捕捉到了。

《捎话》从第一句便进入完全个人化的虚构创造,它最终成为一部孤悬于历史之外的小说。

问:《捎话》是一部怎样的小说?虽然还存在一些散文的痕迹,但与前面的几部作品比,从叙述方式到整个文本结构都是小说式的。

刘亮程:我想写一个万物的世界,不仅仅只有人的故事。《捎话》的背景安置到了千年前。那时候,人还与万物一同生活,比如小说的主人公就是一头小驴。即使在十多年前,新疆也是遍地毛驴。驴是人最主要的帮手,家也是一半人的房子一半驴的圈棚。在那个人和万物同在的世界里,人的生活被驴看见,人在鸡鸣狗吠中睡着、醒来，人为信仰而争斗，不管人信了什么，驴都跟着人，不改初衷，不会变心。我写的所有动物都是它们自己。只是现在，人不需要驴这种牲畜了，也不需要在鸡叫中醒来，人的世界只剩下人。我思考的是，人真的不必在乎自己在万物眼中的形象吗？在小说中那头斜眼看着人的驴心里，人可真的不是我们自以为是的那样。如果我们在乎这些呢，我们对世界或许便有了更多的感受和认识。

问：您的很多作品里写到驴，《捎话》里则是以驴的视角叙述，为什么这么设置？

刘亮程：我写的那些地区跟驴有关系。在新疆的游牧区域基本上都是马的天下，而像塔里木盆地区域，那里绿洲上居住的农民主要接触的是毛驴。驴可以帮人干活，很好养活，也能跟人交流，有意思。有些动物，像牛，可以出力，能耕地拉犁，但是没意思，跟人不怎么交流。小说中主角是一头叫"谢"的小毛驴，主要故事也是这头毛驴耳朵听见眼睛看见的。在这样一个"他物"的视角下，人与人之外的众生被看见听见，并呈现出来。一个万物参与其中的声音世界，顶天立地。我想写出一头驴眼睛里看到和耳朵里听见的人世。那个世界的声音，曾经被驴耳朵听见，那个世界的悲欢，曾经被驴眼睛看见。我写那头毛驴的时候，从来不认为它是在替人着想，它在想我所想，想它所想。

他把大地上的苦难消化了，从沉重的生活中抬起头，让破灭的梦得以重生，引领土地上笨重的生命飞翔。

问：您愿意把自己的作品归为生态文学吗？您怎么理解生态文学？

刘亮程：我到现在为止，对生态文学的概念和内涵不是太清楚。生态应该是更宽泛的东西，从山水延续下来的理念，核心是世界是万物的，作家应该有这样一种心态。文学不仅仅是人学，否则会非常狭隘，世间万物为人性服务，然后从人的角度发出一种声音。

我很赞同自然文学的说法，这在中国可以找到渊源，至少从庄子开始，山水诗、田园诗，甚至乡村文学，是有传统脉络的文学理念，我认为的自然文学，最核心的是自然本身。在我们以往的文学中，自然是作为喻体存在的，总是借助自然抒怀，在这样的书写过程中，自然不是它自己，一片草、一朵云都被赋予了使命，不是自然的本身而是比喻的工具。那么，自然文学应该把自然放在最自然的位置，让自然本身说话。我的文学，从《一个人的村庄》开始，也在朝着这样一个方向努力。至少在我的文字中，自然不是工具，当然这样的文字同样有象征意义，有寓言意义，但是必须是有生命的自然。

从庄子追求天地合一，心境融入天地之间，与天地精神独往来，这是自然主义。后来我们的文学，太过于功利，我们的表达主题太明确了。文学有明确的表达主题的时候，文字成为工具，对风景描写成为道具，都为主人公服务。这样的文学怎么能是自然文学。

问：那您认为什么是自然文学呢？《瓦尔登湖》是吗？

刘亮程：《瓦尔登湖》也太功利了，带着明确的目的观察描写。至于万物有灵，它是传统，被一代代艺术家继承。一个作家的基本信仰应该是万物有灵。这个世界是灵光闪闪的。尘土是睁开眼睛的，听风的时候，风是有眼睛的。

有两种东西阻碍了和万物有灵的接触，一是科学知识，我们用科学的手段分析、剖析一个生命,呈现简单的科学说明;当然不能认为它是错的,它是解释万物的方式之一,人的本真和本性去接近事物,文学对事物的观察,更是历史悠久的。在文学家眼中,这个世界远比科学丰富得多。许多孩子从教科书里,通过简单的科学说明了解自然界的草木,其实什么都不懂。自然远比科学给你的更丰富。一开始的科学教育妨碍了对自然的进一步了解;二是我们缺失了和自然表达的语言。《诗经》中建立了完整的语言系统,"关关雎鸠"既有鸟的名字,又有鸟的叫声,这样的语言系统,通过语言把叫声呈现出来,至少在《诗经》时代就存在了。《诗经》中有三百多种动植物,有形态,有颜色,有小动作,语言系统多么完备,现在写作中还有多少人能知道这些动植物的名字?即使我们知道,也对这个名字非常陌生,缺少了对自然界最起码的尊重。你从《诗经》中会发现古人对动植物是多么尊重啊,起一个美好的名字,呈现出来,我们知道古人是把自然放在心中。即使作为象征用时,也是捧着用。一方面是我们对自然的不熟悉,可能作家一写自然就会出现败笔。古典小说中总会出现大段的自然描写,我们的所有故事确实不是发生在自然中了,而是移到人类社会中。另一方面自然的介入变得非常尴尬,影响小说的速度,而现在阅读恰恰是在强调速度,读者也没有心境去欣赏自然。

问:为什么您能做到?

刘亮程:可能在我的心智中还保留着一种天真,把和自然万物交流的门隙还没有彻底封死。我从小生活的环境,村庄比较遥远,能大片听到自然的声音。

获奖作家访谈

鲍尔吉·原野:为世上所有的美准备足够的眼泪

鲍尔吉·原野 1958年出生,蒙古族,内蒙古赤峰人。辽宁省作家协会副主席,赤峰学院文学院特聘教授。1981年开始文学创作,出版散文集《草木山河》《掌心化雪》、短篇小说集《巴甘的蝴蝶》、报告文学《最深的水是泪水》等七十多部作品集。曾获第五届全国少数民族文学骏马奖、第十六届百花文学奖、首届蒲松龄短篇小说奖、内蒙古文艺特殊贡献奖并金质奖章、赤峰市百柳文学特别奖。作品收入大、中、小学语文课文。散文集《流水似的走马》获第七届鲁迅文学奖。

| 采访手记 |

他和我想象的不同。

写出那么多细腻精致,又幽默简洁的文字——鲍尔吉·原野应该是什么样子呢?是不是像托尔斯泰那样留着长胡子,魁梧高大却心思缜密?

上着橙色的T恤,外套深蓝色的运动装,磨得发白的牛仔裤,鲍尔吉·原野就这样风风火火跃入我的视野。他那并不服帖的平头感觉有些倔强,大眼睛和善又略带狂野的热情。

鲍尔吉·原野的声音很独特,能让人想到草原的宽广。他的身上也有太多蒙古族的特征,喜欢喝酒,喝白酒,性格豪爽,如他所说,能做到有啥说啥。

采访之前我读过他一些作品,那是值得反复阅读与品味的文字。真诚、幽默、灵动、节制。你能感觉到他的文字像草叶上的露珠轻盈透明,也能听到露珠滑落时的叹息和悲伤。当然,或许它的滑落是故意的捉弄,带有一丝顽皮。

阅读因此变得生动了,动如脱兔。

鲍尔吉·原野写过十年短篇小说。据说这个经历对他的散文写作很有帮助。席慕蓉读过《流水似的走马》后说:"这本书像银器上的镂刻,我可以感受到它的慢,这些花纹上附着匠人的呼吸,是用手指肚摩亮的。"

第一次采访是2008年。我至今记得他当时过说的一个细节:有一回,看到一只花大姐落在音箱上,鲍尔吉·原野就把柴可夫斯基的《一八一二》拿出来。他问花大姐:"你想听吗?"他打开音乐,《一八一二》中真正的炮声把花大姐震跑了。"我希望像花大姐一样,背着美丽的吉普车到处飞,挺好的。"原野说这话的时候,真诚善良的大眼睛里流露出无限的向往。

《流水似的走马》的题记是"长生天保佑所有诚实和善良的人"。其实,诚实和善良既是原野的性格,也是他笔下所有人物的特点。

问:您对天下苍生有悲悯之心,下笔才有如此大爱。这种爱,是一开始写作就融汇笔尖的吗?

鲍尔吉·原野:人的同情心差不多由童年决定,心理学家如是说,事实也如此。我的童年在1966年以前像年画一样单纯美好。尽管小,我仍记得那时候人与人和睦相处。如今渐入老境,慢慢领悟到"爱是勇敢"的深意,领悟到爱是忍耐,是善恶分明,是领食弱者的苦难面包而不去谄媚势力集团。爱是眷恋从头顶飞过永不相见的小鸟,是为世上所有的美准备出足够的眼泪。

在心灵里,与爱相邻的词是诚实。你想象不出一个不诚实的人心中有爱。诚实先要对自己诚实,这有用,对作家尤其有用。作家们,是不是需要诚实地观察自己的写作?诚实像我在贝加尔湖水深四十多米处仍然看得清楚的湖底的水草和石头,这令人惊讶。诚实和澄澈实为同一个意思。在牧区,不诚实会得罪所有的人,你的眼睛接不住那么多双眼睛射来的鄙夷的目光。只是,我们今天这么用力地讨论诚实显得有些可笑,却又笑不出来,因为生活中最不缺少的就是欺诈,包括以爱的名义欺诈。我喜欢描述诚实和善良的人们,他们多数是劳动者。我觉得我也许有一项特异功能:能从诚实善良者的脸上看出他们散发出的柔和明亮的光。

问:《流水似的走马》共分了四辑,我最先翻阅的是第三辑《父母亲》。这是最易写,也是最难写好的篇什。但是我发现,您笔下的《我爸》《我妈》,依然是原野式的风格:幽默、风趣、节制、凝练。"如果父母还在的话,儿女才感到幸福"——多么朴实,却是引发读者深入骨髓的共鸣。写爸爸战争中受过一次枪伤,却以"多偶然"一笔带过。不去大肆渲染,却举重若轻。这种四两拨千斤的写法,在您来说,是一种必然吗?

鲍尔吉·原野:谢谢您看出在我写作中隐藏很深的美学原则:幽默与节制。这是我写作之树的根系之一。我小时候读书遇到过一种特殊的感受,我不知怎样去说它,只好管它叫好笑,但它是藏在语言里的非比寻常的好笑,比一个人踩西瓜皮摔倒的好笑更深远。我为此请教过许多大人,而大人们根本不知我在说什么。直到1970年,我随父母到"五七干校"生活,遇到贾世谊老师。他告诉我:你说的这个叫幽默。

这真是石破天惊,原来它叫幽默,世上竟有这么好的东西。幸运的是贾老师同时告诉我:幽默不是油滑,不是讽刺,它跟内心深处沉重的东西在一起。我记住了这些话,在后来的读书经历中读到更多的幽默,这是我爱文学的理由之一,同时也慢慢察觉出幽默与油滑的天壤之别。我以为,幽默是爱的另一种说法,否则发现不到在生活中那么多可爱或可笑的现象。事实上,幽默更接近真相,它从来没放过对人类包括写作者自身弱点的观察。而节制是什么呢?是区别一个人会不会写作的分水岭。作家需要处理的生活素材比超市的商品还多,而契诃夫在三千多字的短篇小说《凡卡》中用几个着墨浓淡不一的人物就写出俄罗斯大地无休止的苦难,而其中的细节比金子的光芒还亮。这里面有节制的力量。太极拳节制,书法也节制,太阳每天升一次而不升两次是它懂得节制。契诃夫是幽默与节制的巨匠,他作品的根基是他心中隐藏着的大爱,尽管他的爱里浸透着泪水。

问:在这本书里,您在草原上的亲人们悉数登场,活脱脱地,像是在我面前走动、说话,看了让人笑、让人泪。您写情节、写故事、写细节,鬼斧神工。阅读是轻松的、愉快的,不知您的写作,是否同样轻松,很想知道您的写作状态。

鲍尔吉·原野:我觉得作家第一样的能力是会写人物,然后会写故事,自然也会写细节,这项能力也应该是散文家必备的本领。

您说阅读我的作品是"轻松的,愉快的",但我写作时并不轻松,每每像在沼泽地里挣扎。每临写作,连身体都安排不好。我站着在吧台写过,坐小板凳在小方桌上写过,在家里宽敞的洗手间里写过,也在百货公司、飞机和高铁上写过。写作换这么多地方,是由于写不出来。有时候,为了摆脱巨大的写作压力,竟在梦中挥笔疾书,而醒来面对的仍然是一张白纸。写作时,我不敢照镜子,那是一张阴郁的、饱受折磨的脸。

草原的风、羊的呼唤、牛粪的气味、树的姿势都是家里财富的一部分。原野说,游牧民族跟山峦大地分不出你我,一切都是我们,包括蚂蚁。

问:您好像没怎么表达多么爱草原,多么爱家人,可是,这爱就四溢在笔端了。您如何评价脚下这片土地,它给您带来什么?

鲍尔吉·原野:您看小孩子在心里的爱是最多的,他们爱父母、爱动物、爱天空的白云,甚至爱一片小叶子,但他们不去说他们在爱什么。非不能也,而不为也。真诚的爱和他所爱的人物与事物待在一起,他不会从爱里跳出来说:"我爱你!"

我常常觉得看不清土地的面貌。一会儿春花,一会儿秋叶,你不了解土地在万物茂盛的外表下面的内心,以及它的苍茫、丰饶和严峻。我想一个人在大地上行走,一直走,他会变得越来越渺小,就像我们在飞机上看到的地面上的房舍与汽车。这个人最终会小到与沙粒融为一体。土地教会人一切:生长、忍耐、谦卑、融合、沉默、喜悦、开始与结束,就像我们在大地上看到的树与草的一生。土地还教会我们歌唱——如果你愿意把河流的声音、风的声音、甲虫爬过草叶的声音、阳光照在土壤上的声音称之为歌唱的话——这是关于爱的简单与恒远的歌。

问:看风景,看曼德拉山岩画,您也能流下眼泪;看到姨妈的苍老,感慨岁月无情,也"泪复下矣"。您在生活中是怎样的人?

鲍尔吉·原野:在生活中,我不怎么流泪。童年或后来吃苦的时候,也没流过泪。眼泪在这个时候流不出来。有一次我做眼睛手术,不能够打麻药。黑眼仁要一直盯着前方,不要转动。医生用手术刀把眼球的表层和里层分别割开,然后一层层把肌肉和筋腱缝合,历时一个多小时。这是怎样的疼痛,就不说了。然而这么疼,哪有时间流泪呢?论胆气,我或是个强悍的人,平时掩饰着这一面。可是,生活中让人流泪的事情很多,那些描写人性美好的电影,那些音乐(我听勃拉姆斯的《德意志安魂曲》逾二十年),那些诗歌,那些纯朴的人的沉默的脸,那些朋友的爱与信任,那些流浪狗期待的眼神,都让我流下泪水。我觉得泪水这种东西自成体系,并不听人的调遣,有时还会让人难堪——比如在课堂上讲解杜甫诗文的时候,停下来拭泪,擤鼻涕,喉头蠕动,让人很狼狈。

问:您认为写好散文必须具备的条件是什么?

鲍尔吉·原野:我以为好散文要有好的语言,它来自生活而不是书本,它富有诗意,它不是相互模仿的产物,它有作者发自内心的真诚,它朴素,它可以有鲜明的人物形象和生动的故事,它远离议论,它像露珠一样新鲜。当然,每个人都有权利定义好散文。

2020年,他推出长篇小说《花火绣》。有评论认为,这部小说的语言是在鲍尔吉·原野散文语言的草原上盛开的花朵。

问:您的创作中,也有小说和报告文学。能否谈谈您2020年推出的长篇小说《花火绣》? 和散文相比,小说对您来说是难是易?

鲍尔吉·原野:十年前我写过一部涉及草原生态的长篇小说《花火绣》,《长篇小说选刊》转载时改名叫《露水旅行》。春风文艺出版社准备出版这本书并制好了版,但后来变卦了,怕论及生态问题惹麻烦。之后我投了十多家出版社,一半没回音,另一半说不出。读过的人认为这部作品幽默、荒诞,很好看。我考虑主要是《露水旅行》这个名起得不好,这不是白白在出版社旅行吗? 2020年终于由湖南文艺出版社出版了,还叫《花火绣》。这部长篇或许比赫拉巴尔《过于喧嚣的孤独》写得还好一些。

我觉得写小说比写散文难得多。写散文是把包子掰开让人看馅,而小说家心里所有的话都在他的人物和故事里,这是二维与三维的区别。我最喜欢的小说家是美国作家艾·巴·辛格和索尔·贝娄。

问:不用说,喜爱您作品的读者,无不被您的语言吸引。您希望自己的语言具备怎样的品质? 这种品质,是否需要刻意维护?

鲍尔吉·原野:汉语并非我的母语,一个人倾心于语言并同时使用蒙古语和汉语两种语言的时候,会被它们描述的区别所吸引,这是迷人的。我用汉语写作,对它凝练之功,意在言外之功,行文清风白水之功很景仰,许多先哲的文字摆在那里供你学习:陶渊明、杜甫、苏轼的文字集优美、简洁、含蓄、悠远于一体,这是无可比拟的财富。我希望自己的语言有纯洁的品质,纯洁在这里包含了澄明和爱惜的含义,并有准确、生动的特征。这种品质,我想一定需要刻意维护。刻意是说不让人的心灵受到污染。陶渊明与苏轼的语言是他们心泉的回应,他们是这种语言的主人。超然、放达、对爱与美的追寻,是他们人格与语言的共同特征。故此,你刻意维护的语言,即在维护你的人格。

问:您希望成为什么样的作家?

鲍尔吉·原野:我希望成为这样的作家:除了写作外,他还是一个心智正常的人,不会让别人觉得他是作家。他没为了进阶而写过不诚实的文字。他的作品给人带来愉快。他有独立思考能力并热爱自由。他敢于承认写作的失败,同时不因为付出过一生精力而感到后悔。他靠心灵而非百度写作。他喜欢诗歌与音乐并从中受益。他对语言的挚爱贯注一生。他找到了适合自己的叙述方式并敢于抛弃它从头开始。他应该有幽默感。他靠写作能够养家糊口。他不抄袭别人的词句、构思与灵感,引文注明出处。他喜欢大自然和纯朴的人。他有充沛的想象力和敏锐的观察力。虽不能至,心向往之。

全国优秀理论评论奖

获奖作家访谈

何向阳:我看见她手的温度 将矿石唤醒

何向阳 1966年生于河南,祖籍安徽。1980年开始诗歌创作。现为中国作家协会创作研究部主任、研究员。出版有诗集《青衿》《锦瑟》,散文集《思远道》《梦与马》《肩上是风》,长篇散文《自巴颜喀拉》《镜中水未逝》,理论集《朝圣的故事或在路上》《夏娃备案》《立虹为记》《彼黍》,专著《人格论》等。散文、评论入选《中国新文学大系》。曾获冯牧文学奖、庄重文文学奖。评论文章《十二个:一九九八年的孩子》获第二届鲁迅文学奖。

| 采访手记 |

　　歌德曾说:"在艺术和诗里,人格确实就是一切。""……关键在于是什么样的人,才能作出什么样的作品。"

　　近些年,评论家何向阳在为深入研究人格论撰写评论文章的同时,重又回归到少年时期就挚爱的诗歌创作。说"回归"或许并不准确,因为她一直也并未远离,只是生命的年轮流转,以无可名状又不容更改的理由将她慢慢带到既有的轨道。

　　诗歌于她,既如瀑布奔流不息,也如泉水潺潺而流,从长句到短句,从纯真而稚嫩的情诗到充满思辨的哲理,何向阳的诗歌充满生命的激情,饱满着,怒放着,诉说着。

　　她曾如此形容作家的使命,"像茑萝,她们长在潮湿破旧的矮墙旁,发现它们,写出它们,并把它们牵引到有阳光的地方去",其实,这也是她作为评论家的使命之一。而此时,她将二者无缝地美妙对接,呈现出一个多面而丰富的诗人兼学者的面貌。

　　我们相识于2001年。在北京图书大厦举办的"走马黄河丛书"发布会上,第一次见何向阳。丛书中收入她的《自巴颜喀拉》。在人声鼎沸的嘈杂中,何向阳安静、温婉、谦和,和她细致入微的文学笔调紧密地糅合,留下一个严谨扎实、温文尔雅的学者印象。一恍,时间过去了二十年。

先是拿出了封存多年诗歌集《青衿》,紧接着又出版《锦瑟》,于是"著名评论家"何向阳又加了一顶"诗人"的桂冠。

问:从少年时代开始写诗,写了近四十年,您如何评价自己的诗歌创作所经历过的变化?为什么那么喜欢用短句?和气息有关,还是其他原因?

何向阳:诗风、修辞、格局都有变化。原来的诗歌中,有"蓝色变奏",除"蓝色变奏"之外,总有一个"你"的存在,"你"是理想的,强大有力。到了《锦瑟》,毕竟是中年之后的写作,反思、追问的东西多了,有了一个"谁"。《青衿》诗集中,多首抒情短诗之后,总有一个《蓝色变奏》的组诗,作为间离,仿佛一个隔断,让漫步的"我"有一次加速,短跑中的冲刺一般。当然,《蓝色变奏》的反复出现,也不只是起到一种体例式的作用,而是多种心情组合而成的一种心象。这种心象仍然是与青春时的那个"我"有着内在的呼应。那是一种勃发的行进,深度的自律,理性的怀疑。而到了《锦瑟》诗集,它的间离变作了一首同题诗《谁》。这七首《谁》,隔开了多首短诗,多首短诗反而成了一组一组的,而《谁》却成了一首。当然,这也不只是体例上的故意。当然,这个"谁"的所指空间是无限大的,"谁"不是一个具体的他人,也不只是一个有待无限认识的自己。他究竟是"谁",还得由每一个读诗的人去解读认识。

说到短句,原来我写的句子很正常,现在逐渐做减法了。生病之后,病愈之后,最想写的都是诗,想写自己最有感触的也最让心灵自由的东西。写短句主要和我的气息有关。有时候一个句子分三行,不是有意为之,写到那里,自然而然地觉得就该转折。霍俊明在2017年关于《锦瑟》首发的对谈中,将之表述为"悬崖体"。这种讲法很有意思。当然这是从气息与形式而言。到了后来,与北塔谈及这种"悬崖体"风格时,他又讲了气息、形式之外的东西,一种革除、删节,或留白。我想到的是,自觉不自觉地选择这样的"悬崖体",大约是对我个人喜写长文理论的一种叛逆,那么在诗里我尽量短,用最少的字,极简主义。诗人之间的谈话往往就是这样,在对语言的追索和表达上,他们不打妄语,较小说家之间的对话要更认真和准确一些。

问:很多人注意到您的典雅温婉,总觉得您的诗歌中流淌着一种淡淡的忧郁。您写诗的状态是怎样的?评论家霍俊明说您近几年的诗歌写作几乎达到"休眠火山的密集喷发",是这样吗?

何向阳:诗歌的灵感稍纵即逝。我是随时随地在写,散步的时候,买菜的时候,看孩子的时候……床头备着纸笔,有时候深夜醒来,有几句诗觉得不错赶紧记下来。好多诗最终还都呈现出"正在进行时"的状态,有着未完成的面貌。诗在日常状态中是一个停顿,我称之为"美的时刻的停顿",它一下子提醒你:日常生活之外,还有另一种人生。它让你不断地回到纸上。

霍俊明的评价"火山喷发"有一定道理。我的诗歌写作虽然开始得很早,但在总体写作中占的份额很少,一直处于压抑状态,从1993年以后有将近十年时间的断流。2014年之后,《十月》《人民文学》《诗刊》《北京文学》《上海文学》《作家》《大家》等十几家刊物都发过我的诗歌,2017年还获得上海文学奖的诗歌奖,这是我的第一个诗歌奖,也是目前唯一一个诗歌奖。我很看重。在此之前,我获得鲁迅文学奖、冯牧文学奖、庄重文文学奖,都是文学理论评论奖。当然理论评论也是创造,是思想的创造,但自己在中年之后的另一种接续起少年时期的创造——心灵的创造——被得到一种承认,心里的喜悦,可想而知。

问:诗歌创作大约总是需要激情和灵感,很多诗人年纪越长创作力度越小。您的情况恰恰相反。

何向阳:诗歌与诗人的关系极为微妙。相对来说,有顺其自然产生的诗,也有因了生命中的某些事情的出现而突然降临的诗。于我而言,两种情景均有经历。第一部是前者,第二部是后者,所以《锦瑟》较之《青衿》而言,更像一个"突发事件"。是诗意的突然降临。也是一场疾病之后,身体调动了生命中顽强的力量,并激发你自己可能都意识不到的能量——那些日常生活中被遗忘掉遮蔽掉的东西,总有一天被生命中突然出现的与生命有关的事件激发出来,如果能够超越日常而将之记录下来加以留存,以一种非同寻常的方式,完成与自我生命的一场对话,这本身就是诗的。这种诗有一种趋光性,它较之前者情形出现的诗歌——青涩的甜美的惆怅的——有了极大的改变,它的凛冽与尖锐,它的质询与坚持,以及于此磨折中产生的对于艺术的信仰,都是以前不曾出现的。总之,它要真的东西,你要以最真去对待它,否则它不给你。就是如此。诗歌是人类语言的峰顶,登顶的过程,是诗人成为诗歌的过程。这种峰顶之险峻,这个过程之壮丽,不亚于攀登珠穆朗玛峰。当然我说的是精神意义的。许多时候,我们可以凭借一定的才华到达半山腰,有的登山者就待在了那里,但是如果你是一个真正的登山者,你绝不可能停足于此,许多时候,你以为诗歌的到来可能只是生命力自然呈现的一种状态,但实际上它一直在向你要一个高度。它也始终在检验你能够达到的高度。

在众多的评论家当中,何向阳是少数能够坐下来与作家对话,愿意深入作家内心深处的评论家。这种对话,无疑使她付出更多的精力和心血，但收获也是毋庸置疑的。

问：和多数评论家不同，您既做理论文章，也和作家有过深度对话。

何向阳：我们习惯于通过阅读作品认知作家，其实不论是评论家还是专业读者，不能把人的因素忽视掉。作品和作家是相互补充的。西方的评论家，"别车杜"和他们同时代的作家都有深度的交往，不是只看文本。那是一种面对面的交流。英国的伍尔夫也有很多作家朋友，梵高和高更曾住在一起，他们之间有交流也有冲突。总之他们之间的文学理论和文化交流都是互相渗透，并非互相隔离。作家和艺术家之间、和哲学家之间、和思想家之间，精神领域的创造者必须有这样的场域，就像《流动的盛宴》，进行精神的互惠，共同创造文学的高峰。如果都只满足于单独的隔离的个体，就容易闭门造车。在一个时代，在一个地理文化环境中，和作家一起创造精神的深度交流、深度对话，探索他们的精神世界，再去复读他们的作品，他们创作出来的文本，大有不同。理论家评论家做的是这样的事情：对散落在不同树上的最好的果子采摘来，供奉在读者面前，告诉他什么是成熟的，什么是生涩的，哪方面是有阳光的，哪方面可以更丰满一些。这是理论家评论家必须完成的使命。

作为普通读者，可能只满足于作品对自己的营养，更高一层的阅读需要在精神链条上衔接传统，进一步提升精神领域的话，我们的阅读应该是深度的，这样才能够帮助读者，引领阅读。同时也在阅读中经由思考完成自我的创造与进化。

问：我发现您特别重视作家的访谈。一般评论家只是面对文本，很少有人像您这么肯下功夫面对作家采访。

何向阳：人与人之间面对面的交流特别重要。访谈在我的评论中占的比重很大。多数评论家更注重文献,我看重访谈的鲜活性,比看作品的信息量大,有作家的气场、气息,还有很多信息扑面而来。访谈是了解作家的重要部分,有点口述史的意味,访谈里的作家是立体的、活生生的人,而不是打印出来的字。好的作家都应该留下访谈,否则这个作家是平面的、隔离的。

现在大家对访谈有曲解,认为是初级的对话,把访谈理解成通讯报道。要想深入认识作品,和作家的深度交流非常重要。当然也可以通过散文、不同的回忆录还原一个作家,那只是轮廓的还原。面对面的访谈,就像进入后台,进入心灵的暗示。好的访谈是两个人心灵的碰撞,是相互提升,共同成长。

问:这种对话对评论有何补充?

何向阳:这种对话不仅对评论有补充,我以为对未来的文学创作本身都有一定作用。它是双重的,也是双向的。我们这一代"60后"人,上大学时正值改革开放,各种哲学思想被介绍到中国,受康德、黑格尔、尼采、叔本华、海德格尔影响较大。如果学习的全是理论的知识,只是接受,那么创造在哪里?我们长期以来习惯于自己是一个接受者,一个学习者,一个读者,但是接受不是目的,接受的目的在于创造从接受者到创造者的角色转换,其实并不简单,这里面有一种内在的主体机制在起作用。就是你必须在一大堆的"材料"中找到你自己!当然在一个接受者的层面而言,在文学研究方面,我希望材料也不单是集聚在文学文本方面,若想从思想方面得到有力的、个性的补充,从而找到真正的自己,就必须越出文学这种单一的材料。一句话,你要做一个文学人,必须对人所创造的一切与人有关的思想感兴趣。就是说,你必须对人感兴趣,对人生活于其中的自然感兴趣。文本对于理论的补充,对话对于文本的补充,以及在这所有过程中的你的创造如何对时代思想有所补充。

一代代作家在他们的写作中想着什么？这个想法又是通过怎样的方式去呈现的？它们，给这个时代提供了哪些新的东西？这是我感兴趣的。作家的对话和作品阅读，丰富、补充了理论认知，而我在对话中想亲证一些东西，也总能从对话中找到和作品蛛丝马迹的对接和印证，这种解题的方式如同探险，而且面对的是人，所以你会一直受其吸引，而同时你的表述也会更加灵活生动。

日常生活中，我其实是一个不太爱讲话的人，但是面对熟悉的人又可以滔滔不绝，这样的人也许更渴望着对话，一种真正意义的两两对话，而不是众声喧哗。两两对话的好处，在于你必须保持耳朵的灵敏与听力的清晰，真正意义的对话带给人的就不只是文学，它超越文学的具体，而向着更高的可能性进发，对话的作用并不简单，虽然在理论评论之中它是一种极简的方式，但在思想的交锋与互融中，产生一种新质的心的文学，也成为可能。对话之于我，就是评论。同理，评论，就是一种隔离式的对话。基于怀疑，对话有了可能；基于信仰，对话方能继续。在怀疑和信仰两极之间，本能地想对他人也包括自我做进一步探寻，所以必须用实证的东西，用第一手得来的资料，打消自己的疑虑。

问：能否谈谈，对话之外，您做评论的具体方式方法？

何向阳：最近读阿来的六卷本，他把原来的《空山》重新架构，新出版了《机村史诗》。为了《文学报》评论的约文，我又找来原来的《空山》，找来他的中篇阅读，包括最近的"自然三论"——《蘑菇圈》《三只虫草》《河上柏影》，和他的散文《草木的理想国》，还有讲稿、大量诗歌，包括收集与他故乡相关的一些资料。前面提到，20世纪四五十年代之际出生的作家路遥、张承志的世界观很强大，但是60年代的很多作家还没有用自己的写作建立起自己的世界观。我跟踪阿来多年，他是有世界观的作家，他的世界观是完整的世界观,更确切地说是包括自然的大世界观,人与人之间的关系,人与万物之间的关系,人与内在自我的关系,在这个大世界观中都保持得相当完整。

阿来的文学给我们的启示,比如说在他的《机村史诗》中,那些被人创造出的"物",和一直在那个高原上生活着的人,他们、它们,都获得了某种生命感,都也在文字中再度获得了生命感。这是一种什么样的世界观,我前些天还在和同时看过《空山》和《机村史诗》的朋友在谈这两部作品,这两部作品其实是一部作品,但是《机村史诗》与《空山》不同的是,它将虚拟的空间打破,用生活日常中的物和人,增加了文学对现实存在的触摸。这种触摸是有温度的。这可能就是为什么很多自然的东西在别人的文学作品中都消失了,但是在阿来的小说里不仅没有消逝反而越来越浓烈了的原因。

阿来的作品不再是以人为中心,自然的声音越来越多,他的文字呈现了——人只是自然的一部分,自然之中,人并非自以为的那个中心。相反,自然并非人的外在环境,自然在人处于最好的状态时,它是人的中心。甚至可以说,它就是人的"心"。如果反过来,人就会出问题。所以找到与宇宙的同构性特别重要。当然我说的并不是一个自然科学的问题。

问:早年诗歌创作的底子,使您的语言富有诗意,感觉也特别敏锐。评论具有这样的气质和个性,是不是也觉得还比较满意?您如何评价自己的评论?

何向阳:一是思,一是诗。不少同时代的评论家都或多或少有着这样的双重气质两套笔墨。比如张新颖、张清华、树才、高兴、汪剑钊、霍俊明、杨庆祥等等。写评论的时候,逻辑性强,表达缜密,因有诗情而文字的感觉会更加敏锐些。而在写诗的时候又能沉得下去,触碰到与精神性的存在等相接壤的大题。语言诗化不会缩小和掩盖问题。但较之理论,我个人还是爱诗歌更多一些。理论写作,毕竟是讲理、讲道理,是一个人说服另一个人的层面,为了把道理讲清楚,也为了让对方相信你自己的道理,这时的文字就特别冗长;而诗不一样,诗歌的到来,是一个让自己沉浸其中的过程,这个过程好像没有更多的要让别人相信或者是寻求同盟的道理。它完全是感性到理性再回到感性的过程,当然,它直接、简单、天真、纯粹,就像我们不去问宇宙何以如此、明天何以来临、阳光何以普照一样,只接受它,就已足够。相反,理论写作在本质上是一种以"不够"为前提的写作,或者是一种有欠缺的"不安"的写作,是一种"问题"写作。而诗歌写作全然不同,它自足,自在,它是在问题几乎全然撤走之后的一种对万物的拥戴和包容,这个时候还有什么问题的位置呢。你只是去欣然接受语言的到来。鲁枢元曾经写过一篇《苍茫朝圣路》的文章,谈我的评论,讲有点"小丫耍大刀"的感觉,是说我写起文章有大刀阔斧的感觉。看得很准。我的理论关注的问题相对广阔,好像和传统意义认为的女性应关注的问题不太一样,但细读的话,你会发现,那个好辩的我已经在向沉静的我转化,之于未来的我,最好的理论就是把逻辑写成诗,仁智兼备,而我现在是仁有余,智不太足。诗意盎然地去表达逻辑后面的包含了人的万物,对于这个前景而言,我仍需与更为深在的我接通。

获奖作家访谈

吴义勤:作家和评论家之间最好是一种"工作关系"

  吴义勤 1966年出生,江苏海安人。中国作家协会党组成员、书记处书记,中国小说学会会长,中国当代文学研究会副会长。出版《长篇小说与艺术问题》《自由与局限》《中国当代新潮小说论》等学术专著多部。获庄重文文学奖、中国文联文艺评论一等奖、山东省社会科学优秀成果一等奖等十余项奖项。评论文章《难度·长度·速度·限度——关于长篇小说文体问题的思考》获第三届鲁迅文学奖。

| 采访手记 |

　　2009年5月，吴义勤由山东师范大学文学院踏入中国现代文学馆的大门，从此投入文学梦想的守护之中。2013年，他作为中国现代文学馆常务副馆长接受《中华读书报》采访时曾谈道："不管担任什么职务，我对文学的敬畏之心始终没变，无论是从事学术研究，还是处理各种繁杂事务，我始终秉持着一颗敬畏之心，我希望我们所做的一切都能为'文学'添光增彩。"

　　的确，无论多年来吴义勤的职务有何变化，他对文学的追求和理想没变，"传承文学流脉、守护文学经典、弘扬人文精神、培育诗性情怀"的期望没变。

　　常见主席台就座的吴义勤，不苟言语，睿智的目光在镜片后藏起笑意；然到了台下，他乐呵呵一脸童真，谈笑风生，未及接触先让人觉出三分亲近。作为著名的评论家，他拥有很多知心的作家朋友，因为他既有对文本出色的感悟和阐释能力，又有对作家劳动的基本尊重与充分理解；即使外行也能与他的作品一见如故，大约是因为他的文章既有学理的逻辑，又有深入浅出的表达；既有善意的体贴，又不乏深刻的见识。

他对苏童的小说如此着迷，只要发现苏童有新的作品，总是第一时间追着读。

问：您是从什么时候介入评论的？

吴义勤：在大学读研究生时。80年代的扬州师范学院（90年代后才更名为扬州大学）中文系有很好的人文氛围，词曲学大师任中敏（半塘）以及曾华鹏、顾黄初、李廷先、叶橹、李关元等都是知名教授。曾华鹏是中文系主任，贾植芳先生的学生，他的现代文学课极受同学欢迎，鲁迅的《狂人日记》《孔乙己》《祝福》《药》等小说，他每一篇作品都可讲几个半天，非中文系的同学也都跑去听课，台前窗后挤满了人。同学们听得如痴如醉，对曾华鹏先生可谓无限崇拜。而作为中文系的学生，我们那时很有优越感和自豪感。在那个年代，所有的人对文学、对学术都充满了敬畏与狂热。这种氛围，激发和培养了我对文学的热情与兴趣。1988年大学毕业，自然而然地就报考了曾华鹏教授的研究生。而读研究生的第一年，我在《艺术百家》发表了一篇评扬剧《皮五辣子》的评论，这是我的第一篇评论文章。后来又写了一篇评论苏童小说的文章，发表在《当代作家评论》。

问：为什么选择苏童？

吴义勤：我们上大学读中文系时，正是中国文学的黄金时代，几乎所有的人都有文学情怀，所有的人都有作家梦。文学实际上已经成为一种价值观，影响着我们对人和世界的看法。那时候读《绿化树》等当代小说的幸福感现在的人很难体会。我研究生跟曾华鹏教授是读中国现代文学。但其实从1985年开始,中国当代先锋小说就开始风靡文学界。我大概也算是先锋文学的第一批粉丝,对先锋作家的追踪阅读堪称疯狂。尤其是苏童、余华的崛起,让我眼前一亮,极大地改变了我对中国现代文学经典阅读的感觉,现代文学经典作品在我文学阅读中的地位有所下降。我的审美趣味天然地更亲近苏童、余华所代表的先锋小说。我对苏童的小说确实很着迷,只要他有新的作品,总是第一时间追着读。作为一名学生,我还曾经像现在年轻人追星一样跑到南京,去《钟山》编辑部追过苏童。

问:对苏童是什么印象?你们谈了些什么?

吴义勤:在80年代,作为一个纯粹的文学读者,其实很少有机会看到作家本人,作家对读者来说始终有一种神秘感,这使得我们对作家有非常真切的崇拜,并在心中不自觉地将作家崇高化、理想化。读苏童的小说时,我的想象里他一定是仙风道骨、风流倜傥的。一看到他本人,老实说,有点吃惊,发现他长得很敦实甚至有点粗犷,和普通人并没有什么不同,远不是我想象中的那么空灵。但心里的提心吊胆的压迫感也稍微放松了点,觉得这个更真实的作家才是有可能跟我们发生现实关系的人。当时苏童正和王干下围棋,也没心思搭理我,只是有一搭没一搭跟我讲两句。我想他们两个当时肯定烦死我了,你知道两个全心全意下棋的人是最不愿被人打扰的。具体讲了什么现在也记不清了,跟所有追星族一样,跟偶像见过了、说过话了就心满意足了。

问:去见苏童的时候是带着问题准备讨论吗?

吴义勤:完全是凭冲动去南京的,并没有刻意地准备什么问题。但那时,我特别喜欢他的"枫杨树系列"小说,他把人物、故事、地域、文化、风景写得活灵活现,那种如诗如幻的审美情境完全使文学脱离了传统社会学的范畴。因为受当时的文学史教育,以及根深蒂固的文学地理学和文学社会学思维的影响,我那时坚定地认为"枫杨树"乡村一定是实有其地的,因此很想到枫杨树实地感受一下。但苏童告诉我枫杨树乡村是子虚乌有的,是他编的,他一句话就把我关于枫杨树的想象和渴望消解掉了。

问:您怎么评价苏童?

吴义勤:苏童的丰富和深厚绝不是一句两句话能说清楚的。如果要说印象,其一,想象力、创造力旺盛,创作极富韧性和弹性,个体审美风格几十年来一直保持得完整;其二,众体皆备,是文体大家,短篇、中篇、长篇诸体皆长,是文体平衡的绝顶高手。2000年以后,他的创作有一点变化,前期的"枫杨树系列""红粉系列",从容丰腴;后来的《蛇为什么会飞》,正面表现现实,稍有局促之感;《碧奴》是"重述神话系列"的一种,但想象单一了些。《妻妾成群》《河岸》《黄雀记》等小说把对于特定历史时期人心和人性深远而沧桑的呈现、挖掘延伸到了整个历史、民族、文化层面,充分展现了个体生命与文化生命之间的辩证关系。

吴义勤认为,评论家需要比作家站得高,站得高是评论家对自己的学养、知识和能力的要求,是为了和作家对话的深入。

问:讲真话和正面评论的问题,是一个比较普遍的问题。大家普遍觉得,只有敢于批评的文章才更有力量。

吴义勤:我也认同敢于批评的文章更有力量,我自己也喜欢读这样的文章,只可惜自己写不了这样的文章。批评名家名作需要勇气,更需要能力,不能只有批评的姿态。我的研究生有的也追求写这样的批评文章，往往把名作家骂得一文不值。其实，批评的力量不是说你的情绪或姿态有多强悍，嗓门有多大，调门有多高，关键是要看你有没有说服力，有没有本领让读的人服气。我个人最喜爱王彬彬和李建军这两位评论家，但不是每个人都能成为王彬彬和李建军的，他们的学养，他们的阅读量，他们的才情都不是一般人可企及的。他们以自己多年的文学研究和广博学识积累为基础，以自己的思想、能力和功力为基础，他们不是一天就能成为王彬彬和李建军的，他们到达罗马的路上也付出了不知多少汗水。正因为他们能从文本出发把作家作品读透、吃透，正因为他们有自己的思想、知识和学养的高度，他们对作家作品的批判，才让人读了没话说，不能不服。

现在有些后学者，特别是青年学生邯郸学步，步子还没走稳，就想跑，只有姿态、情绪而没有学理。有的批评文章，谈到作家的不足和局限就咬牙切齿，像面对阶级敌人或审判罪犯，好像作家罪恶滔天、罪大恶极。他们可能忽视了一个根本问题：作家有不足、局限恰是正常的，有局限和不足才真实。如果批评一个作家的局限，我们能换一种方式，不是咬牙切齿、义愤填膺、愤世嫉俗，而是和风细雨、娓娓道来、令人信服地指出问题，这样的批判也许反而会更有力量。说到底，学会说理、学会进行说理的批评是至关重要的，越是尖锐否定性的批评，越需要解决"怎么说理"的问题，要说服别人，首先要说服自己。

问：您的文章总是比较体贴作家，这是否与您比较温和的性格有关？

吴义勤：作家写一部作品点灯熬油，写出来肯定希望作品的价值得到认可和肯定。每个人的写作水平有高低，低是一种不足，但不是罪过。前面说过，我曾经多次去贾平凹的家里，每次看他书桌前几纸篓用秃了的废笔,我就很感动和感慨。这个时候,我会不去计较他的作品究竟好不好,他对文学本身的狂热追求和热爱就令我尊敬。从我的角度来说,我是绝对不忍心去贬低和伤害他的这种伟大的劳动本身的。这也许就是我性格的局限,面对文学我总是"心很软"。我总是愿意去发现和寻找一部作品打动我、感染我的地方。我想,一部作品有我需要的哪怕一点东西就足够了,我们读一部作品肯定是想从精神上得到正面的、美好的享受的,肯定不是为了去寻不痛快,不是为了受罪。所以,我看作品确实不是着眼于缺点和不足。

吴义勤把阅读视为对作家作品最大的尊重。他的批评文章追求日常化的、通畅的、明白如话的风格。

问:这种与人为善的心态,会不会使文章的个性和锋芒受到影响?

吴义勤:也许吧。我的性格确实比较柔软,与人打交道总是怕伤了别人,小时候小朋友间打架内心总怕把别人打伤了,其实自己并没有伤了别人的力量。但我想与人为善,相信别人的善意,相信作家创作的好的出发点,与文章的个性和锋芒并不矛盾。我觉得,在面对文学批评的时候,社会上是有许多认识误区的。难道只有批评作家作品缺点和局限的文章才有个性和锋芒?为什么对一个作家正面价值进行深入浅出、有理有据地分析,令人豁然开朗的文章就不是有个性和锋芒的呢?

我觉得,一篇评论有没有个性和锋芒,关键并不在观点和姿态本身,关键是有没有说服力,有没有对作品和对象进行文本细读,甚至下很大的功夫去细读,有没有对文本进行分析的耐心和能力。我觉得,对作品的认真阅读才是对作家作品最大的尊重。有的时候,要谈出一部作品与别人不同的正面价值和意义其实比指出其缺点更难。一个苹果上有疤,每个普通读者很容易就能看到和发现,但这只有疤的苹果,超越这个疤的营养价值在哪里、美在哪里就不是那么容易说清楚了。前些年,我主编《中国现代文学研究丛刊》时,也收到很多批判贾平凹、莫言等名家的评论文章,但我很困惑,为什么不同的文章指出的问题却都是一样的呢?怎么都是性描写、语言的脏、描写拖沓、趣味不高这些话题呢?篇篇一样,看多了,你甚至会怀疑这样文章究竟是深刻、尖锐呢,还是简单、平常、一般?

问:能否以具体作家为例,谈谈您的评论方式?比如苏童。

吴义勤:我确实苏童的评论文章写得比较多。苏童的《米》《我的帝王生涯》《碧奴》《河岸》等作品,我都写过评论。我的评论方式用一句话说就是跟踪阅读、跟踪评论,用研究现代作家的方式研究当代作家。作家论和作品论是我主要的评论方式。写作家论之前,我追求读完一个作家已有的全部作品。写作品论,我一般要求将一部作品读三遍。第一遍阅读,边读边在书上记下最初的印象和感受,做很多注解。我特别珍惜对一部作品的第一印象,总希望把那些印象保留得越久越好;第二遍阅读,对某些感受做再进一步的思考,同时构思文章;第三遍在动笔前再进行一次阅读,验证自己关于作品的思考和观点。另一方面,我的评论不追求先验的理论框架,完全是就作品论作品,阐释和感受往往大于理论的总结与升华。因此,我也自知自己的评论是比较浅显的,缺少理论深度和高度,也几乎不引用理论,不够"高大上",但好的方面是紧贴作品发声,有助于读者对作品的进入与理解。苏童的第一部长篇小说《米》发表后有不同的意见,《当代作家评论》组织评论文章,我写了一篇。我的文章就是对《米》本身情节和人物的细致梳理和阐释,没有什么深奥的地方,但确实是对小说的细读。

我搞评论最反对对作品进行抽象化、简单化的评判。把一部作品抽象为某一个特定的话题,这种抽象化有时会把对象莫名其妙地定位到一个"高点"或"低点",不仅偏离了文学的丰富性,甚至远离了对象本身。

如果我们再不经典化,当代文学只能自生自灭,整个文学会被淹没、被遮蔽。吴义勤的观点是,应该有我们这个时代的大师和文学经典。

问:您有一个关于"中国当代文学经典化"的论断,在文学界有些不同看法。

吴义勤:这个话题我说得太多,也听到很多不同意见和批评,我已不想再说了。中国当代文学该不该经典化,文学界一直有争论。在当代文学的经典化问题上可以说存在很多误区。在整个文学界,轻视当代文学的观点很有市场,这其实可以理解:一是当代文学没法和辉煌灿烂的中国古典文学比;二是当代文学没法和大师云集的中国现代文学比;三是当代文学更无法和作为模本和学习对象的外国文学比。在这"三座大山"面前,当代文学好像什么都不是。但我认为,即使如此,当代文学也不应自卑,仍有着经典化的必要和理由。

中国现代文学总共三十年,我们命名了多少现代文学的大师?当代文学已经七十年了,我们给后代什么也不能留下吗?无论从什么角度来说,我们都应该有自己时代的经典,自己时代的大师。这么说的前提,就是要克服关于经典认识的误区,打破文学经典和文学大师的神话。我们要明确,经典和大师都是不可测量的象征性的说法,文学经典不是十全十美、至高无上的神话,文学大师也不是不食人间烟火的神和英雄,而是普通人。中国现代文学史上我们有了"鲁郭茅巴老曹",当代文学我们也应有这样的作家。当代文学为什么不可以有大师?大师本来应该是用来对于高尚的精神活动表达敬意的称谓,但今天大师反而世俗化了,社会上做碗的、做茶壶的大师满天飞,文学反而没有了大师,这不正常。另外,好像人活着就不可能成为大师,只有等人去世了才可追认为大师,这似乎也不正常。

所以说,这个问题上首先要祛魅,把经典和大师这两个词变成日常化生活化的词。应该强化好作品的价值,把当代的优秀作品推向经典。当下整个社会是一个阅读危机的时代,如果我们再不经典化,当代文学只能自生自灭,整个文学会被淹没、被遮蔽。我们文学评论、文学研究的工作,应该让当代读者喜欢当代文学,而不是给读者提供一个又一个否定当代文学的理由,让他们逃离文学。不能不承认,某种意义上,文学评论造成的否定当代文学的倾向和舆论氛围一定程度上也在加剧日益恶化的全民阅读危机。

另一方面,我们也要对文学经典的相对性有充分的认识。高峰和高原也是相对的,高峰针对什么而言?是针对一个时代的文学读者的欣赏水平而言的。某种意义上,读者的高度也就是文学的高度。如果一个时代文学作品都没人阅读了,高峰何在呢?阅读才是文学最大的根基,最深厚的土壤。文学研究、文学评论应助力于社会阅读热情的提高,这也是其职责和使命。我们这个时代,是迫切需要重新培养读者、发现读者的,阅读危机是最大的危机。读者为什么不愿读当代文学?当代文学的被污名化以及经典化的滞后也是重要原因。

获奖作家访谈

朱向前:三十年下了三步棋

朱向前 1954年生,祖籍江西萍乡。1970年入伍,1986年毕业于原解放军艺术学院首届文学系,历任文学系主任、训练部部长、副院长。现任中国毛泽东诗词研究会副会长、中国作家协会全国委员会委员、军事文学委员会副主任、《文学评论》编委、中国书法家协会会员。历任茅盾文学奖、鲁迅文学奖、中宣部"五个一工程"奖、国家图书奖评委,国家出版基金项目评审专家。已出版《诗史合一——毛泽东诗词的另一种解读》《莫言:诺奖的荣幸》《军旅文学史论》《听松楼读书录》等专著、文论集二十余种。《中国军旅文学50年》获2007年度国家社科基金优秀成果奖并入选国家社科基金项目精品文库,《寻找"合点"》获第四届中国人民解放军文艺奖。评论集《朱向前文学理论批评选》获第三届鲁迅文学奖。

采访手记

"十七年前的初秋,在解放军艺术学院文学系,我有幸成为如今已是军艺训练部部长、文学教授、著名军旅文学批评家的朱向前大校的同学。我估计朱向前在他的部长、教授、批评家的头衔中,会更加看重最后一个,但我看重的是第一个。"2001年,莫言在《部长·教授·批评家》一文中,谈到朱氏批评代表作《新军旅作家"三剑客":莫言、周涛、朱苏进平行比较论纲》一文时,直言道:"在军事文学的领域内,从作家的出身入手来研究作家的创作,以作家的出身为依据来比较作家的创作,是朱向前的一大发明。尽管文中诸多观点在我看来有点牵强,尽管把我和另外两个作家拉到一起进行比较有点勉强,但我还是被这篇皇皇大文的语言勇气所折服。这篇文章又一次让我想起朱向前的辩才无碍和他热衷的出语惊人的姿态。毫无疑问,朱向前的这篇宏文是才气横溢的,是有胆有识有灵魂的,当然也是对我有启发有教益的,当然也是我赞赏的。"

评论家很多,但是真正能与优秀作家们心心相通,惺惺相惜,尤其能将其理论让作家认可并影响甚至转化到文学创作之中者实在寥寥。前述《三剑客》是朱氏批评第一阶段即作家作品论阶段的一个范例而已;此后十余年,朱向前又逐步转至治史——国家社科基金课题《中国军旅文学50年:1949—1999》《新世纪军旅文学概观:2000—2010》。时至本世纪初,朱向前又多了一重身份:中国毛泽东诗词研究会副会长,从国防大学、北京大学等军地名校和学术单位,从凤凰卫视到央视军事频道《讲武堂》,朱向前演讲毛泽东诗词近三百场,场场爆满,广受欢迎。三十年,朱向前下了三步棋,都是好棋。

至1977年底,朱向前的诗歌在军内外产生一定影响,但他还是以一个壮士断腕的姿态潇洒地告别了诗坛,马上另起炉灶。

问:从诗歌转向小说创作是什么原因?

朱向前:和福建的孙绍振先生有关。从20世纪70年代中期亦师亦友的诗歌同道,到80年代初的电大入室弟子,再到80年代中期的军艺文学系作家班,十五年内我三受其教。当时他在福州师大,是政治抒情诗人的一面旗帜,我经常去他家谈诗论艺,有时也蹭吃蹭喝。那时为了庆祝建军五十周年,我去闽西、赣南多次深入采访,写出组诗《古田诗抄》,从《解放军报》《解放军文艺》《朝霞》到《福建日报》《福建文艺》,天女散花般四处发表,一时动静不小,结集为《闽山碧》交福建文艺出版社准备出版。但当舒婷们的朦胧诗一出来,我有点傻了,我意识到这才是真正的诗。带着问题我去找孙绍振会商,他倒很坦诚,说:"朱向前,你我都不要写诗了,你我都不是写诗的料。"有如醍醐灌顶,我不仅听从了孙绍振的告诫,而且毅然决然地通知福建文艺出版社,停止已经启动的出版程序。

问:70年代末您转而写散文、写小说,也是一炮打响。

朱向前:最初和我爱人张聚宁合作的短篇小说《一个女兵的来信》,有点模仿茨威格的《一个陌生女人的来信》,写一个女兵退伍前给司令员写了一封信,有点反官僚主义的意思——所以我觉得创作路上的最好办法是模仿名著。这个短篇在1982年第8期《星火》发表后即被第10期《小说选刊》选载,并进入当年全国短篇小说奖最后一轮,但是遇到不可抗阻力,最后铩羽而归。

1986年，我独自创作短篇小说《地牯的屋·树·河》，可以说是探索用赣西方言写小说的先声之作。这个小说味道独特，颇被行家赏识，在1987年第4期《青年文学》发表，同期配发了恩师徐怀中先生的评论《探索性的，又是深思熟虑的》。随即又被《小说选刊》转载，并再次进入当年全国短篇小说评选最后一轮。据说评奖会上，李国文先生有个发言，说读这个小说像骑着自行车行走在颠簸的山阴道上，风景虽然美丽，但方言太方，让人无暇欣赏。

问：后来没有接着写下去，是什么原因？

朱向前：那就是遭遇了莫言呗。我觉得好作品有几种层次，一种让人啧啧称赞，一种是激动得拍案叫绝，再高的就是发自内心的佩服，但最高级别的是让人看了感到绝望，你将永远也写不出这种作品了。莫言的小说就这样掐断了我写小说的念头。同时，徐怀中恩师、孙绍振先生通过《文学评论》这个平台，把我彻底送上了文学批评之路：1984年底，徐怀中将我在文学系首次发言的整理稿推荐给《文学评论》，随即发表，也可以算是我的评论处女作；1986年秋，孙绍振把我的毕业作品《寻找"合点"：新时期两类青年军旅作家的互参关照》又推荐给《文学评论》，1987年第1期发表，紧接着《文学评论》又主动约我为孙绍振的《文学创作论》写一个万字书评，如此，《"灰"与"绿"》又在《文学评论》1987年第2期发表。连续两期刊登同一作者的两篇论文，据说在《文学评论》历史上也没有先例。

他没有研究过更多理论，只一味地按照自己的感觉写下来。只要你能写出好作品来，朱向前就有话说。

问：从事评论也是需要一定的天赋的，据说您一进入文学系，就展示出您的口才和见识。

朱向前：入学后一周，文学系主任徐怀中出于好心，准备召开全系同学的见面会。他担心大家不太愿意发言，事先召集了几个班长、副班长开了个打招呼会，当时我和李存葆、宋学武、钱钢等人参加了。徐怀中说："会议一旦出现冷场，你们这些骨干要带头发言，给我救场哈。"我就暗暗做了点发言准备，心想实在不行我就露一手。因为刚刚读完了四年电大中文专业，脑子里还有点奇谈怪论。

结果，会议状况不出徐主任所料。但徐主任性格温和内敛，也不点名，就是笑眯眯地看着大家，一轮轮地扫视。当时我们是在二楼舞蹈系的练功厅开会，四壁都是镜子，没有任何视角可以躲藏，大家低着头，都躲徐主任的目光，镜子里全是这种东张西望的表情。老大哥李存葆年龄、职务、名气最大，但是方言重、口拙，故只是埋头抽烟，宋学武也完全照办。这样一来就麻烦了，军队本来就好讲个论资排辈，这都是些个文化人，又初来乍到的，就更没人吭声了。大约沉默了有三分钟，当徐主任的目光第三次瞄准我时，我终于"跳出来了"。这一跳出来可不要紧，按莫言后来的回忆文章说，那可是从文学到艺术、从西安到延安、从国内到国际，一通大侃，一口气侃了五十分钟还意犹未尽。以至于多年后同学们写文章谈到我，都是从这个会议发言说起。评价不一，但最关键的是打动了徐怀中。

会后徐怀中就找到我说："向前，你把你的会议发言写成论文。"我说："我从来也没写过论文啊，怎么写呀？"他说："就把你的发言变成文字就行。"这就是我的评论处女作，长达一万五千字的《小说"写意"初探》，摘发在1984年《文学评论》第六期。第二次是1985年6月《文艺报》吴泰昌向徐怀中约一组谈军旅文学的理论文章，临到要发稿了才发现不满意。这时马上要放暑假了，我突然接到徐主任电话，把任务交给我了。我说都买了火车票后天要回家了，徐说："写完稿子再走。"结果，这第二篇《中国军人的民族魂和军事文学的中国化》又发表在八一前夕的《文艺报》。这时候同学们就说话了，这个朱向前不鸣则已一鸣惊人呐,看来是块评论家的好料子。云云。

其实,我主动写评论是在当年暑假返校之后,集中读到莫言的《白狗秋千架》《枯河》《秋水》《球状闪电》《金发婴儿》等一批中短篇,深受感染与震撼,同时也感到了深刻的绝望。我当时就说:"这是新中国成立以来写农村题材写得最好的小说。"不少同学对此也不以为然,认为我大惊小怪,惊惊乍乍,也时不时发生讨论或辩论,结果往往是越说越糊涂。但这恰恰又对我形成了一种刺激,说不清道不明那我就写给你们看。于是,我对莫言的研究、评论真正开始了,从1985年10月至年底,一口气写了三个月,先后写出了《天马行空——莫言小说艺术评点》《在传统与现代的堤岸之间——莫言小说写意初探》《〈红高粱〉:穿透历史的悠长召唤》等长长短短几万字,在1986年初的《小说评论》《当代作家评论》《解放军报》等报刊陆续出笼,成了莫言评论的先声之一。特别是1986年12月18日《人民日报》用通栏标题发表我的《深情于那方小小的"邮票"——莫言小说漫评》,在当时有较大影响,这也是迄今为止,《人民日报》发表的唯一一篇莫言评论。2012年莫言获得诺贝尔文学奖之后,各大文学报刊纷纷晒出莫言评论,我看不少第一篇都是我写的。莫言曾经回忆说:"我大概可以惭愧地说,朱向前的文学批评是从批评莫言起步的。"诚哉斯言,我得以在1986年短短的一年中摇身一变成为青年批评家,确实是因为搭上了莫言的快车道。

写小说刚有点动静,再改行做评论。他有自知之明,更有知人之明,他知道自己最适合做什么,从而及时地调整了人生的方向。

问:从1986年算起,您从事文学评论已经三十年。这三十年间,您的文学评论有何发展变化?

朱向前:可分三个阶段。第一个阶段是作家作品论,比较能考验一个评论家的眼光,你能否及时判断出一个作家或一部作品是否重要,是否值得你花大力气去干这件事。头十年我除了写了四万多字的《新军旅作家"三剑客"》这样"擒贼擒王"式的专论莫言、朱苏进、朱秀海、阎连科、周涛、柳建伟、陈怀国等重要作家的作家论之外,还写了一些一万五至两万字的重要作品论,如《半部杰作的咏叹——朱苏进和〈炮群〉联想录》《是大作,但不是精品——三谈〈北方城郭〉及其他》《中国军魂的回溯与前瞻:〈突出重围〉与〈亮剑〉谈军旅文学创作的几点启示》等等。而且,这基本上都是第一时间发声,后来也成了我做军旅文学史的重要支撑。

第二个阶段是著作史。1998年出版的《军旅文学史论》是我的第一部史论著述,实际上是模仿李泽厚式的专题论文结集,完成了关于"前十七年"军旅文学脉络梳理的填补。因我曾在《文学评论》连续十年发表了十篇论文,引起了中国社会科学院文学研究所所长张炯先生注意,遂邀我加盟他的团队,为他主编的《新中国文学五十年》,撰写军旅小说与军旅诗两个章节,这样又逼着我对新中国军旅诗歌史梳理了一遍。这为后来的《中国军旅文学50年:1949—1999》打下了基础。《五十年》是解放军艺术学院第一个国家社科基金项目,2007年由解放军文艺出版社作为向建军八十周年的献礼图书隆重推出,后又获评国家社科基金项目优秀成果,并入选《国家社科基金成果文库》(2008年),《新世纪军旅文学十年概观(2000—2010)》也已经出版。

第三个阶段就是毛泽东诗词研究。2005年初,国防大学将军班邀请军艺去一个专家给将军们讲讲艺术鉴赏。军艺把这个任务就交给了我,我无心插柳而又顺理成章地讲了毛泽东诗词,没想到一炮而红。

问:能谈谈自己的经验吗?

朱向前:无经验但有点体会。前面王婆卖瓜说我三十年下了三步棋,步步是好棋。果真如此,那还得靠"三气"。一是运气。台湾著名学人何炳棣先生有句名言:一辈子不做二等题目。这当然是牛人牛语,吾辈不敢做此想。比如我做了半辈子的军旅文学研究,就是个三等题目。但是我有狗屎运,撞到了两个一等题目,一是三十岁撞到了莫言小说,二是五十岁撞到了毛泽东诗词。自我评价一句:我使出了洪荒之力,把两个一等题目做到了二等水平。那么,军旅文学这个三等题目,我有没有做到一等水平呢?这个由不得我说。二是勇气。就是敢不敢做出判断,敢不敢下断语,当然也包括直言批评。除了二十年前我预言莫言会得诺奖,我早在1996年的《当代作家评论》就发表了《农民之子与农民军人——阎连科军旅小说创作的定位》。2016年5月,曹文轩获得安徒生童话奖,我当天晒出了十年前——2006年9月我组织研究生讨论曹文轩长篇小说《天瓢》的一组文章。我在主持辞中专门讲了一段话,高度评价曹氏的儿童文学创作,并明确指出:曹氏儿童文学创作已然代表中国儿童文学和世界儿童文学接轨。有了发现,还要敢于大声说出来。三是才气。不管你发现了什么,要说什么,前提是要能说圆了,能自圆其说。当然,如果能打动人、感染人,甚至能蒙对了,那就太好了。但这确实还需要一点才气。

问:从历届获得茅盾文学奖的作品看,近几年军旅作家长篇小说创作势头减弱?

朱向前:与此构成极大反差的是,第六届鲁迅文学奖评选中,获奖作家中军旅作家不但各奖项中均有斩获,且在报告文学、诗歌、短篇小说等各类题材评选中名次靠前。比如《解放大西南》是八十二岁的军旅作家彭荆风凝聚十二年的心血之作,王宗仁写西藏题材的《藏地兵书》、刘立云的诗歌、李鸣生的《震中在人心》、陆颖墨的《海军往事》都是各自领域最有代表性的。

长篇小说的影视化,对军旅小说的发展是严重的挫伤,这使作家离茅奖越来越远。但是如果军旅作家用心写,比如朱秀海,我发现近期他的作品还在成长。他不仅对古典文学领悟得深,同时把外国文学打通了,我预感他将可能是当代军旅作家中走得最远的一个。

获奖作家访谈

李敬泽：回到传统中寻找力量

李敬泽 1964年生于天津，祖籍山西芮城。1984年毕业于北京大学中文系，曾任《人民文学》杂志主编，现为中国作家协会副主席、书记处书记，中国现代文学馆馆长，《中国现代文学丛刊》主编。著有评论集《致理想读者》《会议室与山丘》，散文集《青鸟故事集》《咏而归》，长篇随笔《会饮记》等著作十余种。曾获2000年度冯牧文学奖青年批评家奖、2005年华语传媒文学大奖年度文学评论家奖、2015年《羊城晚报》花地文学榜文学评论家金奖。评论集《见证一千零一夜》获第四届鲁迅文学奖。

| 采访手记 |

他曾经将自己想象为"一千零一夜"的见证者,注视着那些小说家、诗人和散文家,倾听他们的讲述,写就《见证一千零一夜》;他曾经试图"为文学申辩",他说:我并不是那个理想读者、那个深刻地理解文学之价值并且能够恰当贴切地领会文学之精义的人,我想探讨的是:我如何成为这样一个人?这个人,他在这个时代是否可能和如何可能?于是在《致理想读者》中梳理了诸多关于文学的思考和表达。

现在,他寄情于李商隐和梅特林克的"青鸟",在《青鸟故事集》里写下了对异质经验的感悟和奇异的历史镜像。貌似出手无招,却是以艺进道;貌似东拉西扯,却是渊博奥妙。

在被定位为"既是散文、评论,也是考据和思辨,更是一部幻想性的小说"的《青鸟故事集》腰封上,李敬泽还是"评论家中的博物学者,作家中的考古者"。

总觉得应该羽扇纶巾,或朱子深衣,才和他骨子里的追求相符;又觉得似乎他从来也没被俗世尘嚣打扰过,不然,何来那些风雅闲散、怡然自得的文章?何来时而与嘉靖年间人"话不投机",时而又与大明王朝的外国囚犯盖略特"一见如故"?

他沉浸在自己构建的世界中谈笑自若,在时光隧道中穿梭自如,在古今中外辽阔无边的精神视界沉吟梦想。

更难得的是,他也让读者跟着他阅读侦探小说般追随到底,跟着他的奇想飞驰。

这在众声喧哗的时代,几乎称得上奢侈。

《青鸟故事集》写的是此地与云外异域之间的故事。《山海经》中为西王母取食的三青鸟,飞到唐代成为信史,飞到现代,成了戴望舒《雨巷》中那个"丁香一样的结着愁怨的姑娘"。

问:《青鸟故事集》被定位为"既是散文、评论,也是考据和思辨,更是一部幻想性的小说"?

李敬泽:我不在意定位问题。要说是散文、随笔也可以,说它是非虚构,我也不敢保证里面没有虚构的成分。新文学以后,我们建构了一个文类传统,规定了小说应该是什么样子,诗歌是什么样子,散文是什么样子——但中国传统中,最根本的是"文"。现在拿出《庄子》让你给它一个现代归类,你一定会抓狂:这是虚构吗?非虚构吗?是小说、散文、论文吗?都是都不是。这些事情,庄子不会想,他所写的只是"文"而已。

我不是拿自己和庄子相比,而是说,在新的互联网时代,或许将迎来古典的"文"的精神复兴。

2016年我在《十月》开专栏"会饮记",包括几年前出版《小春秋》,经常有人较真,问我写的是什么体裁,用必须给个说法的目光盯着我。小说应该是什么样子,散文应该是什么样子,是一百年来照着西方的文学体制定的,不是天经地义。为什么非要把一棵草药使劲塞进中药店柜子的抽屉里呢?

问:阅读《青鸟故事集》,能感觉到您写作的快乐。

李敬泽:是这样的。文学文本除了意义还有意思。如果没有意思,不如直接写论文。首先是有意思,把意思写足了,意义自在其中。

问:"十六年后,重读当日写下的那些故事,觉得这仍是我现在想写的,也是现在仍写得出的。"看得出您很有自信。

李敬泽:这里面有一部分文字写在十几年前。那时候还是不甚自觉的写作者,写下的这些文字中呈现的历史的、人性的面向,今天看不仅没有过时,反而变得更加突出、重要,更具现实的针对性。我确实觉得,这十几年来眼光、趣味以及文字的方向没有太大改变,只是比那时候写作的自觉性强一些。年轻的时候,有一点信马由缰的任性,不在乎别人怎么看,只要写得痛快。到一定岁数之后,对写法的思考、自觉性、方向感会强一些。

问:十六年前的内容,现在看有何意义和价值?

李敬泽:体现在两方面:一方面是认识伟大传统的丰富性。我们现在谈起中国文明容易把它简单化,实际上我们的伟大传统是一条浩瀚的大河,不知道容纳了多少涓涓细流,包括汉唐以来对异质经验的接受吸纳融会,以及在这个过程中经历的种种误解,同时也是好奇、是创造性转化。另一方面,在现在这个全球化时代,不同的文明、文化乃至不同的国家地域交往固然越发密切,但交往中的想象、偏见、错谬,不是减少了,而是更高概率地发生着。恰恰是全球化的时代,会形成很多习焉不察的误解和偏见,而且相当牢固。从汉唐到明清,很多事情我们现在仍然经历着。这种误解本身就是一种想象,是一种文学经验、文学题材。面对误解、表现误解,是达成理解的必要途径。

"我最好是做个无所事事的读者。我从来没想过自己要写。"李敬泽说,他从来没想过要写什么,也从来没有立志当小说家,或

要精研小说搞评论、要成为学者。

问:腰封上所概括的"评论家中的博物学者,作家中的考古者",准确吗?

李敬泽:从书本身来讲确有一种考古的趣味。什么叫考古?从学理上讲,福柯是运用了考古学方法;从实际上讲,考古是专门的特殊的学科,是通过古代有限的物质遗存推论和恢复古代的生活。这遗存和当时活生生的整体相比可能百分之一、千分之一都不到,这是考古的根本境遇。对我来说这也是文学的思想方法和想象方法,是从有限的,也许是有把握的东西,去推论整体。像考古学者,也像侦探。比如福尔摩斯,他的侦探方法和考古方法一样,从有限的东西,比如从一个鞋印推断犯罪嫌疑人的身高、经历和身份。

问:您的评论是否也采用这样的方法?

李敬泽:自出道以来,我的评论文章被夸或被贬,都是说"李敬泽的文章不像评论",或者说"李敬泽的评论文体独特"——我没有自觉地这么想过。可能在天性和趣味中包含着某种特点,在写作中表露出来而已。我愿意称之为庄子式的知识兴趣和写作态度。博杂的、滑翔的、想象的、思辨的,一方面是回到文的伟大传统;另一方面,伟大传统不是死的传统,是在新媒体时代重新获得生命力的传统。在互联网新媒体的时代,这个传统正重新获得生命力。

问:您说博杂,这种博杂来处是哪里?是大学吗?

李敬泽:从一开始搞"杂"了。大家都说70年代是封闭的时代,从我个人来讲,是比较幸福的。十岁以前我还在保定,每天除了疯玩,就只有一件事:看书。我母亲在出版单位工作,院里有一个封存的仓库,那是一座巨大的图书馆,什么书都有。乱七八糟地没有目的地看,没有学业的压力,没有父母要求的压力。托尔斯泰、三岛由纪夫、范文澜、吕振羽,等等,当然什么也看不懂,大部分是白看。我从一开始看书就养成了不太有路数的趣味。

后来考上大学,四年下来,课上得三心二意,书却看了不少。毕业后又一直做编辑,接触的一直很杂。总而言之,把学问搞"杂"了。

问:在大学里就开始写作?写作是受谁的影响?

李敬泽:80年代,大学里都是指点江山的人物,很多人都是文学青年,我不是。诗也没写过。看到周围的同学在写诗,摇头晃脑的样子很奇怪。大学毕业我才二十岁,去《小说选刊》当编辑,根本没想写什么东西。

当然人的一生肯定不断在受一些影响。我很幸运,在工作中碰到的上级、同事都是杰出的人。很难讲得特别具体,实际上会有潜移默化的影响。我正式写作起步很晚,1993年才开始硬着头皮写点东西。有人问,在那之前,你干什么?我说,人生除了写作难道没有别的事情可干吗?

我也不觉得早或晚有什么意义。早写或晚写,对写作者来说,一切都是不浪费的。有人说你在1993年才开始写,之前不是浪费了吗?我从来不认为是浪费。我对自己没有很强的写作规划。较大规模的写作行为,比如开专栏写整本书,都是被逼着写的。如果不被逼着恐怕不会写,看人写总比自己写幸福得多。但是如果被逼着,做就一定要做好。是典型的摩羯座性格吧。

问:"被逼着"写作,是一种什么状态?

李敬泽:我的写作生涯伴随着被逼稿被催稿,对于和我合作的编辑来说几乎都是噩梦。去年在《当代》《十月》开专栏,马上付印了,写完发给编辑,还要一改再改。刊物出来要在微信推出了,仍然要改——总能发现表达不准确的地方,总认为可以更有力、更简练。幸亏我是摩羯座,虽然没有强大的动力,确定一件事之后还是蛮勤奋的。要做的事会尽我的全力。

任何上手的事,我都受不了凑合。特别是在文字上。这和我曾经从事的编辑工作有关。看到文字不审慎,逻辑混乱、表达不准确,我就受不了。一个写作者,对文字负责任,对自己的表达、对表达的意思负责任,是写作的基本伦理。提笔就该负责任。不是要求你的语言多么摇曳生姿,至少表达要清楚明白。孔子讲"辞达而已矣",这个要求高吗?不高。能做到这一点的,不多。作家批评家中也有不少是辞不能达。

李敬泽说,自己有一个"好处",就是成长得慢,什么事都慢半拍。

问:您的批评,往往最能切中要害,也最被作家们认可。这其中有何妙诀?

李敬泽:不是我有多么高明,是不同的批评家有不同的旨趣和学术志向。有些批评家对一部作品的批评,最终目标不是对作品的充分理解,而是从作品出发建构自己的理论,学术性和理论性更强。我不是这样的批评家,但我对他们满怀敬意。我自己更偏于感受,更有文人气。当然,也许批评家最好的境界是这两者兼而有之。

问:看得出来,您的文章深受中国传统文化的影响,鲜活感性而且有一种文人的风骨。中国传统文化的重要性不言而喻,但是我们今天继承得似乎远远不够。您怎么看传统在批评中的影响和作用？

李敬泽：谈中国的文章之道，无论批评史还是文学史，大家觉得山穷水尽的时候，都是回到先秦，回到孔孟，回到老庄、《左传》、《战国策》，再往下就是回到司马迁。为什么？因为他们确实有着巨大的原创性。同时，他们的力量在于混沌未开，像一片汪洋，后来的文章只能从里面取一勺。

我最近还看了唐宋八大家的文章，和先秦文章相比也差得很远。先秦那种汪洋恣肆、无所不包、看不出界限的气概，那种未经规训、未经分门别类的磅礴之势，那种充沛自然的生命状态，只能令今人望洋兴叹。这大概也是一千年来那么多的聪明人反复回到传统中寻找力量的缘故。

2017年是新文学一百年，我们要意识到我们现在的文学体裁和门类，实际上是一个现代建构。我们应该，也有可能重新从原初的"文"的精神那里获得新的力量和新的可能性。

获奖作家访谈

陈晓明:我的学术还没有真正开始

陈晓明 1959年生,福建光泽县人。1990年获中国社会科学院文学博士学位,曾在中国社会科学院文学研究所工作十多年。2003年起在北京大学中文系任教授、博士生导师,2011年起受聘教育部"长江奖励计划"特聘教授,现任北京大学中文系主任。担任中国文艺理论学会副会长、中国当代文学研究会副会长、中国文学批评研究会副会长等职。著有《天边的挑战》《不死的纯文学》《中国当代文学主潮》《德里达的底线》《众妙之门——重建文本细读的批评方法》《无法终结的现代性》等。曾获首届华语传媒文学大奖年度评论家奖及北京市、教育部人文社科优秀成果奖等奖项。评论专著《无边的挑战——中国先锋文学的后现代性》获第四届鲁迅文学奖。

采访手记

"悠悠万事,唯此为大。"陈晓明怀着巨大的热情投入到学术中。那是宗教般的、无限的召唤。充分地阅读,尽情地挥写,人生所有的乐趣、所有的希望,皆在于此。

他从十九岁就开始读毕达可夫的《文艺学引论》、伍蠡甫的《西方文论选》,一边读一边做笔记。艰涩的理论,陈晓明却从来不觉得枯燥。他读得痴迷,读得那么心心相印。对知识的热爱、对学术的热爱,使他怀着巨大的热情,完全自觉地投入进去,阅读柏拉图、黑格尔,甚至感觉他们就是自己精神的故乡。

从福建省南平师专中文系到福建师范大学中文系,再到中国社会科学院文学所,陈晓明的学术之旅走得艰辛而快乐。评论家孟繁华曾用"出场后的孤军深入"来形容陈晓明,他说:"至今我们仍不难发现,在批评界就其观念层面而言,陈晓明可以引为'同道'者仍是廖寥无几,与一个阵容庞大的批评群体相比,他几乎是孤军奋战。"的确,当时的陈晓明是孤寂的,他回忆当时的情形说:"在80年代中期,能够接受我的硕士论文的人竟然寥寥无几,因此,师友们的理解和鼓励,我迄今为止还铭心刻骨。"

2016年9月,陈晓明担任北京大学中文系主任。

他却对自己非常不满。因为不能从容地、纯粹地、心无旁骛地处理学术的问题。他希望有机会全力完成自己的学术。"某种意义上说,我想保持内心的真实,我的学术还没有真正开始。"

陈晓明认为，中国80年代以来的文学理论与批评，并没有真正完成现代理论批评的转型，因为其批评文体和知识谱系还是夹生饭。

问：可否谈谈您学习的具体方法是怎样的？

陈晓明：我二十岁时开始读西方文论，从伍蠡甫那套《西方文论选》读起，后来读别、车、杜，是无尽的喜欢，一天能读十几个钟头。如果没有兴趣，很难做到。现在年轻人对理论没有兴趣。"理论之后"（特里·伊格尔顿）或"理论的终结"的说法，是在西方批评的理论化发展到极致的背景下的一种说辞。实际情况要复杂得多。我还是认为，讨论现代以来的文学问题，掌握西方现代理论的知识谱系很重要。讨论的问题都是在这些知识框架里面，不论是美学问题，还是现在时兴的身份政治问题，讨论女权主义还是生态空间等等问题。

我年轻时身处逆境，不敢松懈。我从小是完美主义者。在农村当知青时挖地、插秧，看别人挖地特别直，就非常敬佩，就要求自己去努力做好；自己球打得不好，对打球好的人就很崇拜，这样就促使自己见贤思齐。我尽我所能，把自己的事情尽可能做得好。很多人有另外一种人生的处理方式，觉得年轻时不必写文章，积累到一定程度再写。写文章和说是两回事，文章是在不断写作中成熟，写成文章才是真正的经营，写文章才是对了解的知识的一种消化整理和融会贯通。如果到四五十岁再写，会眼高手低。

问：也有一种观点认为，您的理论批评是沾染西方的痕迹。

陈晓明：是的，从我初出茅庐直到现在都会有这种批评。不过，我一直对什么叫文学理论与批评的中国方法持一种谨慎的态度。我不会自以为是地把一种习惯的方法称为中国方法，一方面我是中国人，用汉语写作，我的文化和现实都摆在那里，中国方法如果是在这个意义上，它是不可摆脱的，但这种自明性并不等于它是很好的、值得赞许的代名词；另一方面，我们身处现代学术发展的语境中，我们运用的观念、理论和方法本身其实是与西方脱不了干系的，甚至是会立足于现代这一基本前提下。自白话文学运动之后，中国的文学理论批评的来路实际上只有两条路径，一条来自欧美，另一条来自苏俄。奇怪的是，马克思主义文艺理论批评以及苏俄的理论被理所当然地视为中国自己的东西，而欧美则被称为"西方的""外国的"。西方现代的文学理论与批评，因此很难在中国的理论批评实践中产生到位的作用。对于中国文学理论与批评来说，广泛深入地研习西方还有漫长的路要走，建构中国的文学理论批评，并不是闭门造车就可以成就的伟业。

中国文论的现代转化，正如海外新儒家倡导的儒学的现代转化一样，也必然是在广泛吸收西方现代思想文化成果的基础上，经过艰苦卓绝的努力才可能有真正的建树。始终保持中国的视野或立场是必要的，我们必须在看待问题、评析问题时有能力调动和融合中国经验，寻求阐释中国历史与当下问题的具有个体性的创新视角。只有透过这种视角，才能真正打上融合现代理论批评知识的中国经验的烙印。

问：您在《众妙之门》中提出重建文本细读的批评方法，为何会如此强调"文本细读"？

陈晓明：强调文本细读的重要性的呼吁，从80年代以来就不绝于耳，之所以难以扎扎实实地在当今的理论批评中稳步推进，也有实际困难。其一，中国的文学批评在观念性的批判中浸淫了半个多世纪，观念性的论述与批评已经成为批评的习惯模式，要将其完全放弃已经很困难。其二，西方文本批评也日渐式微，中国的文学理论批评，在21世纪初也跃跃欲试地向文化研究转型，文学理论转向文化研究或许是一个不错的选择，至少可以从已经枯竭的原理中破茧而出。

有了文本细读的视角和方法，作品文本就不只是在与现实关联的意义上被阐释，评判标准也不再限定于现实主义所谓的真实性。现实的欲求、意识形态的需要以及现实生活逻辑，都不再是衡量和评判作品文本的标准尺度，而是回到文本自身，释放每部作品文本的可能性。文本具有无限的可能性，每一种阐释都只是打开一个视角而已。文学批评的价值不在于哪种解释最能接近文本的本质，而在于哪种解释最能开启文本的可能性。也正是在这种可能性上，我们去探求汉语小说的未来面向。

问：能否总结下，学术研究需具备哪些要素？

陈晓明：一是要有热情，二是要能吃苦，三是要有把一件事情做好的决心，四是专一。

我的体会是提问要从知识谱系的对话和碰撞中立生出来，不论我们讨论什么样的文学文本的问题，很快能够在中国传统或西方文论的知识谱系中提出问题。这样我们才能判断，别人在谈一个问题，是真的命题还是伪命题，是在哪一个点上有价值。我们讨论问题背后应该有中国传统的或西方的知识谱系。有人不了解整个知识谱系，就不知道自己的盲点。我一直给学生强调知识谱系的重要性，这样就不会胆大胡说。

当然，年轻的时候也一定要有敢想也敢做的精神，有好的想法立即探索追求，努力完成。学术需要一种着迷的精神。无论是处理自然美或音乐美学问题，看上去与我学的中文系的文学理论专业有些距离，但归根结底都是在美学这一点达成我当时的志趣。那时写一篇文章要读好多书，稿子一遍遍改，自己的体会是，开始写文章要改，修改是自己提高的过程。那时读书的时候不敢松懈，不管是读硕士时还是读博士时，确实有着对追求知识的极大热情。

当年关注先锋派，没有任何人要求，也不用关注外部的任何事情，完全凭着个人的理想去做文章。那个时候的写作，陈晓明认为是最自由、最痛快的。

问：也就是那个时期，您开始介入对先锋文学的研究评论？

陈晓明：我读博时做两种研究，一是解构主义，一是先锋文学。二者在变革的意义上、新生事物的意义上殊途同归，其理论可以互证。我给自己很大的激励，找到解构主义就是找到先锋文学的路标，找到先锋文学，也就找到解构主义在中国的路径。这是当时中国文论中比较超前的观点。

90年代我做先锋文学有了一点体会，感觉能捕捉到自己学术的兴趣，能够充分调动自己的知识，同时能够把学术和时代的变化与潮流结合起来，并可能产生一些作用，受到学界的重视。虽然谈的是先锋文学，这和我的追求有关，新的思想风貌也好、冲击也好，我总是渴望变化，渴望新的事物出现。我希望找到新的现实化的事物，于是转向现实文学的研究。

问：有这样的学术背景，研究先锋文学是否有优势？

陈晓明：我是由衷喜欢那个时期的先锋小说，不是观念性的，也不是因为读了解构主义，可能是我对语言和文学形式感的天性喜爱所致。那时候读格非、苏童、余华，最喜欢的是格非的小说，读他的小说《迷舟》《褐色鸟群》，像回到精神的家园。所以，格非在我心目中仿佛永远停留在那个年代，那时会在心里把他看作我最亲密的朋友，因为他写出了我最理想的文学。我一度认为《风琴》是他最好的小说，向很多人推荐过。评论家季红真说："陈晓明你说《风琴》是当代最好的短篇小说，我读了三遍怎么觉得还不是？"我说："请你再读第四遍。"

我或许是纯粹且偏执的人，希望把最好的东西留藏，并希望能够永恒。格非、苏童、余华他们对我是有意义的，我太固执于他们八九十年代的创作。后来我和余华曾有两次当面争论。现在看来，可能问题是我的偏执所致。余华写《第七天》，我看到这部小说里依然有他当年某种可贵的文学品质，但物是人非，这样的作品已经不能让我流泪。苏童、格非、余华过去的作品让我流泪，不是说他们写得多么凄惨，而是让我感叹怎么会有这么好的作品。我在那个时期找到一种理论解读，我知道中国文学的可能性，当然也有对中国文学的信心。

问：您的学术研究和先锋文学交融，是必然的吗？

陈晓明：或许我有渴求变革的气质。为什么喜欢解构主义，其实就是渴望新的到来。文学最可贵的就是给未来打开新的面向。我也沾染了一些存在主义的思想。我理解存在主义，它的要义其实是一直想表达存在的困境。

生命存在可能是因为这种东西。我们理解忍耐现实的重负。我骨子里是悲观主义者。我把这种东西附加在文学批评上，就是寻找打开未来的可能性，打开新的空间新的气象，想去激发释放新的活力。有些人不理解,我们的文学确实靠大家的共同努力才能生存下去。但是怎么去激发那种东西,越来越难。现在最缺乏超越性的东西,我们的文学被岁月、被现实利益磨损掉了。年轻一代比我们那个时候生存环境更加困难,他们很容易被利益瓦解,保持自身纯粹性的可能性越来越小。

问:这种方法是否有局限性?

陈晓明:不能因为存在不足就把它的意义抹掉。利和弊就像跷跷板,"利"只能是往一个方向,肯定有片面偏激,以及很难为一部分人接受。我们无法兼得和始终平衡。就像朗弗罗的诗:我所得到与我所失去,我所到达与我所错过,简直没有什么可自豪的。

问:您认为当代作家中这种先锋精神还有吗?

陈晓明:很多作家被现实机会和利益所瓦解。年轻一代的作家要保持先锋性的探索精神已经很困难。我欣赏路内的《少年巴比伦》这类作品,他有纯粹的原初性,也透示出独特的经验和叛逆的气质。今天中国文学的探索精神在哪里?其实是几位老作家更有探索性:莫言、阎连科、刘震云、贾平凹。今天如何去理解探索精神?何为中国小说的探索?在今天也会成为一个难题。大家在空旷的现场,方向却越来越不清晰,不知道该往哪里去。在没有道路可走的时候,探索一条路径变得尤其可贵。

问:从80年代末到今天,您的学术研究有怎样的追求和变化?

陈晓明:如果说我过去比较关注先锋小说,关注那种探索性和实验倾向鲜明的作品,现在我则力图把握中国当代文学整体的价值和意义,尤其是哪些作家和作品标志了当代文学的高度和未来展开的可能性。因此近年我更多地关注莫言、贾平凹、刘震云、张炜、阎连科,他们和先锋派是不同质地的,是乡土中国叙事。过去关注先锋文学,他们在传统中国的大地上同样能创造出这样的东西,有深深的震动,也使我自身的理论面临更大的挑战。如何携带中国的传统经验和西方最优秀的文学经验对话是我思考的另一个重心。这几个作家都是在乡村里生长没有受过好的教育,但是他们为什么对汉语有那么深的了解、那么大的创造性?他们的语法、他们的语言可能不都合乎规范,但却非常有生命力,去推敲他们的句子是否合乎语法没有意义,他们有着个性化的自由和自然,天然去雕饰。当然最重要的,是他们的作品和乡村经验融会在一起,充满历史的活力和文化的活力。这些思考和观察凝聚在我的《中国当代文学主潮》中。

学术研究中一种是回到历史,从中国历史入手;一种是着眼于当下,从理论入手。后者是我比较熟悉的方法。做何选择,可能会有阶段性和依具体作品而言。

陈晓明喜欢这样的状态:不是一定产生什么大的著作,我们一生以学术为业,就是有一个从容的、纯粹的、自由的、学术的存在状态。

问:您还要计划什么?您的学术理想是什么?
陈晓明:本着我的初心,专心地处理学术问题。我喜欢这样的状态:不是一定产生什么大的著作——我没有年轻时的抱负了。我们一生以学术为业,就是有一个从容的、纯粹的、自由的、学术的存在状态。这是我所想回到的家——我想回家。

我希望七十岁之前再做一些事情,处理一些更具有综合性的问题。当然这些目标会变。我会思考未来要做的,不断地想,捡起来,再推翻掉。这只有真的坐下来,做下去了,才能说在哪一个具体目标上。现在有几年时间是要做管理工作,很难有时间坐下来从容写作。有限的时间希望写点自己想写的东西,时常要谢绝朋友们的邀请,让朋友们的期望落空,这也是我所愧疚的。

问:可否谈谈您获鲁奖的作品《无边的挑战——中国先锋文学的后现代性(修订本)》?还记得您的获奖感言吗?

陈晓明:这本书可能是因为我最早系统地研究中国先锋文学,以后现代性的美学理念和文化价值作为审视的学理背景,以八九十年代中国社会的深刻变动作为文学转型的历史潜意识,从小说叙述方式、语言风格、人物的处理,以及一些特殊的主题,如感觉与幻觉、性与欲望、自我认同与道德越界等诸多方面,展开论述,表达了比较强烈的文学变革的愿望,也展现了中国新一代作家的艺术风貌,他们在艺术上达到的高度,以及开创的未来前景。在90年代初算是比较新颖。所以对年轻学者和研究生颇有吸引力。这本书几经再版,前年2015年,中国人民大学出版社出版了第三版,算是第四次印刷,现在已经是一本四十八万字的厚书了。变化有些大。

我记得当时的获奖感言大约是:"鲁迅先生代表中国文学的精神高度,以鲁迅先生的名字命名的文学奖项有特殊的意义,它会激励中国的作家为人间的正义和责任写作,在这样一个时代激励中国作家开创中国文学新的道路。"这是我一向秉持的文学理念,至今我也保持着这样的学术信念。

获奖作家访谈

雷达：创作的因素较弱，倾吐的欲望很强

雷 达 1943年生，2018年3月31日逝世。甘肃天水人。1965年毕业于兰州大学。曾任中国作家协会创研部主任，中国作家协会第五、六、七届全国委员会委员，中国当代文学研究会副会长，中国小说学会会长，兼任兰州大学文学院博士生导师。1962年开始发表作品。著有论文集《小说艺术探胜》《蜕变与新潮》《民族灵魂的重铸》《思潮与文体》《重建文学的审美精神》《雷达观潮》等，散文集《缩略时代》《雷达散文》《皋兰夜语》《黄河远上》等。评论文章《当前文学创作症候分析》获第四届鲁迅文学奖。

|采访手记|

　　有的文学评论擅长说理，出言即是自成体系的理论，却将人拒之作品之外；有的也擅长说理，但言之有据，不由自主跟随他的语言进入文学世界，总能有意外的收获。

　　雷达是后者。他的评论建立在丰富的文学史和理论素养之上，却是从文本出发，感情充沛，真诚质朴而鲜活生动；他是中国当代文学史的见证者、参与者、梳理者，对于这个时代的重要作家作品和重大文学现象，均做了及时的、充满生命激情和思想力量的回应，因而充满一种理性的激情。

　　他始终是处在中国文学创作的前沿，对文学有着敏感而准确的把握。雷达的评论权威，这是文坛公认的。贾平凹在分析"雷达为什么能有权威"时，提的几点非常中肯：一是他对中国有着认识和把握，能做大事，敢担当；二是他对创作有感觉，散文写得好；三是对文坛的情况了如指掌，看作品能放在全国的大盘子上比较，看问题能从中国文坛和世界文坛来考量；四是他的性情除真、直以外，有些孩子气，在坚持里多变，在诚信里表现出多疑、独立、特行、强势，这种性情是成大事的性情。很多人都注意到了，雷达的散文不亚于评论，但因评论做得久、文章做得多，散文的成就便被遮蔽了。

　　"如果我希求世界的赞赏，我就会用心修饰自己，仔细打扮了才和世界相见。我要人们在这里看见我的平凡、纯朴和天然的生活，无拘束亦无造作，因为我所描画的就是我自己。"雷达喜欢蒙田的这段话。因为他的散文正是这样的呈现：如果有一天，我远离了我的朋友，他们重新打开这些散文，将会看到一个活生生的矛盾性格和一张顽皮的笑脸。

真诚坦率,又视野开阔,雷达的评论实实在在,不掺一点儿水分。而这不动声色背后,是他几十年阅读与写作的积累。

问:您的第一篇评论是关于哪部作品的?您真正确定走评论的路子,是从什么时候开始?还是不自觉地形成的?

雷 达:如果单说评论的话,最早是读大学时写过一组杜甫诗歌的阅读札记,投到甘肃广播电台连续播出了,电台编辑以为我是老师。如果要说当代文学评论,应该是1978年初发表在《文艺报》的关于王蒙的访谈和评述,叫《"春光唱彻方无憾"——访作家王蒙》,那时王蒙还在新疆,没有完全平反。另一篇是重评《在桥梁工地上》,题目忘了。这也是新时期有关他们的最早的评论,也是我个人最早的有关当代文学的评论。

问:迄今为止您发表了多少万字的评论文章?评过多少作家,大约有统计吗?

雷 达:关于我的评论数量,我没有做过详细统计,至今出过九部评论集,发过大约三四百万字文章吧,有的研究我的文章说,有相当一批活跃在文坛的作家的第一篇评论或最早的评论是我写的。

问:您对于自己的评论,愿意做怎样的总结?

雷 达:有人认为我属于"美学的历史的批评"一脉,我觉得有一定道理。我经常自问,我的批评的思想资源到底是些什么?我不否认马列文论对我的影响很深,同时,19世纪的别、车、杜以及后来的泰纳对我影响也很大。新时期以来我还是注意吸收国外社科的思想成果的,我既喜欢读斯宾诺莎、叔本华、尼采、萨特、加缪,也喜欢读本雅明、巴赫金、福柯、伊格尔顿、杰姆逊,但都不系统,随兴之所至。对我的评论,我比较认可"理性的激情"这一概括和评价。这是20世纪80年代末,刘再复为我的一本书稿写的序言的题目,后来这书没出成。有人指出,我的评论里感性比较丰沛,非常注意捕捉典型形象;感性和直觉并不意味着没有深度,理性的洞察通过感性的方式也可以表述得比较深入。有人认为,我对作品的解读和定位比较准确,能抓住对方的灵魂和要害,从文本、话语出发,不是先验的,不是从概念出发。也有人认为,我对作家作品的阐释常有让作者意想不到的地方,实际上表达的是我自己的审美理想,并不是作品所本有的,很可疑。如此等等。

问:您是否也有拿不准、看不透的作品?

雷　达:对我来说,确实有许多拿不准、看不透的作品。由于批评资源和知识结构的原因,我与某些新现象猝然遭遇时,甚至出现过失语。比如,面对20世纪80年代中期的某些实验性作品,语言革命和叙事圈套,我的准备不是很足,虽然我也在努力学习、恶补。我认为,任何批评家都不是万能的,都有自己的审美个性和口味偏嗜,都有自己拿手的领域或隔膜的圈子,都有一个寻找自己的本质力量对象化的问题。当然,在面对批评对象时,要尽可能准备得充分,调动已有的批评经验,保持对新鲜事物的敏感性,保持批评的良知和公心。

评论家白烨评价"雷达是名副其实的'雷达'"。数十年来,雷达扫描纷至沓来的新人新作及时而细密,探测此起彼伏的文学潮

汐敏锐而快捷。

问：如果让您评价和反思自己，您觉得自己提出过哪些重要观点，您的评论对于当代文学有何贡献？

雷　达：对当代文学的研究和评论，学术界的认知度可能比较低；但对从事者本人来说，付出的劳动却往往是艰辛的，要求必须有大量的阅读、活跃的思维以及足够的信息来支撑。由于工作关系，我不得不站在当代文学的前沿，根据自己的阅读和理解，提出过一些看法，至于重要与否，就只能由别人去评说了。但客观地说，有些观点在不同时期发生过一点影响。比如，总结新时期文学的主潮，有人认为主潮是现实主义，或是人道主义，或是文明与愚昧的冲突，有人则认为无主潮，而我提出了"民族灵魂的发现与重铸"是主潮，以为这才是长远性的，不管文学现象多么纷纭庞杂，贯穿的灵魂是这个。再如，1988年3月，在《探究生存本相　展示原色魄力》中提出了"新写实"作为新的审美意识的崛起和它的几个主要特征，那时我管它叫"新现实主义"。又如，1996年最早提出"现实主义冲击波及其局限"。其他我印象较深的还有"主体意识的强化""新世纪文学的生成与内涵""当前文学症候分析""原创力的匮乏、焦虑与拯救"，等等。在作品研究方面，我对《白鹿原》《废都》《古船》《平凡的世界》《活着》《红高粱家族》《厚土》《少年天子》，以及"浩然现象"，等等，自觉有一些独特的发现和心得。

问：您认为现在文学批评的态势怎样，如何评价，评论的氛围发生了怎样的变化？目前评论界存在的主要问题是什么？

雷　达：与过去相比，批评主体、批评资源、批评环境、批评话语、批评类型、批评方式,都发生了大幅度的变化,说起来话就多了。我认为,还是出现了一些优秀的研究成果,出现了一些优秀的青年批评家。但总的说来,文化批评取代或遮盖了文学批评,相当多的文学批评也是以文化研究为指归,比较纯粹的文学批评不断边缘化,空间在缩小,但仍有人在坚守。这与文学在整个文化艺术领域所占份额和影响力的减弱是不可分的。在平稳的发展中,作家与批评家的关系似乎比以前正常了,而突发式的文学事件比前几年也少了许多,不知是幸还是不幸。从总体来看,文学批评在面对当今的时代思潮、历史语境、现实生活、创作实际时,表现得比较被动、窘迫、乏力,缺乏主体性强大的回应和建构性很强的创意。人是一种不但能感觉自身存在,还能够反思自身存在的存在,那就必须在物化世界之上,构建一个意义的世界、精神的世界。现在批评的问题是,很难构建起这个世界来,比较被动。现在的确还有一个重建批评的理想和公信力,强化批评的原则性和原创性,增强批评的批判精神,大力提升大众传媒时代文学批评的精神维度的问题。

问:您在不同场合不同文章中提到文学"缺钙"的问题。如何"补钙",能提些建议吗?

雷　达:我想,公认的大作品总是具有广阔的历史内涵、丰厚的人性深度、新异的文体创新意识的。现在大作品少,人们在呼唤经典,首先是在精神信仰的追求方面和人性的挖掘方面深度欠缺,许多作品不得不陷于生活素材的堆砌和复制,正面精神价值弘扬不力,提不出时代的重大精神课题,不能给读者以精神上的巨大滋润、启迪和救赎。看中外一些文学大师就会发现,他们的文化修养大都非常深厚,就说中国现代文学史上的各位大家,一方面拥有深厚的传统文化积淀,另一方面又获得了广博的西方文化和世界文化素养,相互撞击,使得他们往往能够站在世界的和人类的,同时又是中国经验的高度来驾驭和创作;而当下我们的作家缺乏的正是这样广博的文化修养和眼光。另一个非常重要的因素是生活体验的积累,文学史上的一些大家为了创作一部作品,往往要体验、考察极长时间,把生命投进去,把灵魂摆进去,如司马迁、曹雪芹。过去强制性地"深入生活",只为印证政策当然不可取,但不能由此否认形象积累、情感积累的重要性。否则就很薄,连个饱满的细节都找不出。现在是一个缩略时代,文化多具快餐性质,人心浮躁,如何克服复制化和克隆化,大力提倡原创化,也是非常重要的。

《黄河远上》还原了与个人经历血肉相连的风俗史、精神史、心灵史。这恰是雷达所说的"真正能够叩响心弦"的好散文。

问:《费家营》《梦回祁连》《黄河远上》等作品,曾贴到微信公众平台上,有很高的点击率,《费家营》甚至被评为2015年"中国文学最新排行榜"散文类的榜首。

雷　达:情况确是这样。在公众号上,我的有些散文,作为文学作品而非社会新闻,点击率一般都至少在六千左右,加上其他公众号的转载,可以过万,这就不算少了。一个手机只能点一次,再点就不灵了,这个也比较公正。而且有个特点,我的文章的留言特别多,变成了围观的话语场,不少人在上面发感慨、忆往事、说心事,说到伤心处会流泪。有许多陌生人的留言,甚感人,我一直很珍视。这就是微信的开放性和互动性,是传统纸媒所没有的优势。

我也好奇,想知道他们为什么爱看。渐渐悟出,除了在叙述风格上努力做到客观、冷峻、质朴、丰腴之外,如何打通历史与当下、过去与现在,也即实现某种穿越,对唤起读者是很重要的。我写的有些东西太久远了,年轻人未免隔膜,怎样引起阅读兴趣,让他们觉得并不久远,而且仍与我们今天的生活血脉相关,是个问题。比如,《费家营》的开头,本是朋友带我游览一个新景点黄河湿地公园,不知为何,我总有似曾相识之感,当走到一个最大的鹅卵石水坑前,旧景重现,我像被雷电击中一般,呆立无语。我惊恐地想,这总不会是1958年"大跃进"时,我们曾洒下无数汗水,几乎累死,连抬着沙筐走路都要睡着或栽倒的那一块地方吧?很不幸,根据对地理方位的反复核对,正是那块地方。至今还没有任何人道破过它的秘密,更没人想到过它其实是1958年"大跃进"一个遗迹的巧妙利用。于是,当年"劈北山,挖鱼池,大炼钢铁"的震耳的口号声顿时在耳边炸响。昨天并不古老,回忆的大幕就此拉开。这个开头被有位读者称作"华丽转身"。但不是出于技巧的需要,而是生活本身就这样巧合。

问:关于《黄河远上》的编选,您说要让这本散文集"呈现出饱满的感性血肉,要用'苍茫辽阔,委婉多情'的意境和形象去感染人",您所理解的"苍茫辽阔,委婉多情"是什么?您的散文《韩金菊》写遥远而凄美的初恋,特别令人感动。这篇散文,和过去的写作心态有何不同?把自己的经历和心理剖开给读者,您有过顾虑吗?

雷　达:我以前也出过几本散文集,因为字数少,把那些杂文、随笔、序跋、议论全放进去,以增厚度。它们当然也都叫散文,但心中总觉歉然。另一方面,因为我一生做文学评论,惯于用概念、理性、逻辑说话,这一次,我要完全让血肉饱满的形象说话,所以我编这本书,剔除了议论和思辨色彩的文字,编了一本比较纯的叙事型的抒情散文集。形象是多义的,形象是内敛的,文学是靠形象说话的,更易感人。

"苍茫辽阔,委婉多情"是上海一位文友程庸对我散文的评语,我比较认可,觉得接近于我的追求。苍茫可能与我的气质、我所写的对象比较契合,大西北本身就是苍茫的,我不但写甘肃,在《新阳镇》《皋兰夜语》等作中,富有西部特有的地理标识、文化基调与精神底色,陕西宁夏青海新疆我都写过,如《走宁夏》《依奇克里克》《乘沙漠车记》《圣果》等。至于是否委婉多情,我不好说,重要的是发现珍贵的细节,写出人性的复杂,写出别人虽经历过却道不出的感受,亦即人人心中有,人人笔下无的东西。若做到或基本做到这些,文章就成功了。我只是在努力中。我常想问人也问我自己,这些以亲身经历为背景的东西,究竟谁会看,有哪些东西可能是人们需要知道的、是有价值的,它有可能吸引哪些人的眼睛和心灵?是否可以这样说,它包含着历史情景的,西部人心灵史和文化史的信息,一个人如何成长的过程,人的灵魂怎样遭遇风暴袭击的,人战胜自我和环境的隐秘的关键,以及从这个人身上折射的近六十多年来的动荡与曲折,它可能还有激励西部封闭境遇里的青年的作用,激起他们的自豪感和与命运做斗争的勇气,从自卑中挣脱出来。总之,不是简单的褒扬,也非故作高深,不是要迫不及待地肯定什么,更非沽名钓誉,而是以人为本,写出性格来,写出人生来。

《韩金菊》我原本没打算写,不想触动一生的痛,随着一天天老去,这段五十多年前的往事藏在心里总觉堵得慌,再不写就可能无力写了,永远沉埋了,心有不甘。可一旦写起来,却又伤心得写不下去。一切都是真实的,无一丝虚构。我甚至能想起她家几次搬家的门牌号。只是为了了却心愿。我想能在《作家》上发一下就行了,不愿更多的人看到。后来好几位作家,刘兆林、弋舟、张雅文等人在杂志上看了,还有我的博士生们,都来电话,希望我一定要拿到微信公众号上发。我的看法变了,不再怕。没想到点击率上万,留言之多,超乎想象,除了一些是朋友、文艺界人士留言,绝大多数是普通读者,说它"情真意切,感人肺腑",读来"几度哽咽",甚至"每读一遍,都要流一次泪"。我自己不知道该怎样总结,我同意这样的留言:"历史真相隐藏在语言的暗流涌动之中",是"个人命运与时代面影的交叠合一"。

"如与友人雪夜盘膝对谈,如给情人写的信札,如郁闷日久、忽然冲喉而出的歌声,因而顾不上推敲,有时还把自己性格的弱点一并暴露了。"雷达说,自己写散文,完全是缘情而起,随兴所至。

问:从有记忆的时候写起,您的每一篇散文都是亲历的、毫无粉饰的,同时也充满各种历史的或个人的波折,可读性非常强,让人读了放不下。这些散文的写作时间不同,应该是您的一个散文选本,那么您选择的标准是什么?在写作的时候,是一种怎样的状态,您受过哪些作家的影响?您在处理题材时有何心得?

雷 达:这本集子确实有很强的亲历性、在场性、回忆性,都是围绕着我的切身经历展开的。现在细想,我受影响的著作不少,但受影响最大的应是《朝花夕拾》。那是鲁迅先生唯一的一部回忆性散文集,原名《旧事重提》,后由先生改为《朝花夕拾》。"朝"意谓早年,"夕"表示中晚年,即早上的花朵晚上来拾采。先生回忆童年少年乃至青年时代的人事,每一篇都是那么沉郁而亲切地展示着世态变迁、人情冷暖、历史沧桑、风俗礼仪,且感情蕴藏得那样深沉。先生对社会、人性的深邃洞察和对亲人师友的诚挚感情,只有反复读之才能心有所得。我虽不能至,却一直心向往之。

我的散文一向以写西部者为多，但近年所写的"西北往事"系列，约八九篇，每篇一万多字，却与以前的有所不同。这也是这本书的主体部分。正如评论家古耜指出的，首先，这组作品是自传体的。作家从亲身经历出发，把自己的成长史和心灵史全无粉饰地敞开，其强烈的纪实性和现场感，以及浸透其中的披肝沥胆的自我解剖和真诚言说，足以让读者产生强烈共鸣。第二，这组作品书写作家经历，但又不是纯粹的封闭的自说自话，而是在"我"的生命轨迹中，很自然地渗入历史镜像与地理人文，于是，作家那一片片丰饶的记忆沃土，开满了社会心理、民间传说、历史事件、地域风情、时代氛围的花朵，它们交织在一起，分明构成了甘肃省乃至整个西部风俗史和精神发展史的部分。

问：您曾在《我的散文观》谈到自己心目中的好散文"首先必须是活文"，而非"呆文"。您如何理解"活文"？

雷　达：我确实说过，喜欢"活文"，不喜欢"呆文"的话。比如，一度文化散文成风，余秋雨早期的一些文章，我认为有开创性，走在前面。但后来忽然很多，有的看上去很渊博，什么都知道，不少是临时从网上书上查的，这未尝不可，可以普及历史知识和传统文化，但罗列太多，掉书袋，性灵就不见了，便"呆"了。还有，中国散文的叙事记人，有极深厚传统，弄不好它会变成一种模式的重压，也容易"呆"。我想，"活文"恐怕首先得关注人的生存状态和精神困境，包含细腻复杂的人性之困和情感矛盾，这种境界和格局，与作家的知识积累、文学素养有关，更与作家的情怀有关。鲁迅先生说，"开掘要深"，这四个字分量很重，够我们消化一辈子。我很看重一篇文章包含着多少生命的活性元素,思维的浪花是否采撷于湍急的时间之流,是否是实践主体的毛茸茸的鲜活感受。这些问题都比较复杂,我也在摸索,还是以后专门另找机会再谈吧。我的"西北往事"还在继续写,接下来是"我的大学""干校的日子",等等,值得写的事还有不少。

获奖作家访谈

洪治纲:只有拥抱的批评没有价值

洪治纲 1965年生于安徽东至。杭州师范大学人文学院院长,兼任中国小说学会副会长、中国当代文学研究会常务理事。代表论著有:《新时期作家的代际差别与审美选择》《中国当代文学视域中的新移民文学》《中国新时期作家代际差别研究》《审美的哗变》《永远的质疑》《余华评传》《守望先锋——兼论中国当代先锋文学的发展》《偏见之辞》等。曾获第七届高等学校科学研究优秀成果奖(人文社会科学)二等奖、浙江省第十八届哲学社会科学优秀成果奖一等奖、广东省哲学社会科学优秀成果奖一等奖、首届冯牧文学奖青年批评家奖、浙江省第四届鲁迅文艺奖优秀成果奖等。评论文章《困顿中的挣扎——贾平凹论》获第四届鲁迅文学奖。

采访手记

"我国的文学评奖何以一次比一次难尽人意？评委们为什么难以与作家在小说艺术的内在审美价值上进行同一高度的对话？茅盾文学奖的评选与茅盾先生设立此奖的原始动机是否存在距离？评奖的价值取向，即对现实主义原则的维护和对史诗品格的强调，如何制约了审美品性更为丰富、多元的优秀之作涌现？……"

在这些以《无边的质疑》为代表的锐气逼人的论文中，洪治纲一连串掷地有声的追问，坦率、诚恳又极为锐利的批评，曾带给评论界深深的震撼。那一年，洪治纲因此获得了首届冯牧文学奖·青年批评家奖。

当然，洪治纲的评论远远不止于此。一方面，他敏锐地跟踪评论当代文坛，另一方面，则将多年的累积梳理成厚重的学术成果。作家艾伟曾评价洪治纲："就像皇帝新衣里的那个孩子，他的声音可能是刺耳的，当然也可能是孤单的。"——他"差点想把治纲说成是一个理想主义者"。

我借此问他：你觉得孤单吗？

洪治纲说："没觉得孤单。我一直信奉，批评就是自我的发现与确认，是自己的灵魂与作品的碰撞和交锋，坦诚地表达出自己真实的看法，就行了。"他说："我可能不算一个严格的理想主义者，但我肯定坚守自己的艺术理想。因为它涉及批评的标准和立场。我始终认为，一个从事文学批评的人，如果不是理想主义者，那么，他就可能会滑入投机主义的泥淖。"

20世纪80年代末,洪治纲读硕期间发表的第一篇论文就是评余华的先锋小说。近三十年来他持续追踪余华的创作轨迹,有时候为评传中的一句话,几乎穷尽力气和手段。

问:您是从什么时候开始阅读余华作品的?

洪治纲:我是1988年本科毕业,并进入浙江师大攻读中国现当代文学硕士。那时候,余华、苏童、格非等人的先锋创作最为引人关注,众多学者争相阐释。我在读硕士期间发表的第一篇论文《另一种真实》,就是评论余华先锋小说的。随着阅读的积累,我觉得这个作家很有意思,内心很丰富,叙事也极为灵动,同时他所书写的一些故事,和我的成长记忆非常相似,有很多代际意义的共性,因此我慢慢地专注余华创作了。

问:有着持续跟踪阅读和评论,您对余华创作的轨迹可否做些概括?从此前的一致叫好,至《兄弟》《第七天》之后的作品引起的两极化争议,您怎么看?

洪治纲:我在修订《余华评传》时,对余华的作品进行了一次重读,并完成了一篇《余华论》,发表在2017年第2期的《中国现代文学研究丛刊》上。1990年之前,余华是以背对现实的先锋创作闯荡文坛,其小说呈现出明确的主观真实之特点。1990—2003年,余华开始以批判者的眼光关注现实和历史,着力探讨人物的命运与历史之间的内在关系。2004年到现在,余华更多地关注当下的现实生活,并以明确的解构手段,揭示现实的混乱和喧嚣。从他的创作与现实的关系来看,余华的创作轨迹可以描述为"逃离现实——批判现实——解构现实"这样一条主线,当然其中包括了余华较为复杂的主体思考和心路历程。

余华作品的两极化评价,特别是《兄弟》和《第七天》在国内的两极化评价,有着非常复杂的文化背景。其中最主要的原因是,众多读者对余华小说的阅读已形成了某种审美定势,特别是由《活着》《许三观卖血记》等代表性作品所产生的悲剧性审美定势,固化了读者对余华创作的审美接受。所以,当《兄弟》和《第七天》等解构性的叙事出现在读者面前,读者的审美定势被颠覆了,无法很好地接受它。此外,中国作家对当下现实的直接表达,因为有着丰富的现实经验作为参照,导致人们在阅读中常常纠结于生活的真实,而游离了艺术的真实。但国外的读者,因为不是特别熟悉中国当下的现实生活,反而能够在一定的距离感中接受这两部小说,因此《兄弟》在国外几乎是一片叫好。

问:您认为余华目前的创作处于怎样的状况?他最大的障碍是什么?

洪治纲:我的直觉是,余华的创作目前还是处于某种胶着状态。他自己也说,现在手头有三部小说都写了一些,但都无法完成,"正在做人工呼吸",哪一部能够首先苏醒,他自己也不清楚。其实这种胶着状态,是每一位成名作家都无法避免的,因为他们都渴望自我的超越,渴望更大的成功。如果要说余华目前的最大障碍是什么,我想应该是如何获得较为完整的思考和写作的时间。

问:您认为余华最好的和最失败的作品分别是什么?您如何评价他在中国作家中的地位?

洪治纲:这是一个很难回答的问题。我个人最喜欢的作品是

《在细雨中呼喊》和《许三观卖血记》,最不喜欢的是《四月三日事件》——但这未必是他最失败的作品。

就我个人对中国当代文学的了解而言,我觉得他依然是中国当代最优秀的几位作家之一。如果大家有机会读一下他的《十个词汇里的中国》,或许能够发现余华对中国现实的深切思考,以及他内心深处的情怀。

好的批评氛围培养锐气的评论。洪治纲说,那个时候发表文章,无论刊物还是作者,从未考虑文章发表会对自己产生怎样不利的影响。

问:《无边的迁徙》中收入讨论茅盾文学奖和鲁迅文学奖得失与教训的文章,锐气逼人。很多问题评论家们注意到,却很少像您这样尖锐地提出。这种勇气从何而来?

洪治纲:这几篇有关茅奖和鲁奖的质疑文章,是在1999年左右写成的。其中有些问题,是我从一个单纯的读者角度提出来的,尖锐而坦率,但也有一些不足,其他评论家当时也谈到了某些局限,只不过谈得含蓄一些。这三篇文章在当时发表后,反响就比较大。但今天看来,还是有不少缺憾,至少没有很好地触及一些问题的本质。

要问我写这些文章的勇气从何而来?我想得益于两个因素:一是那时候的批评氛围很好,我们经常读到很多一针见血的批评。我记得在世纪之交的那几年,我和几位朋友曾在《文艺报》第一版开设了"我看头条"的短评栏目,及时评述国内几个大刊每期发表的头条作品,绝大多数短评均以批评为主,且颇为犀利。当时的《文艺报》副主编是贺绍俊先生,对这个小栏目倾力支持。那时候的批评氛围完全不像今天,今天如果你直言不讳地批评某位作家某部作品,那么,各种人际间的"阴谋论""动机论""派系论"全都来了,似乎批评成了批评家泄愤的手段。二是当时的很多刊物都大力支持批评文章。我写的这三篇文章分别发表在《小说家》和《当代作家评论》上,两家刊物的主编分别是闻树国和林建法,他们更关注批评的有效性,从未考虑文章发表会对自己产生怎样不利的影响。

问:"我国的文学评奖何以一次比一次难尽人意?评委们为什么难以与作家在小说艺术的内在审美价值上进行同一高度的对话?茅盾文学奖的评选与茅盾先生设立此奖的原始动机是否存在距离?"您的这些追问之后,答案是什么?

洪治纲:说实话,我也不知道最终的答案在哪里。尽管后来我也多次参加过鲁奖和茅奖的评选,但我当初提出的上述这些问题依然存在。我想,如果可以改变的话,唯一的办法就是能够确立一个相对科学、有效的评委遴选机制,选出真正具有审美鉴赏力同时又能捍卫文学审美价值的评委,使他们拥有相对独立的评判空间,或许能够缓解上述这些评奖的尴尬。

涉及评奖,争论不休曾经是常见的事儿。但是最近几届的评奖,争吵少了,发言也很含蓄了。

问:能具体说说某次文学奖项评选的具体情形吗?如果遇到不同意见,您会坚持吗?

洪治纲:我参加过好多次文学评奖,包括鲁奖和茅奖。印象中最深的一次是参加鲁迅文学奖中篇小说奖的终评,当时毕飞宇的《玉米》从第一轮到最后一轮投票,均是满票,这是罕见的。同时,这一次原本可以评选出五部获奖作品,但最终只投出了四部中篇。其中排在第五、第六的两部中篇,连续投了两次都没有投出来,说明每个评委都在坚持自己的内心尺度。遇到不同意见,争论不休是常见的事儿,我也常常参与争论。我记得有一次鲁奖终评时,一位老评委争论到最激烈时,激动得将一杯茶打翻在桌。但最近几届的评奖,这种争吵少了,发言也很含蓄了。

问:您认为做评论最难的是什么?觉得对自己评论形成干扰的因素有哪些?

洪治纲:我写批评还是比较率性的,没有太多的因素干扰自己的评判。但我觉得,评论要做得比较严谨且令人信服,最大的困难还在于你对作品的细读、理解和思考,尤其是对作家的创作进行整体评论时,你必须要弄清楚作家创作的内在轨迹,这不仅需要耐心,还需要智慧。批评也是一种创造,它是一个灵魂与另一个灵魂的交锋。没有交锋,只有拥抱的批评是没有什么价值的。

问:是否也有把握不住作品的时候?不同时期对同一部作品的认识是否也会发生不同的变化?

洪治纲:我确实有把握不住作品的时候。譬如对张承志和莫言的作品,我读了很多次,就是不能很好地把握它们。所以,莫言的创作,我只写过两三篇评论。张承志的作品,我到现在还没写过一篇评论,因为我对他所要表达的宗教问题无法很好地理解,更无法把握。

对同一部作品,在不同时候会有一些不同的理解,这在批评过程中,每个人都会碰到。因为随着自己的知识储备、理解能力和思维方式的变化,对作品的理解肯定会产生一些变化。

譬如我读鲁迅的《故事新编》,以前的理解与现在的理解很不一样。但是,我个人的感受是,不太会出现颠覆性的评价。也就是说,在一个批评家的批评经历中,不会出现对某部作品的两极性评价。

问:您如何看待当下的批评?

洪治纲:说实在的,当下的文学批评几乎陷入了"群殴"之境。翻开一些报刊,但凡论及批评现状的文章,十之八九都充满了讥讽、愤懑和斥责,认为文学批评早已坠入"风尘",让人觉得恐惧或可鄙;有的作家甚至直言不讳地说,自己绝不再读某些报刊,因为它们所发表的批评其作品的文章令人无法接受。——似乎谁都可以找个理由,气宇轩昂地对文学批评踹上几脚。

文学批评之所以让人如此不满,原因很多。其中主要问题有两个:一是伴随信息时代而来的媒介批评风起云涌,它们看似在努力平衡专业批评和大众阅读之间的鸿沟,其实是在剔除批评的理性支撑和专业要求,让批评只对感受负责,不对科学性负责。顺便说一句,有些懒于阅读又喜欢发表看法的批评家,就非常钟情于媒介批评。这种文学"嘉年华"式的批评,追求的是热闹,是娱乐效果,而不是理性的在场。

二是文学作品数量的急剧膨胀。现在我们面对的,不仅仅是静态的书面文字,还有大量动态性的网络文字。尤其是网络文学的出现,使批评家在有效选择批评对象时,增添了很大的难度。可以说,任何一个批评家,要想把握当今的文学发展整体格局,几乎是不可能了。在这种困局面前,任何一种文学批评都会显得片面和单一,任何人都可以选择一个角度来否定文学批评。

获奖作家访谈

南帆:重新提交一个新的"理论图谱"

南　帆　1957年生,祖籍福州。1977年考入厦门大学中文系,研究生毕业于华东师范大学。福建社会科学院院长、研究员,"闽江学者",福建师范大学特聘教授,中国文艺理论学会会长,福建省文联主席。已出版《文学的维度》《无名的能量》《先锋文学的多重影像》等六十余部学术著作和散文随笔集,发表学术论文三百余篇。曾获吴玉章人文社科奖、福建省社会科学优秀成果一等奖、华语传媒文学奖等各类奖项数十种。散文集《辛亥年的枪声》获第四届鲁迅文学奖,评论专著《五种形象》获第五届鲁迅文学奖。

| 采访手记 |

2017年9月28日,第七届吴玉章人文社会科学奖和第六届吴玉章人文社会科学终身成就奖在京揭晓。南帆的《无名的能量》获吴玉章人文社会科学优秀奖。

文学能为世界提供什么?文学谱系是如何建立的?文学阐释能带来怎样的意义?在《无名的能量》中,南帆以知识考古学的严谨不断指证文学的意义。

这位极富时代责任感的批评家,在注重理论研究与话语体系建构的同时,始终与中国当下的社会现实保持一种高度紧张的对话关系,并由此形成了极具魅力的批评个性。

南帆的文学批评写作始自大学时代。那时的文学梦没有给文学批评和文学研究保留多少的位置,中文系的大学课程也没有真正调动起南帆的理论兴趣。

直到他偶然看到《福克纳评论集》。南帆惊讶地发现,文学批评竟然可以拥有活跃的思想和机智的语言风格——仿佛某种意识突然被唤醒,南帆兴致勃勃地卷入当时王蒙的一批探索性小说引起的激烈争论,写成一篇一万多字的论文,并发表于《钟山》杂志。重要的是,他对于文学批评以及文学研究的兴趣从此开始了。

他对当代中国文化现象、文学思潮与作家作品总是及时发声,并进行有效的话语分析和谱系研究,为当代批评提供了重要的理论资源和分析路径。宏观着眼,微观落笔,南帆以活跃的探索精神和思想疑难的绵密追问,不仅在理论界颇有建树,也使他的散文独具智性的光辉。

他对于形而上学的"大理论"仅有微弱的兴趣,南帆说,自己所讨论的问题大约属于"中理论"。

问:可否谈谈您的学术脉络是如何形成的?如果方便,可否分阶段谈谈?

南　帆:大约十五年前,我就开始使用"中国经验"这个概念。我期待借助各种有效的理论阐释我们栖居其中的历史,这是我迄今未曾改变的学术意图。围绕这种意图,我的学术工作区域大约有三个。一是文学批评。对于一些我感兴趣的作家进行考察,并且在考察之中表述我对于文学乃至对于这个世界的观点。有人觉得我的文学批评理论密度较大,论文内部隐藏了各种观点,很大一部分原因就在这里。二是文学理论。前一段时间,我在某些文学理论的基本问题上耗费了较多的精力。话语光谱、关系主义、审美的意义、文学形式的构成、横轴与纵轴的关系以及博弈等观点均是这方面思考的结果。我对于形而上学的"大理论"仅有微弱的兴趣,我所讨论的问题大约属于"中理论"。所以,我的文学研究止步于古典哲学的边缘,对于那些围绕"本体"的思辨仅仅保持有限的接触。在我看来,重要的是哲学思考问题的方式。三是当代文学史的某些专题,例如冲突的文学背后隐藏的文化冲突,例如哪些隐蔽的成规深刻地影响了文学史的撰写,例如"后革命"的文学以及思想转移,例如当代文学与日常生活的关系,近期比较关注"小资产阶级"的文化特征,刚刚发表几篇论文。当然,这三个区域往往同时展开,而不是哪几年关注一个专题,另外几年关注另一个专题——三个区域之间的关系同样是结构性的。

问：您的《无名的能量》2017年获得吴玉章人文社会科学优秀奖。您能谈一谈这部著作吗？

南　帆：《无名的能量》讨论的是现代性、文学和日常生活的新型关系。每一个历史阶段的文学观念来自特定的历史建构。现代性降临带给文学的一个后果是，关注日常生活领域。日常生活与文学的结合是现代性转折的产物，也是现代性出现之后多门社会科学分工的结果。这种情况造就了文学在公共领域的独特声音。文学对于日常生活的分析在于发现解放的能量，这种能量往往以审美快感的形式出现，文学形式在这个过程产生了巨大的凝聚作用。文学形式对于日常符号秩序的冲击是巨大的，这是文学承担的先锋使命。

在上述主题之下，《无名的能量》涉及文学与公共性、文学形式与话语类型的角逐、文学史与诸多美学范式等问题。当然，这一切无不发生于中国文化版图之中。因此，这部著作讨论的一个重要内容是，各种西方文化的概念如何接受中国本土文化结构的重新编码，继而显现新的含义。

文学批评工作中，南帆对于作品的依赖远远超过对于作家的依赖。他更愿意通过作品做种种分析。

问：关于自己的知识系统和思想背景，您愿意如何归纳？在您的批评生涯中，有没有过"被批评"？如果有，能谈谈吗？

南　帆：一些学者相对重视自己的学术谱系：某某门派，师尊何人，师兄师妹若干，祖训如何，一招一式循规蹈矩，必有出处；另一些学者倾向于随心所欲，按照自己的思想、兴趣以及研究内容重组各种知识。我大约属于后者，不拘一格。如何归纳自己的知识系统？一言难尽，"却顾所来径，苍苍横翠微"。

肯定曾经"被批评"，但是，我没有留下深刻的印象——因为没有持续地卷入激烈的争辩。事实上，我很乐意被说服，只要对方的确有说服力。我没有兴趣顽强地捍卫自己的谬误之见。然而，对于那些徒然逞口舌之利的文章，我就简单地翻过去了。

问：如何评判中国当代文学的价值，每个人都有自己的标准。您的标准是什么？

南　帆：我还是避开那些枯燥的理论陈述吧。我想说的是，中国当代文学会让我产生与同辈人在一起的感觉。文学经典高山仰止，同时存在某种文化距离，我们甚至可以冷静地接受文学经典的瑕疵乃至缺陷。当代文学是同辈人的对话，欣喜也罢，愤怒也罢，我们围绕着某些共同的东西，息息相关。

他的冷峻和理性来自对生活真相和思想疑难的不懈追问，活跃的探索精神则拓展了散文的文体边界。

问：散文创作对您而言，是一种什么状态？与理论互补？其实我发现优秀的评论家都有一副文采斐然的笔墨。雷达、丁帆、李敬泽、王彬彬……都是文章高手。

南　帆：对我说来，散文写作比理论写作快乐。二者的确互为补充。某些论文无法接纳的思想，散文可以自如地表述。我曾经区分过二者："散文的智慧和思想具有强烈的个性，它们的独特程度比公众的接受程度更为重要；论文追求的是共同认可的思想高地，论证的每一步骤必须吻合公众遵循的逻辑程序。"论文的写作必须顾及种种学术规范，缜密严谨，"言必称秦汉"。必须承认，这种写作方式有时让我深为厌倦——有时真想将这一套远远地抛出去。相对而言,散文可以天马行空,纵横驰骋,行于所当行,止于不可不止,这无疑是快乐的一个源头。但是,这并不妨碍我的拓展。也许未来的某一天,我会欣然加入虚构的队伍。谁知道呢?

问:您是从什么时候开始的散文写作?孙绍振先生将您的创作概括为"智性写作",您怎么看?

南　帆:我想,大约有二十年左右的时间吧。孙绍振先生关于"智性写作"有一整套观念。我的散文能够成为他的理论例证,这是一种荣幸。相对地说,我的散文思想密度较大,抒情成分略少,或许这是获得"智性"称号的原因。由于中国散文的美文传统,许多人印象之中的散文多半是抒情记事。我曾经说过,其实我很喜欢"随笔"这个称谓。随笔意味的是自由自在,信马由缰,从容地表述自己的各种想法,不一定非要维持某种所谓的"文学"面貌。事实上,西方文学之中存在大量的随笔作品。

问:您先后写过《虚构的力量》《虚构的特权》等理论文章,但您本人好像并不从事虚构的文学。"始于生动、传奇,继而悲欢交加,终于某种形而上的沉思,这常常是虚构为文学完成的三部曲。"那么散文呢?

南　帆:我曾经表述过一个观点:必须有偿使用虚构的特权——"为什么小说拥有虚构的特权而散文不得染指?谁规定了如此不平等的条约?在我看来,与其说小说占有了虚构之利而将笨拙的纪实扔给了散文,不如考虑二者的分疆而治带来了什么。小说必须有偿使用虚构,小说通常以传奇性、戏剧性和诱人的悬念回报虚构——虚构的首要意义即是以想象打破庸常现实的平淡与乏味。"如果虚构的文学仍然沉闷无趣,不堪卒读,人们就要讥笑作家的无能。散文多半没有如此完整的"三部曲",但是,散文愿意骄傲地声称不屑于虚构——"散文的自信是洞悟平淡背后的玄机与妙趣,内心的起伏取代了情节的跌宕。"当然,这是一件相当困难的事情,大多数平庸的散文并未完成任务。我要补充的是,这个观点并不意味着对于虚构的反感。事实上,我阅读的虚构作品远远超过了散文。

问:《辛亥年的枪声》获得第四届鲁迅文学奖。能谈谈这部作品吗?为什么要写这样一部作品?

南　帆:《辛亥年的枪声》之中有这么几句话:"在我四十八岁的时候,那个仅仅活了二十四年的人突然闪出了历史著作站到跟前。林觉民这个名字鬼魅般地撞开了我的意识大门,种种情节呼啸着在脑子里横冲直撞,令人神经亢奋,夜不能寐。"这大约就是我写这篇散文的直接原因。这几句话的背后是围绕一个主题长期积存的感触——即历史视角中的个人与个人视角中的历史。二者之间的关系远非直线式地相互映照。如前所说,这也是我的文学研究不断触及的主题。

问:您是在什么情况下得知自己获奖的?2006年12月的《辛亥年的枪声》获散文奖,2009年的《五种形象》获文学理论评论奖。是什么机缘使您在短时间内两次获得鲁奖?

南　帆:想不起来是什么情况下得知消息的。《辛亥年的枪声》是一本散文集,由出版社而不是我个人申报鲁迅文学奖。出版社事先肯定征求过我的意见,估计我没有认真对待。评奖进入最后一轮,评奖委员会要我再提供一些样书,这时我意识到可能获奖。能够获得一个重要的文学奖项当然是令人高兴的事情。不过,我同时想到另一个问题:我在文学研究方面耗费的时间与精力远远超过了散文,为什么不争取一下?新的一届鲁迅文学奖评选开始,恰好我的文学研究著作《五种形象》符合规定的要求。这一回是我自己申报的材料,再度幸运地成功了。

问：很长一段时间，历史散文的写作成为一种时髦。您的《辛亥年的枪声》《戊戌年的铡刀》《宫巷沈记》和《马江半小时》也是属于历史散文。您在这方面还有什么计划？

南　帆：没有什么固定的计划。历史的确是我关注的一个重要主题。拉开了时间距离，许多事情的性质发生了很大的改变。时光似乎重塑一切。这一切时常令人感叹。前一段刚刚在《收获》杂志发表的一篇很长的历史散文《天元》，写的是吴清源，一个天才的围棋大师，福州人。我是一个围棋爱好者。我的原则是，没有真正的感叹绝不"硬写"，不能靠堆砌一些史料冒充历史散文。宽泛地说，《关于我父母的一切》以及《历史盲肠》也可归入历史散文之列。我自己某种程度地参与了这些过往的事件，记忆形式的处理更多地表现了个人的独特视角。

获奖作家访谈

孟繁华:合宜的批评最难能可贵

孟繁华 1951年生于吉林省敦化市,祖籍山东。曾任中国社会科学院文学研究所研究员、博士生导师,当代文学研究室主任。现为沈阳师范大学特聘教授、中国文化与文学研究所所长,中国当代文学研究会副会长,北京文艺批评家协会主席,辽宁省作家协会副主席,《文学评论》编委。著有《众神狂欢》《1978:激情岁月》《梦幻与宿命》《中国20世纪文艺学学术史(第三部)》《传媒与文化领导权》《中国当代文学发展史》《新世纪文学论稿》。主编文学书籍八十余种,曾获2012年华语文学传媒大奖年度批评家奖,多次获中国社会科学院优秀理论成果奖、中国文联优秀理论批评奖等。评论集《文学革命终结之后——新世纪文学论稿》获第六届鲁迅文学奖。

采访手记

孟繁华的评论文章和他的发言，总是激情四射。这种激情与生俱来，还是来自他在北大读书时所受的影响？孟繁华曾在《"批评家周末"十年》记述：谢冕先生创办的"批评家周末"……自由讨论和畅所欲言，不仅缓释了那一时代青年参与者的抑郁心情和苍茫感，同时，它宽松、民主、平等的环境，更给参与者以无形的熏陶和浸润，并幻化为一种情怀和品格。或者说："批评家周末"首先培育了学者应有的精神和气象，它以潜隐的形式塑造了它的参与者。

孟繁华就是参与者之一。2018年6月，孟繁华接过谢冕先生手中的接力棒，成为北京文艺评论家协会新一届主席。

有思想、有骨气、有胸怀，是评论家吴义勤对孟繁华学术风格的总结。他认为，孟繁华的成功在于，他的文化批评和文化研究植根于他的人格、他的个性、他的人文情怀、他的理想主义激情，而不仅仅是源于一种批评方法的应用。

2017年6月，孟繁华受邀参与十月文学院的"名家讲经典"，选择的是《三国演义》。他认为《三国演义》是一部经世治国之书，是一部有情有义之书，关羽动人之处最主要在于他的多情重义。他声情并茂地讲述这一切的时候，我突然觉得，自己对这个认识了二十年、自以为熟稔的评论家朋友，认识得远远不够。

孟繁华的性格中有某种执拗。至少对文学的热爱,是从一开始就表露无遗。多年来,他一直关注、追踪中国当代文学的发展,保持了一贯的激情和活力。

问:您的第一篇评论文章是以谁为评论对象?

孟繁华:我的第一篇评论是评论徐敬亚的长诗《长征,长征》,发在《星星》诗刊上。当时我还在东北师大读书,因为和徐敬亚在同一座城市,多有交往,也非常喜欢他的诗。他领衔的校园诗刊《赤子心》,在国内诗歌界、特别是在大学生那里,有极高的影响力。他在《星星》诗刊发表了这首诗后,我就写了评论寄给杂志了。没有熟人,就是投稿。结果很快就发表了。那个时代文学刊物的风气真是让人怀念。徐敬亚后来名满天下,他是诗人,但他被广泛认知还是他的被称为"三个崛起"之一的《崛起的诗群》以及他组织的现代诗歌大展等。他对推动中国诗歌发展有很大贡献。

问:多年来,您一直关注、追踪中国当代文学的发展,而且最关键的是笔头快,几乎第一时间就能写出评论文章。这种评论的激情和动力来自什么?

孟繁华:多年来,我的学术活动主要有两个方面,一是文学史研究,一是追踪当代文学的步伐,主要是小说创作的评论。大概从新世纪开始,我就一直编选中、短篇小说选,一直到现在。这使我必须阅读大量的小说作品;还要参加各种作家、作品讨论会,主要是长篇小说讨论。这样,对当下的各种体裁小说就有更多了解的可能。开会我都是带着文章,这是向我的老师谢冕先生学习的。他对任何事情都认真,开会都带着稿子。我向老师学习,也就多写了一些文章。至于激情,那是年轻人的事。如果说还有些动力,还是出于对文学的热爱。这不是矫情,我觉得不爱文学的人可以不必勉为其难,如果热爱就全身心地投入。但现在我对文学的心情真是喜忧参半百感交集。所谓喜忧参半,就是当代文学的高端成就,可以与世界强势文学平等对话;另一方面,真正的好作品,读过之后让我们深怀感动心悦诚服的作品,还不多见。

问:《面对今日中国的关怀与忧患》《文化碰撞时代的来临》……您的很多评论,和同时代的作家们一样,显示出"50后"一代特有的使命感和责任感。您做学术,是否也有一种忧患意识?

孟繁华:不同代际的人当然有共同的东西。但是,不同代际的人也确实存在差异性。家国关怀和参与意识可能是我们这代人共同的特征。无论现在社会怎么看,这个历史共同体的集体性格是难以改变的。也许是这样的原因,我关心的话题大多是宏大叙事。我知道有问题,但改也难。

《众神狂欢》以敏锐的思想光芒和深切的文化眼光对90年代的中国社会进行了出色的文化解读,不仅为他赢得了学术影响,也当之无愧地成为90年代文化批评的标志性成果。

问:世纪之交,中心与边缘、精英与大众的界限被打破,一种多元、开放、现代、新质的文化正在生成、展示和传播。您敏锐地意识到这些问题,提出对于经典、传统,我们是否还应怀着尊崇和敬畏?理想的坍塌与内心的困惑应该到哪里去寻找和倾诉?……这些追问,源自什么?您觉得这种追问有怎样的价值和意义?

孟繁华:这应该是我在《众神狂欢》这本书里提到的。这本书写于90年代中期。那时的中国正在发生大的变化。1993年发生的关于"人文精神大讨论",集中反映了知识分子集团对这个变化的不同看法。所以我称那是"众神狂欢"。学院知识分子大多表达了这一忧虑。事实证明,我们只关注经济发展、忽视人文精神建设,必然会受到惩罚。时至今日,金钱拜物教已经成为社会最具支配力和影响力的思想。这非常可怕。社会思想道德领域的问题,我们大体可以感知。因此,上面说的忧患意识也并非只是本土文化传统的影响,它也有具体的、现实的原因。

对经典、传统,我们是否还应怀有尊崇和敬意,回答当然是肯定的。80年代有一种反传统的思潮来势汹汹。其中与美籍华人学者孙隆基的《中国文化的深层结构》一书有一定关系。这本书里,作者用结构的方法,让中国文化以相当负面的形象出现,使一些反传统的"斗士"找到了某种依据。于是,中国传统文化被再度妖魔化,传统文化再度雪上加霜。当然,传统文化是一个非常复杂的问题,不是说凡是传统文化都要照搬、继承。这既不可能也做不到。但优秀的传统文化是我们进入现代社会的制衡力量,通过传统文化,可以看到我们已经走了多远,是否已经跑偏。因此,我仍然认为在90年代的那些追问是有价值和意义的。

直面曾经参与过《废都》"讨伐",显示了孟繁华作为大批评家的胸怀和勇气。孟繁华在后来的日子曾反复品咂这别一番的"《废都》滋味"。

问:您当年也参与过对《废都》的"讨伐",后来在不同的场合表达过当年的批评是有问题的,那种道德化的激愤与文学并没有多少关系。我特别喜欢您的直率和勇气。当然不止您一个人,也有一些评论家由于各种原因对作品的把握会有些变化,您的这种变化多吗?是否也有把握不住作品的时候?

孟繁华：1993年，是中国文学的一个大年。"陕军东征"是一个具有标志性的文学事件。而《废都》又是这个事件最具影响力的作品，也是"人文精神大讨论"涉及的主要文学作品。出于对急转直下的社会风气的担忧，我和李书磊、陈晓明等人用极快的速度合作了一本书——《世纪末的文化马戏——〈废都〉批判》，出版者出于市场考虑，将书名庸俗不堪地改为《〈废都〉滋味》。我们在书里对《废都》都做了道德化的批判。那时我们掌握的理论批评资源还十分有限，对庄之蝶的行为和情感方式并没有读出弦外之音。后来我发现，贾平凹确实是一个了不起的作家。他最先感知了那时人文知识分子的精神处境，他们悲剧性的幻灭感确如石破天惊。当发现自己当年的批评有问题，曲解了作品、委屈了作家，那我就应该有勇气去改正。往大了说，那也是批评伦理的要求。所幸的是，如此"不靠谱"地批评一个作家作品，对我来说还不多见，所以，这种变化几乎是唯一的一次。谁都有对作品把握不住、不准的时候，我遇到这种情况时就是暂时不发言。

他一直认为，乡村文明崩溃了，但对乡土中国的书写远远没有结束。这正如在封建社会即将崩溃的时候，恰恰产生了中国文学最伟大的作品《红楼梦》。

问：这几年，您提出一个概念，叫"乡村文明的崩溃"。您对当下文学的疑虑或焦虑，其实隐含了对文学轰动或突变还怀有期待。如果是，那么这种期待依据是什么？

孟繁华：乡村文明的崩溃已是不争的事实。不仅维系乡村文明的文化已经土崩瓦解，更重要的是乡村文明的载体也逐渐转向了城市。这是现代性的必然结果，也是历史目的性发展的要求。从某种意义上说，现代化就是城市化。但城市化是不是就一定要剿灭乡村文化,这是需要讨论的。我之所以还对乡土文学怀有期待,源于这样的理由:一是我们的乡土文学是最发达、最成熟的文学样式。这与我们的社会形态有关,中国从本质上说就是一个乡土中国。即便今天城市化程度非常高,城市人口已经超过了乡村人口,但中国文化形态本质上还是乡土的。比如,费孝通先生在《乡土中国》中说,乡村社会是一个熟人社会,这是他的发现。今天的城市本来是陌生人社会,但在城市要办任何一件事情,没有熟人可能办不成。熟人社会以另外一种形式嫁接到城市了。它改变了原来的意思,从另一个方向构建了城市的乡土文化。另一方面,我一直认为,乡村文明崩溃了,但对乡土中国的书写远远没有结束。这正如在封建社会即将崩溃的时候,恰恰产生了中国文学最伟大的作品《红楼梦》。这当然是一种猜想、预设。

问:2014年《文学革命终结之后——新世纪文学论稿》荣获第六届鲁迅文学奖文学理论评论奖。您还记得当时的情景吗?您认为优秀的评论家具备怎样的潜质?

孟繁华:获得这个奖项我当然很荣幸,我为全票通过获得这个奖深感幸运,感谢评委的厚爱。当时我还作为获理论批评奖的代表发言,获奖感言也早已发表。

优秀的批评家当然要具有一定的素养。比如良好的专业训练,包括理论素养、中外文学史知识、宽阔的文学视野以及对作品的感受能力等。但我认为更重要的是对文学要有爱,对文学有持久关注的热情。持之以恒是非常难的。热爱文学、从事批评就要说真话。这一点在今天尤其难做到。合宜的批评最难能可贵。合宜就是不偏不倚不高不低。但我们今天看到的情况恰恰是就高不就低,尽量往大了说,往高了说,这是批评普遍的风气。能在这种风气中坚持合宜的,就是好批评家。我也难以做到。

问：回顾多年的评论生涯，您愿意做何总结？您的评论所关注的领域，发生过怎样的变化？

孟繁华：我从事文学批评三十多年。从事这个行当——尤其是当代文学批评，很是辛苦。要读那么多作品——无论是否喜欢，然后要写文章。但这是个人选择，没人逼你。所以我没有任何怨言。大体说来这是一个不错的选择，还是很有意思。前面说过，我主要从事文学史研究和当下文学批评。这两个有联系又非常不同的领域发生了很大变化。比如文学史，从90年代末期洪子诚的《中国当代文学史》出版后，当代文学史在学界的地位不一样了，没有人再说"当代文学不是学问"了。而当下文学史也在悄然地发生变化，比如洪子诚的《材料与注释》、程光炜的80年代研究、吴俊的《人民文学》研究以及其他学者对《文艺报》的研究、对传媒的研究等。对边缘材料的发现、打捞，可能会影响到未来文学史的写作。对边缘的发现意味着对主流的修订。过去，我们更注重观念的文学史，比如夏志清的《中国现代小说史》等。现在，上述学者的研究思路发生了非常大的变化，文学批评也在发生变化。问题是一方面是文学批评的甜蜜化，这是不好的方面；一方面"70后""80后"批评家带着他们对文学和文学批评新的理解，逐渐走向了一线。他们注重文本分析，有很好的新批评的训练。他们的努力会改变文学批评的整体面貌。这就是一代人有一代人的文学，一代人有一代人的文学批评。

获奖作家访谈

陈思和:学术是我安身立命的基本立场

陈思和 1954年生于上海,祖籍广东番禺,现任复旦大学中文系教授、复旦大学图书馆馆长。教育部"长江学者奖励计划"特聘教授,教育部第三届高等学校教学名师。长期从事中国现当代文学、中外文学比较和当代文学批评研究。代表作:《巴金研究的回顾和瞻望》《中国新文学整体观》《中国当代文学关键词十讲》《人格的发展——巴金传》《理解九十年代》,主编"火凤凰"文库、"逼近世纪末"书系以及"世纪回眸人物"系列等。另有编年体文集《笔走龙蛇》《鸡鸣风雨》《犬耕集》等出版。学术成果多次获得教育部普通高等学校人文社会科学研究成果一等奖和上海市哲学社会科学优秀成果一等奖。评论文章《有关二十世纪中国文学史研究的几个问题》获第七届鲁迅文学奖。

| 采访手记 |

2018年上海书展期间约访陈思和的时候，我还没有想到某种巧合。事后才发现，四十年前的8月22日，他的第一篇评论文章发表在《文汇报》。

至2018年8月，陈思和走过了四十年评论生涯。从巴金无政府主义的理想道路，贾植芳的苦难而高贵的人生道路，到鲁迅胡风巴金一路的知识分子道路都对陈思和有着强烈的吸引力，周作人沈从文老舍一路风格也让他心生欢喜。因为既有先贤为榜样，不为世俗潮流所动；最重要的，还是身边有贾植芳先生直接的人格榜样，陈思和的学术道路走得踏实而稳健，"知识分子"在他心里重如泰山。

但陈思和也不是一个来者不拒、任何作品都能够解读的评论家。只有与自己的兴趣或者某种隐秘的生命要素吻合的作品，才会激起他的阐释兴奋。他曾经把批评与创作比作一条道路两边的树，从小树到大树，到枝叶繁茂，相看两不厌，一起慢慢生长，不离不弃。

他在借助批评诉说自己内心的某种激情。

他说，作为批评家，这是一种局限。我却恍若觉得，他才是真正的作家，而那些被评论的作品，只不过是为他的思想和表达作注脚。

从性格上来说,陈思和并非是一个赶潮流的人。但是在当时火热的文学研究氛围中,他被裹挟着往前,和当时国内一批新锐批评家一道,开创了那个时代的文学黄金期。

问:您在学术上刚刚起步时,遇到了思想解放运动。能谈谈当时的情况吗?

陈思和:恢复高考是改革开放的先声,把年轻人的积极性调动起来了,转向了追求知识。我本性不喜欢赶潮流,可这是唯一的一次赶上了,对我的思想、世界观的形成,包括对后来的人生道路都有很大的影响。学术新人的大胆探索得到了时代风气的鼓励。

那时学术界有两个圈子对我影响比较大。一个是《上海文学》的,常务副主编、评论家李子云培养了一支年轻的文艺评论队伍,我们每隔一两个星期就会聚在一起开会,参加者有王晓明、许子东、李劼、宋耀良、夏中义、吴亮、蔡翔、程德培……吴亮是从读哲学开始走上批评的道路,没有学院的训练,他充满辩证的思维特征给我的影响很大。评论家们形成了一个圈,这个圈是有标准的,譬如我们当时对张承志的小说就非常推崇。还有一个是北京的学术圈,如北大的黄子平、陈平原、钱理群等,还有王富仁、吴福辉等,他们的文章当时我都非常关注。那主要是现代文学研究领域。《巴金论稿》之后,我的研究目标转向了20世纪中国文学史。

问:90年代,您和王晓明等人发起的人文精神寻思的大讨论,在社会上引起很大反响。现在您怎么看待当年的讨论,那场讨论对知识界有何意义?

陈思和:人文精神寻思的讨论,是王晓明提出来的,他邀请我一起参与讨论,后来沈昌文先生又加入了,在《读书》杂志上进行延续性的讨论。因为引起了很多反对的声音,才构成了社会影响。这场讨论后来王晓明编过一本资料集,可能更能够说明问题。我当时发现,参加讨论者对"人文精神"的理解都不一样,总的来看,是知识界对于中国刚刚掀起的市场经济大潮不适应,对于商品经济导致的社会效果表示了忧虑。这些看法,虽然在当时的情况下有些超前和敏感,也引起了很多反对的意见,却没有人真正地重视它。其实,从实践检验真理标准的角度看,人文精神寻思讨论中被提出来的问题,都被不幸言中。从新世纪以来中国社会道德底线几近崩溃,资本利用了权力疯狂占领了社会经济各个角落,几乎破坏了一切社会正常运作秩序,目前大量舆情所发生的问题,就是人文精神严重缺失所造成的。从当时来看,这些声音显得不合时宜,是比较微弱的,很快就被边缘化了。但毕竟留下了一些清醒、理性的声音,作为一种思想资料,以后会被人一再提起的。

问:"重写文学史"之后,您还主编了《中国当代文学史教程》,并主持国家社科项目《20世纪中国文学史理论创新探索》,做了很多颇有影响的学术工作。您也做过很多选本,在当时引起过较大反响。

陈思和:我在上世纪90年代与张新颖、郜元宝和李振声三位一起策划编过一套《逼近世纪末小说选》,那是颇有影响的。新世纪以后,又策划编过一套九卷本的《新世纪小说大系》。当初的想法,就是想改变以往的模式。大系里有武侠小说、科幻小说、校园小说……网络上流行的都有。第一是这些作品质量不错,不是我们想象得那么差;第二是我认为类型小说需要和主流文学沟通,否则不能体现文学选本的全面性。我编选本,就是希望瓦解当下的文学秩序。今天的时代是大变化的时代,如果对网络小说、类型小说发展这个大潮流视而不见,也会觉得以偏概全。在编完小说大系后,我故意把编入作品的一百六十位作家的名字全部列上去,发现一半是以往文学史上不见的,一方面是王安忆、莫言、余华、方方等传统作家,一方是南派三叔、天下霸唱等,两个系列名单放在一起,完全是分裂的。我感觉非常兴奋,像1949年开文代会一样,两路人马都汇总在一起了,能看到今天的文学局面与上世纪的新文学完全不同。

对文学史的梳理之外,陈思和通过对莫言、贾平凹、王安忆、余华、严歌苓等作家的作品的研究和评论,推动作家们的创作。

问:您认为自己的批评是怎样的风格?

陈思和:我在长期的批评实践中逐渐养成了一种自己的倾向:批评者与批评对象完全是平等的对话,批评者不是居高临下的指导者,而是作品的阐释者和解读者,也就是说,批评者首先是在作品里找到了真正的"知音",通过阐释和解读,表达了批评者对生活的看法。所以我的评论主观性比较强,有时候甚至会出现研究主客体不分的问题,我很难说自己是在做研究,而是自己的学习、研究、探索饱满地交错在一起。理论色彩在我不是很突出,我的评论带有一点感情色彩,有人文的追求。这里有一个很重要的因素,我觉得一个评论者首先是社会生活中的人,是有感情、有观点、有生命力的人,批评家不能脱离生活环境,他的评论工作只是依托了作家的文学创作来表达自己对生活的看法、对时代的看法、对文学的看法,是用自己的观点来解读生活。所以,我觉得批评家也是直面人生的。

问:如果请您概括一下自己的治学方法呢?

陈思和:我个人对学术的认知,从来不是"纯学术",也不只是如何看待专业的问题。我自己在寻找一种人生道路,这是价值观的问题。一个人必须要有自己的价值观,就是你怎么生活?怎么面对这个世界?你的立场在哪里?对我来说,学术是我安身立命的基本立场,是基本的生活行为。这样的立场,使我活得像一个知识分子。当时老师教我就是这样教的:做资料,读文本,然后就是思考自己的价值观。就是这样的传统。第一就是理论观点要从研究当中完成,要学会在生活中发现问题,要学会在研究实践中发现问题。比如研究当代文学,学者就要有前瞻性,你要觉得讨论这个问题可能会对以后的文学会产生影响。只有自己发现了问题的价值,才能去全力以赴地解决问题;其次,在我看来,任何学术问题其实都是你自己的问题。你所有提出的问题都要解答你自己的困惑,这是你对人生的态度、对社会的态度的投射,而不是与你无关的,为写论文而设计的问题。我现在非常鼓励学生研究同辈作家,要做同代人的批评家。因为上代人的问题往往是在一个你所不熟悉的环境下产生的,你不一定能够从中找到你自己的问题。但是同代人的困惑你是理解的,他们的痛苦、他们的追求也可能是你的痛苦你的追求,他们为什么这么写,你是了解的。如果你只关心前辈的问题,你就只能跟着前人的思路走。

文学从来没有独立的文学,就是与现实生活矛盾、困惑联系在一起、混杂在一起的,批评家的困惑应该和文学的困惑联系在一起。

我认为我们这个学科是没有什么故纸堆的,我们的希望就在当下,了解当下推动当下。研究现当代,就是为了解决当下的问题。所以,"当代"的概念包括了未来、联系着未来。我们要关心的是,未来的文学会是什么样的?再过五年的文学是什么,再过十年的文学是什么,对这个方向要有预期性,否则出来一个好作家,我们还是后知后觉,不能及时发现和推动进步。

问:所以我们注意到,从1980年代开始,您就一直密切关注几个作家,几乎贯穿了近四十年的评论。但也有一些作家,您几乎没有评论过。

陈思和:我没有评论的同代作家,不是我不喜欢他们的作品,而是在读作品时没有产生我想说话的激情。但是有几个作家,我一直跟踪了大概有二三十年。莫言从最早的第一部作品一直到现在,我基本上一本都不会落下,还有像贾平凹、阎连科、余华、张炜、张承志、王安忆、严歌苓等都是。这些作家给我的心灵感受非常强烈,我知道他们在字里行间要讲什么、想讲什么。比如读贾平凹的小说,我会有把握,他写出来的东西我能感受,他没有写出来的东西我也能感受。一个作家并不是对他的作品里所有的元素都想明白了才写作,有时候作家会通过细节描写、形象塑造,或者是叙述故事,把自己可能不甚清晰的朦胧意图描述出来——这个时候对我这样一个评论家来说,阅读快感就特别强烈,因为我能从中解读出自己的人生感受。我对当下生活甚至历史的看法,在贾平凹小说里能够得到很多回应。但是他早年的作品我评得不多,新世纪以后,贾平凹的小说跟我对当代生活的感受、我的艺术观契合得多,我就有话要说。

作家的创作在变化,陈思和的评论也在变化。鲁迅对自我的

反思、怀疑和批判的精神,在他的批评生涯中也有明显的体现。

问:2012年,您曾陪莫言前往瑞典领奖。作为持续关注他创作的评论家,可否谈谈您对莫言的理解?

陈思和:"五四"新文学的主体是知识分子,具有比较强的启蒙性,包括鲁迅在内的"五四"一代知识分子,都把农民看得很低,知识分子是站在农民之上进行启蒙,要唤醒他们的革命意识。而莫言不在那样的传统里,他对中国的民间社会文化、农村农民都有着非常深刻的理解。他本身就是农民当中的一个,把农民的缺点和优点和盘托出。我对莫言笔下的农村很感兴趣,他提供了一个我所不知道的农村,那是自然状态的人和农村,是不完善的,每个人都贪婪、自私、满腔委曲、粗糙不堪,但是这些人的身体里有强烈的、内在的力量涌现出来的。莫言在农民的粗鄙生活中看到了他们的力量,他对农民的理解,远远超过"五四"一代知识分子对农民的理解。鲁迅笔下的农民是沉默、是被嘲笑的,而莫言笔下的农民是鲜活的,满腔的委屈、痛苦都要火山爆发似的喷出来。

我读了莫言的小说后,才反思鲁迅的小说,都是通过非常具体化的生活细节描写对比出来的。譬如,阿Q是小人物,他也需要被承认被尊重,但是未庄社会没有人愿意倾听他。临刑时,他还希望把圆画得好一点,游街时,他也希望戏文唱得好一些,希望得到人家的赞扬。但是,阿Q的人格在小说里并没有被大家理解,更不要说是尊重。我们老是喜欢说,哀其不幸,怒其不争,我们总是高高在上地把哀与争施舍给农民。然而我读莫言的小说,脑子里关于农民的观念全部被颠覆了。在莫言的小说里,没有我们传统理解的道德和忠贞。如他写农民对压迫的反抗,不一定就是揭竿而起,却可能以我们不喜欢的方式表现出来:偷盗、怠工、破坏、污染……

《天堂蒜薹之歌》里的农民就是这样。还有如他描写女人生孩子，不堪、肮脏，但正是那种无休止的生育、那种肮脏野蛮的刻苦耐劳，却让人感到生命的庄严和生命力的旺盛。这种对生命的感受与知识分子的感受很不一样。我原来觉得，文学是干净的、高雅的，莫言所写的是低俗的、不干净的，我以前也批评过莫言的小说，但后来我发现是我不懂莫言，也不懂中国的农村和农民，甚至可以说，也不懂真正的中国。

问：您那时的批评主要是针对什么？

陈思和：之前莫言有一部小说叫《玫瑰玫瑰香气扑鼻》，小说中对农民的粗鄙化的描写我当时是不太能接受的。但是后来我自己转变了，我提出一个审美概念"藏污纳垢"，"藏污纳垢"不一定是负面的，也会转化为一种活力。比如沼泽地里什么肮脏的东西（动物尸体、腐烂的植物、人类的排泄物……）都可能有，所有肮脏的东西都被土地包容起来，所有腐烂腐朽会在大地生命运动中转化为活力。我原来批评莫言的时候，也有知识分子的传统观念在里面。我后来还是慢慢认识了莫言，我反思过自己的批评。

问：您是通过什么进行反思？您和莫言有过交流吗？

陈思和：没有交流。我很少与作家一起讨论他们的创作，也很少去采访作家。对于莫言的创作，起先是感性的欣赏，欣赏他早期的先锋文学，后来他写了"食草家族"系列等，我有一点不喜欢，我不否认，莫言小说里有农民文化的粗粝性，我以前是不喜欢的。到了上世纪90年代，我自己形成了民间理论之后，对莫言风格又有了新的理解。对他有过辩护。莫言自己也有转变。他说过自己原来学习马尔克斯、福克纳，获得某种近乎神谕的启示，到后来意识到要远离他们的影响，大踏步撤退到民间，用一种比较自觉的民间的方式。

这说明莫言也在寻找新的创作风格。莫言写作的各个阶段,我都发表过文章,包括对《生死疲劳》的评论。

所以说,我的评论,其实是与我的学习、思考、探索混在一起。我不是有意探索什么,有意去评论什么,学习在探索过程中。对余华,对贾平凹的创作,我也有过批评的,都经历过类似的变化。作家在变化,我也在变化。

获奖作家访谈

白烨：亲历当代文学四十年历程

白　烨　1952年生于陕西黄陵。70年代初毕业于陕西师大中文系并留校任教。80年代初调至中国社会科学院，先在中国社会科学出版社，后到文学研究所。现为中国社会科学院文学研究所研究员、中国当代文学研究会会长、中国文学理论学会副会长、中国作家协会全国委员会委员、中国作家协会理论批评委员会副主任。有三百多万字的理论批评文章，出版了《文学观念的新变》《文学新潮与文学新人》《文学论争二十年》《新实力与新活力——80后文情观察》《文坛新观察》等十余部文学理论评论著作；另主持或主编有《中国文坛纪事》《中国文情报告》等多种文学选本和年度文学现状概观图书。评论集《文坛新观察》获第七届鲁迅文学奖。

|采访手记|

　　从上个世纪末开始,每年的年终文学图书盘点,连续十多年,雷达和白烨都在我的采访名单当中。无论这个名单怎样变化,他们都不会缺席。在我,是一次例行公事的采访,但在被采访对象来说,他们的慎重严谨、再三斟酌,甚至他们的各自的秉性,也都在采访中体现出来了。比如雷达,直到见报前的一刻仍会反复琢磨,生怕遗漏了哪一部重要作品;比如白烨,他在梳理作品过程中是另一番坦率、坚定和自信。

　　2010年11月,白烨当选为中国当代文学研究会会长,已连任三届。与此同时,他主编的《中国文坛纪事》《文学蓝皮书》等,以敏锐的视角在文学现状研究和年度文情考察上形成宏观层面的梳理与把握,在对新的文学群体、新的文学现象的关注与捕捉中积累了相当丰富的经验。在他开阔的文学评论视野中,除了密切跟踪当代作家外,白烨对80后作家也格外看重。"我当年写文章的时候,也曾经找过一些老评论家,希望得到他们的指点。现在我已经'混'到当年我寻求帮助的评论家的位置,感恩的同时,我还应该去帮助那些像当年的我一样的作者。"他说,无非就是辛苦一些,多看点书,多写些文章,很有可能就改变他们的命运。

　　"无非"二字说起来轻松,付出的却不只是时间和精力,因此有评论称白烨是"80后的文学保姆"。

　　仿佛匆匆一瞬,回头看去,白烨从事文学评论已经四十年了。"有幸置身于这样一个大变革的时代、大发展的时期,见证了社会发展的天翻地覆,也见证了文学发展的波澜壮阔,自己也在这一过程中不断成长,走向成熟。我们与这个时代不可分割,与这个时代的文学荣辱与共,这是我回顾以往最为深切的感受。"白烨的文学评论,从一个侧面见证了这个历史的进程,并以自己的方式记录了这个进程的侧影。

对白烨来说,从事文学批评是自然而然的选择。他认为,优秀的评论家应该是对于人生、人性都有自己的深切体悟,同时对于文学、艺术有着自己的独到把握,并把二者融会为"能动的美学"。

问:您从20世纪70年代后期开始从事理论批评。那个时期您的评论关注点在哪里?

白　烨:我从事文学批评,有一个过程。70年代后期,我在陕西师范大学中文系留校任教。我那时候相当痴迷诗歌,写了一阵诗,因对评论产生兴趣,又转向评论诗歌。那个时期,我还处于一个起步和演练的阶段,没有确定的方向。更多的注意力,放在当时此起彼伏的文学理论问题的争鸣方面,如文艺与政治关系的讨论,人性、人情与人道主义的讨论,现实主义的讨论,等等。在这方面,我参加了一些研讨会,写了不少会议综述,后来出了一本《文学论争二十年》,就是以这些争鸣综述为基础的。

问:80年代以后,您先后出版了《文学观念的新变》《文学新潮与文学新人》《批评的风采》等。似乎从一开始,您就特别关注文坛新人。您秉持着怎样的原则从事批评?

白　烨:那一时期,许多作家是文学新人,我们刚刚从事批评,也是新人。关注文学新人,实际上是关注同代人。新人会有新的追求,新的气息,这很吸引人。当时我先是关注"乡土小说""知青文学",接着是"改革文学"等,跟踪这些作家作品的批评,实际上背后都有一个为同代人助威、为先行者呐喊的意思在。

对于批评,我是逐渐加深认识与理解的。在我看来,文学批评是一种理性方式的美学观察,文学方式的人生互动,是一种超现实的审美对话。而文学批评的表述,应当是感性体验与理性辨析融会贯通。好的文学批评,一定是感性地表达理性,以简单诠释复杂。这些都是我所信守的一些基本原则,虽然至今未能完全做到,但一直心向往之。

问:您的很多研究成果出版后在学术界获得很大认可。您对文学和学术判断之敏锐、反应之迅捷、文章之果敢皆令人佩服。这些特点源自什么?

白　烨:这几部著述出版之后,有一定的反响,也获得一些奖项,主要是评论界对文学批评新人的宽容与扶持,并非有多大的价值。我的著述因为长于资料综述,比较切近现状,可能会给人们提供更多的资讯,起到了某些探头与哨兵的作用。

我在大学任教的专业是文艺理论,但很不喜欢空泛的理论、空洞的概念,我一直力戒自己陷于那种"空对空"导弹相互对射的泥淖。我喜欢那种把理论化在批评里、把批评内含在赏鉴中的文学批评。

问:90年代以来,您也先后参加国家社科重点项目《当代文学新潮》《中华文学通史》和《20世纪中国文学经验》相关部分的撰稿。既有作家个体阅读经验的独到体悟,又能有史学的宏观把握,文学的在场感与学术的历史感融通,使您具备了不一样的胸怀与视野。您觉得呢?从学术风格看,您认为自己经历了怎样的变化?

白　烨:自90年代起,我先后参加过朱寨主持的《当代文学新潮》、张炯主持的《中华文学通史》、杨匡汉主持的《20世纪中国文学经验》等重大项目的相关工作,撰写了其中的部分章节。在这些工作中,受到了文学史观、史识与文学思潮观察等方面的训练。

几位先生的历史感、大局观,对我都很有影响,尤其是朱寨。朱寨是当代文学学科的奠基者之一,他解析作品注重艺术分析,解读作家看重艺术风格,尤其是他基于丰富的经验和深厚的造诣,无论是观察具体的文学现象,还是评说重要的文学事件,都能历史地、整体地予以把握,而这些正是我缺少的。

就我的评论来看,一开始由于底气不足、自信不够,评论在追求客观中可能偏于诠释作家意图;80年代中期受到文学主体性、批评新观念等理论的影响,开始在评论中体现主体意识,凸显文体意识。但总的来看,从观念到方法,都还偏于传统,但比过去有了更多的弹性。

问:回顾多年的评论生涯,您愿意作何总结?您的评论所关注的领域,发生了怎样的变化?

白　烨:如果从1976年算起,从事文学评论已满四十年了。这四十年,正是当代文学从劫后复苏到全面复兴,又到更大发展和更大繁荣的重要阶段。我的文学评论,从一个侧面见证了这个历史的进程,并以自己的方式记录了这个进程的侧影。

一个人会身处怎样的历史时代和社会环境,是无法选择的。我们有幸置身于这样一个大变革的时代、大发展的时期,见证了社会发展的天翻地覆,也见证了文学发展的波澜壮阔,自己也在这一过程中不断成长,走向成熟。我们与这个时代不可分割,与这个时代的文学荣辱与共,这是我回顾以往最为深切的感受。

至于评论对象——当代文学发生的变化,数言难以尽述。概要地说,文学与文坛,已由过去相对大一统的格局,分化成多个文学板块。我曾在一篇文章中把这种结构性的变化描述为"三分天下":以文学期刊为阵地的严肃文学,以市场运作为手段的大众文学,以网络科技为平台的新媒体文学。这种分化与泛化,使得文学批评要应对的对象更为广泛而复杂，由此产生的新的文学现象、新的文学形态、新的文学群体，都突破了原有的文学格局，也超出了我们已有的文学经验。所以，随着文学的不断新变，文学批评的任务十分艰巨，挑战是前所未有的。

从20世纪前后至今，白烨致力于年度文学的梳理和记录，努力为当代文学留下富有价值的历史档案。

问：《文学蓝皮书》自2003年出版，已经走过十几年历程。见证了中国文学的发展进程，在编著过程中，您是如何梳理其发展和变化的？

白　烨：做这个项目的初衷，是感到文学自进入新世纪之后，因市场化、网络化、全球化等多种因素与力量的介入与推动，不仅出现了许多新的文学现象、文学群体和文学事件，而且文学的关系变得复杂了，文学的形态变得纷繁了。但我们的文学界没有一个跟踪记录这种新进展、梳理这些新成果、观察这些新变化的年度考察报告。

文学领域与其他领域不同，现象很多，事件频仍，而且有显性的、有隐性的，怎么观察？如何概括？对我和课题组成员都是极大的考验。我们当时提出了几个基本原则：一是尽可能全面客观，二是尽可能简明扼要，三是尽可能表达己见。课题组成员由两部分人组成，一部分是文学所当代室研究人员，一部分是中国作协相关人员，都是训练有素的中青年专家学者，大家按各人的研究所长，各就一个题材领域写作专题报告，然后由我总集成和撰写总报告。无论是分报告，还是总报告，都需要体现写作者的看法，并提出感觉到的问题，这还需要写作者有强烈的问题意识，从丰繁的现象中抓出问题，并从自己的角度做出评说。

问：《中国文坛纪事》从1999年出版，在文学界已有广泛认可和影响。每年编选文坛纪事，是否需要耗费很大的精力？

白　烨：《中国文坛纪事》看起来是一种时文选编，其实是用另一种方式对年度文学发展和文坛现状所做的梳理与记录。我们的研究界好像不大重视当下文学与文坛的资讯收集与资料积累，这其实是个很大的缺失。当下都会成为过去，每一年都会进入历史。盘点当下文学，记录年度事象，既是为年度文学做本账，也是为文学历史做积累。因此，我很看重这个工作，做起来也兴致勃勃。

《中国文坛纪事》（2003年）的"卷前小语"中写道："本书是目前国内唯一一本以文坛各种重要事件和现象及人物为收录对象的时文选辑。它在作家作品之外提供的特殊视角和广阔视野，为观察当下文坛所不可或缺。"我觉得，这个说法是当得起的。

问：在《文学蓝皮书》（2016—2017）的"总报告"里，您谈到了当下文坛的新症结，这些问题我们应该怎样应对？

白　烨：当下文坛的主要症结是什么，不同的观察者会有不同的看法。在我看来，我们应该看到以网络文学为标志的新媒体文学的兴盛，以"80后""90后"为代表的新的文艺群体的崛起，以年轻一代为主体的新的文学受众的激增，以及它们在形成新的文学形态、构造新的文艺类型、释发新的文学观念的同时，对整体文学构成的强劲而持续的冲击，对社会文化生活造成的广泛而巨大的影响，这些都给我们带来了新的问题与新的挑战。

但更为明显的问题，是由受众的年轻化、趣味的低俗化、网络的游戏化、影视的神幻化共同构成的泛娱乐化社会文化思潮，目前正以不可遏制的走势四处漫泛和强力运行，成为左右社会文化生活的主要能量。

　　从广大文化受众的角度和广义文化生活的视域来看,这对当下的社会文化是一种既具丰富性又带鲜活性的补充与拓展,但这种文化思潮在其基本取向上,不仅与传统文学相分离,而且与经典文学相游离,同时又以非主流化、非思想化、非价值化的基本倾向,对既有的文学传统和现有的文学秩序,乃至基本的文学观念,造成了有力的遮蔽,形成了内在的抵牾,构成了一定的消解。它们所带来的,至少是利弊兼有的双重影响,甚至以一味向下的趋势与我们所提倡的向上的文化构成极大的抵牾。

　　还必须要加以注意的是,文艺与文化领域的这些倾向与问题,与我们之前遇到的倾向与问题,已全然不同,带有这个时代所特有的混杂与暧昧的诸多特征。这种社会思潮依托于文艺,借助于大众,适应了某种需要,满足着某些欲求,无论是分辨起来,还是应对起来,都格外不易,甚至极为困难,而这样的全新挑战与疑难问题,也全然超出了我们的已有经验。

全国优秀文学翻译彩虹奖

获奖作家访谈

任溶溶:我总觉得译者像个演员

任溶溶 1923年生,广东鹤山人。翻译家,儿童文学作家。译作有《安徒生童话全集》《普希金童话诗》,意大利童话《木偶奇遇记》《洋葱头历险记》,英国童话《彼得·潘》《柳林风声》,瑞典童话《长袜子皮皮》《小飞人又飞了》等。创作有童话集《"没头脑"和"不高兴"》,儿童诗集《小孩子懂大事情》《我是一个可大可小的人》,散文集《我也有过小时候》等。曾获宋庆龄儿童文学奖特殊贡献奖、宋庆龄樟树奖、陈伯吹儿童文学奖杰出贡献奖、国际儿童读物联盟(IBBY)翻译奖、中国翻译协会翻译文化终身成就奖等奖项。获第一届鲁迅文学奖翻译彩虹奖荣誉奖。

采访手记

2018年5月19日,任溶溶度过了他的九十八岁生日。

"我走了很长的路,经历过很多事,参加过新四军,做过拉丁化新文字推广工作,后来从事儿童文学事业,一辈子都在为小朋友做事情。写作是我最爱做的事,我翻译的许多外国儿童文学作品给小朋友带来快乐,也给中国儿童文学带来借鉴。后来,我写了一些童话故事、儿童诗,改革开放以后,我又写了一些散文。"九十五岁生日时,任溶溶曾录制视频,回忆自己的过往。视频最后,他朗读自己的小诗《没有不好玩的时候》:"一个人玩,很好!独自一个,静悄悄的,正好用纸折船、折马……两个人玩,很好!讲故事得有人听才好。……三个人玩,很好!……四个人玩,很好!五个人玩,很好!……许多人玩,很好……"

他是一个内心活泼、阳光、充满童心的老人。上一次采访时,任溶溶刚刚听完柴可夫斯基的小提琴协奏曲。他兴致盎然地对我说:"我刚学了几句韩文。我今天想用韩文跟你说一句:干撒憨眯达。"

"什么意思?"任溶溶说,"谢谢你!"

怎么就想起学韩文了?任溶溶说,在商店里看到韩国的点心,想知道上面的韩文是怎么回事。

"如果年轻的时候到世界各国走走,写一本专门讲吃的书一定很有意思。"任溶溶说。

他就是这么一个任何时候都充满好奇,充满兴趣的率真的人。任溶溶年轻的时候喜欢唱京戏,喜欢唱老生,现在也还常常听京戏和古典音乐。中央戏曲频道的京戏虽然不少,但常播放黄梅戏、越剧,他希望一天至少要播放一场京剧。除此之外,他仍然天天动脑筋想儿童文学的题材,想写什么,他说:"只要一有题材,一有工夫就写出来。"2016年5月任溶溶住院,出院后,要二十四小时戴着呼吸机面罩,依靠呼吸机呼吸。虽然行动不便,但还是会写点东西。

童年对于作家的创作有着特殊的意义。任溶溶说:"我写儿童诗,很多的创作都在写小时候的自己。"

问:能谈谈自己的童年吗?

任溶溶:小时候我是个电影迷,不但爱看电影,还对电影说明书特别着迷。我收集了各种电影说明书,觉得不过瘾,后来就干脆自己创作电影说明书。从主要人物到情节设置,从故事大纲到人物台词,贴满了一面墙。我还喜欢画连环画,小学二年级的时候就写《济公传》的续集投给报馆,虽然石沉大海,但是也很快乐。

林格伦说,世界上只有一个孩子能给她灵感,那就是童年时代的"我自己"。我也是这样,除了和周围的孩子交朋友,我还有一个很好的朋友,那就是小时候的自己。童年的生活经历,成为我后来创作儿童文学取之不尽的源泉。

问:您是中文系毕业的,后来如何转入外国文学领域?

任溶溶:我中学上的是英国人在上海办的雷士德中学,除了国文和地理,其他课程都是英文讲授,所以我在中学就过了英文关。中学期间,读了《鲁迅全集》,对我影响很大,后来我又喜欢上外国文学,还看了很多外国小说。

读书的时候,我同时也学俄文。翻译家草婴是我在雷士德中学的同学,他很早就学俄文了。因为他俄文很好,我就向他请教,从字母开始学,他等于是我的启蒙老师。后来我又找俄国人教我。这样我就学会了英文和俄文。其实我当时也学过一些日文,但出于抗日情绪,不愿意好好学,所以日语是"半吊子"。

我小时候念过三年私塾，旧文学根底不错，但总觉得古文比较难。念大学时，就特地选了中文系，因为觉得外国文学可以自修，还是读中文好。

问：您的翻译是从什么时候开始的？

任溶溶：大学毕业后，我的一个同学在儿童书局编杂志，知道我懂翻译，就把我拉来翻译一些国外的儿童文学。我到外滩别发洋行去找资料，看到许多迪士尼的图书，非常喜欢，就一篇接着一篇翻译。翻译后的文章，除了向《儿童故事》供稿，我还自译、自编、自己设计，自费出版了十多本儿童读物，有《小鹿斑比》《小熊邦果》《小飞象》《小兔顿拍》《柳林风声》《快乐谷》《彼得和狼》等，都译自迪士尼的英文原著。

问：您选择翻译的标准是什么？

任溶溶：我的标准很简单，就是介绍外国儿童文学作品。流传了多少年，到现在还有生命力的；还有就是好玩，有趣。

1947年，时代出版社负责人姜椿芳希望任溶溶帮出版社翻译作品，任溶溶翻译起苏联儿童文学。

问：您很早就认定了翻译儿童文学？为什么这么喜欢儿童文学？

任溶溶：20世纪50年代，我花了很大力气翻译儿童诗，包括俄国叶尔肖夫的长篇童话诗《小驼马》(即《凤羽飞马》)，苏联马雅科夫斯基、马尔夏克、楚科夫斯基、米哈尔科夫、巴尔托，意大利罗大里的儿童诗。这些翻译诗当时大受小读者欢迎，一印再印。孩子们读起来是不是顺口，是我最关心的。

搞儿童文学,好像在跟小孩子聊天、讲故事,我喜欢随便聊天,我用的文字也是大白话。我没有什么本领,也没有美丽的辞藻;也跟外文水平有关,比较浅。从外文来讲,写给儿童的文字到底是浅的,我的水平能够应付。

问:您自己偏好什么样的童话?

任溶溶:我翻译的书五花八门,比如我翻译过瑞典女作家林格伦的很多作品,她把儿童的顽皮写得很可爱。可是刚发表的时候还引起过争议。自己很喜欢《木偶奇遇记》,这跟我的个性有关。我喜欢热闹、轻松活泼的,看电视剧就要看大团圆的,不喜欢悲剧,受不了。

问:翻译儿童书籍和翻译其他文学作品有什么不同?

任溶溶:我认为只能用游戏的态度来译童书。比方说原文是简单得就像ABC,但中国人又不说ABC,我就翻译成简单得就像一二一,这就是文字游戏。

有一本书我至今觉得无法翻译,就是《爱丽丝梦游仙境》,最好的译本是语言大师赵元任的。他可是玩文字游戏的行家。我小时候就不大爱看《爱丽丝梦游仙境》,看不出什么名堂。各人有各人的爱好。无论翻译还是写作,归根到底是因为爱儿童文学。我爱看故事性强的,爱看武侠小说。我不爱看,也不大翻译那些双关语比较多、文字游戏多的作品。但是我认准,自己虽然不大懂,能够风行肯定有它的道理。

问:小时候您就读过《三字经》《论语》《孟子》,大学又选择了中国文学,您的中文功底是很深的。除了儿童文学,您也翻译过其他作品吧?

任溶溶：我翻译的百分之九十几是儿童文学，另外也翻译过《北非史》、舍甫琴科的长诗、三岛由纪夫和安部公房的剧本。

我学古文算不得有功底，读《三字经》是为了识字，大学里学了中国古代文学，也样样都不精。懂多少就会拿出多少货色，绝不会超出自己水平。

20世纪80年代初，任溶溶开始有意识地将安徒生奖获得者的儿童文学作品介绍到中国，儿童文学作家不能只会逗孩子开心。

问：20世纪80年代初，您开始有意识地将安徒生奖获得者的儿童文学作品介绍到中国，当时是有选择的吧？

任溶溶：我陆续翻译了林格伦、凯斯特纳、德琼、杨松、罗大里、格里珀等安徒生奖得主的作品。尤其是对林格伦作品的翻译和介绍，在中国的儿童文学界掀起一股热潮，给正处于转型期的儿童文学带来深刻的影响。

问：据统计，在新中国成立后的十七年中，全国的翻译工作者对外国儿童文学作品的译介共四百二十六种，而您一个人的翻译就多达三十多种，约占翻译总量的百分之八。您翻译的儿童文学作品这么多，您最满意的是哪一种？

任溶溶：《木偶奇遇记》是我直接从意大利文翻译的，也成为我最满意的译本之一。

问：在您之前，徐调孚有过一个译本，您肯定注意到了吧？当时国内出版了《木偶奇遇记》十几个译本，但是您译的《木偶奇遇记》，首次印刷就达二十五万册。

任溶溶：我很少去翻译前人已经翻译的作品。前人翻译的我不翻译,我不敢跟徐调孚比。我重新翻译,没有跟前人争的意思。我非常喜欢徐调孚的译本,他的《木偶奇遇记》译自有删节的英文版本,我又刚学了意大利文,希望能照原版重新翻译一次。

翻译《安徒生童话全集》,也没有跟叶君健比的意思。叶君健的翻译版本原来在上海译文出版社,版权被叶君健收回后,译文社的领导认为《安徒生童话全集》是看家的书,没有不行。因为我是上海译文出版社的工作人员,就让我来翻译。我说:"叶君健是前辈,我不敢翻译。"领导说:"你不翻总要找人翻。"我就接下来了。既然翻译了,就尽我的全力。我开始翻译《安徒生童话全集》,像跪在那里一样,后来就不跪了,我想既然翻了,就照我的意思翻下去吧。

问:您心目中的儿童文学经典是怎样的?

任溶溶:我喜欢意大利的罗大里、英国的达尔、瑞典的林格伦。我自己天生就喜欢儿童文学,没有从事儿童文学之前,就好像在为此做准备。这个准备是不知不觉的。小孩子的时候谁知道将来做什么。我小时候看了很多武侠小说,给了我很多梦想。小时候不管看什么书,总会有帮助吧。大起来做语言工作,对我帮助最大了。语言学的书我看了不少,我现在还是有兴趣。

问:您总有好奇心、创造力,也从不守旧,这种创新意识是从哪里来呢?

任溶溶:每个人都有好奇心,现在最苦恼的不是翻译问题,我还是要创作,应该为中国儿童文学贡献点东西。还想写儿童诗。翻译不动了,但是我还在不断地在写儿童文学。

问:您翻译的童话,外界评论为简洁、形象生动、充满童趣,您如何评价自己的翻译风格?

任溶溶:没有风格。翻译无非是借译者的口,说出原作者用外语对外国读者说的话,连口气也要尽可能像。我总觉得译者像个演员,经常要揣摩不同作者的风格,善于用中文表达出来。我是代替外国人用中国话讲他要讲的故事,yes就是yes,no就是no。我尽自己的力量,原作是怎样就翻译成怎样。

"给小朋友和大朋友的书"出版,任溶溶郑重写信表示,"不要为我办研讨会,在我心里,小读者的喜欢就是最高的奖赏。"

问:您是从什么时候开始童话创作的? 第一篇童话是什么?

任溶溶:开始我没有想过创作,但不知不觉就在学习。比方说,翻译之后我常常觉得不过瘾,就想如果自己创作的话,会怎么写。我觉得自己可以写得更好,所以后来把生活中看到的好的素材都用本子记下来。50年代初期,我常到孩子们的集会上去讲故事,外国故事讲腻了,就想针对孩子们的情况讲点别的,我的第一篇儿童文学作品是《妈妈为什么不去开会》。

在这个儿童故事里,妈妈为什么不去开会是故事设置的悬念,原因是三个孩子之间的争吵,故事最后落脚在对孩子们的教育意义上。

但是这个故事在当时的文化环境中招来批评,理由是这样随意不去开会的妈妈和调皮爱吵架的孩子的形象,在新中国都不具代表性。我从此偃旗息鼓,在此后的三年里都没有再写过儿童故事。

问：重新开始创作又是什么时候？

任溶溶：1956年，我到学校和少年宫去讲故事。我肚子里翻译的故事多，但有时候讲厌了，也自己编个故事讲讲。《少年文艺》的编辑知道了，就找我约稿，希望我能为孩子们创作一篇童话。稿催得很急，我来到南京西路的上海咖啡馆，要了一杯咖啡，然后铺开稿纸，半个小时就完成了《"没头脑"和"不高兴"》。在这之后，我又创作了《一个天才的杂技演员》，和《"没头脑"和"不高兴"》风格较为相似。

问：这个故事在几代读者中流传，现在也依然很受欢迎。60年代您还创作了一批脍炙人口的儿童诗。

任溶溶：从1962年到1965年，我写了《我的哥哥聪明透顶》《爸爸的老师》《弟弟看电影》《强强穿衣裳》《我给小鸡起名字》等一批儿童诗。这些儿童诗延续我喜欢在夸张和喜剧中传递教育意义的风格，有的作品干脆放弃掉所谓的教育意义，直接将生活中的童趣呈现出来，推向一种极致。

2004年，为纪念安徒生诞辰二百周年，任溶溶翻译的《安徒生童话全集》修订版出版。他认为，《安徒生童话全集》值得我们一辈子阅读。

问：《安徒生童话全集》是在原有基础上修订的，修订的内容包括哪些方面？

任溶溶：之前的《安徒生童话全集》是我多年前为译文社翻译的版本。每一次读安徒生童话我都有不同的体会，过去感受不到好在哪里的童话，现在会让我感动。还有一些童话现在我有了更深的理解，所以翻译上也就需要做一些修订。安徒生有很多童话,小孩子们读起来不太容易理解,因此我在翻译上注意语言的口语化,尽量让孩子们都能读懂。安徒生自己也说过,他最早创作的童话是根据民间故事改写的,而传统民间故事的语言简单通俗,把安徒生童话的语言翻译得口语化一些,更符合他的语言特点。

问:您能举例谈谈吗?重读安徒生童话,会有怎样不同的体会?

任溶溶:很多人认为安徒生童话是给小孩看的,这种观念其实是不对的。大人也应该读读这些童话,读完之后,一定会有新的体会。比如《园丁和主人》,以前我没怎么注意到,现在读起来真是觉得非常有趣:这个主人总是不相信自己的园丁能种植出最好的东西,但他走出家门看到的那些所谓的好东西都是从自己家里移植去的。这个故事充满了讽刺意味。另一方面,主人的高高在上和园丁的勤勤恳恳形成鲜明的对比,让我觉得特别地感动。

问:很多人对安徒生了解甚少,您怎么看这个现象?

任溶溶:这的确是一直存在着的一个问题。虽然像《丑小鸭》《卖火柴的小女孩》那几篇故事很好,也比较浅显,容易让孩子读懂,我还是建议在编选安徒生选集的时候应该多收一些好的作品,让读者更全面地了解安徒生的童话。比如有篇叫《影子》的故事,我觉得它有现代派小说的味道,读完之后不得不感叹安徒生的想象力以及超前的创作意识。还有一篇叫作《幸运的鞋套》,讽刺的现象现在也是非常现实的,所以我觉得这些作品真是不朽的,但可能它还不被读者所熟悉。

获奖作家访谈

屠岸：来世我还做诗人

屠　岸　1923年生，2017年12月16日逝世。江苏省常州市人，本名蒋璧厚，笔名叔牟。中国著名诗人、翻译家、出版家。1946年肄业于上海交通大学。曾先后在华东文化部、中国戏剧家协会工作。1973年调入人民文学出版社，历任现代文学编辑室主任、副总编辑、总编辑、党委书记。著有诗集《萱荫阁诗抄》《屠岸十四行诗》《哑歌人的自白》《深秋有如初春》《夜灯红处课儿诗》《晚歌如水》，散文诗集《诗爱者的自白》，文化随笔《倾听人类灵魂的声音》，文学评论集《诗论·文论·剧论》，评论集《霜降文存》，口述自传《生正逢时》等。翻译有《莎士比亚十四行诗》《英国历代诗歌选》《济慈诗选》等。2010年获中国翻译协会颁发的翻译文化终身成就奖。译著《济慈诗选》获第二届鲁迅文学奖。

| 采访手记 |

"屠岸是执着的'美'的不懈追求者;细心且有耐性地去发现事物中的美、圣洁、欢愉。直到晚年,屠岸的诗也仍保持着年轻的心态,一种不做作的诚挚的童心。"这是学者洪子诚、刘登翰在合著的《中国当代新诗史》修订本中对屠岸的评价。

这一评价颇得屠岸本人的认可。已年过九旬的屠岸,仍觉得自己的心态是年轻的。尤其每有新诗,甚至会手舞足蹈!但是,他又觉得,虽然写了一辈子的诗,仍觉得自己不够"诗人"这个称号。他曾在自己的名片上印三个"头衔":诗爱者,诗作者,诗译者。他说:"我不敢自称'诗人'。我觉得自己还缺一点什么。"

还缺什么呢?

拜访屠岸,这位儒雅敦厚的长者谈及对翻译的理解,谈及在人民文学出版社的诸多经历,令人感佩。他那么平静温和,却似黄河涌入大海,历经大风大浪却显出波澜不惊的宽厚与深邃。

屠岸在人文社工作先后十六年。这里是他开展工作的一个重要平台,也是他后半生最愉快的时光。

问:您进入人民文学出版社,有什么机缘?

屠　岸:我原来在中国戏剧家协会,和人民文学出版社同在东四头条的一个大院子里。有一次我在食堂碰到了劳纪芳,她是人文社的编辑,我们对文学方面有话可谈。她跟我讲起当时人文社的情况,我说我的兴趣在文学,但我想不可能去人文社,因为剧协不会放人。1973年,我从"五七干校"回到北京,分配时收到通知让我到人民文学出版社。对我来讲,是天上掉下了馅饼。因为我事先没有走任何门路,我根本没有门路。我先是在现代文学编辑室当主任,后来担任副总编、总编、党委书记。人民文学出版社改变了我的后半生。我在人文社工作先后十六年。这里是开展工作的一个平台,是我后半生最愉快的时光。

问:您给人们的印象就是儒雅温和,但是在人文社期间,也曾有过"放炸弹"的经历?

屠　岸:1979年的春天,我建议由人文社出头召开一次会议,后来这个会议开成了,叫"部分中长篇小说作者座谈会",专门谈文学创作的解放思想。很多有影响的小说作家都参加了,王蒙、刘心武、谌容、蒋子龙、冯骥才、宗璞、焦祖尧、陆文夫,等等。当时有孙颙的《冬》、冯骥才的《铺花的歧路》和竹林的《生活的路》,这三部小说在编辑部有争论。最后决定,写出内容梗概,请茅盾来做指导。

茅盾当年已经八十三岁了,坐着轮椅来,看了梗概以后,问他可不可以写,他说,可以写,看怎么写。

这下会议炸锅了。"文革"中大家被压抑得太久了,对于新时代新环境中怎么创作,大家交流得很热烈。在这个会议上我有一个发言,提到"实践是检验真理的唯一标准"这个概念,我认为同样适用于文学创作。在1979年初,敢那样说的人还不多。后来韦君宜告诉我,有人说,屠岸放爆了一颗炸弹。

问:很多时候,您是很有魄力的。比如在引进台湾作品方面,当时在出版界也是首开先河。

屠　岸:80年代中期,和台湾有来往了。我做决定引进台湾文学作品,于是台湾小说选、台湾诗选先后出版发行。接着,省一级的出版社也跟上来,大陆和台湾中断了几乎半个世纪的文学交流形成热潮。

"'美即是真,真即是美'——这就是/你们在世上所知道、该知道的一切。"济慈这两行诗,也是屠岸的箴言。

问:您最早翻译的诗是斯蒂文森的《安魂诗》?

屠　岸:1940年我在上海,买到一本斯蒂文森的英文诗集《一个孩子的诗园》,非常喜欢。我用两种方式翻译他的一首《安魂诗》,用文言译,一种是五言十二句,一种是七言八句,押的韵也不太严格。这首诗后来我重新译成语体新格律诗,收到我的《英国历代诗歌选》中。

问:当时的翻译界有很多大家,您和他们有交往吗?

屠　岸:1946年我看了郭沫若的《沫若译诗集》,觉得他有开拓性,后来发现他有译得不准确的地方。50年代人民文学出版社再版郭译的《鲁拜集》没有修改,我就专门写了一封信提出批评,寄给人文社编辑部。过了一阵子,我在长安大戏院看戏时见到郭老,问他有没有收到我的信,他很和气,说收到了。但他不太赞同我的意见,说"酡"的意思就是脸有点红。我说:"'酡'这个字我懂。那首诗的原意是夜莺唱'来酒'叫蔷薇花喝酒,自己把面颊变红,并不是如您译的夜莺唱歌把蔷薇的脸儿唱酡。"他还是笑笑,没有肯定我的批评。

不久我就收到人文社的信,信是郭老写在人文社编辑给他的信上的批语。郭老用毛笔写道:"我承认屠岸同志的英文程度比我高,但菲兹杰拉德是意译,既然他是意译,那我也就不改了。"(《鲁拜集》原著者是一位波斯诗人,英国的诗人菲兹杰拉德把它译成英文,风靡欧美。郭老把它译成了中文。)

我那时太认真,太较真儿。李岳南翻译的诗歌集《小夜曲》,许多地方译错了,当时(1948年)我写了《译诗杂谈》投给《大公报》一点不留情面地批评他,也批了其他名家,包括李唯建、胡适、朱湘、袁水拍、高寒(楚图南)等。我还写了《译诗杂谈(二)》,批了徐志摩、傅东华,还批了周作人。我的性格中有两方面,其中一方面是稚气、狂妄。后来,狂妄的方面被磨掉了。

问:在20世纪90年代初,您翻译的《济慈诗选》获得了第二届鲁迅文学翻译奖。您很早就开始翻译译济慈诗歌了,为什么会对济慈的诗歌情有独钟?

屠 岸:济慈有两点吸引我。第一,济慈二十二岁得肺结核,我也是二十二岁得肺结核。我当时得病之后就感觉和济慈的处境非常相似,甚至想到自己可能遭受到和济慈同样早夭的命运,因此,在感情上就时常受到济慈的打动,被他吸引。第二,济慈和我有相似的美学观点,济慈在《希腊古瓮颂》里讲到"'美即是真,真即是美'——这就是/你们在世上所知道、该知道的一切。"我非常认同这个观点,济慈这两行诗是他的也是我的箴言,讲得非常深刻。这样随着时间的推移,我后来对济慈诗歌的爱好甚至超过了莎士比亚。

问:对于中国古典诗歌,您也有很深的浸染?

屠　岸:1941年,我还是高中学生,写散文诗投稿。1938年我写了第一首旧体诗《客愁》:"落叶满沙坡,长空铁鸟过。天边雁影断,江上客愁多。秋老悲红树,乡心感棹歌。蒙蒙迷雾漫,桅影撼深波。"后来我多写白话新诗,受冯至、艾青和卞之琳的影响较大,比较注重诗的语言提炼和表现张力,能比较自觉地把个人感受与思想意蕴结合起来。中国古代诗人我更亲近杜甫,也喜欢李白。我小时候经历过军阀混战、抗日战争,抗战时我与家人逃难,从常州逃难到武汉,又逃到广州、香港,颠沛流离。杜甫身经安史之乱,也是一路逃难,所以我对杜诗更加亲切,读他的诗好像是读我自己的经历。

真正要译好一首诗,只有通过译者与作者心灵的沟通,灵魂的拥抱,两者的合一。

问:我们以为您有几十年的翻译经验,您的翻译会是轻车熟路,但是实际上您的翻译速度很慢。

屠　岸:我翻译诗歌一般先看诗歌原文,仔细阅读原文好几遍,烂熟于心,再进行翻译。济慈的诗早在40年代就翻译过,80年代人文社外国文学编辑室负责人任吉生约我再翻译济慈,我用了四年的时间翻译出来。翻译诗歌要感悟,要体会,要渗透到原作的精神中去,一般一天或者大半天就可以译成一首,但是,我会把译成的作品搁置一段时间,然后再去审视翻译得是否满意,再进行修改和润色,过些天可能再重复一遍这样的工作。有时会发现修改的译文不如第一稿的译文,那么就再改回去,直到满意为止。所以翻译不会很快。

问:在诗歌翻译理论上您始终坚持"客体感受力"?

屠 岸:英国诗人中我最崇拜的是济慈和莎士比亚。济慈提出的诗学概念 negative capability,有人译作"反面能力"。我不同意这个说法,我翻译成"客体感受力"。有人不同意。我说,negative 是"反面",positive 是"正面",positive 是"主体",那么 negative 就是"客体"。济慈的这个概念,就是指译者要放弃自己主体固有的思维定式,融入翻译对象即客体的原文之中,拥抱原文,体会原文的文字、思想和意境,体会原作者的创作情绪,将自己融入原文之后获致的理解转化到译入语的语境之中,这就是客体感受力。诗歌创作需要灵感,而诗歌翻译还需要悟性。翻译诗歌,首先要进入原文、拥抱原文,然后发挥自己的创造力。翻译与创作不同,不能脱离原文文本,任由自己发挥。比如你要歌咏太阳,就要跟所歌咏的太阳拥抱,得到一种感受,写成诗才是精美的。济慈讲的是诗歌创作,同样适用于诗歌翻译。

问:您不止一次谈过,自己翻译诗歌时依照"以顿代步"的原则。

屠 岸:我认为"以顿代步"是兼顾诗歌内容与形式的最佳译法,也可以说是翻译外国格律诗歌的基本原则。孙大雨首先提出了这一方法,他的表述是"音组",他用音组代音步这种译法翻译了莎士比亚的悲剧《李尔王》。孙大雨用汉语的"音组"译英语的"音步",但没有做到等行。后来,卞之琳完善了这一方法,用这个译法翻译了莎士比亚的四个悲剧和一部分十四行诗。卞之琳称"音组"为"音顿"或"顿"。卞之琳的这种译法可以归结为三句话:"等行,以顿代步,韵式依原诗"。其中,以顿代步是最主要的,只要做到了严格意义上的以顿代步,译诗和原诗自然就会等行了。

问:您对中国"五四"以来的新文学在世界的地位和成就评价很高。

屠　岸:中国诗人中的徐志摩、闻一多、臧克家、艾青,不比获得诺贝尔奖的大诗人水平低。有一个奇怪的现象,"五四新文化运动"以后,文言文退出中国历史文化舞台。中国的文言文被称作半死不活,或半死半活。谁还用文言来写社论、政论、随笔、散文?但是有人用文言文写古体诗,比如聂绀弩对旧体诗的创作,掌握得灵活又严格,很有思想。又如鲁迅的"梦里依稀慈母泪,城头变幻大王旗",他的思想感情是现代的,跟时代紧密结合,但用的词语却是文言。英国有没有人用莎士比亚时代语言写今天时代的诗或文?法国有没有人用罗曼·罗兰时代的语言写今天时代的诗文?文言文已死尤活在中国是奇特的现象。

"女儿问我来世希望做什么,我说,还是做诗人。我不会当小说家,爱画画,但也不一定当得成画家;如果是当动物,最好变成一只小鸟"。

问:您近年还在创作诗歌吗?您的诗歌创作发生过什么变化?
屠　岸:我写了一本《晚歌如水》,已出版。卞之琳的一个概念是"古典的抑制"。他感情非常饱满,但不是浪漫主义的奔放,而是用很简练的语言表达非常丰富的内涵。有一位20世纪30年代的诗人吴汶,他有一本诗集,名叫《菱塘岸》,其中的诗就是古典的抑制的典范。他的诗大都两行一节,一首诗不过五节六节或者更短,我受他的影响,写了几十首诗,跟他的风格类似。1941年,正是日本侵华时期,我的心情很压抑,想跟随我的同学去抗战大后方重庆,但是路途非常艰难,后来被封锁了,去不成,我到江苏吕城,在那里,我受吴汶诗歌的影响,用他的方式写了几十首。吴汶是一位很有才华的优秀诗人,他的《菱塘岸》收有诗歌二十七首。

我后来的创作,有的是奔放的自由诗,有的是严格的格律诗,还写了十四行诗。有人说十四行诗是西欧资产阶级过时的东西,是"僵尸"。这是闭目塞听的武断。外国引进的东西可以变成中国的,比如油画,刘海粟画的是中国的油画。话剧也是引进的。钢琴也是外来的。而胡琴原来则是少数民族的乐器。我觉得十四行诗也是中国的诗歌形式,已经汉化了。1986年,花城出版社出版了我的《屠岸十四行诗》,反映了我创作的一个面貌。我对韵律有一种天然的亲和感,闻一多讲格律诗的创作是"戴着镣铐跳舞",吴钧陶认为是"按节拍跳舞"。我认为可以在格律中获取自由,做格律的主人。

问:谈了这么多,您认为诗歌带给您什么?

屠　岸:诗歌给我带来的是精神上的寄托。没有诗歌,我的精神上没有着落。我最喜欢济慈的三首颂诗《秋颂》《希腊古瓮颂》和《夜莺颂》,到现在我还能够流畅地背诵这三首颂诗。晚上睡觉之前,我常常在心里默念这些诗,就能慢慢地进入梦乡。济慈的英文诗、白居易的《长恨歌》、陶渊明的《桃花源记》……每天晚上睡觉前背诗，背着背着就睡着了。

　　女儿问我来世希望做什么，我说，还是做诗人。我不会当小说家，爱画画，但也不一定当得成画家；如果是当动物，最好变成一只小鸟。

获奖作家访谈

许金龙:从汽车司机到大江文学专家

许金龙 1952年出生于南京,1985年考入武汉大学外文系日语专业插班学习。毕业后在国事部所属华龙国际劳务合作公司等单位工作,后于1990年调入中国社会科学院外国文学研究所《世界文学》编辑部从事日本文学编辑工作。曾翻译三岛由纪夫的《忧国》《午后曳航》《奔马》等中长短篇小说以及随笔,后因故改而翻译和研究大江健三郎及其作品,陆续翻译出版《被偷换的孩子》《愁容童子》《别了,我的书!》《优美的安娜贝尔·李寒彻颤栗早逝去》《水死》等长篇小说及《大江健三郎讲述作家自我》等长篇随笔。译著《别了,我的书!》获第四届鲁迅文学奖翻译奖。

采访手记

四十年前,汽车司机许金龙最切近的梦想是氢气取代汽油做汽车燃料。他反复试验,并希望借助大量技术资料改革创新,却遇到了翻译的难题。

起初只是希望借力翻译继续从事汽车事业的研究项目,没想到走上了专业翻译的道路。中国汽车行业少了一位改革创新的干将,学界却多了一位孜孜不辍的专家。几十年来,许金龙不仅在日语翻译方面取得了卓越的成就,更因对大江健三郎的深入研究,为中日文学交流做出了特殊的贡献。

近年来,许金龙和大江健三郎之间有一个安排,就是在中国翻译出版《大江健三郎小说全集》(全三十六卷)。

"大江先生是个学者型作家,他的写作涉及几乎整个欧美文学和亚洲文学,还包括音乐、戏剧、电影、建筑、美术、地形学、民俗学、社会学、军事学、政治学、历史学等诸多元素,任何一个译者的知识都绝无可能覆盖大江文学。这既是一个极大的困难,却也是一个学习的绝好机会。"许金龙说,为了高质量地译出这套全集,他们组织了一个庞大的编委会,邀请到陈众议、吴岳天、李永平、沼野充义等外国文学专家和铁凝、莫言、贾平凹等中国作家共同为译者提供咨询,帮助他们解决翻译过程中出现的相关难题。

最值得期待的是,全集收入了大江先生早年在日本被禁、现在也无法出版的小说《政治少年之死》等作品,从这个意义上来说,确实是真正的小说全集了。

初中毕业后,许金龙当过木工、机修工和汽车驾驶员等,于1985年考入武汉大学外文系日语专业插班学习,从此改变了人生的方向。

问:您考入武汉大学,是主动选择了日语?

许金龙:我的情况有些特殊。我原是南京一家工厂的汽车司机,记得是80年代初吧,想用氢气取代汽油做汽车燃料,于是做了一些实验,实际上也取得了初步成果,需要继续参考日本和苏联的大量技术资料,却不懂日语和俄语,请人翻译的费用又太昂贵,自己微薄的工资早已不敷支持,便开始跟随南京解放军外语学院的胡毓文老师学习日文翻译,同时在南京大学外语系日语专业旁听学习。在这个过程中,恰逢武汉大学的刘道玉校长对招生制度进行改革,通过严格考试,从社会上招收一批学生直接插入三年级学习,我就这样考入了武汉大学外语系日本语言文学专业,在那个美丽的校园里度过了人生最为幸福的两年时光。在校期间,我曾担任校园刊物《译苗》的主编,还因日本文学翻译获得过荣誉。

问:毕业后您并没有直接从事学术研究,而是担任了国家劳动人事部华龙国际劳务合作公司业务经理等职。能谈谈那段经历吗?

许金龙:在武汉大学的最后一个学期,我曾给十堰市的二汽人事部门写了非常恳切的求职信,在信中介绍了自己此前的研究项目、试验过程和项目前景,希望毕业后能去二汽工作,为中国的汽车事业贡献自己的力量,却始终未能等到回复。我想,既然圆不了汽车梦,那就干脆去北京从事与日本文学相关的工作吧。遗憾的是当年的进京指标里没有相关文化单位,只能从中选出劳动人事部。到了劳动人事部后,人事司便把我安排在下属的华龙国际劳务合作公司工作,从事对日劳务输出的工作。

问:到中国社科院外文所《世界文学》有何契机?

许金龙:虽然在国家劳动人事部所属公司从事令人羡慕的涉外工作,我丝毫不觉得愉快,还是希望回到专业领域去,工作之余陆续翻译出版了一些日文书籍。有一次,我去团结湖看望叶渭渠和唐月梅这两位后来成为恩师的先生时,他们告诉我,《世界文学》有一个进人指标,用于引进法文编辑或日文编辑,鼓励我去考一下试试。就这样,经过整整一天的多科目考试(对照日文编辑译稿、将中文译为日文、现场阅读川端康成短篇小说并撰写论文、日语口语对话,等等),我终于梦想成真,开始在《世界文学》编辑部跟着唐月梅老师学习日本文学的选材、编辑和校对等工作。与此同时,每周去一次唐老师的家里,听叶渭渠老师单独为我讲授日本文学课程。

多年后许金龙才知道,为了修改自己一篇"花里胡哨的译稿",唐月梅每天凌晨四点起床,修改至六点钟,再给全家老小做早餐。在这两个小时里,多则能改四百来字,少则改二百来字。

问:您翻译的第一部作品是什么?

许金龙:其实在进入《世界文学》编辑部之前,我多少也做过一些翻译实践,可是按照唐老师和叶老师的标准来看,那就实在不值一提了,这就需要静下心来,跟随唐老师从头学起。就这个意义而言,我翻译的第一部真正意义上的日本文学作品,应该是唐老师安排的三岛由纪夫处女作《鲜花盛时的森林》。

这个小中篇的译稿用的是五百字大稿纸,当我从唐老师手里接过那两万多字的译稿时,发现每一页都被老师用细小的文字批改得密密麻麻。记得当时唐老师在办公室里让我回去后仔细比对译稿和修改处的差异,说是如果不同意的话,还可以改回去。她还轻声细语地对我说,《世界文学》的前身是鲁迅先生等译界前辈创办的《译文》杂志,一直秉承着鲁迅先生简洁朴素的翻译风格,对鸳鸯蝴蝶派的文风很是反感,今后在翻译工作中要牢记这一点。

问:这么多年来,您对翻译最深的体会是什么?

许金龙:叶渭渠老师在为我讲述文学翻译技巧课程时多次强调,文学翻译不是应用翻译,它有很强的文学性,在翻译实践过程中,应以文学研究引领文学翻译,复以文学翻译促进文学研究。也就是说,文学翻译应建立在研究的基础之上,当然,文学翻译也能够进一步促进文学研究,这应该是个良性循环,而不是对立关系。

在唐老师有关翻译技巧和叶老师相关翻译理论的指导下,这些年来我做了一些翻译工作,最深的体会大致如下:在文学翻译之前,一定要对文本有较深的研究,以此加深对文本的理解;在翻译过程中,切不可以"雅"为由自作多情,把自己的情绪强加给原作;在翻译之前的阅读和翻译过程中,有意识地发现其中有学术价值的问题,加以调查并相继形成论文,以此促进自己的研究,达成翻译和研究的良性互动。

问:是什么时候开始翻译大江健三郎的作品?

许金龙:记得是1994年12月下旬吧,大江健三郎获得诺贝尔文学奖并在瑞典发表讲演后不久,叶、唐两位先生从美国经由东京回国,我在机场刚接上他们,叶老师就从行李中取出一份《朝日新闻》对我说："这上面有大江健三郎发表的获奖演讲全文。既然目前国内暂时没有研究三岛由纪夫的条件,你就调整一下,改而研究大江健三郎吧。此前我们很少翻译大江先生的作品,无论研究还是翻译基本都是空白,算是欠了他的债,你就从翻译这篇演讲词开始好了。"就这样,在相应做了一些前期调研后,我就译出了《我在暧昧的日本》,并发表于《世界文学》杂志。

在大江的整个创作生涯中,鲁迅始终是个重要的参照系,是个始终在场的存在。

问:大江的文学创作受鲁迅影响很大,甚至在《水死》无法继续完成的时候,来到北京参观鲁迅故居,希望从中汲取力量。2009年他在鲁迅故居参观时谈到什么？他对鲁迅有怎样的感情？

许金龙:我认为,在大江的整个创作生涯中,鲁迅始终是个重要的参照系,是个始终在场的存在。用大江本人的话说,就是"我这一生都在思考鲁迅,换言之,在我思考文学的时候我总是会想到鲁迅",从他的处女作《奇妙的工作》到封笔之作《晚年样式集》,我们都可以感受到这一点。2009年1月中旬,由于种种原因,大江计划于当年12月出版的长篇小说《水死》无法继续写下去,便想要来北京的鲁迅博物馆,想要来鲁迅创作《希望》的处所"在心里默默朗诵一遍牢记于心的《希望》的全文"。

抵达北京的翌日,在外文所陈众议所长和陆建德书记等人陪同下,大江先生如愿来到了鲁迅博物馆。当我们一行人在鲁迅先生大理石坐像前横排成列准备合影之际,本应在坐像前面中间位置的大江先生却不见了身影,大家转身寻找时,才发现这位老作家正埋头蹲在坐像右侧底部泪流满面,想必是正在心里默默朗诵牢记于心的《希望》吧。

在回饭店的汽车上,大江先生嘶哑着嗓音告诉我:"许先生,请你放心,刚才我在鲁迅博物馆里已经对鲁迅先生做了保证,保证自己不再沉沦下去,我要振作起来,把《水死》继续写下去。而且,我也确实从鲁迅先生那里汲取了力量,回国后确实能够把《水死》写下去了。"

问:在日本,中国文学的翻译和接受程度如何?

许金龙:中国作协对中日文学交流所做的工作最多,我所任职的中国社会科学院外国文学研究所近年来也为中日文学交流做了一些工作,为两国作家和评论家以及学者的交流提供了很好的学术平台。如果说双方在人员交流方面还能大致保持平衡的话,那么在出版方面就完全失衡了,在日本出版的那点儿少得可怜的中国文学译本,完全不能与中国出版的大量日本文学译本相提并论。

中国文学作品在日本少有出版,即使出版其印数也非常之低的原因,我觉得大致有两点:一、日本读者更关注以美国为中心的西方文学,这一点与他们心底里崇洋媚外的自卑心理不无关系;二、近百年以来,绝大多数日本人对中国都有一种优越感,而且这个优越感的惯性还很大,在可以预见的一段时期内,他们不会、也不愿放下这个优越感,从而对中国文学作品不太关注。

问:您认为中国文学如果想在日本进一步扩大影响力,应该在哪些方面发力?

许金龙:大约十多年前,我曾陪同陈众议所长去亚洲最大的版权代理机构酒井著作权事务所,就日本文学走出去的问题做过一次调查。该事务所代理着大江健三郎、川端康成、三岛由纪夫、村上春树等诸多日本作家的版权,其老板酒井建美告诉我们,日本在战后不久也曾推动日本文化走出去,最初是由日本政府想当然地划定书籍范围,出资由日本学者翻译,然后在国外印制出版,却发现这样做的效果非常糟糕,根本没有外国读者去阅读那些花费大量资金和力气翻译出版的书籍。于是日本政府开始调整方针,改由熟知国外情况的日本学者划定书籍范围,再出资雇请对象国的学者用母语进行翻译。这样一来,情况比第一阶段要好了不少,却仍然不尽如人意。在总结了经验和教训之后,日本政府再次调整方针——改由各国学者向日本政府相关部门提出申请并提交翻译样章,再由日本学者审阅评估其翻译质量,合格者才能从日本政府手里获得翻译出版资助。

我以为,我们应该重视日本当年的经历,尽快采用其第三阶段的做法。也就是说,可由外国学者提出申请并提交样章,再由中国学者审阅、评估其翻译质量,然后由相关机构根据评估意见和其他种种考量,最终做出是否给予翻译出版资助的决定。这样一来,就可以事半功倍,精准地找到合适的译者、放心的翻译质量、妥当的翻译范围,就可以少花钱,多办事,办好事。

【附录一】我所知道的鲁迅文学奖——历届评委访谈录

陈建功：评奖过程，也是使我本人受教育的过程

陈建功　1949年生，广西北海人。中国作家协会副主席。担任第一届鲁迅文学奖短篇小说奖评委会副主任、第二届鲁迅文学奖中篇小说奖评委会副主任、第三届鲁迅文学奖中篇小说奖评委会副主任、第四届鲁迅文学奖短篇小说奖评委会副主任、第五届鲁迅文学奖报告文学奖终评委员会主任。

问：担任中国作协书记处书记时，您分管了好几届茅盾文学奖和鲁迅文学奖的评奖活动。还记得印象深刻的有哪些吗？

陈建功：从第四届茅盾文学奖和第二届鲁迅文学奖开始，书记处方面分管两个奖项评奖的人是我。也就是说，在我任职的十四年间(1995—2009)，这两个奖项的每届评奖，从《条例》的修订到评奖的全过程，包括新闻发布、颁奖大会，都是由我牵头的。当然从来也没有脱离过作协党组的领导、书记处集体讨论以及大家竭尽全力的帮助。这不是客套，是事实。

评奖的目的不是招得作家们追名逐利，而是通过某种鼓励，总结文学成果，提升文学界乃至全社会的情感世界和文学水平。我接手评奖的组织工作时，张光年、冯牧等老领导都说过，评奖的目

的是讲评,评出奖了,是好是坏要到社会上评一评,要美誉,也要说不足。我认为,这是从文学全局乃至文化建设的大局而发的精辟之论。如果不吸取这些经验,一味只是追求评奖结果,甚至把评奖结果和地方政绩挂了钩,它的公信力就堪忧了。

问:对于评奖,文坛常有各种声音,您怎么看?

陈建功:一,发现违规违法的,比如各种交易、请托、不正之风,应该向有关部门举报,维护奖项的纯洁性,维护风清气正的社会环境。二,某部作品,甚至几乎每一部作品,都会受到评委们的评论,畅所欲言、直言不讳,是评委会上一个程序,"一千个人眼里就有一千个哈姆莱特",怎么可能不争论。既是讨论甚至争论,就不应该外传,以给评奖讨论一个坦诚的氛围。三,如果真有人说,某某作品亏我力保,这样的说法实在可疑。评委会是就作品说作品,似乎很少有人明确表态它该上还是该下,何以谈到某人力保呢?我不排除有的评委或有先入为主的观念,也有各自的文学主张,因此会对某一部作品发表不同的意见。但可以肯定的是,通过开诚布公的讨论,大家按照《条例》,通过投票做出了选择。

评奖过程,其实也是一个使我本人受教育的过程。比如《白鹿原》,当时社会上有人持不同意见,某位中央首长也询问过几次。第一次评委会举行时,我是很担心的。因为评委会的构成,包括了各类持不同文艺观点的评论家,按照我的经验,评委会上可能会因此吵起来。天翻地覆怎么收场?让我意外的是,我最担心对这作品发难的老评论家陈涌第一个发言,他坦言自己未读之前受过一些同志的影响,认为这或许就是一部历史观"有问题"的作品,为对评奖负责,认真读过几遍之后,认为这是一部了不起的作品,是一部"可以说得上是伟大的现实主义力作"。陈涌发言后,会场短暂地寂静。我估计,在场无论是推崇此书还是否定此书的评委,都大感意外。当晚我也陷入反思：为什么我也陷入这种简单的推断呢？把人划进这个圈子那个圈子，以圈子臆测，低估了一位老评论家的良知和水平。陈涌，是有关《白鹿原》讨论中真正扭转乾坤的人，但就我所知，他至死也没有说过自己的力保故事。

问：相对而言，鲁迅文学奖的评奖争议就多一些。

陈建功：我牵头负责。具体到各个奖项，我只担任其中一个奖项的主任，其他奖项，按照作协各位书记处书记的创作特长，或去当主任或去当副主任。每个奖项开评时，我会去宣讲一下《评选条例》，交代一些注意事项。具体到每一个奖项评选，就由该奖项的评委会主任主持了。当然最后还是要到书记处来集体汇报一次。我已说过，任何评奖结果都会有批评的，这是好事。

问：在中国作协工作，您和作家们结下了深厚的友情。您写的《铁生轶事》一文令人感动。文章中有个细节，说您骑着自行车推着史铁生的手摇车，在三环的雪夜里喊"真他妈的风雪夜归人啦！"但是即便再好的友情，也没在评奖中有何优势。

陈建功：铁生一生，获奖甚多，全国性重要的文学奖项不仅都拿过，而且还曾连连获得。我在作协分管全国性的文学评奖工作十四年间，铁生从来没有询问过、打听过和评奖有关的事情。在第六届茅盾文学奖评奖时，《我的丁一之旅》得以入围，也曾听到各种声音，但没有史铁生的。评奖揭晓了，他的作品没有获奖。我仍然毫无顾忌地进出于铁生的家门，我没有，他也不需要我做什么解释，哪怕是些许的宽慰。

问：能否谈谈您印象中不同门类的评奖，各有何不同？

陈建功：鲁迅文学奖总的评奖宗旨是一贯的，各文体的奖项，当然要依据不同文体的艺术要求,遵循不同文体的创作规律。为了把这种特殊性体现出来,作协书记处在各奖项评委会的组成上,也是费了心思的。比如评委中文艺批评家的遴选,就注意到那些较为长期关注该文体的批评家。他们对这一体裁的最新成果,有敏锐的感知,也有较多的积累。至少在我牵头评奖工作的时候,阅读全部入围作品,是对评委们的起码要求。其实很多评委早已研读过这些作品,并且对它们在该评奖年度的贡献和影响,是很熟稔的。而书记处派出到评委会担任主任副主任的作协负责人,也考虑他们曾有过那一文体的创作实践。因此一般来说,虽然最后的结果要通过不记名投票产生,但在投票之前,评委们已尽可能取得最大的沟通和共识。

问:单从鲁迅文学奖短篇小说的获奖作品看,您认为中国文学短篇小说二十多年来经历了怎样的发展变化?

陈建功:我认为我国当代短篇小说应是新时期至今成绩最为丰厚的体裁。新时期文学之发轫,即从《伤痕》《班主任》开始,此后文学对生活和艺术的思考,也最为敏感地表现在短篇小说上。比如他们由伤痕而对社会的思考、人性的思考、文化心理结构的思考,而后的寻根、叙事多样化的追求,乃至心理小说、荒诞小说、社会小说、先锋小说以及微型小说等不同探索、分类或许可以讨论,但当代短篇小说总是担当思想和艺术的先声,这是没有疑义的。当然,这一角色,不能说是自鲁奖评奖始,而更应该追溯到更早的全国优秀小说评奖那里去,鲁奖则可说是一种继承。

[附录一] 我所知道的鲁迅文学奖——历届评委访谈录

丁 帆：只有在争论中才能评出真正的好作品

丁帆　1952年生于苏州。现为南京大学中国新文学研究中心主任、博士生导师，南京大学学位委员会委员，南京大学文科资深教授。中国现代文学研究学会会长、中国当代文学研究学会副会长、中国作家协会理论委员会副主任、《中国现代文学丛刊》主编、江苏省作家协会副主席、《扬子江评论》主编。担任第五届鲁迅文学奖中篇小说奖终评委员会委员。

问：您曾担任第五届鲁迅文学奖中篇小说评委，能谈谈那一届的情况吗？

丁　帆：第五届鲁迅文学奖终评的评审会上，大家拿到初评报上来的名单后，有一位评委又推荐了两位作家的中篇小说。评委朱辉认为应该尊重初评委员会的意见，没有通过初评就不应该再提议进入终评。但是那位评委认为，作为终评委有权利提议初评结果以外的作品。相持不下时，评委会主任提议，由我和于青连夜把那两个中篇读完，并写出审读意见。我一直读到夜里两三点钟，写了意见后第二天在会上宣读。

我认为那两个中篇小说，从质量上和同类题材以往的作品比较，弱点太明显，不够资格参加终评。于青也同意我的意见。这件事并没有引起那位终评委的不满，他很大度。

问：评选过程有什么争议吗？

丁　帆：在第五届鲁奖评审中，大家对一部作品争执不下。我在小组会里讲，那部作品无论题材也好、技法也好，都是学习孙犁的文风，但和孙犁的《铁木前传》相比差一大截。那部作品在终审第一次讨论时没有通过；大家再议，再投票，投了三轮，还没评出结果。终审评委的意见还在僵持，那部作品始终过不了评委投票的三分之二。时间到了中午一点多，我收到一条短信：丁老板，放一马吧！

问：这条短信影响到您的决定吗？

丁　帆：我坚持我的意见。后来我表态说："我不参与这部作品的投票，你们该怎么投怎么投。"后来这个作品以微弱的优势通过终评。

问：还有什么印象深刻的事情吗？

丁　帆：第五届短篇小说组入选的作品中有苏童、鲁敏、叶弥等。听说有评委认为《茨菰》太差，苏童可能不会得奖。你说《茨菰》不行，可以把评出来的几篇拿来比较，有哪些比《茨菰》更好？我也承认《茨菰》不是苏童最好的作品，但在获评作品中至少不是差的。

苏童是"短篇圣手"，我认为不能获奖对他不公平。我就去找了评委会主任，我说苏童以短篇小说名世，连续四届鲁迅文学奖评选都没有获奖，这一届还不评苏童，是中国作协的耻辱，也是鲁迅文学奖的耻辱。

问：在您的争取下，苏童获奖了？

[附录一]我所知道的鲁迅文学奖——历届评委访谈录

丁　帆：苏童事件以后,我就不再被邀担任鲁奖评委了。无所谓。我只是仗义执言。一部作品究竟够不够格,放在评奖的天平上就可以得出结论。

问：我们应该如何客观地看待鲁奖?

丁　帆：在中国的文化语境中,无论谁得了奖,肯定是名利双收。我不是反对作家看重名利,问题是,站在名利当中,是写不出好作品的。如果在名利面前跪下来,放弃了对作品内涵、作品思想和作品审美的追求,一味炒作,让媒体和杂志炒作你的成果,这种做法是很不对的。

获奖之后,作家应该产生一定的压力,把自己放在焦虑的语境中,而不是从商业上考虑,无限放大自己的作品。只有思考我的下一部作品能不能比这一部更好,才能对得起这些名利,要让人家看看,鲁奖也好,茅奖也好,是有好作品的。

问：您如何评价第五届鲁奖获奖作品?

丁　帆：我曾经主张把王十月的作品《国家订单》放在中篇小说的第一位。这部现实题材的作品令我非常感动,我甚至想好了,这部作品应该改为《血染的星条旗》更有震撼力。我当时讲,王十月获得鲁奖,他的打工文学能否坚持下去就要打个问号。后来果然被我言中,王十月获奖后当上广东省作协副主席,再没写出这样好的作品。

问：您认为获奖对作家是一个挑战?

丁　帆：前几届存在这个问题。对作家来说,获奖是一个转折,多数人是向下转的。有的作家把获奖作为阶梯,获奖之后对之前的作品也开始炒作。这是典型的中国作家农民心理,在名利刀刃上翻滚，一不小心掉下去就是万丈深渊。作家应该更多地思考提升下一部作品的深度、广度、厚度，不要被评奖所羁绊。

问：您认为理想的评奖应该是怎样的？

丁　帆：鲁奖评选改成实名制很好，让评委亮亮相，让读者看出你的价值判断和价值取向，你的审美能力和艺术水平，更加公平公正。

每一个评委都应该各持自己独立的评价体系，不要去看别人的眼色，不要有先入为主的导向。评委只有在争论中才能评出真正的好作品。通过讨论，哪怕是观点碰撞，都是可以的，通过投票形成共识。不能达成共识更好，可以保留意见，写成文章，留给文学史做最后的检验。评奖只是即时性的，不是历史的终结评价。评奖的过程，是每一个评委充分展开自我价值取向、自我审美取向的过程。如果说只是围绕某部作品投一次票，评奖的意义也就不大了。不仅对自己是一种伤害，也是对作者的伤害，是对文学史、对文学的一种伤害。

[附录一] 我所知道的鲁迅文学奖——历届评委访谈录

牛玉秋:好作品给我的愉悦感和幸福感

牛玉秋　1946年生于北京。1982年起在中国作家协会创作研究部从事小说研究评论,直至退休。担任第一至第四届鲁迅文学奖中篇小说奖终评委委员,第五届鲁迅文学奖短篇小说奖终委会委员,第六届鲁迅文学奖中篇小说奖终评委委员。

问:您是从什么时候参加鲁迅文学奖评选的?

牛玉秋:20世纪80年代,我到创研部后分工一直是研究中篇小说。从第一届鲁迅文学奖我就担任中篇小说评委。鲁奖设立于1997年,刚开始的时候是评两年的作品,随着评奖规则不断修订,改成评四年的作品,规定不得三次连任同一奖项的评委。出台这个规定时,我已经连续担任了四届中篇小说的评委,第五届我担任短篇小说评委,第六届又回到中篇小说任评委。

问:能谈谈您经历的鲁奖评选吗?

牛玉秋:后来这几届鲁奖评选,有些门类被诟病。中篇小说的评选基本没有负面新闻,有两方面原因。一方面,评奖机构和评委比较认真负责;另一个方面,评出来的作品可能不会是每一篇都水平相当,但基本上就是好作品。不说十全十美,也基本挑不出毛病。

问:评奖过程,有过什么故事吗?

牛玉秋:每次都有故事。比如第一届鲁奖评选,当时规定三分之二评委通过才能入选。徐小斌的《双鱼星座》有比较大的争论,十六个评委,三分之二怎么算?按十个人还是十一个人?为这个,评委还举手表决了一次,最后还是按十一个评委通过才有效的标准投票。评奖是在实践中一步步完善的。但是鲁奖评选从最初设立时起,无论是组织者还是参与者,大家都是认真的,初衷就是为文学事业做事情。

问:鲁迅文学奖中篇小说评奖遵循的标准是什么?

牛玉秋:鲁迅文学奖中篇小说评奖遵循两个标准,一是政治标准,一是艺术标准。在政治标准上过去很严苛,到了新时期以来宽松了,只要是积极的、正面的,基本上都能得到评委的认可;从艺术上来讲,评委尽量地把审美的取向放宽了。从获奖作品目录看,鬼子、东西、晓航等作家的作品,都是先锋意味很强的。

问:您怎么看待鲁奖?

牛玉秋:鲁迅文学奖在历史上所起的作用是非常积极的。一是评出了好作品,二是推出了好作家。好多作家就是因鲁奖而成名,因鲁奖而成熟。鲁奖是对作家创作的一种肯定,得了这个奖以后,整个社会、整个文坛关注度增加了,作家创作的信心也增强了,创作上往往会有大的突飞猛进。

问:但是也有一些作家,获奖之后缺乏有分量的作品。

牛玉秋:有一些作家获鲁奖之前就是名作家了,他们不是特别看重奖项。客观上,有一些作家成名以后,基本就在那个水平上了,不断重复自己,艺术功力上不会老有长进;也有一些作家不断地突破自己,给读者惊喜。每个作家的状况不同。另外写作本身也需要激情。尤其诗歌创作和小说创作,沉浸在激情中才能创作出好作品。

问:能否从历届获奖的中篇小说,反观中国当代中篇小说近三十年来的发展状况?

牛玉秋:新时期以来,一直到新世纪之前,中篇小说创作代表了中国文学的最高水平。1995年开始讲"三大件",长篇小说作为其中一大件,逐渐有井喷之势,"陕军东征"也是那年出现的,中国文坛也有了新的趋势:只有长篇才代表作家的最高水平,作家们把艺术积累放到长篇小说创作上,中短篇创作被忽视,成为长篇创作中的调剂,作家们不再是全心全意地写作,而只是将长篇小说的边角料拿来作为中篇小说。但是第六届鲁奖评出的中篇小说获奖作品,是相当棒的,每一部都是硬邦邦,再过多少年回头看依然都会是好作品。比如格非的《隐身衣》,这样的题材非常独特,在过去很难想象;王跃文的《漫水》,把传统文化的精华以及传统文化对人性的陶冶过滤得那么干净,也很难得。

问:您自己在评选过程中有怎样的收获?

牛玉秋:从1997年开始,鲁迅文学奖我参加了六届评选。参与评奖,是我人生很重要的一个阶段,我是和这个奖一块走过来的。我就是喜欢小说的人。看到一部好作品,那种愉悦是任何事情无法替代的。另外,从我对评奖的认识来讲,也在不断发展。在参加评奖当中,无论是茅奖还是鲁奖,我曾非常努力地推动实名制,认为实名制才会公正,评委才更对自己的声誉负责。没想到,想象中和实施起来是完全不一样的。前些届的评选,我们评出了一批新作家,比如葛水平、田耳,都是得奖后才有名气的。实名制以后,这样的作家可能会越来越少。这反而是实名制后的弊病。

李炳银：鲁奖评选应增加报告文学奖项名额

李炳银　1950年生于陕西临潼。现为中国报告文学学会常务副会长、中国作家协会报告文学专委会副主任、全国报告文学理论研究会会长、文学评论家。曾任《中国报告文学》主编。担任第一至第三届鲁迅文学奖报告文学奖评委，第四届鲁迅文学奖报告文学奖评委会副主任。

问：能谈谈您经历的鲁奖评选吗？

李炳银：我几十年阅读研究报告文学，情况熟悉，参加评奖是一件很愉快的活动，虽然其中会有些纠结、遗憾，但通过评奖吸引大家关注创作，促进文学创作无疑是个有益的事情。评奖过程中通过相互比较交流，也是自己学习提高的过程。多次的经历，不少情景，至今仍有很深印象。如评论家孟繁华、杜卫东曾在评奖会上对朱晓军《天使在作战》、党益民《用胸膛行走西藏》等报告文学所谈阅读震撼、感动的高度评价话语，就记忆不忘。我从很多优秀报告文学阅读中获得的现实社会信息和健康内容力量非常多，这些有助于认识、感受和评价社会多样生活状态等。

问：评奖过程中经历过什么印象深刻的事情吗？

李炳银：故事谈不上，但有趣的见识区别和争论还是有的。如王树增的《朝鲜战争》,在评奖时,有评委怕未经相关部门审查,出问题。我就坚持,既然当时解放军总政治部已有明文上报参评,就不要再在评奖过程中犹豫不定了。

问:您怎么看待鲁奖?您认为报告文学评选在各个门类中有何特点?

李炳银:鲁奖的积极意义应当肯定。它对文学创作会是标志性的引导。我认为报告文学奖项评选一直方向明朗,健康正确,坚持贴近现实生活,努力给客观表现生活主流故事人物的作品以支持。对于报告文学创作的描述和引导是健康有益的。

可惜报告文学奖项的名额过少,与其创作数量大很不协调。若仍不再分长篇、中短篇的话,数额至少应提高到八部(篇)才合适。

问:能否从历届获奖的报告文学作品,反观中国当代报告文学创作近三十年来的发展状况?

李炳银:这个判断基本成立。但获奖的作品毕竟有限。因为各种原因而未能获奖的还有很多,而这些作品在中国几十年社会变革生活中,影响价值,地位特别,也不能简单忽略。报告文学创作,不左顾右盼,不盲目膜拜,不搞形式花样游戏,坚持经世致用,参与解决实际问题,是中国近四十年文学创作中最富成绩的门类,历史将会有公正的评判。

问:什么样的作品更容易获奖,您有什么经验可以分享下吗?

李炳银:没有直接的答案。但题材庄重,富有社会普遍意义,且有独到见识、个性表达角度和方式的作品,容易被看中。

吴思敬：优秀诗人不是靠评奖催生出来的

吴思敬　1942年生，北京人，诗歌评论家。现任首都师范大学文学院教授、首都师范大学中国诗歌研究中心副主任、《诗探索》主编、中国当代文学研究会顾问、中国诗歌学会副会长。曾任华文青年诗人奖、泰山文学奖、中国当代文学研究成果表彰奖评委。担任第一届、第二届、第四届、第五届鲁迅文学奖诗歌奖的评委。

问：您是怎样看待鲁迅文学奖评委这一工作的？

吴思敬：在我看来，一个文学奖办得是否成功，与评委会组成关系极大，可以说有什么样的评委，就会评出什么样的诗人。鲁迅文学奖诗歌奖的评委前几届都由德高望重的老诗人如牛汉、李瑛、屠岸、谢冕等牵头，作协书记处领导人介入，除在京评委外，外地评委要不少于三分之一，由有影响的诗人、诗歌评论家、诗歌编辑组成。但评委的诗歌观念其实并不一致，有的相对正统，有的比较开放。这样构成的评委会，照顾到方方面面，颇有点"统战"色彩，这样也就造成了评委会内部不同意见的争论很激烈，在谁也说服不了谁的情况下，只能一轮又一轮凭投票决胜负，即使胜出的，票数也比较分散。就我个人而言，我担任每届评委，都是兢兢业业，认真对待的，我不能保障自己判断力总是准确的，但一般情况下我不会违心地投票。不排除个别评委有受人请托、有失公平评审的情况,但就我接触的大部分评委而言,应当说都是意识到自己身上责任的重大,是出于公心,认真评审的。

问:评奖过程,有过什么故事吗?
吴思敬:鲁迅文学奖的评奖不仅评的是诗集,同时评委在这一过程中也要备受检验。在这一过程中,能发现某些人的小动作,但也能看出某些评委人格的闪光。

记得首届鲁迅文学奖诗歌奖评委会主任是牛汉先生。当时相关领导希望某部宣扬中国人有志气的诗集得奖,但这部诗集说教气太浓,诗意不足,总体来看水平不够,这给评委会带来很大压力。最终牛汉先生的"牛"劲上来了,表示"如果一定要这部诗集得奖,我就辞去评委会主任"。正是牛汉先生鲜明坚定的态度,才顶住了压力。

第二届鲁迅文学奖诗歌奖获得者西川,其得奖过程也颇有曲折。对于西川严肃认真、不断求新的创作态度,以及他的诗歌达到的艺术水准,大多数评委是认同的,经过几轮投票,西川已进入最终获奖的名单。这时忽然有评委提出,鉴于西川个性较为高傲,如果在获奖名单公布后,他拒绝领奖怎么办?大家都没想到这个问题,一时语塞。这时我说:"即使拒绝领奖也没有什么了不起的,诺贝尔奖还有拒领的呢,萨特就曾在1964年拒领诺贝尔文学奖,但这无损于诺贝尔奖的荣誉。"在场的一位作协书记处书记不同意我的看法,坚定地说:"如果出现西川拒绝领奖的情况,那就是本届评奖的重大失败!"此话一出,评委们也都愕然,但谁又能保证不出现西川拒绝领奖的情况呢?最后评委们商议出一个很无奈的办法,由评委林莽以个人的名义先给西川打电话通气,问他如果你能获奖,会不会来领奖?得到了西川会来领奖的肯定答复后,评委会才最后决定把西川列入获奖名单。

再如第四届鲁迅文学奖评审,诗人于坚经过初评入围了,但是他的诗,特别是他在不同场合说过的话,在终评委中引起很大争议。关于于坚是否能获奖争论最激烈的时候,评委韩作荣站起来说了令全体评委震惊的一句话:"如果于坚这样一位重要诗人不能入选,那么这届评奖就没有意义!"这句话说得斩钉截铁,很有分量,最终决定了于坚的入选,尽管名字排在本届最后一名。这件事我曾在韩作荣逝世后的追思会上讲过,我觉得这体现了韩作荣光明磊落、敢于担当的人格力量。

第五届鲁迅文学奖首次把当代人创作的旧体诗词列入参评名单。有若干部旧体诗词也进入了终评名单。由于此前的评委都不是专门研究旧体诗词的,此次评委会特地聘请了上海作协秘书长、旧体诗词的创作者和研究者褚水敖先生为旧体诗词评选把关。按常理,作为评委中唯一的旧体诗词作者和研究专家,应当站在旧体诗词作者的立场上,为旧体诗词争取名额。但褚水敖先生经过认真审阅这些旧体诗词集,感到差得太远,确实不够鲁迅文学奖的水准,也就没有再往上推荐,结果这一届就没有旧体诗词获奖,而褚水敖先生的出以公心的做法,也得到了其他评委的点赞。

问:您怎么看待鲁奖?诗歌评选是各个门类中诟病较多的,为什么?

吴思敬:文学奖不像自然科学奖、科学进步奖等有较为客观的评选标准,因而文学奖的评审是一直伴随着争议的,连诺贝尔文学奖都如此,何况一般的文学奖?诗歌奖为文学各门类中诟病较多的亦属正常。因为诗歌很难拿出一套为大家公认的批评标准,每个评委都有各自的尺度,至于一般读者更是萝卜白菜各有所爱。朦胧诗从诞生的那天起就一直伴随着巨大的争议,其实至今也尚未完全消停。

问：如何看待鲁迅文学奖的设立，与中国当代诗歌创作近三十年来的发展的关系？

吴思敬：总的说来，诗歌评奖，推出优秀诗人与诗作，对推动诗歌创作的发展与繁荣是有一定作用的。但对这种作用不宜估计过高。其实优秀诗人、优秀作品都不是靠评奖催生出来的。相反优秀的诗人是在超越世俗、超越功利，有时甚至是在身处逆境的情况下，胸中怀有忧愤，不吐不快，才写出好诗的。"文革"期间的白洋淀知青，写诗没有地方可发表，更没有稿费一说，有时甚至受到追查，他们写诗恰恰是为了抒发自己孤寂的情感，寻求一种心灵对话的方式，他们发表的地方是自己的笔记本，他们传播的方式是手抄和信函，但正是摆脱了功利的诱惑，才孕育了一代新人的崛起。

鲁迅文学奖的设立，从动议上是好的。但是近年来有些变味，就是把过多的非诗的、功利的内容附加到这个奖项里。由于鲁迅文学奖是中国作家协会设立的，一些地方作协，把它视为国家级奖项，获奖不仅是诗人自身的荣誉，而且成了地方政府、地方文联作协的政绩。鲁迅文学奖的奖金，不仅逐届提高，地方政府、文联作协的匹配更是加倍增长，获奖者不只是获得丰厚的奖金，而且在评职称、提职、提干、调动工作、分配房屋，乃至安排家属等方面都可能获得照顾。附加在鲁奖后边的功利性东西越来越多，自然会使得某些作者趋之若鹜，种种不正当的竞争手段也会肆行无忌。反观法国的文学大奖龚古尔文学奖，奖金只为五十法郎，改成欧元后为十欧元，完全是象征性的。这很值得我们深思。一个文学奖项，奖金越来越高，附加的利益越来越多，这样的奖项必然会产生负诱导作用，离其设奖的原初目的会越来越远。

张守仁：文学评奖是评文，不是评人

张守仁　1933年生，上海市人。曾担任老舍文学奖、冯牧文学奖、中国环境文学奖、中国散文奖、十月文学奖等奖项评委。担任第一至第四届鲁迅文学奖散文杂文奖终评委员会委员。

问：您担任了第一届至第四届的鲁迅文学奖评委，有什么印象深刻的事情吗？

张守仁：总体来说，前几届鲁迅文学奖公正、严肃、认真、严谨。当时评选分初评和终评，我经常既是初评委又是终评委。第四届参加散文评奖的作品有一百八十四部，我一看目录中没有韩少功的《山南水北》，立即提出请组委会通知韩少功报送作品。

韩少功的《山南水北》是唯一一部以全票通过的获奖之作。我认为那一届有了《山南水北》就是散文的丰收年，评了《山南水北》第一名，那一届鲁奖散文奖就有了权威性和顶梁柱。

问：韩少功的作品没有参评，为什么您一眼就能发现？

张守仁：我对散文创作的全局比较了解，全国的名散文家也都是我的朋友。《山南水北》是韩少功归隐乡村七年间记录山野自然、民间底层的散文集子，鲜活、生动、新奇、朴实，堪称中国版的《瓦尔登湖》，出版后有一定影响，但是韩少功当时是海南省作协主席，他为人比较谦逊，觉得应该让海南其他作家申报鲁奖，所以没有申报。我得知后立即建议他参评，我认为他是中国最有思想的作家之一。作为评委，我只看文不看人。

问：那您如何理解"文如其人"？

张守仁：文人文人，我更看重人，文是人的文。但是我当评委，不过多强调人。因为不是选模范，而是文学评奖。我们是评文，不是评人。

问：您曾力荐余秋雨的作品，也是基于这一观点？

张守仁：我当时正在研究当代"二余"（台湾的余光中、大陆的余秋雨），对余秋雨的散文了解比较清楚。他的《文化苦旅》没能在第一届鲁奖评选中得奖，我感到很遗憾。后来他的《山居笔记》获得鲁奖，但是他的任何一部散文作品都比不上《文化苦旅》。

问：能否谈谈当时具体的评选情况？

张守仁：我早就注意到余秋雨的散文，他当时还没那么有名。但是我在评委会上三次发言推荐《文化苦旅》，没有人呼应。第三次发言时，评委会一位副主任拍拍我的肩膀说："你太固执了，没有人响应你，你是不是到此为止了？"第一届散文奖的评委很整齐，都是名家，我在评委中人微言轻，最后只能放弃。

问：余秋雨知道您帮他争取吗？

张守仁：有人说我和余秋雨是好朋友，其实从来没有联系，只是文人之间远距离的欣赏。

问：您怎么评价余秋雨的散文？

张守仁：余秋雨有才思、文章有穿透力,对中国文脉有通透的理解,他首倡的文化散文,在中国散文史上是绕不过去的。余秋雨是中国的一棵文化大树、文学大树,有一些枯枝败叶,这很正常,不能因此否定这棵大树。

我对文学很执着,一旦我关心的事情就要关心到底。我坚决主张余秋雨得奖,否则中国文化散文方面存在空缺。所以第二届评选时,我说如果这一届余秋雨还不能得奖,我以后不当评委了。别人问我余秋雨为什么没有得奖,我无言以对。

他的《山居笔记》终于以微弱的优势获第二届鲁迅文学奖散文奖。其实得奖也是遗憾。如果《文化苦旅》能打八十五分的话,《山居笔记》只能打七十五分。

问：在您的视野中,鲁迅文学奖的评选有何特点？

张守仁：以第四届鲁奖评选为例,首先杂文集过少,参评的只有七本,一本入围终评,但最终落选。我们应该培育更宽松、更宽容的语境,创造更适宜的土壤,来为尖锐泼辣的杂文提供更多的生存空间。其次,新世纪以来由于中青年写作者的辛勤探索,散文创作从观念到文体和以前的传统写法有了较大不同。但由于评奖名额的严格限制和审读者对创作实况了解的差异,未能让其中艺术质地优秀的领军人物获奖,应该说是一个缺陷。第三,散文奖的获奖者,小说家多,散文家少。除第一届外,第二届获奖者五名中,李国文、徐光耀、张抗抗三位主要是小说家;第三届获奖者五名中,李存葆、史铁生以小说家成名,贾平凹身兼小说家、散文家;第四届获奖者中,韩少功和裘山山主要身份是小说家。总观历届获奖者,以散文家身份写了小说获得小说奖者,几乎是零。这说明:我们的散文家们在思想、视野、阅历、语言、绘人状物、抒发感情等写作技巧方面,应该向小说家们多多学习。

问:您觉得鲁迅文学奖散文评选中有何遗憾吗?

张守仁:我一直关注着。总体来说,公正严肃,该得奖的都得了,贾平凹、周晓枫……基本无一遗漏。尽管有的评得晚了,还是比较公正的。

但是胡冬林的《狐狸的微笑》没有得奖,我很伤心。

胡冬林是自然文学、生态文学第一人,我认为他的散文超出了国界。他像野人一样在长白山住了十一年,保护长白山,认识几百种动植物,我对他佩服得五体投地。胡冬林去世后我写了一篇《我有个亲人在长白山》,在六十多年文学生涯中,我认识的作家很多,但像胡冬林这样把全身心都献给东北大地,让生命和长白山融合在一起的人,一生只遇见他一个。这样的一位作家,世界一级的作品没得奖,我很伤心。

问:您对鲁迅文学奖的评选,有何期待?

张守仁:我希望我们的评选能够公正。我曾参与"21世纪文学之星丛书"编选,和崔道怡等共同坚持了二十年,出版文学新星的第一本书,入选的作家后来大都成为名作家。我们有一种责任感,推动中国文学事业健康发展,真正为中国文学事业尽一点力量。参加鲁奖评选也是这样。有些作家没有自信,我还不知道我是评委呢,他们知道了,表现出对评奖过分关切——其实我开了一个"中药店",每一个小抽屉里都装着作家们的作品,几斤几两,我心里有数。

鲁迅的散文是"五四"以来最好的散文,他的精彩小说可以和世界级大师比肩。评委和得奖者都要珍惜鲁迅先生的名字,以鲁迅命名的文学奖,获奖者荣誉大,也应意识到自己责任之重,要知道自己的不足,和前辈们差距之巨,不要夸大自己的成就。

郑伯农：作品的历史地位，最终要靠群众来评定

郑伯农 1937年生，福建长乐人。曾任中国文联研究室理论组组长、研究室负责人，《文艺理论与批评》常务副主编，中国作家协会党组成员，《文艺报》总编辑，《中华诗词》主编。担任第一届鲁迅文学奖理论评论奖评委会副主任，第二届鲁迅文学奖理论评论奖评委，第三届、第四届鲁迅文学奖理论评论奖评委会主任。

问：能谈谈您印象中的鲁迅文学奖吗？

郑伯农：20世纪90年代初，中宣部对文艺评奖工作提出意见。认为新时期以来的文艺评奖取得可喜的成绩，也存在着需要解决的问题，主要是太多太滥，要求进行调整、压缩。根据中宣部的要求，中国作协党组进行讨论，然后将意见交书记处商议。大家一致同意，把各种奖项合成一个鲁迅文学奖，下设短篇小说、中篇小说、诗歌、报告文学、理论评论等好几个具体奖项。长篇小说仍叫茅盾文学奖。少数民族文学奖因和国家民委合办，也单项延续下来，仍叫骏马奖。报中宣部后，确立了这个奖项。从立项到进行各种筹备工作，需要一段时间。1994年，翟泰丰同志担任中国作协党组书记后，开始评选第一届鲁迅文学奖。

问：您曾担任第一届鲁迅文学奖理论评论奖评委会副主任，第

二届理论评论奖评委,第三届、第四届理论评论奖评委会主任。在您所经历的鲁奖评选中,有没有争议比较大的作品?

郑伯农:在我参评的那几届评委会中,理论评论组没有发生过激烈争论。倒是评长篇小说、诗歌时,有过尖锐的意见分歧,但也没有达到当面争吵的地步。理论评论组的气氛比较和谐,有不同意见,大家都能心平气和地交流。评奖推出新人新作,对文学评论事业起了一定的促进作用。但我们既没有评出很不像样的作品,也没有推出惊天动地的力作。既没出大错,也没有取得辉煌战果。回忆当年作为评奖工作的参与者和组织者,我只能用两个字评价自己的表现:平庸。

问:对于后来茅奖和鲁奖都采取实名制的方式,您有何看法?

郑伯农:实名制和隐名制各有利弊,到底哪一种利更多? 我没有研究过。不论实名还是隐名,都要努力做到公开、公平、公正,既广纳百秀,又严格要求。

不必讳言,我们的评奖既推出一批优秀作品,也推出一些过眼烟云。对于"文革"前十七年的若干代表作,对于新时期的一些引起争议的作品,包括获国内甚至国外奖的作品,人们至今还存在着不同看法。有歧见是正常的,完全可以继续展开争鸣。记得三十多年前,周扬同志在第一届全国短篇小说获奖作品颁奖会上有一个讲话,他提出,评奖不是"盖棺定论",评奖之后还需要讲评,还可以讨论。这个意见非常深刻。看人、看作品,都需要时间。《诗品》的作者钟嵘是大专家,但他把曹操列为下品,陶潜列为中品。直到数百年后的唐朝,陶、曹二位在文学史上的重要地位才逐步确立起来。马克思说,人民群众是文艺作品的权威评定者。作品的历史地位,最终要靠群众来评定。

吴秉杰：文学理论批评繁荣发展，仍需不忘评奖初衷

吴秉杰　1947年生，上海市人。曾任中国作家协会创研部主任、研究员，现任中国作家协会理论批评委员会副主任。担任第一届鲁迅文学奖报告文学奖评委，第二至第六届鲁迅文学奖理论评论奖评委，茅盾文学奖第五届、第七至第九届评委。

问：除参加了一届报告文学奖评选，六届评选中您参了五届鲁迅文学奖理论评论奖评选，能否谈谈您所理解的鲁迅文学奖理论评论奖评选标准？

吴秉杰：因为从毕业到作协工作，始终没有离开过创作研究部，我参与了中国作协的许多文学评奖工作。茅奖从第二届参加初评开始，至今九届；鲁奖较晚，从第一至第六届都参加了，并且当评委。

从个人经历与经验看，相较于其他类似的国家级大奖评奖而言，中国作协的文学评奖或许相对而言是评得最好的。原因有三：一、领导开明，二、专业人员干专业的事，三、程序严格规范。这儿无重要与先后之分。如说重要，或许程序公正是最重要和最基本的。"公关"几乎没用。例如，首先是推荐作品，并限定数量，发表或出版单位总是要把质量最好与最有希望获奖的作品送上来。然后初评，那往往是一批在第一线的很有经验的编辑与评论家参加工作。最后才是终评。那实际上是经历了三次评选，让更多的人参

与了评奖,减少误判。

我也曾应邀参加过有些部门的评选活动,虽然评委会也阵营强大整齐,但他们往往是把涉及不同门类的文章、作品、书籍放在一起评的(此评委会的组成或也有一定难度与苦衷),结果往往是评委中少数几个本领域的专家的意见和观点便能影响多数不同专业的评委的选择。而在作协单纯的文学评奖中,少数人决定获奖作品是不可能或难于做到的。现在,虽然成立了大评委会(茅奖),取消了初评,使一切权力归评委会,但鲁奖还是分门类评选的,而且是一轮轮地多轮筛选和投票,这也有利于比较高下和体现公正。

问:您认为评奖结果如何,是否评出了最好的作品?

吴秉杰:要说评奖一定评出最好的作品,那是不可能的。要说评奖结果让所有的人都满意——评委、读者和未获奖作者,那更是不可能的。即使是直观如体育比赛,那也未必是水平最高的人(或队)一定最后得奖,更何况是由人评选的文学。在我看来,一定年度内的评奖,评出的是好作品,或最好的作品之一,就可以满意了。更要关注的是,别让差的作品、不好的作品得奖,使鲁迅或茅盾的名字蒙羞。

问:评奖中是否有不正之风?

吴秉杰:当然不敢断然否认说无。但腐败通常是和利益联系在一起的。巨大的利益会诱发腐败,而文学写作所能带来的利益有限,其收获也不能与影视、戏剧、书法、美术背后的经济利益相比,优秀文学作品改编成通俗影视往往还都是失败的。所以文学虽然是许多其他艺术门类语言思维的基础,获奖也能使作者获得一些虚名或实利,但它还是比较干净的。作者以后仍要靠继续写作,写出好作品才能获得荣誉和信任。

评委要始终与评选出的作品联系在一起,与有荣焉。获奖作者也要看与谁为伍。中国文学队伍实力是很强大的,名家、新人涌现,每年还有一批批中文系的学生毕业,都是很好的检验评奖结果的力量。评出好作品,就是推荐、引领和导向。

问:有没有特别让您遗憾的事情?比如您看好哪部作品,因故未能获奖?您只参加了一届报告文学奖评选,有何不同的感受?

吴秉杰:凡我参加的创作层面的作品评奖来说,那总是有遗憾的,甚至于可以说每届都有遗憾,这很正常。譬如说,第三届茅奖评选中,张炜的《古船》、王蒙的《活动变人形》、铁凝的《玫瑰门》、张承志《金牧场》、邓刚《曲里拐弯》五部长篇全部出局(未进入终评),就很遗憾,但那是有较为特殊的原因的。鲁奖中的文学理论与批评的评奖,遗憾便较少。这是因为理论批评文章学术生命力长,本身便不需要凭仗评奖、获奖来扩大其读者面或影响力,自然也就不需要太遗憾。记得好像是在第四届鲁奖评奖中,蔡翔有篇文章谈先锋与人文思潮问题,是同类文章中写得最好的,但也没获奖。原因想我就不说了。

我一般都不主张批判文章或论战文章获奖。一般情况下,就一篇作品、一个方面、一种现象写的批判文章都是从有利于自己的角度立论和阐述的,并不追求全面,而获奖就意味着你支持它的论点,站在它这方面;被批评者也并无可能在同一平台做出回应,对作者也不公平。其实,真正有思想深度的文章,都是隐含着某种学理性的批判性思维的,可惜我们这样有深度的文章并不多。

问:从历届获奖作品看,您认为鲁迅文学奖理论评论创作,二十多年来有怎样的发展变化?

吴秉杰:不是就鲁迅奖评奖谈文学理论批评的发展,这超出了

[附录一] 我所知道的鲁迅文学奖——历届评委访谈录

我的能力。就讲评奖本身的发展。

作协要评"理论"(不光是评论)似乎有些越界。如何区别于社科院和高校呢？最初的定位是：作协评选出的文学理论和批评作品要具有当代性，也就是能结合创作和推动创作的发展，富有实践意义。但如何理解当代性及有助于创作实践，却仍是个未解决的问题。第一届评奖拿来的都是杂志和报纸文章，没几本书，总觉得分量不够。评委张炯老师连夜回家拿了一大捧书来(同事、朋友所赠之书)，一半是专著，一半是教材，可最后得奖的五部作品仍全是单篇文章，没有专著。现在情况可能已是相反了。如第六届鲁奖理论批评获奖的都是专著，而没有单篇文章。

对于文学研究的价值领域和当代意义的认识是大大地拓展了。例如，赵园的《明清之际士大夫研究》得奖了，鲁枢元的《陶渊明的幽灵》得奖了。前者讲知识分子精神基因，矛盾品格，士大夫的另一身份也都是作家；后者专著则更上溯一千多年，涉及生态文学、人与自然的关系，都是由作家创作转而达到作家的灵魂。其实从最初第一届获奖的陈伯海长篇论文谈四百年文艺思潮直至当代(本身是作者一本专著的序章)，便已初露端倪，它让人重视的是四百年与西方文艺复兴同步的历史研究，而不是写得并不算出色的后面新时期创作评论。可见理论批评越来越走向了宏观研究、历史研究。

这当然是好事。可从一个极端走向另一个极端，单篇的理论文章或优秀的对作家、作品的研究评论之作似乎消失了。事实上一篇有新意、有发现的单篇论文其价值也完全可以超过一大批雷同的、重复的(至少在材料与论证上都是重复的)专著。所以，在文学理论批评繁荣发展的同时，仍要不忘作协评奖的初衷，评出水平、特色和自己的追求。

说明一下：我只是就自己参加的评奖活动谈些看法。鲁奖除第五届担任报告文学评委外，我参加的都是理论批评评奖。

521

陈众议：我曾致信作协建议评奖实名制

陈众议　1957年生于浙江绍兴市。现任中国社会科学院外国文学研究所所长、研究员，中国社会科学院大学教授、博士生导师，中国外国文学学会会长，中国作家协会全国委员会委员，西班牙皇家学院通讯院士。担任第三届、第四届鲁迅文学奖翻译奖评委，第六届鲁迅文学奖翻译奖评委会主任。

问：您曾参加过三届鲁迅文学奖评选，能谈谈印象深刻的事情吗？

陈众议：第三届鲁迅文学奖评选时，田德望先生翻译的《神曲》获全国优秀文学翻译奖，这部译作凝聚了田先生多年的心血，人民文学出版社也付出了极大的努力，书做得漂亮。评委会不仅没有异议，而且表达了由衷的钦佩。这种情况对评审者来说是一件幸事，无须纠结。

问：纠结是因为什么？

陈众议：多数是出于难以取舍。名额少，评委们有时又各执己见，很难达成一致。再说获奖作品往往只能是最好的之一，"之一"和"最好"这么一点差别，可能就会让我们纠结、矛盾，甚至长久地遗憾。在我的印象中，除了田德望的作品，这种遗憾堪称常情。

问：作为评委,您本人在鲁奖评选时有怎样的原则？

陈众议：我个人的原则和鲁迅文学奖翻译奖的评审规则多少有一点差别,但作协领导给予了首肯。第六届鲁奖评选我主持翻译奖终审会议,就有些破例。评审规则是入围作品必须达到或超过三分之二票数才能获奖。第一轮投票是相对宽松的,评委可能会广泛遴选,因此入围作品比较多。这样一来,获得满票的情况就很常见;但最后一轮要求过三分之二,于是就成了十进二或者五进一。因此,评委必须保持高度默契,否则可能导致奖项空缺。这便是出现第一轮满票,第二轮零票的原因。如果没有预投,或者采取简单多数原则,那么奖项空缺就较难避免。实际上,规则都不是绝对的。鉴于第五届出现了翻译奖空缺的情况,第六届我坚持了第一轮简单多数、第二轮依然简单多数的规则。简单多数胜出后再补投一次,通过这种形式达成最后的"三分之二"或者以上。

我很感谢作协领导基本认可了我的做法。这是由翻译奖语种多、入围作品多带来的实际困难和特殊情况所决定的。如果不采取简单多数方式,翻译奖的评审难度会非常大,至少比小说、诗歌、散文等门类要难得多。

问：语种多、参评作品多,评审时把握起来是否难度更大？

陈众议：那是一定的。但好在大家必须通读所有入选作品,而且都有翻译实践,即便不懂原文,也可以有基本判断——譬如对译本的中文水准以及表现风格如何,作品的潜台词有没有译出来等,都还是可以有大致见解的。我们大体掌握两个原则:首先必须名家名作。如果译本是没有多少文学价值的普通畅销读物,比如《谁动了我的奶酪》之类,即或译得再好大家也不会投它。其次看翻译本身的几个层面:一是译文本身的水准;二是翻译的工作量。翻译部头不在大小,有些原著本身比较难译。叙述舒缓、平铺直叙、相对写实、文风简明的作品,和有探索性、文风艰涩、不易解读、有大量潜台词的作品,对译者的要求差异很大。后者需要译者更多的投入,譬如阅读大量论著、文献,做大量注释,从中体现的是译者的案头功夫;三是要考量译者的中文表达。自林纾以来,早先的翻译提倡归化,有关译作大抵是让中国人读起来像中国小说。杨绛、傅雷的译文有了变化,他们在归化和异化上会有所平衡,或有所侧重。这种侧重在当代逐渐演变成了异化,即尽可能尊重外文的风格。这样可能会在形式上更多地保留原著风貌,但对读者来说是一种挑战。就拿西方语言来说,一整页都没有句号的情况时有出现。而短句却是中文的传统之一。面对艰涩的、冗长的句子,译者必须做出选择:如何在归化和异化中间找一个平衡点。通常,好的译者取法兼顾,即尽可能地形神兼备、归异相宜。如杨绛先生所说,翻译是"戴着镣铐跳舞","一仆二主",既是原著作者的仆人,又是读者的仆人。

现在翻译界,主张直译的人不少:原著是怎么句读,我也怎么句读。这种译法更像机器翻译。作为尝试无可厚非,但在文学作品中,我个人不太喜欢这样的做法。文学翻译不是文字翻译,文学翻译必须尽量形神兼顾、归异兼顾。评审中大家要有心平气和的探讨,经典型、学理性、文学性、工作量,等等,都是讨论的问题。就事论事也罢,高谈阔论也罢,最可怕的是固执和偏执。

问:您怎么看待第五届鲁奖评选中翻译奖的空缺?

陈众议:很可惜。鲁迅文学奖翻译奖四年评一次,大家都很重视。翻译奖空缺,对整个学科发展不利,对翻译同仁的期待也是一种打击。这其中不仅有规则问题,还牵扯到评委本身的很多因素,不能一概而论。

问：您经常参加各种评奖，怎么看待鲁奖的评选？

陈众议：鲁奖和茅奖是国家级的、最有声望的文学奖项，可谓万众瞩目，中国作协和文学界更是高度重视，每次评选有很多议论、纷争，可见知名度非同一般。正因为如此，主办方和评委压力山大。我曾针对茅奖评选给中国作协党组和铁凝主席写过一封信，建议评奖实名制。后来这封信刊登在《文艺报》上。实名制的最大好处是，评审者需要有高度责任心，你的那一票不仅是组织上的委托，还是个人的声誉和责任，是你的公正程度和学术、文学判断力的体现。你必须唯文学马首是瞻，对评奖高度负责，对作协无忝所托。当然，实名制引起的反作用力也显而易见。没评上的可能会有所嗔怪，甚至记恨，但这是小事。评委要有这个担当。如果一个评论家平时也只说好话，连正常的批评都不敢展开，那他肯定是不合格的。评奖亦如此，我有我的价值判断和审美取向，不论朋友还是熟人，该投票就投票，该放弃就放弃，这是基本的职业操守。

问：实名制确实可能使评委有更大的压力。

陈众议：我觉得这样做至少可以使评奖过程更透明，让大家知道这是怎么回事，可以避免人们对程序的质疑。很多作家都有冲奖抱负，从近几届评选的结果来看，茅奖引起的纷争远不如鲁奖。单凭这一点，似可反证实名制的好处。

问：能否从历届的翻译获奖作品，反观中国当代翻译界近三十年来的发展状况？您怎么看人们对翻译诟病较多的现象？

陈众议：获奖作品总是凤毛麟角，鲁奖的评选只是一种推动，不起主导作用。20世纪90年代中期以来，真正对外国文学翻译起主导作用的是市场。出版社各自为政，他们引进的力度、广度、速度皆前所未有，从而为读者提供了丰富的、可选择的空间。但弊端也很明显,海量的引进、大量的重复出版,导致鱼龙混杂,读者无法判断真正的经典,同时也引起了出版界和翻译界的一些恶性竞争。譬如多家出版社瞄准几个畅销作家,相互竞争,导致版税暴涨。

翻译被诟病有好多原因,一是市场原因。在我看来,一个出版社要译介西班牙文学名著,至少出版社要有懂西班牙语的编辑,否则只能任由译者做主。但很多出版社没有这个条件和资质,译者给什么它们就出什么,无法确保译品质量,更谈不上对译著风格的更高要求。还有的人根本不懂外语,仍然可以译十几种语言的作品。网络上曾有曝光,有一个译者译了十一种语言,翻译种类之多、译本之多也是超乎正常的想象。如果没有市场化的刺激,不会出现这样的情况。二是个人原因,译者是否具有充分的学术准备。有的译者比较慎重,只译自己熟悉的作家,故而对作家的文风、创作意图和创作环境都比较了解,这值得提倡。在我的同行当中,就有不少这样的译者。

鲁奖最大的作用,是奖掖好的翻译家,对翻译标准起到好的导向作用。据我所知,迄今为止,翻译奖的评选还没有被学界大为诟病的。即便有争议,也多数是学理上的讨论。最明显的是《堂吉诃德》。不论后来出现多少译本,不论后来者是否获奖,都不影响杨绛的历史功绩。当然这么说并不意味着杨绛的翻译什么都好。翻译不可能有终极版本。后人可以比前人在某一方面、某几方面做得更好,譬如同样获得过鲁奖的董燕生译本。这与文学本身的复杂性有关。由是,谁也不能说:我的译本是最好的,前无古人、后无来者。这种可能性几乎不存在。原著不变,但阐释在变、读者在变、语言在变。翻译理论最大的瓶颈也在于兹。

现在翻译还没有进入我们的学术评价体系(比如译作不算学术成果),还没有在学科体系中赢得应有的位置。而鲁奖恰恰是对好译者、好译品的一种认可,并由此奖掖所有孜孜于斯的无数同人。

王家湘：请我做评委，我尽职尽责

王家湘　1936年生于江苏无锡。北京外国语大学英语系教授，英美文学专家，中国翻译协会资深翻译家。自20世纪80年代起，先后在美国康奈尔大学、哈佛大学及加拿大从事女性作家及美国黑人作家等方面的研究。译著《有色人民——回忆录》获第六届鲁迅文学奖。担任第四届、第五届鲁迅文学奖翻译奖评委。

问：在历届鲁奖评选中，只有第五届的翻译奖空缺。作为评委，您能谈谈当时的情况吗？

王家湘：第五届翻译奖空缺的原因是质量不过关。评奖是为了提倡优秀的翻译作品，如果评出的作品错误百出，岂不是贻笑大方。初选是不知道作品译者的，不存在先入为主的意见。终审的时候知道译者，但是也只拿译文说话，不掺杂任何个人感情，也不涉及技巧，只围绕是否忠实于原文。大家都很认真，那届评奖结束后每个人都写了评审报告，举出译著中错误的例子以及所占百分比。

问：是否因为评审格外严格或标准太高？您所理解的鲁迅文学奖评价的标准是什么？

王家湘：评委所注意的硬伤，不是类似"繁星满天"和"天上有很多星星"翻译上的区别,而是译文是否准确。如果严肃讨论,中翻英适度有些创造性是可以的,外翻中就不必迎合读者,否则就是误导。如果获奖作品出现本质性的错误,那么评出的作品提倡的就是粗制滥造的作品。

问:翻译奖空缺,作为评委,您感到遗憾吗?

王家湘:那一届参评作品中,有非常知名的翻译家的译作,是他和另外两个人合译的作品。知名翻译家的译文非常好,但是另外两位的译文非常糟糕。如果多人合译,牵头的翻译家应该通读翻译作品,否则无法保证作品的整体水准。未能获奖,我也替那位翻译家感到遗憾。

问:您参加两届鲁奖评选,有何感受?

王家湘:请我做评委,我尽职尽责。

【附录二】历届评奖委员会名单

第一届鲁迅文学奖评委会名单

短篇小说奖评委会名单
主　任　刘白羽　邓友梅
副主任　陈建功　程树榛　崔道怡
委　员　（按姓氏笔画排序）
　　　　　王　扶　刘震云　陈平原　张志忠　肖复兴　李清泉
　　　　　李敬泽　胡　平　浩　然　梁晓声　蒋子龙

中篇小说奖评委会名单
主　任　王　蒙　陈昌本
副主任　柳　萌　冯立三
委　员　（按姓氏笔画排序）
　　　　　牛玉秋　从维熙　刘心武　朱向前　张　韧　何西来
　　　　　严家炎　陆文虎　季红真　秦　晋　傅　活　缪俊杰

报告文学奖评委会名单
主　任　张　锲　徐怀中
副主任　张胜友　章仲锷　杨匡满
委　员　（按姓氏笔画排序）
　　　　　白　烨　田珍颖　刘　茵　李存葆　李炳银　朱亚南
　　　　　何启治　杨志广　张凤珠　周　明　周政保　袁厚春
　　　　　陶泰忠　萧立军　傅溪鹏　谢永旺

诗歌奖评委会名单

主　任　杨子敏

副主任　高洪波　丁国成　叶延滨

委　员　（按姓氏笔画排序）

牛　汉　朱先树　李小雨　张同吾　吴思敬　林　莽

浪　波　绿　原　寇宗鄂　谢　冕

散文杂文奖评委会名单

主　任　袁　鹰　王巨才

副主任　梁　衡　吴泰昌　李兴叶　吕　虹

委　员　（按姓氏笔画排序）

冯骥才　刘　征　吉狄马加　苏　予　张守仁　张西南

吴松营　范敬宜　南　丁　贺绍俊　徐开垒　阎　纲

舒　乙

文学理论评论奖评委会名单

主　任　陈　涌　张　炯

副主任　丁振海　郑伯农　雷　达　严昭柱

委　员　（按姓氏笔画排序）

王必胜　关纪新　刘润为　李　准　吴元迈　吴秉杰

何孔周　杨志今　陆贵山　施勇祥　郭运德　程代熙

董学文　韩瑞亭　彭加瑾　雍文华　蔡　毅

文学翻译彩虹奖评委会名单

主　任　冯亦代　金坚范

副主任　屠　岸　陈明仙

委　员（按姓氏笔画排序）
　　　　向　前　吕同六　沈大力　吴元迈　李文俊　何其莘
　　　　金志平　胡允桓　赵振江　高　莽　唐家龙

第二届鲁迅文学奖评委会名单

短篇小说奖评委会名单
主　任　铁　凝
副主任　程树榛　肖复兴
委　员（按姓氏笔画排序）
　　　　马津海　刘震云　李敬泽　季红真　陈思和
　　　　胡　平　曹文轩　章仲锷

中篇小说奖评委会名单
主　任　邓友梅
副主任　陈建功　傅　活
委　员（按姓氏笔画排序）
　　　　牛玉秋　冯立三　张　韧　汪　政
　　　　杨志广　崔道怡　蒋子龙　雷　达

报告文学奖评委会名单
主　任　张　锲
副主任　杨匡满　白　描
委　员（按姓氏笔画排序）
　　　　王必胜　朱向前　李炳银　何西来
　　　　肖关鸿　贺捷生　贾宏图　萧立军

诗歌奖评委会名单

主　任　　李　瑛

副主任　　高洪波　叶延滨

委　员　　（按姓氏笔画排序）

　　　　　　吕　进　吴思敬　张同吾　赵　恺

　　　　　　林　莽　查　干　韩作荣　雷抒雁

散文杂文奖评委会名单

主　任　　袁　鹰

副主任　　吉狄马加　李兴叶

委　员　　（按姓氏笔画排序）

　　　　　　王剑冰　刘锡庆　李　下　吴泰昌

　　　　　　张守仁　张　陵　柳　萌　谢大光

文学理论评论奖评委会名单

主　任　　张　炯

副主任　　王巨才　贺绍俊

委　员　　（按姓氏笔画排序）

　　　　　　孔范今　吴秉杰　何孔周　郑伯农

　　　　　　郭运德　郦国义　谢　冕

文学翻译彩虹奖评委会名单

主　任　　绿　原

副主任　　金坚范　方　平

委　员　　（按姓氏笔画排序）

　　　　　　卢永福　向　前　何其莘　沈大力

　　　　　　杨武能　赵振江　施康强　辜正坤

第三届鲁迅文学奖评委会名单

短篇小说奖评委会名单

主　任　蒋子龙

副主任　杨志广　雷　达

委　员　（按姓氏笔画排序）

乌热尔图　王晓明　冯　敏　叶　梅

季红真　胡　平　曹文轩　章仲锷

中篇小说奖评委会名单

主　任　李国文

副主任　陈建功　张　陵

委　员　（按姓氏笔画排序）

牛玉秋　李敬泽　何向阳　汪　政

柳　萌　贺绍俊　洪治纲　程树榛

报告文学奖评委会名单

主　任　张　锲

副主任　张胜友　韩作荣

委　员　（按姓氏笔画排序）

李炳银　杨匡满　肖关鸿　周　明

贾宏图　焦祖尧　谢望新　潘凯雄

诗歌奖评委会名单

主　任　屠　岸

副主任　吉狄马加　叶延滨

委　员　（按姓氏笔画排序）
　　　　　石　英　包明德　张同吾　陈　超
　　　　　骆寒超　梁　平　雷抒雁　黎焕颐

散文杂文奖评委会名单
主　任　王充闾
副主任　高洪波　秦万里
委　员　（按姓氏笔画排序）
　　　　　王剑冰　朱铁志　刘锡庆　肖复兴
　　　　　张守仁　傅溪鹏　蒋元明　谢大光

文学理论评论奖评委会名单
主　任　郑伯农
副主任　张　健　范咏戈
委　员　（按姓氏笔画排序）
　　　　　王先霈　吴秉杰　吴福辉　何志云
　　　　　杨　扬　郭运德　赖大仁　谭好哲

文学翻译彩虹奖评委会名单
主　任　方　平
副主任　陈立钢
顾　问　金坚范
委　员　（按姓氏笔画排序）
　　　　　王守仁　吕同六　刘文飞　朱炯强　何其莘
　　　　　陈众议　陈喜儒　罗国祥　施康强

第四届鲁迅文学奖评委会名单

短篇小说奖评委会名单

主　任　陈建功

副主任　李存葆　张　陵

委　员　（按姓氏笔画排序）

马津海　艾克拜尔·米吉提（哈萨克族）　杨黎光

吴　俊　何建明　汪　政　汪守德　章仲锷

中篇小说奖评委会名单

主　任　铁　凝（女）

副主任　雷　达　胡　平

委　员　（按姓氏笔画排序）

牛玉秋（女）　朱向前　李佩甫　李建军

吴义勤　洪治纲　崔道怡　谢大光

报告文学奖评委会名单

主　任　张　锲

副主任　张胜友　李炳银

委　员　（按姓氏笔画排序）

吕　雷　杜卫东　李朝全　周　明

孟繁华　贾宏图　龚政文　傅溪鹏

诗歌奖评委会名单

主　任　谢　冕

副主任　陈崎嵘　叶延滨　韩作荣

委　员　（按姓氏笔画排序）
　　　　包明德（蒙古族）　吕　进　吴思敬　沈卫星
　　　　陈　超　赵　恺　曹纪祖

散文杂文奖评委会名单
主　任　王充闾
副主任　高洪波　彭学明（土家族）
委　员　（按姓氏笔画排序）
　　　　王剑冰　吴志实　李敬泽　张守仁
　　　　张同吾　张燕玲（女）　陈剑晖　赖大仁

文学理论评论奖评委会名单
主　任　郑伯农
副主任　张　健　蒋　巍（满族）
委　员　（按姓氏笔画排序）
　　　　陆文虎　阿扎提·苏里坦（维吾尔族）　陈美兰（女）
　　　　吴秉杰　范咏戈　郜元宝　施战军　阎晶明

文学翻译彩虹奖评委会名单
主　任　叶廷芳
副主任　陈众议　陈喜儒
委　员　（按姓氏笔画排序）
　　　　王守仁　王家湘（女）　任吉生（女）　任光宣
　　　　朱炯强　张　冲　吴岳添　夏仲翼

评奖办公室
主　任　彭学明

第五届鲁迅文学奖评委会名单

短篇小说奖评委会名单
主　任　李存葆
副主任　何建明　阎晶明
委　员　（按姓氏笔画排序）
　　　　　马步升　王必胜　牛玉秋(女)　张　陵
　　　　　赵长天　费振钟　徐贵祥　梁鸿鹰

中篇小说奖评委会名单
主　任　铁　凝(女)
副主任　胡　平　雷　达
委　员　（按姓氏笔画排序）
　　　　　丁　帆　于　青(女)　包明德(蒙古族)　朱　晖
　　　　　朱向前　李国平　余德庄　周大新

报告文学奖评委会名单
主　任　陈建功
副主任　吴秉杰　范咏戈
委　员　（按姓氏笔画排序）
　　　　　丁晓原　冯　艺(壮族)　杜卫东　李朝全
　　　　　杨黎光　陈明燕(女)　党圣元　董保存

诗歌奖评委会名单
主　任　高洪波
副主任　雷抒雁　李松涛

委　员　（按姓氏笔画排序）
　　　　朱先树　吴思敬　郁　葱　荣　荣(女)
　　　　查　干(蒙古族)　曹纪祖　韩作荣　褚水敖

散文杂文奖评委会名单
主　任　梁　衡
副主任　陈崎嵘　彭学明(土家族)
委　员　（按姓氏笔画排序）
　　　　马丽华(女)　叶延滨　冯秋子(女)　冯剑华(女)
　　　　刘家科　孙德全　吴志实　李晓虹(女)

文学理论评论奖评委会名单
主　任　王巨才
副主任　李敬泽　何向阳(女)
委　员　（按姓氏笔画排序）
　　　　何开四　陆文虎　汪守德　吴义勤
　　　　凌　宇(苗族)　钱念孙　鲁枢元

文学翻译彩虹奖评委会名单
主　任　蓝仁哲
副主任　张　健　刘宪平
委　员　（按姓氏笔画排序）
　　　　王家湘(女)　张　冲　张振辉　李成贵
　　　　杨金才　徐哲平(女)　傅　浩　辜正坤

第六届鲁迅文学奖评委会名单

短篇小说奖评委会名单
主　任　李敬泽
副主任　周大新
委　员　（按姓氏笔画排序）
　　　　何　弘　李　洱　肖惊鸿　张　柠　陈福民
　　　　罗　勇　郎　伟　郭　艳　黄发有

中篇小说奖评委会名单
主　任　李存葆
副主任　阎晶明
委　员　（按姓氏笔画排序）
　　　　王春林　牛玉秋　白　烨　孙甘露　李东华
　　　　李掖平　陈晓明　崔艾真

报告文学奖评委会名单
主　任　何建明
副主任　梁鸿鹰
委　员　（按姓氏笔画排序）
　　　　丁晓原　马步升　白轶民　邢军纪　李青松
　　　　李朝全　范咏戈　贺仲明　黄济人

诗歌奖评委会名单
主　任　高洪波
副主任　陈崎嵘

委　员　（按姓氏笔画为序）
　　　　　包明德　李小雨　林　雪　郁　葱　罗振亚
　　　　　荣　荣　雷平阳　褚水敖　霍俊明

散文杂文奖评委会名单
主　任　张胜友
副主任　彭学明
委　员　（按姓氏笔画排序）
　　　　　王力平　布仁巴雅尔　冯秋子　朱向前　李　舫
　　　　　李一鸣　郑彦英　彭　程　谢有顺

文学理论评论奖评委会名单
主　任　廖　奔
副主任　吴秉杰　何向阳
委　员　（按姓氏笔画排序）
　　　　　王鸿生　刘玉琴　李国平　汪　政　汪守德
　　　　　施战军　钱念孙　凌　宇

文学翻译彩虹奖评委会名单
主　任　陈众议
副主任　白庚胜　刘宪平
委　员　（按姓氏笔画排序）
　　　　　刘学慧　刘雪岚　吴岳添　陈正发　张　冲
　　　　　罗国祥　罗选民　袁　伟

纪律监察组
组　长　钱小芊

成　员　路　侃　袁越伦　郑苏伊

评奖办公室
主　任　梁鸿鹰　刘宪平
副主任　彭学明　何向阳　赵　宁

第七届鲁迅文学奖评委员会名单

短篇小说奖评委会名单
主　任　廖　奔
副主任　梁鸿鹰　鲁　敏
委　员　（按姓氏笔画排序）
　　　　马步升　东　西　乔　叶　刘　琼　张志忠
　　　　范　稳　赵海虹　贺绍俊

中篇小说奖评委会名单
主　任　李敬泽
副主任　周大新　孙甘露
委　员　（按姓氏笔画排序）
　　　　王春林　李　浩　吴　俊　何　弘　张　柠
　　　　张燕玲　季　宇　额尔敦哈达

报告文学奖评委会名单
主　任　张胜友
副主任　胡　平　王宏甲
委　员　（按姓氏笔画排序）
　　　　丁晓原　冯秋子　李掖平　李朝全　杨黎光

肖亦农　罗　勇　郑彦英

诗歌奖评委会名单
主　任　吉狄马加
副主任　杨　克　宗仁发
委　员　（按姓氏笔画排序）
　　　　　刘立云　罗振亚　姜　涛　娜　夜　耿占春
　　　　　雷平阳　熊东遨　霍俊明

散文杂文奖评委会名单
主　任　阎晶明
副主任　刘亮程　张锐锋
委　员　（按姓氏笔画排序）
　　　　　王力平　石一宁　李一鸣　杨　扬　汪　政
　　　　　郭　艳　葛一敏　穆　涛

文学理论评论奖评委会名单
主　任　施战军
副主任　何向阳　朱向前
委　员　（按姓氏笔画排序）
　　　　　王兆胜　王鸿生　刘复生　李国平　张未民
　　　　　岳　雯　饶　翔　郭宝亮

文学翻译彩虹奖评委会名单
主　任　陆建德
副主任　张　涛　范　晔
委　员　（按姓氏笔画排序）

　　　　马红旗　文　铮　刘宪平　刘雪岚　肖　谊
　　　　罗选民　赵　伐　董　强

纪律监察组
组　长 李　梅
成　员 陈德龙　胡健玲

评奖办公室
主　任 何向阳　张　涛
副主任 李朝全　赵海虹　赵　宁

后 记

  从一开始,就有文学界的前辈善意地提醒:这事儿做不好,可是要招骂的。
  不同于茅盾文学奖的评选,鲁迅文学奖门类多、获奖作家多、争议的声音多——多种因素,有可能使任何人涉足其中都招来微词。
  这些都不曾动摇我的决心。在起意写《深度对话茅奖作家》的同时,我就决定下一部是"对话鲁奖"。茅盾文学奖和鲁迅文学奖这两项国家级大奖,囊括了众多优秀作家,在各类体裁创作上,他们是中国文坛的领军人物。其中很多作家有三十年以上的创作经验。梳理他们的创作脉络,对当代文学的创作和研究,应该是有意义的。
  当然,我也有一点私心。那就是对于我这样一个热爱文学,从事文学报道二十年的"资深记者"来说,浸润其中的幸福妙不可言。
  对,就是"幸福"。如果说充分的阅读准备是面朝大海春暖花开般的享受,深入的对话交流,则是潜入海底的神秘世界,不断遇见惊喜。总之,这是一个不断学习、提升自我的过程,也是思想逐渐走向成熟的过程。
  不必吹嘘读了多少书,这是起码的对话基础;也不必神气见了多少名作家,是《中华读书报》这样好的平台给了我机遇。我清楚自己的角色、站位和目标,那就是立足文坛,和作家平等对话,让更多的读者通过我的笔触,更多地了解真实的作家以及作品的丰富性、多样性。

/ 后　记 /

　　写作还是参照了《深度对话茅奖作家》的体例,分为对话作家和对话评委两部分。因门类较多,选取了参加鲁奖评选次数较多、对各届评选情况掌握较为全面的评委。每一届获奖作家全部采访当然是最理想的结果,但有限的时间内这几乎是不可能完成的,所以选择的标准之一是数次采访、有对话基础的成熟作家;中短篇小说的获奖篇目相对较多,因此对话也有所侧重。作品完成之后还是意犹未尽,比如我同时代的70后作家,多年来跟踪阅读,对他们怀有更多的期望,但此次没有收入,是希望将来单独为他们辟出一方阵地;还有太多优秀的作家不能同时纳入此书,或是因为有的已被收入《深度对话茅奖作家》一书,如格非、阿来、迟子建、毕飞宇等,鉴于均由人民文学出版社出版,因此不再重复收入;有的则是采访后未来得及收入或未及采访。鲁迅文学奖的评选继续,我的"对话作家"也将追随下去。

　　每一位作家的对话体量,多数都在一万字以上。但因采访内容太多,无法全部容纳,只能忍痛割爱,也许不能完全体现"深度",这是一大遗憾。就像任何奖项的评选难免遗珠,我的对话录也是如此。

　　感谢每一位接受我采访的作家和评委,感谢他们的耐心和宽容;感谢我所供职的光明日报报业集团中华读书报社的领导和同事,没有他们的理解和支持,我也许一事无成;还要感谢那些获得鲁奖但是未及收入此书的作家们,希望不久的将来,能够有机会促膝长谈;感谢文学,不知不觉陪伴我走过二十年的历程,我的生命因此丰盈且愉悦。

2018年7月6日